王雁·著

我的父亲沙飞

典藏版

My Father H.Szeto

社会科学文献出版社
SOCIAL SCIENCES ACADEMIC PRESS (CHINA)

献给我亲爱的爸爸妈妈

度荒。1940年春，北岳山区人民依靠摘树叶度过春荒。沙飞摄

目 录

001　**代序·烽火征程**
　　　　——沙飞传奇的摄影人生
006　**评论沙飞摘选（2005~2014）**
014　**自序：父亲对我是永恒的**
021　**作家与学者信简**

001　**第一章　选　择**
003　　1. 传说中薛仁贵的后裔
　　　　　—— 司徒家族
012　　2. "你是我命中注定要娶的女人"
025　　3. "我要用照相机记录历史"
037　　4. 梵高对艺术的激情与癫狂令他痴迷
046　　5.《鲁迅生前最后的留影》
068　　6. "我们实在不能不受剧烈的感动"
081　　7. "不要让现实的大海把你毁灭"
092　　8. "他在作品上倾注他的生命"

111　**第二章　洪　流**
113　　1. "我第一次看见为抗日负伤的战士"
124　　2.《战斗在古长城》
140　　3.《无声的战斗》
149　　4. "他真像喝酒似的，心醉了"
157　　5. "王若冰"
163　　6. 白求恩："照相机给沙飞"
177　　7. 将历史的瞬间定格
198　　8.《文化的鲜花》
226　　9. 天各一方
241　　10."他像民主人士"

目 录

251	11.	"有理也坚持，没理更坚持"
		——赵烈日记摘选
258	12.	"人在底片在"
269	13.	"你们的爸爸叫沙飞"
277	14.	"他们双手沾满我们的血"
298	15.	"政治运动伤人"
310	16.	"他机密地告诉我"
		——顾棣日记摘选
332	17.	"千秋功罪，自有评说"
		——石少华文章摘选

361	**第三章 绝 响**
363	1. "我要干一件惊天动地的大事"
374	2. "日本法西斯曾杀害多少中国人"
378	3. "一定要替老沙鸣不平"
380	4. "挥泪斩'马谡'"
390	5. "执行时不下跪"
407	6. 她始终深深地爱着自己生命中唯一的男人

429	**第四章 回 声**
431	艰难的纠正错案之路
	——王笑利日记摘选（1980~1988）

471	**附 录**
473	人物介绍
476	主要参考文献
478	我接过来的历史担子如此沉重
	——2005年版后记
487	再版后记

代序·烽火征程
—— 沙飞传奇的摄影人生

王 瑞

中国杰出摄影艺术家沙飞，在20世纪30年代中国摄影天地里横空出世；其事业在40年代辉煌灿烂；其生命在50年代初戛然而止；之后，他从人们视线消失数十年之后重现——沙飞的传奇式人生和他戏剧性的命运，实在是对中国摄影史的描述和史论观念的思维定式，提供了一个具有挑战性的、近乎荒谬的典范。沙飞的生，沙飞的死，沙飞的死而复生，结构出中国摄影史上的一道非常景观。

1

本名司徒传的沙飞，1912年出生于中国广州的一个商人家庭。时值现代中国历史的转折点，长达数千年的封建社会终于被西方民主共和思想影响下的辛亥革命所推翻。1911年，辛亥革命成功，中华民国诞生。1912年元旦，孙中山就任中华民国临时大总统。沙飞几乎与中国史无前例的新时代同时诞生。而他的出生地广州，正是中国社会转型的前沿要冲。沙飞在这个当时中国最开放、最激进、最活跃的革命基地度过了童年和少年时代。

中华民国建立后，西方现代观念的渐入，迅猛动摇古老顽固的封建体制根基，促使中国社会发生翻天覆地的变化。1919年爆发的五四运动，对旧思想、旧文化、旧道德发起猛烈冲击，自由民主观念逐步植入中国人心中。1921年，孙中山在广州当选为中华民国非常大总统。1924年，中国国民党在广州举行了第一次全国代表大会，通过了以反帝、反封建为主要内容的宣言；同年，孙中山在广州创办黄埔军校，创建革命军，预备开展歼灭封建王朝余孽的北伐战争。

广东曾经是近代中国最早对外交流的桥头堡，也是摄影术最先传入的、领一

我的父亲沙飞
My Father H.Szeto

代序 · 烽火征程 —— 沙飞传奇的摄影人生

时之先的地带。1926年7月,北伐革命军从广州分三路挥师出征,刚在无线电专门学校毕业的14岁的沙飞为时代的革命精神所振奋,毅然报名从军,参加北伐。他如愿以偿被编入第一军电台当报务员,随部队乘船抵上海;随后,进军宁波、徐州、济南、天津、北平等地。在军队中收发报技术熟练的沙飞年龄最小,北伐途中轮流值班不停地收发军事电报,紧张、劳累、艰苦的军旅生活,锻炼了少年沙飞从军的意志、体魄,开阔了他人生历练的眼界,增长了胆识。

沙飞走进社会的第一个职业是当了五年的军人。他从14岁到19岁由少年成长为青年。这样迥异于同时代文化人的个人成长经验,奠定了沙飞与烽火战场结伴一生的事业基础。沙飞投笔从戎于少年;此后,他以电报机和照相机为战斗武器,演绎了文化人从军的非凡特例。从中华民国的北伐第一军无线报务员,到中国共产党的八路军摄影宣传员,沙飞最初与最后所担当的社会角色都是职业军人。以至于人们很难将一名摄影艺术家的卓越造诣与一名职业军人的尽职业绩联系在一起,这成为沙飞艺术生涯的独特之处。

自1931年起,在汕头无线电台工作的几年,是沙飞人生中唯具浪漫情调的时期。恋爱中和蜜月中的沙飞,展现了沙飞人生中少有的温情色彩,这也是促使他从报务员转向摄影师的契机。沙飞的摄影创作生涯因小家庭的建立而拉开了帷幕。沙飞在业余时间迷上了摄影,加入了上海的摄影团体——黑白影社,并以早期作品参加展览。出于对摄影的热爱,这个不安分的南方青年,在1936年放弃无线电台的工作,离开了家人,孤身跑到中国最西化的城市上海,开始个人的摄影生涯。

沙飞在上海的时候,正是中国左翼文化活跃期。他成为左翼文艺青年,见到了中国的文化伟人鲁迅。他拍摄到了鲁迅生命最后时刻的照片,在左翼文化的摄影领域创造了耀眼的成绩。

2

沙飞是个身手矫捷的影像摄猎人。他游走于大时代风云变幻的都市与战地。沙飞用影像记录社会重大事件,将历史瞬间凝结。沙飞在自己摄猎到的纷繁世界里凝结传世影像,结构出个人生命意义的永恒。

我的父亲沙飞
My Father H.Szeto

代序 · 烽火征程 —— 沙飞传奇的摄影人生

　　新闻记者和纪实摄影人的幸运，是在重要的社会事件发生时，能够身临现场并参与其中。作为摄影家的沙飞是幸运者，他不但不失时机地投身抗日洪流，而且以舍我其谁的猎影自信，用影像记录历史；同时，也以影像音符的交响奏鸣形式完成人生的自我升华。

　　人类历史上的每一个重要事件，都会留下一帧具代表性的图像为其象征符号。这样的史迹图像，必要经过时间的筛选而存留于人们的记忆中。例如，日本侵略中国的代表图像是1937年王晓亭拍摄的《日机轰炸下上海南站的儿童》，中国人民抗日战争的代表图像是1937年沙飞拍摄的《八路军奋起抗战——战斗在古长城上》。还有沙飞1936年拍摄的《鲁迅先生和青年木刻家在一起》，也已经成为该时代重要文化事件的代表图像。

　　沙飞在大时代的社会舞台上，获得了恣意施展个人摄影天分的机会。战争环境的诡谲变幻，为沙飞成熟个人的艺术风格，提供了丰沛的环境，而沙飞的理想追求，正适合解放区的社会所需，这是个人与时代互相依存的关系。离开熟悉的城市环境转战条件艰苦的山区农村，沙飞仍然因地制宜地进行着个人的艺术实践，他拍摄的战争题材的作品，并没有抑制其以往显示出的个性化艺术特色。而且在大场景的艺术处理方面，他更加自觉地把相对枯燥、单调的战地摄影，凝练出艺术化的审美表现。沙飞此时也是利用自己的艺术造诣，来实现其社会理想，圆满地将个人的摄影艺术造诣发挥到了高峰，从而奠定了在中国摄影史上的耀眼地位。

　　沙飞的肉体生命完结于中国共产党从战争夺取政权到掌权建设的转向时节，肉体生命的完结自然也就终结了作为摄影家的沙飞的艺术生命。沙飞的艺术才华恰巧在发挥至巅峰时节，突然而意外地结束了。

3

　　沙飞的影像天赋上乘，而勇于把自己的生命投入艺术，是他之所以能够出类拔萃的风格特质。沙飞的革命事业表现是以实践摄影艺术为内容的。用生命博取摄影的艺术价值，乃是沙飞的人生本色。

我的父亲沙飞
My Father H.Szeto

代序 · 烽火征程 —— 沙飞传奇的摄影人生

左翼文艺思想促成了沙飞的摄影成就。在他那个时代，关心民族命运和社会生活的知识分子和艺术家，不同程度地都有左倾思想，并且与革命活动发生关联。左翼文艺青年的沙飞，自我选择加入了中国共产党的革命队伍。而马克思列宁主义和摄影，皆为西方文化的产物，沙飞早年在思想和文化上表现出的激进态度，在人生抉择关头，具有该历史时代的必然性。

沙飞的社会革命化的摄影实践，成为左翼文艺青年投身革命队伍施展才能的范例。无疑，沙飞属于中国摄影史上的显赫人物。他之所以被冠以"革命摄影家"的头衔，也表明他是一个极端的例子。革命战争的摄影实践，催化沙飞的摄影趋于成熟。其结果，就是中国共产党的事业中，由沙飞主持创办了抗日根据地的《晋察冀画报》；这，史无前例地创造出一整套的"解放区摄影"事物，进而演化为一派特定的摄影模式。就此意义而言，沙飞以其关键性的个人作为，主导了"解放区摄影"的产生、发展，直至成熟。这不但印证出左翼文艺青年的志向和抱负，得以在时代的社会活动中实际兑现，而且此摄影实践成果，也是沙飞艺术生涯的完成时。

正是摄影成就了沙飞。沙飞的摄影生涯可谓极其顺遂，几乎是一上手就收获累累，不能不叫人刮目相看。沙飞影像的画面结构，属于那种从美术途径切入——摄影者所通常操持的美学样式。他早期照片运用光影塑造的形象，极具受鲁迅指导的中国左翼木刻版画的现代美感和黑白效果，表现出刚劲干练的个性化风格。尽管沙飞后期出于为政治服务目的的照片，凸显出革命化的意识形态表征，倾向于"人民群众喜闻乐见"的宣传效果。但是总览沙飞现存的所有影像，他对光影处理的讲究和对画面构图的经营，无不一以贯之地带有时代标志下的个人风格印记。

沙飞作为一名中国摄影发展的阶段性表率人物，他的影像遗产必然对后世的摄影发展深具启迪意义。即如，新闻摄影、报道摄影和纪实摄影在何种情况下，同时还将成为不朽的摄影艺术作品？对此，沙飞的摄影作品给出有力的证明。在影像的新闻时效性消失之后，在影像的纪实作用随时代变迁而淡化之后，在影像拍摄当时所附带的社会性渐次被时间和历史淘沥剥离之后，沙飞的那些摄影代表作，仍然以其纯影像的特质，焕发着永恒的艺术光彩。

沙飞的摄影作品证明，新闻摄影、报道摄影和纪实摄影等纪录性质的摄影，

我的父亲沙飞
My Father H.Szeto

代序 · 烽火征程 —— 沙飞传奇的摄影人生

可以同时具有摄影艺术作品的品质，但是并非新闻摄影、报道摄影和纪实摄影就是摄影艺术。对于自己作品的摄影艺术价值，沙飞也许没有充分意识到，或许他只凭着下意识的个性感悟进行拍摄，甚或在言论中以革命气概的粗犷与豪迈，故意贬抑艺术事物的超然与永恒。然而，沙飞摄影实践的终极价值，其实还得取决于其作品的艺术性。若干世纪之后，20世纪中国发生过的惊天动地的社会大事件，必然会被时间推向历史的深处，新闻摄影、报道摄影和纪实摄影的影像只不过是翻查历史的索引。而作为艺术杰作的经典摄影影像，必然历久弥新地流传于人类文明的意象中，焕发出永远也不过时的艺术生命力——沙飞的摄影作品，有可能因而获得这份超越时空的永恒荣誉。

王瑞：旅美摄影评论家。原文翻译成韩文，发表在韩国摄影小黑书《沙飞》（2011）。中文版载国家博物馆"百年沙飞——纪念沙飞诞辰百年摄影作品捐赠图录"（2012）。

评论沙飞摘选（2005~2014）

史称沙飞是中国革命摄影的先驱，也有人说他是红色摄影记者第一人，但由于其悲剧性人生的结局，共和国前三十年回避了这个名字。国家开放了，许多观念改变了，这个名字又光明正大地署在照片下面，研究和关注沙飞的也越来越多。

二十余年来，沙飞的战友、同事和一些研究者，尤其是他的家属，竭尽全力搜集了大量资料，写了许多文章介绍沙飞，使公众见到了很多沙飞当年拍摄的照片，在此基础上，王雁经过十多年的努力，终于让我们见到了一个有血有肉、有优点也有缺点的摄影人——沙飞。

闻丹青：《铁的颜色》（2005年）

沙飞身处的年代是一个个人自由空气十分稀薄的年代，家国与民族的巨大不幸完全压倒并窒息着一切，个体生存的本能反应直接被转换成简单的政治抉择，而这对生逢其时的绝大多数艺术家来说，意味着的是束手无策，是创作机会与环境的断然被剥夺，所幸的是沙飞却成了此中异数。在所谓的时代洪流无情涤荡一切美学元素的同时，他那近乎偏执和献祭般的精神气质与时代发生了强烈共鸣，奇迹般地为他——也令他为那个时代——留下了一系列不朽的纯粹图像（尽管其中诸多作品被覆盖以种种政治与时事符号）。但这种共鸣的能量竟是如此巨大，以致沙飞最后也在应接不暇、轰鸣不息的巨响里出现了致命错乱，终于以一种迥异于他人的方式，与不少同时代的艺术生命殊途同归于残酷的静寂之中。

吴少秋：《沙飞摄影选集》出版前言（2005年）

我的父亲沙飞
My Father H.Szeto

评论沙飞摘选（2005-2014）

司徒家族史部分让人大开眼界，对人们认识沙飞的选择和最后的命运结局多有帮助。

刘苏里：《个人史到底有多大张力？》（2005年）

一个知识分子卷入战争里，倘若带着思考与诘问，心绪则大不相同了。沙飞过于敏感，对一草一木、一人一事，凡有特色的均不放过。沙飞镜头下的世界充满了焦虑，他的作品大多是不和谐的悸动，刀光剑影之下的世界，一面是凶暴，一面是挣扎，即便是平静的地方，也仿佛随时迸出声音。那些场景是一个受辱者的选择，时代的紧张、死灭、惊恐都弥散开来。沙飞关于抗战的种种照片，都可视为无言的诗。那里隐含着诸多情感，许多感慨是超越逻辑的。一个不安的灵魂穿越于山水之间，点画出民族的烽火图。我每每看到类似的作品就想，那些象牙塔里的巨著固然高贵，可在民族危难的岁月，血海里的诗与我们的心却贴得更近一些。

沙飞记录了一个时代的光影，但也死于那场战争的阴影里。我觉得他的死比那些留下的照片更为惊心动魄，因为复仇而杀死解放军里的日本医生，无论今人怎样解释，那里的悲剧结局是含着历史的无奈的。

孙郁：《寻觅战火里的父亲》（2005年）

中国现代摄影史的一道难题是：我们如何讲述沙飞的故事。

正是因为王雁大量引用的口述历史材料，为我们描绘了一幅其意义远远超出沙飞个人悲剧之上的历史图景，它的丰富性足以让我们浮想联翩，整体性地反思一个人和一个时代。

沙飞绝对是革命阵营里的一个另类。这一点也许被一个认真的、以献身的激情在工作的革命斗士的形象所掩盖了。

沙飞具有一种精神性极强、殉道式的狂热品质。通过他女儿的描述，我们可以感到两个沙飞：一个是作为爱国主义者、人道主义者、理想主义者的沙飞；一个是作为革命者的沙飞。

沙飞的同情心和悲天悯人的情怀都寄托在一个革命的目标上。沙飞的全部的思想在一个民族危亡、抗日图存的年代，是很容易和革命的目标相互

我的父亲沙飞
My Father H.Szeto

评论沙飞摘选（2005-2014）

重合并取得高度一致的。沙飞的牺牲精神、工作激情甚至超过了那些纯粹的"布尔什维克"。在抗战的日子里，沙飞的热情、勇气和这个时期革命的要求是高度吻合的；一旦革命的目标有所调整，革命所面临的问题发生变化，沙飞和革命之间的矛盾也就公开化了。

沙飞有革命所不能容忍的一面：天才式的、才子气的、个人意气的、唯美倾向的一面。即使在那么艰苦的条件下，他都要求他的画报质量应该是最好的，效果达到可能情况下的最好。他会不顾一切地坚持个人意见，他不在乎对方的身份、地位；他不在意上下级的尊卑；他永远是我行我素；他永远是坦诚相见，想说就说，想骂就骂。这一切都是犯忌的。他无法成为革命机器上的一颗螺丝钉。他只适合做一粒自由飞翔在祖国天空上的沙子。沙飞悲剧就在于他是沙飞。

如果不是爱才、惜才的聂荣臻、朱良才、潘自力等人，我们很难想象沙飞能在晋察冀边区有多大的作为。

沙飞的悲剧，是关于理想、激情和英雄主义的悲剧。他留给了我们一个可以继续解读、不断诠释的话题。

孙振华：《诗意的癫狂——我们如何讲述沙飞的故事》（2005年）

沙飞在拍摄了大量的反映敌后军民积极抗敌、开展根据地民主建设的活动的同时，还负责筹备创办了中共领导下的抗日根据地第一本摄影画报《晋察冀画报》。对当时处于艰难物质条件下坚持抗战的边区军民来说，《晋察冀画报》可说是一种非常先进的、全新形态的宣传媒介。

从1940年受命筹备到1942年7月7日正式出刊，沙飞和他的同志们费时近两年。作为一份宣传杂志，它所担负的使命是宣传敌后根据地抗日军民的各个方面的活动，鼓舞士气。而沙飞为这本画报的成长付出了极大的心血。《晋察冀画报》的创办，是中共领导下的各抗日根据地内的首创，随后其他根据地才有跟进之势。在物质条件极其简陋的战争年代里，要使这份杂志不间断地持续出版，可以想见沙飞及其同志们克服了多么巨大的困难。

《晋察冀画报》不仅仅是一种宣传工具，同时也成为培养、输送中国革命摄影人才的学校与人才储备库。在《晋察冀画报》工作过的许多人后来都

我的父亲沙飞
My **Father** H.Szeto

评论沙飞摘选（2005-2014）

在中共建立政权后成为领导中国新闻摄影工作的干部。由此可见《晋察冀画报》之于中国革命摄影的重要意义。

顾铮:《沙飞和他的时代》（2007年）

在最新出版的《中国摄影百年》上，对于沙飞的注解只有一句："沙飞，无可替代。"

"人在底片在"成为画报社上下不容违背的第一准则。当这些抗战时期的底片在解放军画报社资料室被一一凝望时，人们才终于知道，沙飞的眼中所看到的，不仅仅是他镜头里的世界，也不仅仅是他生活过的那个时代。

他总是踩着时间的节点，出现在适当的场合。鲁迅、白求恩、聂荣臻与日本孤儿……不在场的时候他也会突然回归并且遭遇。

张泉:《沙飞非凡岁月》（2007年）

沙飞从家族血缘传承的激进个性基因，潜移默化地在他人生的每个重要关头，下意识地起到了举足轻重的定向作用。沙飞生世履历中的许多看似一意孤行的关键性抉择，无不受这股自幼深植于他血缘深处的家族性情基因所制导。如果沙飞不是司徒家族传人，他后来必不会成为杰出摄影家的沙飞。

王瑞:《沙飞摄影生涯溯源》（2008年）

沙飞不是流行版的英雄故事，而是一个悲剧，一个在双重煎熬之中产生错乱和分裂、出现障碍和迷失的悲剧性的人物，一个另类的英雄——多面然而真实的英雄。

作为摄影家的沙飞，在记录战争和苦难的时候，却使自己成为中国式苦难的一个最具象征性的悲剧形象，一个归家无影的游魂。

不幸的是一个人的悲剧弥漫在一个时代，成为一代人无可逃离的苦难，战争影像之外的内心的苦难，以及献身而不被认同的宿命。

邓启耀:《战争、苦难与知识分子的认同危机》（2008年）

我觉得沙飞的个性对他的命运有决定性的影响。以沙飞的个性，沙飞是

我的父亲沙飞
My Father H.Szeto

评论沙飞摘选（2005-2014）

过不了以后政治运动一道一道的"关"的。

  革命是破坏一切秩序，革命战争年代是一个极端的年代，沙飞成长在这个年代，他的激情和癫狂，他的敏感和偏执都和它有关。沙飞的结局是不幸的，他永远定格在38岁，在即将革命胜利的时候倒下，使他没有成为领导干部，这看起来遗憾，其实也没什么，这使得沙飞永远是一位本色的人。

高华：《沙飞：在祖国的天空中自由飞舞的
一颗沙粒》（2008年）

  纵观沙飞一生的摄影实践，他是一个思想大于实践或重于实践的摄影者，或者说，摄影只是他表达个人思想的一种手段、一个载体。

  沙飞的悲剧，身体的、精神上的疾患是确切的但又是表象的，而源自灵魂的、思想上的困惑和痛楚，才是根本性的。

  置身于二十世纪三四十年代的智识者，处于民族危亡和历史变局的夹缝中，大多经历着这样的心灵痛苦和精神改造过程；就隶属于政治集团内部的摄影者而言，沙飞是具有典型意义的一个代表。

孙慨：《作为思想者的摄影师沙飞》（2009年）

  沙飞是中国20世纪具有开创意义的摄影家，他也是广东近现代历史上值得我们永久怀念的一个文化名人，他不仅是一个艺术家，也是一个具有悲天悯人情怀的行动者。在他短暂的一生中，他以高度的人道主义情怀和非凡探索的摄影创作，为我们留下了一笔宝贵的艺术和历史资源，沙飞用手中的照相机在短暂而又充实的生命中，不断给时代留下剪影和切面，他的作品充满对人类命运和苦难的关怀，也推动社会进步。他这种利用摄影语言关注社会和人类自身命运的精神，成为激励后人从事摄影事业的强大动力，沙飞影像研究中心秉承这种人道的精神，并以此为基础进行学术探讨以继承发扬沙飞的精神。

胡舒立：《沙飞影像研究中心第二届学术研讨会致辞》（2010年）

  中国共产党坚持八年抗战当中一个很大的亮点是晋察冀边区。因为那是

我的父亲沙飞
My Father H.Szeto

评论沙飞摘选（2005-2014）

模范区，是样板，是得到国共双方以及盟军盟国高度认可的，是一个代表敌后在政治军事经济文化方面，全面体现新民主主义气象的政治实体，所以才产生出沙飞的作品。

陈卫星：《沙飞影像研究中心第二届学术研讨会发言》（2010年）

让我们向沙飞、石少华、吴印咸、郑景康等先驱者表示深切的敬意，让我们向千千万万为民族解放献身的或名声显著或默默无闻的烈士和前辈表示深切的敬意，让我们向顾棣老人这样的革命亲历者和历史追寻者表示深切的敬意。

陈瑞林：《沙飞影像研究中心第二届学术研讨会发言》（2010年）

向顾棣先生表示敬意！因为他工作的意义无论怎样评价都不为过。对历史有探究的兴趣，我想大家彼此彼此；进一步，以历史研究和撰述为职业，本身就不是件很容易的事情，而他能用整个生命去挖掘、整理和传承一段历史，这就非常令人感佩。向司苏实先生表示敬意！我知道他的努力融入了整个红色摄影史研究之中，他所发挥的作用可能仅仅因为谦逊而被大大地隐瞒了。向王雁女士表示敬意！我阅读了她的书，很认真地阅读了。那不仅仅是一个个人的家庭叙事和对自己父亲的追念，实际上有着更加宏大的叙事理由，就是对一代精英的集体再现。

金宁：《沙飞影像研究中心第二届学术研讨会发言》（2010年）

红色摄影共产党这一代幸亏有沙飞这个群体，这些人有专业记忆，有报国理想，这些人是特别可贵的。

展江：《沙飞影像研究中心第二届学术研讨会发言》（2010年）

如果把沙飞框定在红色摄影的范围之内，我觉得太局限了，沙飞有一部分是属于红色摄影，但是红色摄影完全没有能力也没有力量可以捕获一个真正艺术家的灵魂。向摄影家沙飞致敬。

张念：《沙飞影像研究中心第二届学术研讨会发言》（2010年）

我的父亲沙飞
My Father H.Szeto

评论沙飞摘选（2005-2014）

沙飞的成功，主要不是他的艺术才华，而是他所处的具体环境需要他的才华。

沙飞当然是优秀的艺术家。他留下的作品，让后人惊叹，残酷战争、破碎山河竟可以拍得如此美、如此动人。

沙飞的幸运在于，他毕竟一度拥有了一个可以发挥自己才华的空间，做成了革命的摄影事业。重要原因在于，晋察冀军区司令聂荣臻原就是摄影爱好者，他赏识沙飞的才华，支持军区的摄影事业。所以沙飞在晋察冀生活受优待、工作得支持，而他也没有辜负领导的期待。《晋察冀画报》开创了党领导的根据地画报事业，影响直到海外，成为聂领导下的"晋察冀模范根据地"的标志性文化产品。只1940年沙飞拍摄的那张《聂荣臻将军与日本小女孩美穗子》的照片，就给聂荣臻和党带来了巨大的宣传效果。

沙飞的成功，表明在特定时空中，艺术与革命可以相得益彰；沙飞的悲剧表明，艺术家的个性与革命的集体主义毕竟有着严重的冲突。

沙飞的摄影艺术之所以至今仍为人景仰，重要原因就是他把自己的个性、感情、创意表现出来了。

单世联:《个人与集体：由沙飞故事所想到的》（2010年）

沙飞精神的核心是持续关注人类的苦难命运，并用摄影的方式予以记录。沙飞的人生是悲剧，但这首先是时代的悲剧，而不仅仅是个人的悲剧，因为从沙飞的悲剧中，我们可以看出苦难与知识分子的严峻关系，透视出在战争与革命的年代，中国的精英分子的艰难与义无反顾的人生抉择。沙飞的遗产告诉我们，视觉记忆对于历史是多么重要。所以沙飞的精神遗产就必然包括我们对历史的记忆，包括在新的条件下，如何为抗拒失忆，尤其是那些人为的、因着各种利益而强迫人们失忆的可怕现实。我们不会忘记沙飞，就是为了不忘真实的历史。那是我们的信念所在。

杨小彦:《沙飞精神的时代意义》（2011年）

20世纪80年代初，中国摄影界首次公开评价沙飞，这在当时还算逾越雷池之举，1981年《中国摄影》杂志第3期发表了中国新闻摄影学会会长蒋

我的父亲沙飞
My Father H.Szeto

评论沙飞摘选（2005-2014）

齐生的文章《沙飞——开创中国人民革命摄影事业的革命摄影家》。这是我国第一次对沙飞的历史贡献做出评价，也是中国学术界将沙飞的摄影事迹和人生的真实情况首次公之于世，得到了各界的关注，也得到了沙飞战友的支持与响应。

沙飞的摄影作品表现出强烈的中国时代特色。他的镜头面向中国大众。以此而论，也同样具有国际性。尽量完整地收藏、研究和展示沙飞的作品，无疑是博物馆承担的无比重大的历史责任。

沙飞是中国文化史上的醒目符号，让沙飞的名字与其摄影艺术作品超越时空与世共存。

陈申:《沙飞——中国文化史曾经缺失的符号》（2012年）

晋察冀的摄影图像不仅流传后世，更重要的是在如火如荼的抗战期间，《晋察冀画报》这一媒介平台在当时就发挥了巨大的宣传动员作用。

由于新中国成立后近30年的非正常政治生态以及晋察冀画报社主任沙飞（1912~1950）的非正常死亡，20世纪80年代之前晋察冀画报社和沙飞的一段历史少有人提及。随着政治气候的回转以及学术界整理中国摄影史的内在需要，这段几乎湮没的历史开始浮出水面。

杨健:《政治、宣传与摄影——以〈晋察冀画报〉
为中心的考察》（2014年）

自序：父亲对我是永恒的

王　雁

1950年3月4日，我的父亲沙飞在石家庄被处以极刑时，他未满38周岁。那年，母亲38岁，我们五个孩子，大哥17岁，大姐15岁，我4岁，弟弟3岁，小妹1岁。

1945年7月抗日战争胜利前夕，分离了8年的父母亲在河北阜平坊里村团圆了。1946年5月我出生在河北张家口，我是他们破镜重圆后的第一个孩子，父亲亲自给我起名为王小辉，以表示对改名为王辉的妻子的爱，父亲当时还说，将来全国和平了，几个孩子还是要改回他的姓——司徒。上大学时我自作主张，改为现在的名。生不逢时的我面临着内战即将爆发，我只当了父母亲几天的掌上明珠，还未满月就被送到河北怀安县柴沟堡一个老乡家。9月父母撤离张垣时把我留下。

1950年春天孟昭瑞奉石少华之命将我接到北京、送进华北军区八一学校幼儿园时，父亲已去世一个月了。我的记忆从那时开始，校长、老师及小朋友的父母几乎都知道关于父亲的事，他们经常爱怜地抚摸着我的脸说，你爸爸太可惜了……因此我从小就知道父亲叫沙飞，他原来在部队里专门照相，由于他开枪打死了一个日本医生被枪毙了。

不久，母亲被人民银行派往香港接收中国银行，后来她在广州工作，把小妹接去了。

每逢周末小朋友的父母都来接孩子回家，我羡慕极了，而我和从河北阜平上庄老乡家接来的弟弟无家可归，学校就是我们的家。

那时候，母亲到北京开会时来看我们，在东北空军当兵的大哥和正在读中学的大姐来看我们，石少华叔叔和夫人连斐娥阿姨来看我们。20世纪80年代初，有一次我到石少华叔叔家，连阿姨送给我几张照片，是他们带着大儿子志民到八一学校看我和弟弟时拍摄的，她对我说："你们小时候，我们去八一学校看你们，你抱着我问：'阿姨，你是不是我妈妈？'我说不是。你又问我：'哪个阿姨是我妈妈呀？'我的眼泪都

我的父亲沙飞
My Father H.Szeto

自序：父亲对我是永恒的

流出来了。"那时的我真是太小、太小了。

当时的八一学校是极特殊的环境，开国元勋、高级将领及烈士的子女很多，被留用的日本人的子女、曾有功劳但犯了错误甚至非正常死亡人的子女也不乏其人，后者并未被归为另类，而是被归入"烈士子女"的行列。毛泽东、朱德、周恩来、邓小平、贺龙、聂荣臻等人的子女、侄、孙，大多在这里读书。因为是在八一学校，所以父亲的死没有给我幼小的心灵造成太大的创伤，在校长老师的关怀、同学的友爱中，我身心健康地成长，无忧无虑地度过了12个春秋，初中毕业时因获金质奖章被保送到北大附中。1963年我从北京回到广州母亲的身边。在家里她从不提起父亲，其实从来没有任何人认真地告诉过我关于父亲的事。随着年龄的增长，我越来越渴望了解自己的父亲。

1965年夏天我高中毕业前夕，趁母亲出差时，偷偷打开了一只从未见她开过的旧木箱。在一个黄色的牛皮包里有个小铁盒，里面果然有我坚信应该有的东西：父亲年轻时穿西装的照片，父亲母亲哥哥姐姐的合影，父亲在广州、桂林影展的会刊，父亲未写完的自传，1950年2月24日中国人民解放军华北军区政治部军法处关于判处沙飞极刑的判决书等文件。

我受到强烈的震撼。我终于知道了自己父亲的生与死！第一次看到父亲的照片，发现自己长得那么像他！我感觉到血管里流淌着父亲的血，血缘把我和他紧紧地连在一起。我把照片拿去照相馆翻拍，把文件都抄下来。夜深人静之际，我常常把照片、判决书拿出来，看着，吻着，流着泪，这是我少女时代最大的秘密。我还把全家合影送给北京的儿时知心朋友汪兴华，让她与我分享所有的欢乐与痛苦，她的父亲汪克明将军和那时才三岁的她及同胞姐姐建华都曾是父亲的病友，在父亲狂癫的日子里，他们给过他友谊与欢乐。

岁月匆匆流逝，几十年过去了。

从知天命之年起，我开始一点点寻觅父亲的踪影，一步步走近遥远、陌生的父亲……

父亲，对我是永恒的。

2005年3月

我的父亲沙飞
My Father H.Szeto
自序：父亲对我是永恒的

（作者注：此处老照片，除署名、照相馆拍摄外，其他照片推论：柴沟堡照片由白田野、孟昭瑞拍摄，八一学校照片由大哥王达理、石少华拍摄。石少华、妈妈和大哥保存并送给我。）

沙飞。1931

沙飞王辉夫妇及长子王达理（右二）、长女王笑利（左一）。1946.张家口

王雁在河北怀安县柴沟堡

王雁与奶妈在河北怀安县柴沟堡

我的父亲沙飞
My **Father** H.Szeto

自序：父亲对我是永恒的

王雁与奶妈全家在河北怀安县柴沟堡

王辉与三个小孩王雁、王毅强、王少军（中）。1951.9. 北京八一学校

我的父亲沙飞
My Father H.Szeto

自序：父亲对我是永恒的

王辉与五子女。王辉（左二）、长子王达理（右二）、长女王笑利（右三）、二女儿王雁（右一）、小儿子王毅强（左一）、小女儿王少军（中）。1954. 北京

王雁与弟弟王毅强在北京八一学校。1950

王雁与弟弟王毅强在北京八一学校。1951.9.9

我的父亲沙飞
My **Father** H.Szeto

自序：父亲对我是永恒的

石少华、连斐娥夫妇带长子石志民（左）到八一学校看望王雁、王毅强姐弟。1953.9. 石少华摄

前起：石志民、王毅强、王雁。1953.9. 石少华摄

我的父亲沙飞
My **Father** H.Szeto

自序：父亲对我是永恒的

王雁与弟弟王毅强在北京八一学校。1954

王雁与大哥王达理。1954

作家与学者信简

◀ 邵燕祥致王雁的信

▲ 周大新致王雁的信

▼ 张洁致王雁的信

▲ 谢冕致王雁的信

▲ 萧乾致王雁的信

◀ 陈秋影致王雁的信

▲ 叶文玲致王雁的信

▼ 朱苏进致王雁的信

▲ 张抗抗致王雁的信

◀ 罗工柳致王雁的信

◀ 冯德英致王雁的信

▲ 池莉致王雁的信
▲ 邓刚致王雁的信
▲ 张贤亮致王雁的信
▲ 李国文致王雁的信
▲ 钱中文致王雁的信
▲ 梁晓声致王雁的信
▲ 邓友梅致王雁的信
▲ 梅志致王雁的信

第一章 选 择

1. 传说中薛仁贵的后裔

—— 司徒家族

沙飞于民国元年即1912年5月5日出生于广州潮音街一个商人的家庭。他在对外开放的、民主革命的策源地广州度过了童年、少年时代。

沙飞的父亲姓司徒，名俊勋，字炜如，于1888年1月3日出生于广东省开平县赤坎镇中股乡书楼村。小小村落位于西头嘴桥头潭江支流的交汇处。书楼村历代繁衍至今，常住70多户200余人，遍布海内外300余人。

沙飞的祖父是个商人，他在广州、开平有两个商铺，做瓜果、蔬菜生意，他还有房产、船只，资本超过10万元。他

广州潮音街——沙飞出生地。2004

沙飞后人，及沙飞二弟媳与子媳、六弟媳回家乡开平赤坎镇书楼村。2005

有四个儿子、两个女儿，俊勋在家中排行第四。祖父死后，财产传给长子，大伯既抽鸦片，又赌博，很快破产了。俊勋十六七岁由开平只身到广州谋生，开始在商店做杂工，后来开"荣记行"，做药材、猪鬃等杂货生意。1910年俊勋娶了五加皮酒厂李老板的女儿。沙飞的母亲李慕颜，1891年九月初九出生于南海县五眼桥。俊勋夫妇婚后居住在广州，俊勋走南闯北，到重庆、贵阳、桂林、

我的父亲沙飞
My Father H.Szeto
第一章 选择

柳州、梧州采购药材，再卖货到香港、上海，甚至远涉南洋，到新加坡、马来亚、越南等地；慕颜读过3年书，脾气好，善良、勤劳、能干，烧得一手好菜，是贤妻良母。

长子的出生令俊勋夫妇非常高兴，他们给儿子取名司徒传，别名司徒怀。亲朋好友、街坊邻里都向他们道喜祝贺，夸阿传长相富贵，前途无量。

俊勋夫妇每两三年生一个孩子，共生了六个男孩、两个女孩。

沙飞的家庭是温暖的，童年是幸福的。他是长子，自幼聪明、调皮，深得父母宠爱。一次四岁的小沙飞跟二弟打架，母亲被气哭了，他倒杯茶拿到母亲床边说，我以后不欺负弟弟了，他再没与弟妹们打架。小沙飞从十来岁就学会做饭炒菜，来客人时，母亲掌勺，他当助手。冬日里全家人围着炭炉，边喝酒边吃狗肉，父亲就笑着说，吃了狗肉，才知天下之美味，狗肉扶旺（汪）不扶衰。父子俩一样，爱吃狗肉，爱喝酒。

俊勋为人正直、开明，喜欢看报纸，有强烈的爱国思想。他时时勉励孩子们勤奋学习、有志气、能吃苦、将来做大事。他常给孩子们讲林则徐烧鸦片、三元里人民抗英、黄花岗七十二烈士的故事。他讲得最多的是司徒家族及家族传奇人物——司徒美堂。

史载：司徒族以官职为姓。司徒族盛于汴京，战争离乱，播迁华南。开平赤坎镇司徒家族族谱记载：始迁祖司徒新唐生于1324年，卒于1394年，他和亲族的后裔数十代子孙，由元朝至今聚族而居在开平潭江两岸赤坎镇的十几个乡、几十个村落。

族人欢聚：司徒月桂（左二司徒美堂孙女）、司徒乃钟（右二司徒奇之子）、司徒歌今（左一司徒乔外孙）、王雁、王少军（右三、右一沙飞之女）。2008.11.（第七届世界薛·司徒凤伦联谊大会在广东开平市召开）

关于这个家族有个古老的民间传说，唐朝薛仁贵的孙子薛刚反唐，要诛九族。薛刚逃命前，算命先生说，你背个小公鸡向南跑，它在何处叫啼，你就在何处落户。薛刚南逃到广东开平赤坎镇，鸡叫了，他就落户

我的父亲沙飞
My Father H.Szeto

1. 传说中薛仁贵的后裔 —— 司徒家族

了，司徒与"私逃"同音，薛刚改姓司徒。直到今天，开平赤坎滘堤（叫啼）洲司徒家族在祭拜祖宗时拜薛仁贵，世界薛·司徒凤伦联谊会每隔几年都要组织一次活动。

2008年11月，第七届世界薛·司徒凤伦联谊大会在广东开平市召开。来自海内外的薛·司徒凤伦两姓乡亲和特邀嘉宾600多人出席盛会，畅叙亲情。大会举办了司徒美堂、画家司徒乔、画家司徒奇、摄影家沙飞（司徒传）等人的展览。

清末民初，开平、台山等地成为全国著名侨乡。司徒家族的青壮年男人，大多数告别父母妻儿，到美洲、南洋谋生；女人们守着空房，打发着寂寞的日子。现国内姓司徒的有3万余人，海外及港澳台亦达3万。

司徒美堂1868年出生在开平赤坎，14岁到美国谋生；曾应征入伍，作为厨师随美国军舰到南美、欧洲各国；17岁加入洪门致公堂，又自建安良堂。他以正直、勇敢、见多识广赢得华人的拥护，成为华侨中的实力派。洪门人

司徒美堂故居。2005

士尊称他为"龙头"，即洪门最高领袖。1904年孙中山在檀香山加入致公堂，并在波士顿与美堂结拜为兄弟；美堂请中山先生在自己家住了5个月，并自愿为他当厨师及保镖。美堂追随中山，为推翻清政府、建立共和奔波。1911年3月广州武装起义失败，国内电告中山急需经费，美堂等美加华侨筹集15万美元汇回中国。孙中山任临时大总统后，电邀美堂回国任总统府监印官，他以"洪门宗旨，功成自退"为由婉辞。沙飞是听着司徒家族、听着美堂公的故事长大的。

司徒俊勋与在广州的族人关系密切。20世纪20年代初，司徒郁是广州商会会长。俊勋常参加商会活动，与比他年长的司徒郁等来往频繁。司徒家族定期去茶楼喝茶。宗亲们从家乡、国内其他城市或海外来，他们都聚会。每次俊勋都带

我的父亲沙飞
My Father H.Szeto
第一章 选 择

着妻子、孩子们参加。住在岭南大学（今中山大学校址）的司徒郁夫妇带着在岭南中学毕业、喜欢绘画的司徒乔和年幼的司徒杰、司徒汉几兄弟来。12岁离开家乡到广州求学的司徒慧敏也常来，他父亲司徒盛赞是加拿大华侨，早年在美洲参加兴中会，追随孙中山。慧敏比沙飞只大两岁，论起辈分，他是"有"字辈，沙飞是"尚"字辈，反而长几辈。但他们互称阿敏、阿传。

司徒家族的人见面分外亲热。每次聚会分成两围，司徒郁、岭南大学附小校长司徒卫等聊着国内外新闻、家族的事及各自的见闻，女人们在另一桌谈家务、丈夫、孩子。男孩子们爱听男人们聊天。司徒美堂、中国第一艘万吨轮设计者司徒梦岩……是家族的光荣与骄傲，这些名字和他们的经历、伟绩深深地打动着沙飞。每次聚会，沙飞与慧敏总喜欢跟比他们大10岁的乔在一起，乔跟他们谈艺术、谈人生。他们对乔很崇拜。

俊勋每年清明带孩子们回家乡。1925年清明节，开平赤坎镇司徒族一年一度拜祭太祖的仪式上午举行。一世祖新塘公宽阔的墓场上，聚集着从赤坎镇各村来的、国内各地回乡的、海外归来的司徒氏族人。族长致辞：新唐太祖历尽艰辛，勤奋开拓……今天，新唐子孙兴旺，裔孙们齐集追溯祖先、祭奠先人、思念前贤；今天，旅居海外的司徒氏子孙为了广开民智、振兴中华、发展家乡教育捐建的司徒氏图书馆落成。

沙飞后人拜祭七世祖新唐司徒公墓，右起：长孙王平、次子王毅强、长子王达理、二女儿王雁、小女儿王少军。2005.余沛连摄

我的父亲沙飞
My **Father** H.Szeto

1. 传说中薛仁贵的后裔 —— 司徒家族

司徒新唐公墓地之"司徒旗石"。2005

司徒新唐公墓地之"不迁祖新唐司徒公"。2005

赤坎古镇。2014

司徒氏图书馆。2005

007

我的父亲沙飞
My Father H.Szeto

第一章 选择

扫墓后，族人们聚集到潭江边新建的钟楼——司徒氏图书馆，三层楼及小庭院挤满了人。沙飞与司徒慧敏、司徒奇等大男孩一起聊天，一群小男孩围着他们。他们正在求知欲最旺盛的年龄，乐于探索未来，对人生充满幻想、对先辈的英雄业绩无限崇拜。他们对艺术有极大的兴趣及热忱，渴望长大后报效祖国。他们哈哈大笑：我们是喝潭江的水长大的！沙飞感受到血缘的力量、家族的凝聚力。他知道，无论走到哪里，司徒族的人都会互相提携、帮助。

司徒慧敏两年后参加广州起义，1928年赴日本；司徒奇于1926年考入广州市立美术学校，后转入上海中华艺术大学。

沙飞高小毕业后，考入不收学费的公立广东省无线电学校。他还同时考入广州育才英文学校。沙飞学习十分勤奋，晚上在家里的桌子上，练习收发报指法，调皮的四妹不让他练，他不发脾气，耐心地哄她：女皇帝，你别打扰我，去睡觉吧。妹妹睡觉后他再苦练。他爱看书，喜欢文学，爱读鲁迅的小说、郭沫若的诗。

北伐前夜的广州，掀起反帝爱国热潮。"打倒列强，除军阀，国民革命成功，齐欢畅！"这支歌曲街头巷尾随处可闻，天天有群众大会、示威游行，学生们手挥红旗，发传单、贴标语、演讲。少年沙飞深受感染。

1926年沙飞在无线电学校毕业，时年14岁。广州无线电台报务主任司徒仙洲想录取这位族侄，说月薪至少40元，他说考虑考虑。他去黄埔军校拜访无线电高级班教官、族叔司徒璋。他到黄埔岛，陆军军官学校大门的对联扑入眼帘，左联：升官发财请往他处；右联：贪生怕死勿入斯门；横批：革命者来。他被震撼了。司徒璋对沙飞说，北伐将要开始，国民革命军需要出类拔萃的青年。沙飞毅然决定从军，在军用电台当报务员。母亲舍不得他远征，父亲则支持他出去闯荡，薪水高，也是父亲同意他去的重要原因。

1926年7月，广州东校场隆重举行北伐誓师典礼。黄埔军校校长蒋介石任总司令，士兵们穿着崭新的军衣，肩扛新枪，排列着整齐的队列，高呼着"三民主义万岁""打倒军阀"的口号。大会发布《告海内外同胞书》。7月底，国民革命军分三路出师，浴血北伐。

沙飞在第一军。他随军乘船到上海，又先后抵达宁波、徐州、济南、天津、北平等地。在军中，他年龄最小，但收发报技术熟练。电台的工作不能间断，每部机器四名报务员轮流值班，不停地收、发一封接一封的电报。紧张而劳累的军

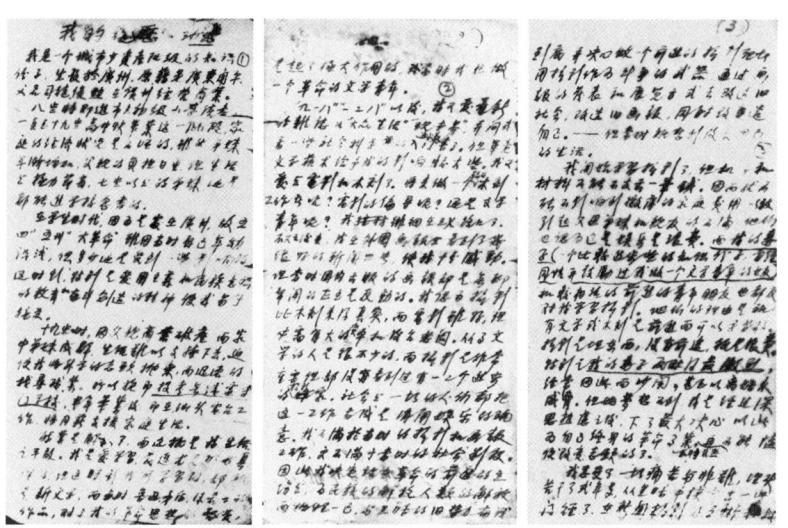

我的父亲沙飞
My Father H.Szeto

1. 传说中薛仁贵的后裔 —— 司徒家族

旅生活锻炼了他的体魄，磨炼了他的意志，开阔了他的眼界。在军中他月薪 60 元，每月寄钱回家，头两个月寄 40 元大洋，后来寄得还多一些。

1928 年 7 月，南京国民政府宣布北伐成功。1928 年底沙飞随部队从北平回到广州。他给全家人讲这两年的见闻，他慷慨激昂的演说，给弟弟妹妹留下了深刻的印象。几天后他奉调到广西梧州云盖山军用长波无线电台当报务员。司徒璋的侄子司徒勋是该电台报务主任，当时三十来岁。沙飞在梧州军用电台驻扎了

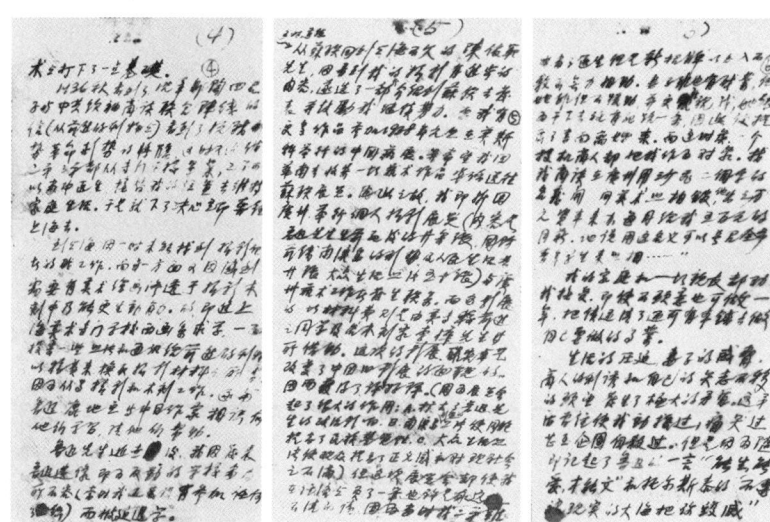

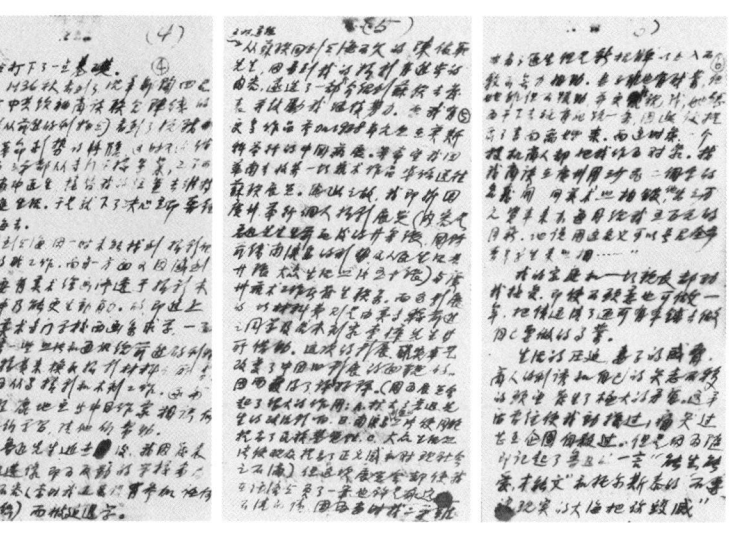

我的父亲沙飞
My Father H.Szeto
第一章 选择

沙飞 1942 年为入党写的《我的履历》

三年。

　　沙飞于 1942 年申请加入共产党时，向党组织递交《我的履历》。在这篇三千多字的履历中，他比较详细地讲述了自己的经历及心路历程。

　　　　我是一个城市小资产阶级的知识分子，生长于广州，原籍是广东开平。父名司徒俊勋，在广州经营商业。

　　　　八岁时即进市立初级小学读书。一直至十九岁高中毕业这一阶段，家庭的经济状况是不坏的。虽然弟妹年渐增多，父亲的负担日重，但生活上极力节省，七岁以上的弟妹，还是都能进学校念书的。

　　　　在学生时代，因为是处在广州，故"五四""五卅""大革命"虽因当时自己年幼识浅，但多少还是受到一些影响的。这时期，特别是爱国主义和民族意识的教育和奋斗创造的精神使我易于接受。

　　　　十九岁时，因父亲商业破产，而家中弟妹成群，生活难以支持下去，迫使我将升学的志愿抛弃，而迅速地找寻职业。所以旋即投考无线电专门学校，半年毕业后，即在汕头电台工作，将月薪支援家庭生活。

　　　　职业是解决了，而这只是我生活之手段，我是爱学习、爱追求光明与真理的，但这时期我所学习的，都只是新文学。当时，鲁迅、茅盾、郭沫若等

我的父亲沙飞
My Father H.Szeto

1. 传说中薛仁贵的后裔 —— 司徒家族

的作品，对于我的革命思想的启发，是起了极大作用的。当时我想做一个革命的文学青年。

沙飞所写《我的履历》（1942），部分与事实不相符。他参加北伐，在国民革命军电台当报务员五年，完全没有提及。

沙飞二弟致李桦的信。1955.11.11（新中国成立后，沙飞一直没与广州的家人联系。司徒铃致函大哥早期朋友李桦，询问沙飞下落。该信2页提到：大哥随北伐军北上到北京，以后又调到广西梧州长波无线电台工作）

2. "你是我命中注定要娶的女人"

  1931年宁粤分裂。时任广州军用电台总工程师的司徒璋被任命为汕头电台台长，他请沙飞到汕头电台当特级报务员。1931年底，司徒璋带着劳耀民、李泽邦和沙飞，穿着军装进驻国民政府交通部汕头无线电台。他们接管后，电台归陈济棠十二集团军领导，又与交通部保持业务联系，改为商业、军事两用，他们换上了便服。报务主任劳耀民原在广西北海军用电台，李泽邦与司徒璋是老同事。司徒璋把译电收入的部分手续费按工资比例按月发给大家，收入提高，职员们很快安定下来。1936年汕头电台与有线电台合并为电报局。

沙飞后人寻踪，汕头原电台旧址——沙飞夫妇曾经工作的地方，右起：长孙王平、长子王达理夫妇、女儿王雁、王少军。2004

汕头民族路（原新马路）——沙飞夫妇居住的地方。2004

    电台在小公园旁，共四层楼，一楼收钱、译电码，二楼发电报，然后登记。电台有四五十人，除司徒璋、沙飞外，还有文书司徒伯荪、报务员司徒昭、投递员司徒荣，共五个姓司徒的。电台24小时营业，报务员四班倒，劳耀民与沙飞轮流值班，报务员有技术、懂英文、工资优厚。沙飞月薪150块大洋，比一般报务员高一倍。从广州来的几个人关系密切，几个姓司徒的本家互相关照。

    沙飞住在电台集体宿舍。下班后同事们常去茶楼酒馆消遣，吃喝玩乐打麻将。沙飞从不参与，甚至连司徒璋孩子满月摆酒，都不去应酬。业余时间他看书、学习。同事们说他正派、耿直、刚烈，但太孤傲。同事之间，除台长（兼工程师）、报务主任和会计，大家称呼其职务，其他人，男的称先生，女的叫姑娘。与沙飞熟的人叫他司徒或传哥，一般人称呼他司徒先生。有两个女职员，本地姑娘王辉（原名王秀荔）和上海来的陈姑娘。

    沙飞和王辉都在二楼上班，两个办公室门对门。王辉是登记员，还负责打字，报务员发报后，她要登记。沙飞很快就注意到大眼睛的王姑娘，她长得端庄，身材苗条，穿着得体，待人大方，干事利索，空闲时间默默地看鲁迅、茅盾的小说，蒋光慈的《少年飘泊者》等书。

我的父亲沙飞
My Father H.Szeto

第一章 选择

眼睛特别明亮、发电报既快又准、喜欢文学、爱激动、不随波逐流的沙飞进电台不久，就赢得王辉的好感。当时每个中国人都关心时局。"九一八"事变、"一·二八"抗战，国家的前途、民族的命运……是大家经常议论的话题，电台出了一本宣传抗日的刊物《醒来吧》。热血的沙飞和王辉都为"一·二八"捐钱出力。沙飞在办公室激愤地说，日寇如此欺负我们，有血性的中国人不会答应，必要时我会重新穿上军装。

二楼有乒乓球台，休息时一伙年轻人经常一起打球。他俩都喜欢运动，很快就熟悉了。他们经常互相借书和杂志，《大众生活》《现世界》《生活星期刊》等，当然还有他们都喜欢的鲁迅、郭沫若的作品。

一天早上劳耀民接沙飞的班，他看到桌子上一张电报纸上写满了"王秀荔"，就什么都明白了。阿传，冲！他给朋友鼓劲。

夏日的一天，沙飞主动借给王辉一本书。当时她就感觉到，他的表情与平时不太一样。他走后她打开书，里面夹了一封信：我很想到你家拜访，告诉我你家的地址。她很高兴。从此沙飞成了她家的常客。她告诉他，你们接收电台后，我害怕不敢上班，托朋友介绍了其他工作，正准备去上班，电台来人叫我回去，劳耀民谈话，要我照常工作，不要怕接收。沙飞说，要好好感谢他。

沙飞谈自己的童年，谈引以为自豪的司徒家族。知道他14岁就到北伐军当报务员，她才明白，他的发报技术为什么这么熟练。他说当时不敢告诉母亲，没拿箱子，穿了12件衣服逃跑了。他俩大笑起来。他还说，北伐到北平后，军中有人去嫖妓、赌钱，他看不惯。还告诉她，前两年父亲去外地采购药材，钥匙交给信任的会计，那人偷光了钱，父亲生意破产，又患了重病，一家生活陷入困境。他作为长子有责任承担家庭经济的重担，一定要让弟妹们都读书。他把七弟接到汕头上学，每个月寄大部分工资回家。

她理解他。他们两人有着相似的命运。

王辉《自传》（1954）

我名王辉，原名王秀荔，曾用名王玉珠、王谨之、竹影、慕秋、王励等。家庭成分职员。1911年11月15日生于香港。今年43岁。广东省潮安县第七区东里乡人。

我的父亲沙飞
My **Father** H.Szeto

2. "你是我命中注定要娶的女人"

潮安东里乡王辉娘家祖居。2004　　　　　　　　　　　　潮安东里乡王氏宗祠。2004

  祖父自少家贫，只身渡越南谋生。因与祖母结婚，得到她娘家帮助，拿了一笔钱给祖父做生意，主要做铁器杂货。渐渐在香港也有生意，规模不大。父亲和堂兄也在里面做事。祖父在越南赚了钱，年老回乡盖了一所房子，全家卅余人住在一起，又买了一些田。以前听人说有百余亩，后听母亲说大约卅亩。越南生意在祖父离开后，由堂兄木松负责，每月汇款来赡家。后因法帝的奸商利用其势力和木松年龄轻无经验，威迫利诱要他签字卖货，结果店内大部分货物被骗，钱收不到，生意就这样倒闭，香港也关门了。家乡经济因侨汇断而困难，迫不得已出卖一部分田。1932年祖父病死。留下一间屋和田。

  父亲王星汗，在香港生长、读书，毕业后一面帮祖父做工，另又设法抽走资金和朋友合股办红星洋行。他本人在行内当会计，月薪港币100元。五卅惨案发生后，洋行亏本，家庭负担大，他又有姨太太二头家，加上哥哥姐姐相继病亡，四年死三个。洋行股票全拿去抵押货款，自己积劳成肺病二年余，到1927年11月死于汕头，他死后股票被人没收。

  我家原有兄弟姐妹九人，现只剩三人。我从小在香港生长读书。第一次世界大战曾回乡一次。不久又再和家里的人去香港。在香港英华女校读书。该校是教会办的。在这学校教育下，我参加了中华基督教会合一堂，还参加合一堂组织的少年德育会。每星期六、星期日到会听讲圣书学演讲。1925年

我的父亲沙飞
My **Father** H.Szeto

第一章 选择

高小毕业，因无力再升学，随家搬来汕头，在舅母家里居住。1926年由堂姐碧风介绍我去她的朋友姓谢家里教他的女儿学粤语，数月以后，无事可做。1927年9月在汕头照顾父亲的病，直至他死。他死了以后，祖母怕我们姐妹六人会连累她，因她有点私蓄，藉名我们拜上帝不拜祖先，要把我们赶走，留下我弟弟一人。我们受不了这凌辱，回乡办理父丧后，1928年3月和母亲及四个妹妹迁汕头，弟弟则赴暹罗由细舅父供给读书。我们在汕头每天替人做抽纱、手巾、枕头和车衣服，全家辛劳每月可得二三十元，最低限度生活仅可维持。这个时候一个五妹不幸游泳溺毙。1928年8月由堂兄王镜湖介绍到汕头启予公司当打字员。这公司是汕头波宁公司几个职工合股办的。经理陈蔡圃是波宁公司职员，我的堂兄也是。该公司做进出口生意，后来生意发展了，汕头伪中国银行经理陈玉潜、副理陈德滋都参加进去。开始我每月薪金8元伪币，在公司吃三顿饭，以后增至15元，后因我妹妹要读书家庭费用增多，1930年3月由一个女医生周瑞华通过她的亲家吴少枚（当时伪市府秘书）介绍到伪交通部无线电台任登记员，每月薪金30元。干了将近十年。在这中间，陈济棠反蒋介石接收了无线电台，一些人回上海去，我因无经验怕事不敢回去，适周瑞华丈夫李仪波（侨商，抗战初期已死）和一些人组织了华侨互助社，看我无事想介绍我去

王雁到访香港英华女校——王辉及其两个妹妹曾经在这里读书。2013. 黄元摄

香港中华基督教会合一堂——王辉及两个妹妹曾经在这里做礼拜。2013. 王雁摄

我的父亲沙飞
My Father H.Szeto

2. "你是我命中注定要娶的女人"

做会计,先要我去看一天,后因无线电台派人叫我回去,因此就没有在华侨互助社工作。

因为我在汕头有一定职业,我二个妹妹王勖王勉又找到事做。我们姐妹三人每月收入八十余元,年终时多些。除了自己生活费外,只负担我们母亲一人(一个弟弟一个妹妹也死了)生活还好。但交游广,交际费也大,举凡婚丧喜庆都得送礼参加宴会。另外我在这时也学会打麻将打扑克。曾经有一个时候除办公外,整天沉在赌场(是在一个姓林家里)输了一些钱,很快我对这种生活厌倦从此绝迹。

王辉《我的自传》(1944)

母亲李瑞蓉,是广东省澄海莲阳乡大地主兼资本家的女儿,在香港约智女校读师范,文化程度甚高,为人能干,善车衣服、绣花、算术等,学习精神甚好,几年前她还每天读英文、新文字,读书,自尊心甚强。卅余岁时因家庭破产,父亲讨姨太太,儿女夭折,兄嫂看不起,郁郁不乐,常常打麻将解忧。她常教导我们,女子要经济独立才不会受人气,恋爱结婚要慎重,千万不要害人害己。这给我后来做人直到今日还有很大的影响。

我原有兄妹九人,大哥、二姐、三姐、五妹、八弟、九妹在十余年内相继而亡,现在剩下来的只有我和六、七二妹。

孤儿寡母在有钱的大家庭中受尽歧视、欺负。一次祖母对着王辉父亲的亡灵对她母亲说,你生那么多女孩,还不如生几只蛋,你留下八弟,带女孩们走。王辉的小舅李秉在泰国很有钱,在外祖父的大家庭中,他与母亲是同父同母的亲姐弟,感情好。母亲原想全家去投靠他,但得到的答复是长贫难顾,只能供八弟读完中学的全部学费和生活费。当小舅知道姐姐的几个女儿很快自立于社会时,非常高兴,又经常从泰国给姐姐寄很多钱。她们从家乡请了个亲戚当保姆,让小脚、耳聋的母亲过上舒心的日子。几姐妹没有停滞,她们补习英文,参加普通话学习班,学音乐。她们在教堂接受了洗礼,成为基督教教徒。在青年会她学弹曼陀林,六妹学拉小提琴。三姐妹中,遇事都是王辉拿主意;六妹王勖性格恬静,喜欢默默读书;七妹王勉内向,什么都听姐姐的。

我的父亲沙飞
My **Father** H.Szeto

第一章 选择

有个比她大几岁的男人一直在追求王辉。他叫吴伟机，在香港时几姐妹在少年德育会合一堂与他相识，经常一起玩。他曾在岭南大学读书，又去法国留学，现在香港政府做事，他家很有钱。她认为两家经济相差太远，不相配。双方一直保持友谊。

> 王辉《我的自传》（1944）
>
> 九一八炮声响了，我如梦初醒，感到过着醉生梦死的生活太对不起祖国，同时感到亡国灭种的危险，于是在朋友中呼号，希望大家起来救国。在这个时候我在电台认识了司徒传（即沙飞），他是报务员，是我所认识的人物中最进步的一个，他和我一样有爱国热情，在我们的推动下电台成立了一个救国会，我们都被选为常委，救国会的工作主要是捐款给东北抗日义勇军，出刊物《醒来吧》。因为思想较为接近，工作又经常接触，我和司徒传渐渐成为真理探讨的朋友了。我公余之暇司徒传常常来找我交换书籍，这时我喜欢看蒋光慈的书，如《少年漂泊者》《丽沙的哀怨》……

富于激情的沙飞对王辉说，我将来要像鲁迅先生一样当文学家，对不公平、不合理的社会，我也要呐喊！我喜欢匈牙利诗人裴多菲·山驼尔，"生命诚可贵，爱情价更高。若为自由故，二者皆可抛"，太棒了！这位年轻的英雄用鲜血和生命为自己的诗句写下了注脚，每念及此，我都不能自已。

王辉为这个有抱负、敏感、热情奔放的男人倾倒。她感觉到自己爱的男人绝不甘于过平庸的生活，他要干自己爱干的事，他渴望事业的成功。

初恋是甜蜜的。下班后他们一起看书、看足球比赛，一起去打球、去游泳。沙飞借了朋友谭友六的照相机，每当他们骑自行车到公园、海边或附近旅游时，他都给女友拍照。他的愿望就是把心爱女友的倩影永远留住。有时，李泽邦和六妹也一起去玩。

> 王辉《我的自传》（1944）
>
> 我们渐渐成了很好的朋友，进而至于恋爱，民国二十二年三月卅日我和司徒传宣布结婚。在结婚前我们受了不少的障碍。妈妈反对我和他结婚，认

2. "你是我命中注定要娶的女人"

为他家里太穷，无资产，而且负担重（他是长子，有七八个弟妹和父母要他供养）。朋友反对我，则认为他不和他们接近。因那时司很高傲不欢喜这班好嫖好赌的有钱人，而我认为他是一个有志气的男子，聪明，他与我一样十六岁时就负担家庭经济，后在军队当报务员、教官。家境虽较我穷，但这点在我是满不在乎的。在我们要结婚时，双方都表示同心合力创造一个光明的前途，这个前途是怎样的呢，在我们当时也是甚模糊。因为受胡愈之那本《莫斯科印象记》里面有几句话的影响，认为结婚不能用金钱来做保证，因此我们结婚时取消结婚戒指，因为讨厌那些污浊的结婚典礼，我们在结婚那天一方面登报，一方面下船到香港广州度蜜月去。这事他的堂叔司徒璋和母亲很反对，认为无线电界很少同事结婚，而我们在电界里的朋友很多，结婚不请人喝酒，未免太不近人情，但我们决定不理他们，因为我们不要别人的礼物呢。

1933年春节沙飞带着王辉到台长家拜年。他介绍，这是我的女朋友王慕秋女士。司徒璋不解。大方、开朗的王辉说，他知道我最崇拜鉴湖女侠秋瑾，就叫我慕秋；我叫他振华，他天天忧国忧民，以振兴中华为己任。族叔连声说，好！好！他很满意阿传的选择。

1933年3月底，沙飞、王辉预支了一个月工资，请了一个月假，带着新买的照相机去度蜜月。他们对同事保密，只有台长知道。母亲送给女儿200元作为贺礼。他们先乘汽车到广州，在离家不远的新亚酒店开了房间，然后回家。沙飞西装革履，太太身着旗袍，新媳妇拜见公婆，全家非常高兴，按照儿子、儿媳的意愿，没有请亲朋好友、没有到酒楼摆酒，一家人在家里吃了顿丰盛的晚餐。

晚上他们回到旅店。新婚之夜沙飞抱着心爱的妻子说，你是我命中注定要娶的女人！从小妈就告诉我，我出生在潮音街，将来一定娶一个讲潮州话的姑娘。这条街离咱们住的酒店不到200米。两个人融在了一起。

第二天，已经是知名画家的司徒乔、冯伊湄夫妇，广州烈风美术学校校长司徒奇，广州美术学校教师李桦来看望沙飞夫妇。司徒乔、司徒奇两人的母亲是两姐妹。李桦比沙飞年长5岁，14岁时就读于广东省无线电学校，一年后毕业，在广州电台当报务员，边工作边读广州市立美术学校，1930年到日本留学专攻美术，1931年回国。他俩既是校友、同行，又是挚友。朋友们祝贺沙飞夫妇新婚。

我的父亲沙飞
My **Father** H.Szeto

第一章 选 择

　　司徒乔告诉他们，1926 年自己在北平中央公园搞画展，鲁迅先生买了他两幅画，素描《五个警察一个0》和水彩画《馒店门前》。鲁迅买画时他不在场，但他知道，只有关切人民的画，才会得到先生的喜爱。乔画的多是漂泊的乞丐、受压迫的工人、年老的流浪汉。他还谈起自己在法国、美国的学习、生活，及最近在广州、香港搞画展的情况。乔以绘画作为终身事业，对艺术怀着虔敬之心。

　　司徒奇的油画《艺人之妻》在教育部举办第一次全国美术展览时得了第一名，他现在拜岭南画派高剑父为师，转攻国画。

　　李桦告诉朋友们，去年"一·二八"时他正在上海，亲眼看见了蔡廷锴、蒋光鼐率领的十九路军守土抗日的壮举；他与从前线下来的伤员同乘一轮船从上海回广州，在船上听他们讲述了很多悲壮的故事。他要把这些宁死不屈的将士画下来。

　　司徒家族的人都知道司徒美堂的近况。淞沪抗战时，美堂组织华侨募捐救国，他一次直接汇给蔡廷锴将军的捐款就有 50 万美元。停火后他亲自回国，把侨胞捐款和物资带到上海，慰问十九路军；今年刚就职的美国总统富兰克林·罗斯福，当年是一名实习律师时，在纽约司徒美堂建立并主持的安良堂当法律顾问达 10 年之久，他们很熟悉。现在美国华侨有什么事，美堂都与罗斯福直接通信交涉，很多时候总统会很快亲笔答复，热情帮助解决。

　　朋友们在一起有说不完的话。看到朋友们都成了才，干着自己热爱的事业，沙飞好羡慕。

　　沙飞和王辉在广州住了一周，白天回父母家，晚上住在离家不远的旅馆。他很孝敬父母，倒水给父母洗脸，到厨房做他的拿手菜纸包鸡、炸仔鸡等。全家还一起去了趟南海五眼桥外婆家，吃完饭，大家到公园一起照相。父母亲很开心。

　　沙飞见四妹慕真梳着一条大辫子，说很难看，就动手给她剪成短发。得知 13 岁的四妹还不识字，他对父母说，八妹生下来送了人，四妹是家里唯一的女孩子，你们虽然喜欢她，但封建思想严重，不让女孩子读书。我和秀荔商量了，带四妹到汕头读书。

　　沙飞带着新婚的太太去李桦家几次。他与朋友聊天时那种冲动、兴奋的表情，令王辉感觉到丈夫内心的焦躁与不安，尽管她不理解。

沙飞夫妇蜜月旅行在苏州狮子林。沙飞自拍

沙飞夫妇蜜月旅行在苏州虎丘山。沙飞自拍

沙飞夫妇蜜月旅行在南京国民议会。沙飞自拍

沙飞夫妇蜜月旅行在杭州西湖水乐洞。沙飞自拍

王辉《我的自传》（1944）

在广州住了一个星期，便转到上海、苏州、镇江、南京，再转去杭州，在杭州住了一个星期，游了不少名胜，并在秋瑾的墓前拍照，因为秋瑾是我当时最崇拜的女性之一，我很敬仰她的英勇行动，我甚欢喜读她的诗，我常幻想将来要和她一样。

蜜月中他们拍了不少相片，都是沙飞自拍的夫妇双人照，每照完一卷就在当地相馆冲洗，急切地想看照得好不好。

蜜月后回汕头，沙飞住到了新马路（现民族路）79号三楼妻子的家。王辉是个精细的女人，她认为婚后住在自己家，可以省钱，家离电台近，上班也方便。何况她是家里的顶梁柱，根本不能离开。沙飞在生活上从不多想，对他来说，有爱就够了。

回电台上班后，沙飞送给劳耀民几张照片，并在背后写明地点。

我的父亲沙飞
My **Father** H.Szeto

第一章 选 择

袁惠慈（厦门友人，受王辉七妹王勉之托）看望劳耀民（沙飞、王辉夫妇汕头电台同事）后，致王勉信（1987年7月7日）：

他对王秀荔的印象很深，谈及当年沙飞同志值班时曾在电报纸上写满了王秀荔的名字，他们曾开过他的玩笑。沙飞秀荔结婚旅行各地的相片他还有保存，未知王辉同志有保存吗？他说可以抽出几张寄去。他认为当时沙飞很进步，不和人们打麻将，爱读书，他感觉到沙飞参加了进步活动，但不好过问。

他记得到广州时曾向沙飞借过照相机学照相，还记得抗战时，他逃难到兴宁时，王辉同志曾找过他，以后就不知道消息了。

至于沙飞到汕头电报局以前的简历，他记不太清楚。他说，沙飞的叔父司徒璋和他很熟，他那时在北海，司徒写信请他来汕头的，任他为报务主任，但他也顶班，和沙飞轮流值班。他到汕头后认识沙飞是因为沙飞是朋友司徒璋的堂侄儿。劳老和司徒璋同属工程师。

劳耀民致王辉信（1987年8月12日）：

七月七日上午，有位同乡袁惠慈同志，承令妹王勉介绍来访，座谈很久。我与传兄共事时的情况，已为她详告。但关于传兄来汕台前的经历，可能当时他有谈过，但我未有注意，听后如水过鸭背，现在毫无印象，已回忆不起。他是司徒璋工程师叫来的。司徒璋是其叔辈，定知其来历。最近，袁同志曾来电话，说你需要传兄生前旅行结婚时所摄的纪念相片。我拿出相簿检查，共有十张，这些相片是传兄婚后送给我的，保存五十多年了，都已变色。现寄上九张，我留下一张作纪念，是在苏州摄的，背景是虎丘山。请查收。回忆往事，传兄与我在汕台共事，和我是比较密切的，我对他的高尚品质和正派做法，至为钦佩。当时多数同事，班后多作赌博（打麻将）消遣，我也如是。但传兄毫不沾染，而是以摄影艺术自娱。我曾与他同摄过一相，是用他的摄影机自动拍摄的。有一年我回广州探亲，向他借用摄影机，他毫不吝惜，并教会我摄影技术，如何掌握光线与距离等。当时适逢广州国庆节大游行，我拍了不少照片，也很清楚。传兄离开汕台时，未有告我要到何处工作。从此以后，彼此音讯断绝。

（作者注：1987年劳耀民先生将保存了几十年的沙飞夫妇蜜月旅行10张照片全部送还。这是现存沙飞拍摄的最早照片。）

2. "你是我命中注定要娶的女人"

司徒璋送给沙飞夫妇的结婚礼物是个镜框,上书"振华贤侄、慕秋女士新婚志禧"。

婚后,沙飞把七弟司徒彤、四妹司徒慕真都接到汕头住到家里,加上母亲、六妹王勋及保姆等,全家近10口人。当时七妹王勉去泰国舅父那里工作,八弟在广州读书。全家开始只住三楼,后来又租了二楼,家不宽敞,但充满了欢乐,充满了爱。沙飞得到太太同意,仍然把大部分钱寄给父母。

四妹去汕头时穿着母亲嫁妆改的蓝花衣服。王辉给她买长筒丝袜、黑皮鞋,还买了两块布,一块是红白格子,另一块是蓝白格子,给她做旗袍、连衣裙。她一入学就读三年级,功课跟不上,每天回家,沙飞教她算术。他给她看的一本书里有苏联托儿所的照片,他拿回家的还有胡愈之《莫斯科印象记》等书。沙飞夫妇还带弟妹们坐船去礐石公园、去海边玩。

度蜜月时王辉怀了孕。她身体一直比较弱,又经常失眠。沙飞是个好丈夫,他很体贴妻子,从不发脾气。尽管家里有保姆,但只要他回到家,就一定亲自下厨房给她做可口的饭菜,想方设法让她多吃,增加营养。他买没筋的牛肉,将肉切得很薄,炒的火候很合适,他做的炖狗肉、牛肉麦片等菜,大家都说好吃,全家对他很满意。1933年底大儿子出生了,好朋友周瑞华医生亲自来家接生,她与王辉是在看足球比赛时认识的,电台的工作是她介绍的。沙飞亲自为长子取名司徒飞,小家伙长得精灵、活泼,家里一下子热闹了许多。他特别喜欢这个宝贝儿子,这是司徒家的长孙。月子里,妻子想吃什么他就煮什么,他炖鸡汤,逼着她好好补,一回家就抱孩子、照顾妻子。1935年春,他们又生了一个女孩,也是周大夫接生,沙飞为女儿取名司徒鹰。

这是一个令多少人羡慕的幸福家庭!

然而,大家庭中,不可避免有各种矛盾。

王辉《我的自传》(1944)

我和我的爱人个性在结婚后发现差得远,因此还不能相处得很融洽,但无论如何到底还是新婚,快乐也不能说没有的呢。

结婚以后,我的爱人对我实在花了很多心血,无论饮食起居他都用很大的注意,因为我怀孕,他对我的服侍无微不至,在普通的女人也许感到幸

我的父亲沙飞
My **Father** H.Szeto

第一章 选 择

福，然而在我是一个痛苦，因为我很不愿意我爱的人为我花太多时间，而妨碍着他的进展，同时他爱我太甚，使我失却了自由、自主，我和他结婚后，不敢多到外面去玩，恐怕他在家里为我担心，同时我许多事情都要经过他的同意才做，连吃的东西他认为没营养就不给我吃。

为了这样我常常和他生气，但想到他是好意的，自己又把气压下去。

因为要节省用费，婚后我们和母亲、祖母等一同住（家庭经济好转，祖母来），他的弟妹也带来汕头读书，人多了，话自然多了，事情也就复杂起来。

3. "我要用照相机记录历史"

沙飞婚后，家庭温馨、工作安稳、收入高，使他有时间和精力学习、钻研自己喜欢的文学。他把能买到的鲁迅的书全都看完了，读得越多，他对社会、对人生理解得越深刻。

20世纪30年代，左翼文坛主将鲁迅也是新兴木刻运动倡导者，他在扶持文学青年的同时，也关怀指导木刻青年。

沙飞结交了几个朋友。何孟超，广州中山大学学生；何铁华，广州培英中学美术教师，"白绿摄影学会"组织者；谭友六，上海联华影业公司编导，从他那里，沙飞知道司徒慧敏从日本回国后在上海搞电影；张望，1935年毕业于上海美术专科学校西洋画系，汕头回澜中学美术教师，《星华日报》副刊"生活木刻"编辑，在汕头组织"大众木刻研究会"，鲁迅对他的木刻《负伤的头》评价很高，还将他的四幅作品推荐到自己收集的、1934年在巴黎和苏联举办的《革命的中国之新美术》展览。（作者附记：1986年，沈阳鲁迅美术学院院长张望在艺术摄影干部专修科班讲课，题目是"沙飞——中国革命摄影艺术的开拓者"。他回忆了1945年底在张家口与沙飞夫妇重逢后，沙飞谈到摄影与美术：摄影受客观限制很大，不像绘画那样自由发挥，要因时、因地、因人而制宜，还要真实反映现实，引人入胜；要技术精湛，不仅要勤于实践，还要迅速果敢，争分夺秒，选择角度和光；要重视真、善、美的美学原则，要有统一的和谐的关系。）

1934年6月李桦和他的学生赖少其等在广州组织"现代版画会"。李桦全身心投到版画创作中去，他与鲁迅先生从1934年12月开始通信。沙飞每次去广州都去看望他。

一直想当文学家的沙飞，看了司徒慧敏参与拍摄的电影《渔光曲》《桃李劫》

我的父亲沙飞
My **Father** H.Szeto

第一章 选 择

辛苦为谁忙。沙飞摄

生命的叫喊。沙飞摄

《风云儿女》后，想搞电影；受朋友们影响，他又爱上了木刻。他在努力，在探索，在选择。

为蜜月旅行买的照相机使沙飞对摄影产生了兴趣，逐渐迷上了这个小黑匣子。他每月给父母寄钱后，留下的不多的钱，几乎全用在了摄影上。最初每逢假日，他都和妻子带着弟弟、妹妹和孩子们出去玩，或与妻子及朋友们去打球、听音乐。慢慢地，他喜欢一个人到处奔波，拍摄风景、静物；当他的目光转向社会底层时，被穷人的苦难打动，他的镜头开始对准劳苦大众。他陪家人的时间越来越少了，他的照相机不再对着妻子、孩子。沙飞早期拍摄的照片，富有人道主义精神。

王辉对丈夫搞摄影很支持，她掌管全家财权，悄悄从家里拿了500元给他，叫他去买好的摄影器材。为冲洗放大照片，沙飞专门请木工在家里搞了暗房。那时电费贵，丈母娘看到女婿"浪费"电，让女儿管管他。她嘴里答应着，但并不行动，还经常帮他一起冲印。每次他看到自己拍出一幅好作品，就特别兴奋，她是他摄影作品的第一个观众，看到丈夫的摄影水平越来越提高，她为他高兴。

胡丽生（王辉介绍他进汕头电台工作）致王辉信（1987年5月19日）：

传哥（沙飞）我是在电台这段时间与他认识的。你们那时已结了婚。我也常跑到您家去，他给我的印象是为人耿直刚烈，不随习俗。那时电台报务员的工资比较优厚，传哥的工资更为那班报务员之冠，有百多元，一般报务员工余之暇，

3. "我要用照相机记录历史"

多是吃喝玩乐，打麻将，上茶楼酒饭饮茶，传哥从来没有与这班人为伍，他酷爱艺术摄影，我见他公余就是背着相机到处跑，自己去拍摄，自己去冲洗放大，我也跟过他几次去拍摄，也常去新马路您家，遇到他冲晒放大时，就跟他入黑房做他的小工帮手，这样的情况有好几次，那时我还很幼稚，他也没有对我暴露过什么思想和抱负，当时的生活比较安定，各个人都过得去，同事之间是比较少冲突、矛盾和是非。这两年多的时间里，我没有听到同事们对他有什么不满之处或闲言碎语，在我个人的感觉，当时我认为他是一个正派的人。

1935 年 6 月沙飞以别名司徒怀签立了摄影团体黑白影社志愿书，经委员会审核，缴纳入社费 2 元、年费 4 元后，正式成为社员。黑白影社于 1930 年元旦在上海成立，1937 年因抗日战争爆发而结束活动。黑白影社一成立，就制定了社章，宗旨是：集合有浓厚摄影兴趣者，共同从事研究艺术摄影，以表扬我国文化及增进我国在国际艺术界之地位。社员发展很快，到抗战前夕，遍及上海、北平、南京、广州、天津等大城市及浙江、江苏、广东等省，还有海外侨胞和港澳地区摄影人士参加，社员 168 人。这是 20 世纪二三十年代中国最大的摄影团体。成员分布在新闻、电影、教育、法律、工商、金融、宗教、医务等各界及照相行业，也有少数军界、政界人物。在上海圣约翰大学读书的荣毅仁、画家叶浅予、摄影家吴印咸等都是会员。黑白影社举办过四次黑白影展，出版三册《黑白影集》。会员聂光地、吴中行、卢施福、陈传霖的作品曾参加英、法、美等国的国际摄影展览。

1935 年 6 月出版的黑白影集第三册有关于沙飞的记录。社员名录：姓名：司徒怀，通讯处：汕头镇平路无线电台。黑白三届影展目录：司徒怀 H. Szeto（英文名），展出作品：《图案》《渔光曲》。排在司徒怀前面的是他的宗亲司徒博，通讯处：上海霞飞路 342 号平民牙科医院；电话：83077；三届影展作品：《缤纷》《鹤舞》。

沙飞与比他大十二三岁的司徒博很快取得联系，他们书信来往密切。司徒博从日本留学回来，在上海开了个牙科诊所。司徒乔一家 1935 年底也到了上海。

沙飞加入黑白影社后对摄影更痴迷了。他收到的第三届黑白影集上有 80 幅照片，有风景、静物、肖像、建筑及反映劳动人民生活和社会面貌的作品。相对于作品参加过国际摄影展览的资深影友来说，他刚起步。

我的父亲沙飞
My Father H.Szeto

第一章　选择

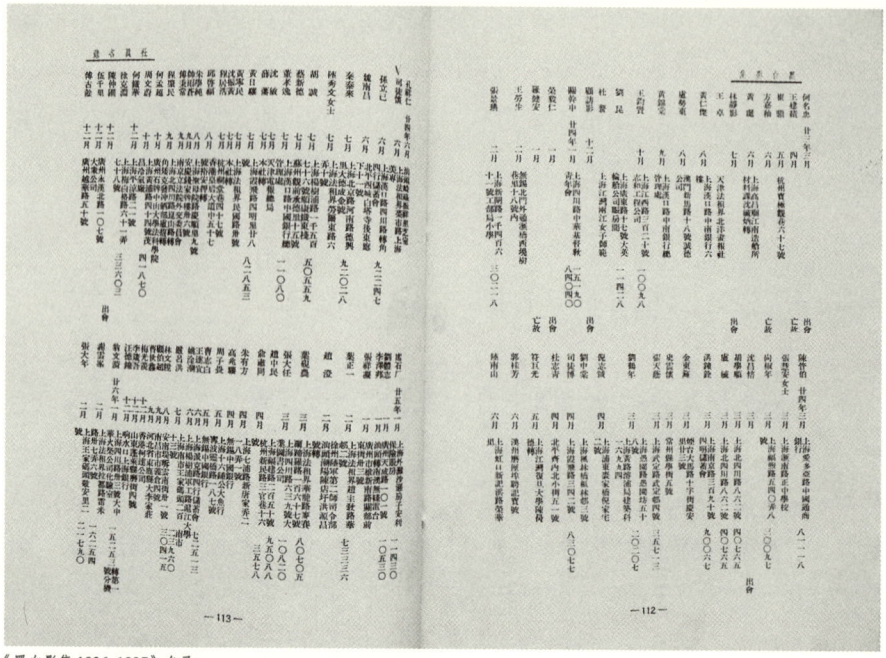

《黑白影集 1936~1937》名录

《黑白影集 1936~1937》封面

《黑白影社四届影展》目录

我的父亲沙飞
My Father H.Szeto

3. "我要用照相机记录历史"

《黑白影集 1936~1937》刊登沙飞（署名司徒怀）作品《勤俭》

《飞鹰》1937年5月总17期刊登沙飞（署名司徒怀 黑白社）作品《绿波留恋浣纱人》

暮归。沙飞摄

我的父亲沙飞
My Father H.Szeto

第一章 选择

1937年4月出版的黑白影集第四册有如下记载：社员名录：司徒怀，民国二十四年六月入社；地址：上海法租界菜市路上海美专。出品目录：《勤俭》。

黑白影集第四册还有如下记录：

何孟超，民国二十四年十月入社；地址：广州石牌中山大学法科学院。

何铁华，民国二十四年十二月入社；地址：上海平凉路21号。出品目录：《农家女》。

李泽邦，民国二十五年一月入社；地址：汕头转南澳无线电台。出品目录：《抵岸》。

何孟超、何铁华、李泽邦在沙飞影响下，先后加入黑白影社。他们既是朋友，又是影友。

李泽邦爱上了王辉的六妹，但漂亮、有才气的六妹以年龄小为由婉拒。这并没有影响两个朋友的关系。1934年李泽邦受命到南澳岛军用电台当台长，沙飞的三弟司徒强在广州无线电学校毕业后，到李泽邦手下当报务员。何孟超经常从广州到汕头找沙飞，后来他跟六妹谈恋爱，他们已谈婚论嫁，打算到香港结婚。但当时已加入共产党的六妹向组织汇报后，与他断绝了关系。

（作者附记：20世纪50年代，王辉曾作为广州中国银行经理接待新加坡银行家何孟超。）

当时在汕头，日本军舰常耀武扬威地游弋于港口，日本水兵上岸大摇大摆盛气凌人，日本浪人走私严重，三轮车夫被他们任意毒打。王辉几姐妹对现实不满，感到苦恼彷徨，她们关注形势，王辉曾以读者身份给《生活周刊》写信，她提出的问题得到了答复，并介绍学习世界语；她们阅读进步报刊，看进步电影，回家就唱《毕业歌》《义勇军进行曲》。

1936年初，《星华日报》刊登"汕头新文字研究会"征求会员启事，不久"汕头世界语学会"成立，并同北平、上海等地世界语学会建立联系。一批左翼文化工作者、读书会骨干和隐蔽下来的共产党员，会合到一起。6月在汕头成立"新文字研究会"，王辉、王勖、王勉三姐妹都参加成立大会。每周一次的"星期日座谈会"于周日下午2点钟在永平酒店大厅聚会，每次二三十人，各人自掏茶资3角。通过活动，她们认识了李碧山、张望、吴南生、杜桐等人。后来她们的家成了聚会地点。

3. "我要用照相机记录历史"

在不断发展的形势下，不愿做亡国奴的中国人都积极寻求救国出路。沙飞认为摄影应该，也一定可以为抗日救亡服务，他努力钻研摄影，没有时间、没有精力过问其他事。

1936年初沙飞拿回家一本外国画报给妻子看。里面有几幅照片，是1914年6月奥匈帝国皇位继承人菲迪南大公夫妇到访萨拉热窝时，被塞尔维亚族青年加夫里若·普林西普用手枪打死的场景，这事件是第一次世界大战的导火线。

沙飞激动地说，当时一个摄影记者的照相机一直打开着，随时可以拍摄，他拍下了这历史的场面，一下子出了名。我要当摄影记者，我要用照相机记录历史。他说这话时，情绪沸腾，眼睛放着奇异的光。王辉终生难以忘怀。

这几张照片，改变了沙飞的人生。

沙飞有时去南澳岛看望李泽邦和三弟，他对南澳岛的历史、现状越来越了解，王辉和六妹有时也跟他一起去，沙飞顺便拍摄岛上渔民生活；七妹1934年春节从泰国回汕头，她听大姐夫讲南澳岛如何好，曾专门陪母亲去那里休养一两个月。

渔光曲。沙飞摄

第一章 选择

1935 年《摄影画报》(第 11 卷第 22 期)发表司徒怀作品《鱼人生活》。这是目前所知沙飞在摄影刊物首发的摄影作品。《鱼人生活》即《渔光曲》,1935 年黑白影社三届展出司徒怀(沙飞)摄影作品《渔光曲》,1936 年、1937 年沙飞先后在广州、桂林个人摄影展览中展出此照片,《桂林影展专刊》刊登了此照片。沙飞对《渔光曲》情有独钟。

1936 年夏,沙飞再次背着照相机,乘着小木船,颠簸了几个小时,来到与台湾隔海相望的南澳岛。岛东西长约 21 公里,南北最宽的地方有 10 公里,最窄的距离只有 2 公里。他徒步走遍全岛,隆、深、云、青四大澳,都留下了他的足迹。岛的东南侧澳前村,海滩上有口井,渔民告诉他,这是宋井,传说南宋皇子受元兵追击,逃到南澳岛,令属下在海滩挖井,连挖两口,都是海水,再挖一口,是淡水!这口井涨潮时浪完全没过井口,退潮后立即取水,仍是淡水,几百年来始终如此。沙飞喝了甘甜的井水。他向渔民、盐民了解情况,知道日本浪人在岛上胡作非为,他很忧虑。他拍摄了照片。

沙飞以自己特有的敏锐和挽救民族危亡的责任感,对南澳岛做了多次报道,这是全国最早以"国防"题材为主题的摄影报道。

1936 年 11 月《生活星期刊》发表沙飞《南澳岛——日人南进的一个目标》组照

邹韬奋主编的 1936 年 11 月《生活星期刊》上,发表了一整版照片,题目是"南澳岛——日人南进的一个目标",署名沙飞,说明文字是:"南澳岛在粤省东北端海岸附近,介于厦门和汕头的半途,因为距离台湾很近,又是控制闽西南和粤东的门户,所以成了日人南进中的一个目标。本年粤西南的伪军自治运动和某国军舰的窥探,已经使这个平静的小岛受到严重的威胁。本页各图显示该岛的一般形势和人民生活情况"。

1937 年 6 月《中华图画》发表沙飞拍摄的《敌人垂涎下的南澳岛》两

3. "我要用照相机记录历史"

版照片（左下图广告），附南澳岛地理形势图，说明文字如下："在汕头的东南海面，有一个海岛，面积 160 方里，居民三万多人，大部分靠着渔盐生活。那便是这里介绍的南澳岛。明代倭寇猖獗的时候，南澳曾屡陷寇手，经戚继光俞大猷攻破寇巢，筑三座砖城，置兵屯守，才把倭寇打尽。清代置总兵一员驻守，为潮汕屏障。民国以后，改设南澳县，惟守备废弛，从前要塞，悉成残败不堪的废垒。一日海疆有事，南澳是极其危殆的。自敌人

1937 年 6 月《中华图画》发表沙飞组照《敌人垂涎下的南澳岛》。

南进政策积极实施以来，我国东南海面的险要岛屿，都想攫为彼方海军根据地。南澳距台湾不到 400 海里，扼闽粤两省门户。敌方久已看作他们的囊中之物，最近由台湾派遣许多浪人，率领南澳土人之在台谋生者，回南澳活动，多数浪人，甚设法入赘土民的家里，借婚姻关系，培植侵略势力，一面引诱土人，入他们的国籍，或受雇做工，充其爪牙，一面在附近南澳之小岛，建立走私机关，驳载由台湾琉球运来的大批私货，向潮汕一带倾销，以破坏华南海关的壁垒，同时派遣渔船入南澳内捕渔，乘机探测水深，以备战舰之进驶。6 月 16 日申报汕通信，即有某国黑色军舰开入南澳港内，从事探察工作之记载。我国若不严为防范，等到他们根深蒂固，那就驱除为难了。总之在敌人侵略之下，无论在内蒙、在华北、在闽粤沿海，到处充满了可怕的阴谋。我们惟有统一全国力量，上下一心，建设牢固的国防，进而收回已失的土地，给予敌人当头一棒，以警醒其侵略亚洲大陆的迷梦！"

2004 年 11 月我及大哥、小妹等到南澳岛寻找沙飞的踪迹。南澳海防史博物馆黄迎涛馆长说：南澳岛素有"闽粤咽喉"之称，是兵家必争之地；沙飞第一个向外界报道了有重要战略地位的南澳岛。

2008 年沙飞影像研究中心举办首届研讨会，旅美学者何咏思的文章《风景照讲述了什么？——摄影师沙飞 1930 年代的政治题材照》中写道："作为三十年代典型的受绘画主义影响的摄影，《渔光曲》展示了沙飞偏向于美化普通的农村景象的

沙飞子女王少军、王达理、王雁（左起）在南澳岛寻找父亲遗踪。2004. 长孙王平摄

倾向。这一系列的南澳岛照片以摄影插图的形式被刊登在两本图像杂志上，沙飞亲自撰写了这些插图标题和短文。《渔光曲》和其余的南澳岛系列的照片展示了沙飞对摄影的观念的转变，从艺术表达的追求到发表政治声明的手段。"

自从沙飞参加黑白影社后，他越来越关注、向往上海。1936年6月1日，上海举行全国各界救国联合会成立大会。7月15日救国会沈钧儒、陶行知、章乃器、邹韬奋发表公开信，要求团结抗日。上海已成为抗日救亡的主要阵地。沙飞感觉到上海，感觉到鲁迅先生，还有乔、慧敏在呼唤他。他开始做准备。

8月，沙飞告诉妻子，他经过深思熟虑，要去上海搞摄影。王辉坚决反对，她不愿意、不理解、不赞成，她争吵、哭泣。她认为在电台工作，既是正当职业，又有不菲收入，摄影只能作为业余爱好，根本不能以此谋生。他走后，这个家怎么办？她当时身体不好，经常头疼、胃痛，治病需要花钱（后来有一个中医，因为在一次台风时遇险被救，立誓要做善事，他给她看病不收诊金，治了两年，她的身体才痊愈）。她对丈夫说，你可以不管我，不管两个孩子，但你的父母、你的弟妹你要管。沙飞的父母也不赞成他专门搞摄影。

3. "我要用照相机记录历史"

妻子的激烈反对令沙飞不高兴,甚至反感。他坚持自己的决定,他一定要当一个最优秀的摄影师,他对自己的选择充满信心。王辉只得让步。她知道丈夫是个认准方向决不回头的人,不让他走是不可能的。

沙飞对摄影痴迷,引发了家庭矛盾。

王辉《我的自传》(1944)

广州他的家人也因他结婚后少寄钱回家而骂我。其实这是冤枉的事,我常常叫他寄钱回家,而他则拿这些钱去照相买东西。

我和我的爱人的感情一天天坏,一天天更不了解。终于在二十五年秋离开,在离开的时候,我们还未宣布离婚,他的希望是别离一个时期以后,大家再在一起,也许会把过去的感情恢复起来,再生活下去;而我呢,离开了之后曾一度悲观,甚至想自杀,后来参加新文字运动、教夜学,人生观改变了,对于家庭爱人儿女都看得非常淡薄。

沙飞《我的履历》(1942)

"九一八"、"一·二八"以后,我又爱看新的杂志,如《大众生活》《现世界》等,并间或看一些社会科学的入门的小丛书了。但毕竟文学艺术给予我的影响较大些。我又爱上电影和木刻了。将来做一个革命的木刻工作者呢?电影的编导呢?还是文学青年呢?我徘徊在三岔路口了。不久之后来,我在外国画报上看到了几张好的新闻照片,使我十分感动。但当时国内出版的画报却是无聊帮闲的甚至是反动的。我认为摄影比木刻来得真实,而电影虽好,但必须有大的资本和后台老板。从事文学的人是很不少的,而摄影是非常重要但却没看到过有一两个进步的摄影家。社会上一切的人们都把这一工作看成是消闲娱乐的玩意。我不满于当时的摄影和画报工作,更不满于当时的社会制度。因此我决定站在革命的前进的立场上,为民族的解放、人类的解放而牺牲一己,与黑暗的旧势力奋战到底,并决心做一个前进的摄影记者,用摄影作为斗争的武器,通过画报的发表和展览方式去改造旧社会,改造旧画报,同时改造自己——但当时只想到改变自己的生活。

我的父亲沙飞
My Father H.Szeto

第一章 选择

  我开始学习摄影了,但机子和材料不能不支出一笔钱,因而就不能不影响到微薄的家庭费用,以致引起父母弟妹和亲友的不满,他们也认为这是娱乐是浪费。而我的妻子(一个比较进步些的知识分子,曾经同情并鼓励过我做一个文学青年的女友)和较相熟的前进的青年朋友也都反对我学习摄影。他们的理由是只有文学或木刻是前进而可以学习的。摄影是坏东西,没有前途,只是浪费。特别是我的妻子反对得最激烈,经常因此而吵闹,甚至以离婚来威胁,但她想不到我是经过深思熟虑之后,下了最大决心,以此为自己终身的革命事业和斗争武器,再不能随便改变志愿的了。

  我忍受了一切痛苦和非难,埋头苦干了两年多,从黑暗中摸索出一些门径了,在新闻摄影的学术和技术上打下了一点基础。

  1936年秋看到了沈章邹陶四君子与中共领袖商谈联合阵线的信(从前进的刊物上),看到了抗战形势的将临,这时又适值二弟、三弟都从专门学校毕业,二弟可以当中医生,接替我的位置去维持家庭生活。于是就下了决心立即奔往上海去。

1936年8月,沙飞在电台请假,离开汕头。

4. 梵高对艺术的激情与癫狂令他痴迷

1936年8月底,沙飞背着照相机,怀揣挚友李桦写给黄新波的信,满怀勇气地到了上海。从此他开始了动荡的生涯,并用照相机记录了中国现代史上一幕幕重要的瞬间。

20世纪30年代的上海是中国经济、文化、金融、贸易的中心,世界闻名的"冒险家的乐园"。

沙飞先去霞飞路(今淮海路)342~344号找司徒博。博对他非常热情,他们既是宗亲,又是影友,一年来信件联系频繁。司徒博是上海著名牙科医生、私人平民牙科医院院长。他的医院规模大,设置先进完备,在闹中取静的地方,院子里有园艺、喷泉,来看病的既有达官贵人,又有一般平民,再加上广东老乡和影友们"帮衬",他的事业很成功。

司徒博把沙飞安排在自己家——离诊所不太远的蒲石路怡安坊54号(今长乐路169弄54号),对他说,你就安心住吧,就是你找到了工作,或考上了美专,也欢迎随时来这里住,就把这里当作你在上海的家。

当晚司徒博为沙飞设了一桌接风宴,参加的都是司徒家族的人,50多岁的司徒梦岩、司徒郁、司徒卫,还有司徒慧敏、司徒乔及夫人冯伊湄、乔16岁的弟弟司徒杰和13岁的弟弟司徒汉。司徒族人欢聚在上海,大家都很高兴。

司徒梦岩出生在上海,18岁赴美留学,曾与美国科学家爱迪生的儿子同校、同班、同桌。他后来考进麻省理工学院,一次数学比赛得了第一名,当时清朝驻美公使伍廷芳知道后亲自召见,并把唯一剩下的造船专业的公费留学名额给了他。他回国后,是上海江南造船厂第一任华人总设计师。他还是个音乐家,从小喜欢拉小提琴,还喜欢研究小提琴。他非常幸运,在美国时,从来不收私人学生的奥地利小提琴家尤根破格收了他为私人学生;美籍波兰小提琴制造家

我的父亲沙飞
My **Father** H.Szeto

第一章　选　择

戈斯收他为唯一的徒弟，他俩到教堂分别起誓，保证不保留任何绝技；保证绝不在美国开业制造小提琴。双方都履行了诺言。在戈斯指导下，他造出了第一把出自中国人之手的小提琴。他三个儿子海城、兴城、华城受影响，都喜欢拉小提琴，小女儿志文还不到两岁，对音乐已有了感觉。沙飞对这位族叔非常钦佩、尊重。

司徒卫是个有名的教育家，他与司徒郁同辈，两人同村，两家房屋的墙壁紧挨着。司徒卫在岭南大学附小当校长时，带司徒郁从家乡到广州；后来他又到上海开创岭南附小，郁全家也都到了上海。

在广州时，司徒杰、司徒汉都还是小孩子，他们都长大了。司徒杰喜欢雕塑，打算去北京艺术专科学校雕塑系学习。司徒汉在青年会中学读书，他受大哥乔中学时代同窗好友冼星海影响，喜欢音乐，乔的三妹司徒怀在上海音专读书，她托音乐家何士德回广东时把小学刚毕业的司徒汉从广州带到上海，何士德经常指挥抗日救亡歌咏队唱歌，汉偷偷跟他学指挥。杰、汉与父母住粤东中学，乔一家住虹口，三妹与同学在外面租房子。他们经常回家看望父母，冼星海也常去，他喜欢乔的三妹。

司徒慧敏在日本学美术、电影、无线电，1930年回国后，一直在上海搞电影工作。司徒美堂1932年曾来上海慰问，慧敏见到了这位虎眼剑眉、讲一口开平话的老人家。慧敏是左翼电影组织者，还是个实干家，几年前他和几个朋友研制成功"三友式"影片录音机，这是我国制造的第一台录音机，刚成功，就应蔡楚生邀请为电影《渔光曲》录音，又为《新女性》《迷途的羔羊》《大路》承担录音工作；他在电通影片公司、联华影业公司担任摄影场主任、制片人、导演，他与人合作，拍摄了不少影片，《自由神》是夏衍编剧、慧敏导演的。慧敏为人慷慨热情，他的家是文化人士聚会的地方，不少朋友在那里享受过家庭的温暖。聂耳写电影《风云儿女》主题歌《义勇军进行曲》时，时间紧，为让他不受干扰，慧敏请他住到自己家里，母亲、妻子像待亲人地照顾他，聂耳谱写出满意的乐句总是先唱给老太太听。

沙飞告诉亲人，刚知道慧敏搞电影时，可羡慕了，特别想到上海跟他学。他及太太几姐妹都喜欢电影《渔光曲》，都爱唱《毕业歌》《义勇军进行曲》，他的一幅摄影作品叫《渔光曲》。自己现在正钻研摄影，认为摄影能更快、更真实

我的父亲沙飞
My Father H.Szeto

4. 梵高对艺术的激情与疯狂令他痴迷

大合影。坐排左起：1.司徒乔，3.陈桂英（沪江大学学生），4.刘悦意（上海音专学生），5.何汉心（上海音专学生），6.司徒鹤卿（司徒乔二妹、岭南大学学生），7.林亭玉（上海音专学生）；后排左起：3.冼星海，5.司徒怀（司徒乔三妹、上海音专学生），7.冯伊湄（司徒乔夫人）。1936年初秋．上海江湾司徒乔寓所前．沙飞摄

我的父亲沙飞
My Father H.Szeto

第一章 选 择

地记录时代，经济上个人能负担得起；自己来上海的主要原因是想当一个摄影记者，如果找不到合适的工作，就先考上海美专；还有一个心愿，就是想见鲁迅先生。

司徒乔说，今年2月鲁迅先生来信相约一起到青年会看苏联木刻展览，并和他一家共进午餐。席间乔要求他挤出时间，给他画张油画像，他答应了，说时间定好，就通知，不久先生病了，给他画像只得推迟。那次还带小弟汉去看展览，有200幅版画。前两年《良友》画报总编梁得所通过乔介绍，登门拜访了鲁迅，他知道鲁迅不轻易让人登他的照片，就诚恳地说服先生，鲁迅终于答应梁得所为他拍了照片，并让乔为他画了速写，同时发表在《良友》画报。乔认为沙飞已经到了上海，一定有机会见到鲁迅。

大家对沙飞说，在家靠父母，出门靠朋友，我们既是你的亲人，又是你的朋友。沙飞被亲情深深地打动，为亲人们的成功高兴，对自己的前途充满了信心。

沙飞先以别名司徒怀报考上海美术专科学校西洋画系，然后奔波去找摄影记者的工作，未能如愿以偿。他再次来到法租界菜市路（今顺昌路）上海美专，在墙上红榜中寻找自己的名字，"司徒怀"跃入眼帘，他的沮丧一扫而光。对艺术的向往和酷爱，使他高兴地跨进这所艺术的殿堂。

美专校长刘海粟是著名的画家、开明的美术教育家，他对学生的要求是："在美专，不论出身，一律以才取人！"蔡元培先生亲任美专校董会主任，胡适、叶恭绰、蒋梦麟、经亨颐诸先生是他提名推荐任校董的。蔡元培任北大校长时，以大无畏的精神大开民主新风，使北大成为新思想的摇篮、新文化运动的策源地。美专对各种画风的教授兼容并蓄，古典派、印象派、现代派都有，还曾先后聘请康有为、章太炎、章士钊、徐志摩、郭沫若、郁达夫等著名学者讲学。9月刘海粟在美专成立25周年纪念会上发表演讲："我们使命所在，盖以美化群伦，以造就民族崇高之人格，以增强保障生存与抗拒侵略所必需的民族力，以巩固我中华民族复兴大业！"沙飞和全校同学热烈鼓掌。他们唱着蔡元培作词的美专校歌："我们感受了寒温热三带变换的自然；承继了四千年建设文化的祖先；曾经透彻了印度哲理的中边；而今又接触了欧洲学艺的源泉；我们的思想应如何博厚？……将来要在全世界上发扬我们祖国的光荣！啊！可爱的祖国！万岁！啊！可爱的母校！万岁！"沙飞感动了。

我的父亲沙飞
My Father H.Szeto

4. 梵高对艺术的激情与癫狂令他痴迷

码头工人。沙飞摄

求乞也不成。沙飞摄

人力车夫。沙飞摄

铁路工人。沙飞摄

我的父亲沙飞
My Father H.Szeto

第一章 选 择

美专的陈列室有十几幅大师临摹的欧洲绘画名作。沙飞领略到浓烈的艺术氛围。

按照教育部规定，刚开学必须上军训课。沙飞按时、认真受训。

美专大多数学生不问政治，艺术至上，及时行乐。每天晚饭后，不少男女同学去"大都会""百乐门"舞厅。沙飞从不去这些灯红酒绿的地方。课余时间他在图书馆看画册、画家传记；刘海粟编辑出版的介绍梵高、塞尚、莫奈等画家的《世界名画集》令他兴奋，而梵高对艺术的激情与癫狂更是令他痴迷。

周末沙飞在街头随意闲逛着、寻找着、捕捉着。十里洋场的上海，有最富有的家族，有各种肤色的外国人，有普通市民、百姓，有饥饿讨饭的流民。他来到黄浦江边十六铺码头，工人们在装货、卸货，他们背着沉重的麻袋，慢慢地移动着。他拍摄了《生命的叫喊》《人力车夫》《码头工人》等照片。

上海美术专科学校西画系学生每学期需交费：学费45元、讲义费3元、杂费3元、膳费40元、宿费15元、图书费2元、建筑费5元。当年《良友》杂志的稿费：文稿每千字3元至10元，照片每幅1元至5元。《时代》《良友》的封面照片为20元。

沙飞一下子交了100多元学杂费后，所剩无几。偶尔报刊上发表他写的文章、拍的照片，一二周后才能收到微薄的稿费。他过着清苦、拮据的日子，但非常自由。他没有给妻子、父母写信，他不知道写什么，也根本不想写。

9月下旬，当沙飞拿着李桦的信找到黄新波后，他与美专内外一批思想激进的木刻青年联系上了。从此美专的课堂上很难再见到沙飞的身影。

上海美术专科学校师生大多不知道叫司徒怀的同学就是拍摄了鲁迅的沙飞。我曾在北京拜访当时在上海美专读三年级的木刻家、画家王琦先生，他知道沙飞拍摄了鲁迅，但不知道沙飞当年就在美专读书。

沙飞《我的履历》(1942)

到上海，因一时未能找到摄影记者的工作，而另一方面又因感到需要有美术绘画渗透于摄影木刻中乃能更生动有力，故即进上海美术专门学校西画系求学，一面投寄一些照片和通讯给前进的刊物，以稿费来换取摄影材料之

4. 梵高对艺术的激情与癫狂令他痴迷

上海美術專科學校學籍表					
貼照片處 (教務主任蓋章)	姓　名	司徒懷	學　號	振華	
	籍　貫	廣東省開平縣	性　別	男	
	入學年歲	二十四	已未婚	已	
	入學前經歷				
	永久通訊處	廣州大新路430號			
在校情形	入學年期	民國二十五年九月　日 二十五年度第一學期			
	考入押插入何系何級	考入西畫系　組一年乙級			
	特　長		獎勵	1 2 3 4 5 6	
	品　行	1 2 3 4 5 6	體格		
離校情形	畢　業	民國　年　月　日			
	轉　學	民國　年　月　日因由			
	轉出校名		校址		
	發給轉證	(一次)　年　月　日 (二次)　年　月　日			
	休　學	民國　年　月　日因			
	自動退學	民國　年　月　日			
	被動退學	民國　年　月　日因由			
	其　他				

| 家長姓名 | 司徒煒如 | 職業 | 商 | 關係 | 父子46 | 通訊處 | 全 |
| 保證人姓名 | | 職業 | | 關係 | | 通訊處 | |

上海美術專科學校學業成績表

民國　年度第　學期			民國　年度第　學期			民國　年度第　學期		
學程	學分	缺席次數	學程	學分	缺席次數	學程	學分	缺席次數
學分總數 缺席扣分 淨存學分 學期均分		缺席總結 成績等第	學分總數 缺席扣分 淨存學分 學期均分		缺席總結 成績等第	學分總數 缺席扣分 淨存學分 學期均分		缺席總結 成績等第

民國　年度第　學期			民國　年度第　學期			民國　年度第　學期		
學程	學分	缺席次數	學程	學分	缺席次數	學程	學分	缺席次數
學分總數 缺席扣分 淨存學分 學期均分		缺席總結 成績等第	學分總數 缺席扣分 淨存學分 學期均分		缺席總結 成績等第	學分總數 缺席扣分 淨存學分 學期均分		缺席總結 成績等第

| 六學期總均分 | | 畢業試驗分數 | | 學期成績與畢業試驗成績均分 | | 畢業等第 | |

畢業以後服務狀況

沙飞 1936 年 9 月填写的上海美专学籍表（上海档案馆提供）

我的父亲沙飞
My **Father** H.Szeto

第一章 选 择

王雁在上海美专旧址。2003

　　所需。因为从事摄影和木刻工作，遂与鲁迅、鹿地亘等中日作家相识，向他们学习，请他们帮助。

　　鲁迅先生逝世后，我因发表鲁迅遗像，即为反动的学校当局所不容（当时我还没参加任何组织）而被迫退学。

　　2012年11月，"不息的变动——上海美术专科学校建校100周年纪念展"展出师生作品（沙飞摄影作品6幅），及大量档案资料；保存在上海档案馆的上

4. 梵高对艺术的激情与癫狂令他痴迷

海美术专科学校的资料相当全。上海刘海粟美术馆、上海档案馆编，上海书画出版社出版《恰同学年少》上海美术专科学校档案史料丛书 1912.11—1952.9（第三卷）附件二：1937 年在校学生名录（姓名以注册先后为序）：司徒怀（原名司徒传、别号振华，即沙飞）西洋画系一年一期。

上海档案馆存上海美专档案证明，司徒怀（沙飞）并没有因为"发表鲁迅遗像，被迫退学"。

沙飞在上海美专仅两个多月，就不辞而别。

5.《鲁迅生前最后的留影》

李桦组织的现代版画会主办了 1936 年 7 月在广州开幕的"第二次全国木刻流动展览会"。上海展览是江丰、陈烟桥、郑野夫、力群、曹白、黄新波、林夫、沃渣等人筹办的。江丰于 1932 年参加鲁迅创办的木刻讲习会,是中国第一批木刻活动家;林夫、郑野夫毕业于上海美专;沃渣曾就读于南京美专、上海新华艺专、上海美专;陈烟桥曾就读于广州美术学校、上海新华艺专;力群、曹白是杭州艺专的;黄新波曾就读于上海美专,刚从日本回国。他们之中只有曹白是教师,有固定工作。穷青年们为木刻展览发动募捐,鲁迅、邹韬奋、叶圣陶、郑振铎、陈鹤琴等解囊相助。"第二次全国木刻流动展览会"于 1936 年 10 月 6 日至 8 日在上海八仙桥青年会九楼举行。

1936 年 10 月 28 日《广州民国日报》发表署名沙飞文章《鲁迅先生在全国木刻展会场里》——上海通讯:

(前略)得到四十多位名流的赞助,九月廿一从南京转来的第二回全国木刻流动展览会寄到上海来之后,便积极地筹备展览,事前虽经多少波折,但终于在十月六日至八日假座青年会九楼,从前开苏联版画展的那个会场出现了。一清早我就去挂横额,因为没有梯,所以要由二楼的窗口爬出来拉索,街上早围了一大堆人。这时一个年轻的姑娘来问我木展何时开幕,我详细告诉她后,她说回头带朋友们来看,带着快乐的笑容,走

鲁迅生前最后的留影。1936.10.8. 沙飞摄

我的父亲沙飞
My Father H.Szeto

5.《鲁迅生前最后的留影》

鲁迅灵堂桌上小照片是沙飞作品《鲁迅生前最后的留影》。周海婴提供

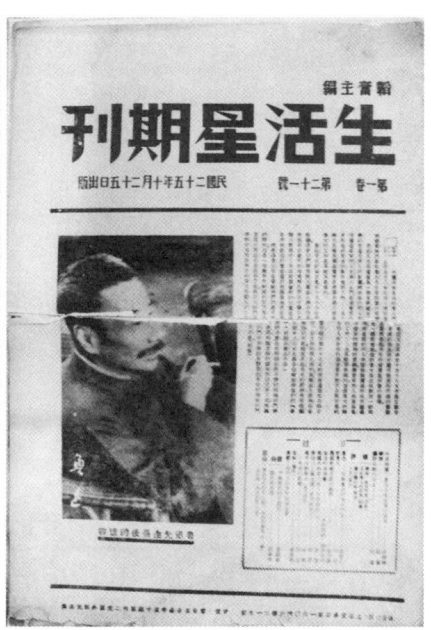

《生活星期刊》封面照片,沙飞摄。署名沙飞摄影作品首次刊登在重要杂志封面。上海鲁迅纪念馆藏品

王雁第一次到周海婴家做客。海婴家客厅挂着根据沙飞拍摄照片画的油画。1997

鲁迅的风采。1936.10.8.沙飞摄

我的父亲沙飞
My Father H.Szeto

第一章 选择

鲁迅与青年木刻家，左起：鲁迅、黄新波、曹白、白危、陈烟桥。1936.10.8. 沙飞摄

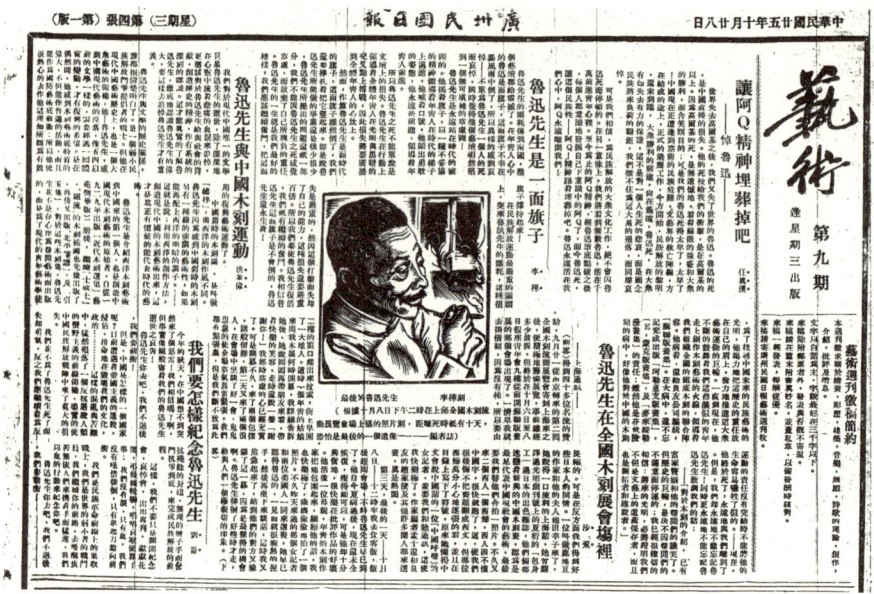

《广州民国日报》1936年10月28日发表沙飞文章《鲁迅先生在全国木刻展会场里》

5.《鲁迅生前最后的留影》

时还说一声"谢谢你!"我那时空虚的心已经充实了。可是开幕不久,来了两个包探诸般留难。第二天,又来了两个浪人,在会场中座谈了好一会,鬼鬼祟祟的使全场空气异常紧张。我们都有点张皇,但是我们断不致为此畏缩的。可是在反方面,我们得到好些日本人的同情。一位叫鹿地亘的作家和他的夫人池田幸子来了,她说得一口流利的上海话,她曾翻译过《光明》创刊号上的夏衍的《包身工》给日本的出色杂志,他们俩都迷恋着新兴的中国木刻画,认为是最足代表中国现社会的艺术,最后要我们替他们合拍一照片。不久又来二个西人,一个西妇,两人因不懂中国字,很快就跑了。这使我们很后悔不把画题翻成西文,但那位西妇万分小心地逐张地看,并且在目录上写下了符号,原来她是懂得中文会说中国话的一位《中国呼声》的女记者,并要我们和她通讯,这使我快乐极了。《作家》编者孟十还和《良友》的赵家璧以及其他许多闻人都来选画,真是热闹。

第三天,最后的一天——10月8日,12时半,我去食客饭,饭后赶回会场,不料鲁迅先生早已到了。他自今夏病过后,现在还未恢复,瘦得颇可以,可是他却十分兴奋地,很快乐地在批评作品的好坏。他活像一位母亲,年轻的木刻作家把他包围起来,细听他的话,我也快乐极了,乘机偷偷地拍了一个照片。不久昨天来过的那个女记者和两位美国人一同来选画,她早已认得鲁迅的,一见面就很亲热地握手,然后再坐下来谈话,这时我又焦急起来了,站到他们的对方又偷摄了这一幕,因为是难得的机会啊。鲁迅先生徘徊了好些时才走,给予人们一个极亲的印象。

1941年5月1日晋察冀军区政治部《抗敌三日刊》发表沙飞文章《我最后见到鲁迅先生的一天》。

鲁迅逝世前十一天——1936年10月8日,在上海举行的全国木刻流动展览会,也是最后的一天了。

"最后",这是多么引动我凄然感觉的字眼,在这里,结束了我和鲁迅最后的会见。然而,这个巨人的伟大精神和音容笑貌,却永远活在我的心里。这天正逢星期日,展览会上拥塞着参观的人群。十二点钟的光景,鲁迅先生

我的父亲沙飞
My Father H.Szeto
第一章 选择

也来了。这个中国年轻的艺术界的保姆，正如他自己所说："我好像一头牛，吃的是草，挤出的是奶。"他把自己的血用来培植中国新兴艺术的生长。他披着一件酱紫色的旧长衫，由于长期"挤奶"，刻苦工作的结果，他的脸色显得非常苍白，两颊的颧骨更尖突地显露出来了。然而他严肃而又愉快，对着迎上前去的我们，浮着一层温滋的微笑。

我们伴着他走到会场中央，围着一张方桌在藤圈椅上坐下来休息。他摘下了呢帽，随即点燃了一根纸烟，用关怀的眼睛，绕望四周的人和画。这是一间长宽的大礼堂，壁间陈列着六百多幅木刻画，都是全国近百名作家一年来的新作品。参观的人有一千多，虽然他们是被统治者的爪牙监视着。

随后，鲁迅先生带着愉快的微笑，去浏览每一张作品。我们追随在他的侧后边，诚恳地倾听他的指示和批评。他细细地欣赏，源源地思索，不断地指点着每幅画的优缺点，从画面的主题、选材以至表现的技巧，都一一说出许多珍贵的意见。

他在谈话当中，不时地咳嗽起来，引起了我们对于他的健康的注意。谁想得到十一天以后，他就离开了我们，永逝而去呢？

看完以后，我们随着鲁迅先生在藤椅上坐下来。他又总括地说了不少的意见，并指出：我们应该在这次大会上选出二百幅左右的作品，出版一本木刻集，他愿意替我们找书店承印。接着又指出：今后木刻的方向，应把全国的木刻作家组织与团结起来，并与国际先进艺术团体及作家取得联系……

我掏出摄影机来，拍下这值得纪念的场景。

"你最近拍了些好照片吗？"他问我。

"在十六铺码头拍了几张工人生活，最近我喜欢学木刻了。"

"那么应该特别注意学素描哩。"他关切地说："基础打好才能产生好作品啊！"

这些话直到今天，好像还在我耳畔响着，我永远忘不了鲁迅先生。

（作者注：此文配以沙飞拍摄的鲁迅单人照片发表。文章中鲁迅与沙飞的对话，显然是沙飞的"幻觉"与"编造"。鲁迅从未听过沙飞的名字，没有任何来往。现场木刻家，都首次见鲁迅，但他们多与鲁迅相互通信。）

5.《鲁迅生前最后的留影》

易琼文章《李桦先生和我——两次邂逅前后小忆》（上海鲁迅纪念馆编《李桦纪念集》，东方出版中心，2007）：

1936年，由李桦主持的现代版画会，准备在上海举办"全国第二回木刻巡回展览会"，联系人沙飞是我同校（上海美专）的同学。有一天他来找我，带来两大卷用马粪纸卷得严严的木刻展品，叫我立刻送到北四川路去，找到黄新波，然后亲自交给他，并再三嘱我小心。我答应他立刻送去，绝对做到万无一失。木刻展览会在上海青年会闭幕后不久，沙飞告诉我，李桦从广州来信，信中附寄一张小书签，说明是特意送给我的。

易琼（女，版画家，1916年生于广西灵川，20世纪30年代先后就读于上海美专、杭州国立艺专）文章证实：1936年10月，在上海八仙桥青年会举办全国第二回木刻巡回展览会，沙飞不仅是在现场记录历史瞬间的摄影师，还是该展览重要推手。

2000年在上海、2003年在南京采访刘平若（1914～2007），他笔名曹白，是沙飞拍摄《鲁迅与木刻家》组照中21世纪初年唯一健在者。老人说：当时除力群外，我不认识其他人，不认识沙飞，不知道有人拍照。鲁迅去世后，才从报刊上见到照片，才知道在场其他木刻家名字。后来沙飞送我四张照片。我1942年参加新四军前，把信件、木刻、照片全烧了。曹白在一本纪念鲁迅逝世40周年画册《鲁迅生前最后的留影》九幅照片旁，全部亲笔注明"沙飞密拍"。

季音回忆：与林夫于1940年在上饶集中营相识，林夫直到1942年被杀害，身上一直带着《鲁迅与青年木刻家》照片。

白危（本名吴渤）的女儿吴海燕1996年11月致函王雁说："对于历

曹白。2003.南京

我的父亲沙飞
My Father H.Szeto
第一章 选 择

史的记忆,来自那栩栩如生的父亲与鲁迅先生的合影,这一张张珍贵的相片伴随我们全家走过风雨半个世纪。即使在父亲被关进'牛棚'、全家扫地出门的年代,它始终被完好无损地保存下来。"2003 年在上海第三次见到海燕,看到了沙飞 60 多年前送给白危的两张照片,有一张竟然从未见过,据说还有底片,可惜丢失了。

上海鲁迅纪念馆展厅,大照片沙飞作品《鲁迅与青年木刻家》,群雕参考沙飞照片。2014. 曹红摄

70 年后再聚首。左起:鲁迅之子周海婴、黄新波女儿黄元、曹白之子刘安、白危女儿杜海鹰(背影)、陈烟桥之子陈超南。上海青年会宾馆(原八仙桥青年会)。2006.10.8. 王雁摄

我的父亲沙飞
My Father H.Szeto

5.《鲁迅生前最后的留影》

（作者注：2006年10月8日，是沙飞拍摄组照《鲁迅生前最后的留影》《鲁迅与青年木刻家》70周年的日子，为缅怀鲁迅先生及父辈，我策划了一个活动：鲁迅与木刻家的后人于70年后在同一时间、同一地点聚首，每个人坐在自己父亲的位置，由摄影师沙飞之女王雁按照当年父亲的拍摄角度，记录下"七十年之聚"。摄影界朋友知道后，说我们这是行为艺术。）

沙飞拍摄后，马上回家冲洗放大。看到照片，他非常满意、非常激动，立即给司徒博看。他又专门拿去给司徒乔、司徒慧敏看，他们都为他高兴。

他把自己拍摄的照片寄给鲁迅先生，共八张，其中一大一小相同。

1997年，鲁迅之子周海婴发现几张照片背后有沙飞亲笔字。

鲁迅与青年木刻家，左起：鲁迅、林夫、曹白、白危、陈烟桥。1936.10.8. 沙飞摄

上图背面沙飞亲笔字。周海婴翻拍

《木刻创作法》封面照片（1937年出版出版，白危之女杜海鹰珍藏）。沙飞摄。

上海蒲石路怡安坊（今长乐路169弄）54号（上海卢湾区已挂牌"沙飞旧居"）。2014

沙飞把满意的三张照片放大，并在背后写字。《鲁迅生前最后的留影》后面的字与《鲁迅与青年木刻家》背后的字基本相同："鲁迅先生在第二回全国木刻展览会场中与青年木刻家谈话时之情形。沙飞摄。"另一幅相片的背后有如下文字："10月8日在上海第二回全国木刻流动展览会场中与青年木刻家谈话时之情形。沙飞摄。版权归作者保留，稿费请寄上海蒲石路怡安坊54号沙飞收。"

2008年上海卢湾区文化局将上海长乐路169弄54号（原上海蒲石路怡安坊54号）挂牌沙飞旧居，登记为不可移动文物。

1937年5月20日吴渤（白危）致函许广平：沙飞君的照片，如未寄来，可由先生直接与信作者，更为稳妥。我曾有信给他，但至今无复，恐有误落，他的通讯（地址）：广西桂林无线电台曾浩之转司徒怀收。（周海婴编《鲁迅、许广平所藏书信选》，湖南文艺出版社，1987）（作者推论：周海婴保存的沙飞拍摄的照片，可能非一次赠送。）

沙飞给《中国呼声》奥地利女记者魏璐诗寄了一张她与鲁迅的照片。魏璐诗（1918~2006）一直工作、生活在中国，家中挂着此照片。1995年王雁策划《沙飞石少华摄影展》，魏璐诗题词。

日本作家鹿地亘夫妇与木刻家的合影照片，沙飞当年送给了鹿地亘，几十年后，由日本转回中国。

鲁迅在第二届全国木刻展的照片，是沙飞拍摄的第一组新闻照片。他成功

我的父亲沙飞
My Father H.Szeto

5.《鲁迅生前最后的留影》

沙飞同志留存照片记录

1). 照片共 8 张。原大 5 张。放大 3 张。

2). 放大 1：6.5X10 CM （在照片集 P.106）背后的手写字看不清。
　　　　8.0×11　（因有照片簿上的黑纸痕迹遮掩）

8.5×11　放大 2：8X10 CM　（照片集 P.108）背托有字：

"十月八日在上海第二回全国木刻流动展览会场中与日（疑为'青'）年木刻作家谈话时之情形　　沙飞摄　版权归作者保留稿费请寄上海浦石路怡安坊五十四号沙飞收　"

　　　放大 3：8X10 CM　（P.113）背字："鲁迅？？（此两字湮没）在上海第二回全国木刻流动展览会场与青年木刻作家的谈话时之情形"　　　　　　沙飞摄 ？月？日

原大 1　　4X5.5　（与 113 同样的底片）　6×4.5　4.9×4.1

原大 2　　 "　　（照片集 109 背面无字）

原大 3　　 "　　（照片集 110 背无字）

原大 4　　 "　　（照片集 112 背无字）

原大 5　　 "　　（同 112 那张一样。背面有鹿地写的"十月八日木版展览会内及 ？"）

（这张是沙飞赠送给日本朋友：鹿地亘的。前几年辗转从日本朋友传回。）

照片集上　（111 有外国记者魏露丝的那帧，照片不在我处。）

　　　　　　　　　　　　2002/4/26 海婴 记载。

周海婴记录家中珍藏沙飞拍摄的照片

了！这组照片奠定了他今后职业的基础。他知道自己选择将摄影作为终生事业的决定是正确的。

　　沙飞还沉浸在成功拍摄鲁迅先生照片的兴奋之中时，1936 年 10 月 19 日早，他在司徒博家里接到司徒乔电话：鲁迅先生刚刚去世。这真是晴天霹雳！过了一

我的父亲沙飞
My **Father** H.Szeto

第一章 选择

鲁迅与魏璐诗女士。1936.10.7. 沙飞摄

日本作家鹿地亘夫妇与中国木刻家，前排左起：池田幸子、鹿地亘，后排左起：1. 林夫、2. 黄新波、3. 陈烟桥、4. 曹白、5. 白危、6. 力群。1936.10.7. 沙飞摄

王雁、王少军姐妹与坂田晓子（陆地亘之女，1939年出生在中国）在日本东京举办沙飞摄影展览开幕式上合影。2008.4（"鹿地亘、池田幸子夫妇与中国青年木刻家合影"照片在日本展出）

5.《鲁迅生前最后的留影》

会儿,他才定了神,背上照相机冲出门去,乘车直奔大陆新村鲁迅寓所。

二楼卧室,床边围着许多人。沙飞扑近床前,看见鲁迅安详地躺在床上。先生的黑发夹着几根银丝,眉毛浓黑,眼睛紧闭,颧骨高耸,两颊下陷,胡子威严,身上盖着一床被单。许广平在旁边哭泣,7岁的海婴茫然地靠在妈妈身边。人们在流泪,整个房间笼罩着悲哀、沉重。沙飞注视着先生清癯的面容,11天前刚刚第一次见到并拍摄了活生生的先生,今天先生竟溘然长逝,怎么能相信呢?这个打击太大了!他默立在先生遗体前,抹掉颊上簌簌流下的泪水,对着先生遗体,深深地鞠了三个躬。然后轻轻地打开照相机,连按了几下快门。他环视这间卧室,一张藤椅,一张半新旧的书桌,上面堆着书籍、原稿,两支毛笔立在笔插里,墙上挂着珂勒惠支的版画,还有一幅题有"海婴生后十六日肖像"的婴孩的油画。他都拍摄下来。

那天到鲁迅家的有宋庆龄、周建人、冯雪峰、萧军、胡风、姚克、巴金、黄源、陈烟桥、黄新波、曹白、力群……日本朋友内山完造、鹿地亘、池田幸子、河野;还有记者们。画家们画了遗像。

2001年我在太原拜访力群,力群夫人刘萍杜是曹白(刘平若)的妹妹,力群回忆:30年代我在上海美术、版画界活动时见过沙飞,不太熟。搞木刻展我一直在,认识沙飞就是在那时候,他一开始就参加展览的工作,我们都在一起。当时他穿深颜色西装,

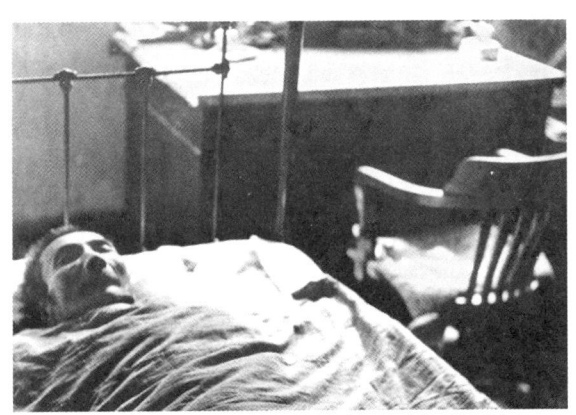

鲁迅遗容(寓所卧室)。1936.10.19. 沙飞摄(上海鲁迅纪念馆存原照片)

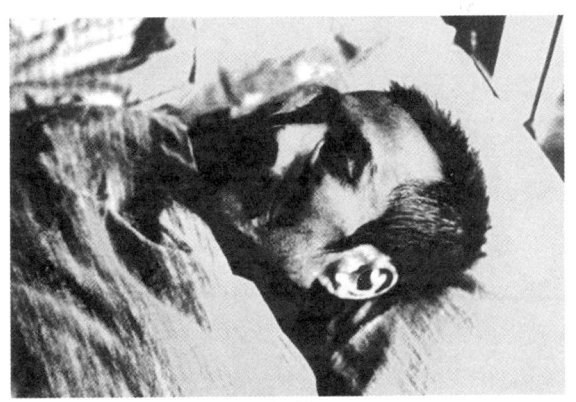

鲁迅遗容(寓所卧室)。1936.10.19. 沙飞摄

我的父亲沙飞
My **Father** H.Szeto

第一章 选择

鲁迅灵堂桌上小照片是沙飞拍摄的　《中流》杂志1936第一卷第5期封面照片沙飞摄（上海鲁迅纪念馆藏品）　鲁迅遗容（上海万国殡仪馆）。1936.10.沙飞摄

打领带，很活跃。我们穷学生穿大褂。10月8日那天我因给"上海世界语者协会"写标语，不在场。我回到展览会时，新波告诉我，鲁迅先生刚走，我们与先生谈话时，司徒兄给我们拍照了。照片是鲁迅去世后不久看到的。沙飞给鹿地亘夫妇和我们拍了照片，可能是他们提议一起合影。将近60年后，日本三山陵女士来访，我才看到这幅照片。鲁迅刚逝世，鹿地亘夫人池田幸子就来车把我和曹白接去鲁迅寓所，我们最早去，我画了四张遗像，我和曹白在的时候沙飞去了。

鲁迅遗体于当日下午3时移至万国殡仪馆，三天时间供各界人士瞻仰。灵堂布置得庄严、简朴、肃穆，布满了花圈挽联，鲁迅穿着棕色长袍，仰卧着，灵堂正面墙上挂着先生一幅大的遗像（这是1933年姚克陪同鲁迅到雪怀照相馆照的照片，鲁迅很满意，多次赠送亲朋好友，此照片最早与斯诺《鲁迅评传》一起刊登在1935年1月出版的美国《亚细亚》杂志上，后又刊登在1936年底英国伦敦出版的《活的中国》一书扉页）；下边是许广平亲笔书写的献词，桌上放一张小照片，是沙飞在鲁迅去世前11天拍摄的《鲁迅生前最后的留影》。

（作者附记：2005年4月我到京看望周海婴，谈及当年鲁迅灵堂放着沙飞拍摄的鲁迅照片，海婴分析：当时不太可能是许广平或他人把该照片放上去的，极可能是沙飞自己把照片装在镜框里放上去的。）

力群。2001.太原

5.《鲁迅生前最后的留影》

　　院子里有两张桌子，几个年轻人请瞻仰遗容的群众签名，并给他们在臂上缠上黑纱，然后 10 个人一组，依次进灵堂。

　　沙飞一直在殡仪馆，他拍摄了在灵堂的鲁迅遗容，拍摄了签名的女童……小海婴在殡仪馆里走来走去，有人问他，你爸爸呢？他天真地用小手指了指说，爸爸睡觉了。沙飞掉下了泪。

　　司徒乔和司徒慧敏一起到殡仪馆。沙飞拥着他们，失声痛哭。他们签了名。乔忍住悲痛，打开画夹，抽出自制的竹笔，蘸上墨汁，在盖棺之前，画下鲁迅的最后瞬间。遗容共画了三张，在最后一张他写上"鲁迅先生盖棺前五分钟司徒乔作"。

　　沙飞与专门在灵堂厅前登记花圈挽联的欧阳山夫人草明认识了。他俩都来自广州，都对鲁迅先生非常崇敬，在送别鲁迅的日子里，他们建立了友谊。

　　保存在上海鲁迅纪念馆的鲁迅丧仪《礼物登录誊清》中的一页："一一九（栏）沙飞 照相（照片）二个"。这是沙飞奉献给他的精神导师鲁迅先生的祭品。

　　10 月 22 日下午两点半，在哀乐声中，巴金、鹿地亘、胡风、曹白、黄源、

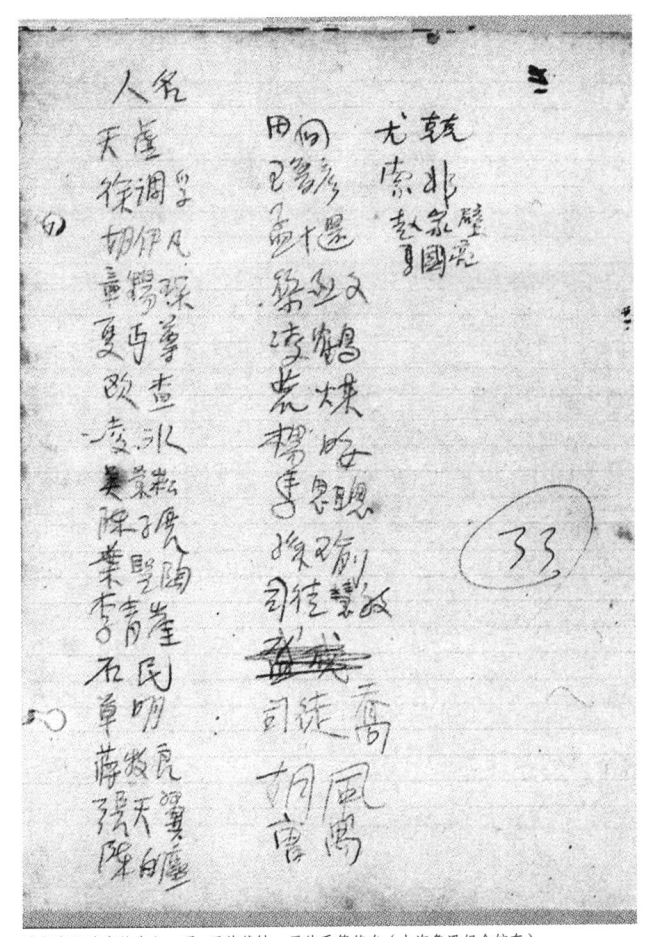

瞻仰鲁迅遗容签名之一页，司徒慧敏、司徒乔等签名（上海鲁迅纪念馆存）

我的父亲沙飞
My Father H.Szeto

第一章 选 择

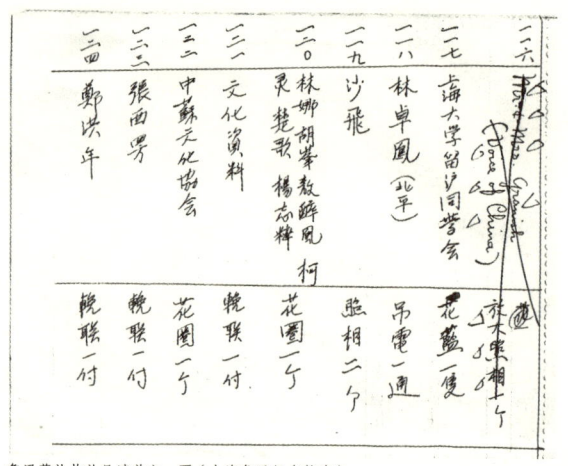

鲁迅葬礼收礼品清单之一页（上海鲁迅纪念馆存）

张天翼、靳以、姚克、吴朗西、周文、萧军、黎烈文等作家、艺术家抬着鲁迅先生的棺木，缓缓地走出殡仪馆大门，放在灵车上。随后人们向万国公墓进发。

张天翼手书的"鲁迅先生丧仪"的横幅由欧阳山、蒋牧良举在最前面。接着是乐队、挽联队、花圈队、挽歌队，鲁迅巨幅遗像是前一夜司徒乔画在高达一丈的白布上的画像，后面是灵车。宋庆龄穿着黑色旗袍，左臂裹着黑纱，搀扶着拉着海婴的许广平，紧跟在灵车之后。孔祥熙送来挽联，宋霭龄参加了送葬，走在妹妹身旁。再后，是

鲁迅灵车驶出殡仪馆。1936.10.22. 沙飞摄

送葬队伍。1936.10.22. 沙飞摄

鲁迅先生丧仪。前右欧阳山、左蒋牧良。1936.10.22. 沙飞摄

　　为鲁迅送行的上海市学生、工人、店员、作家、教授等各界群众，五人一列。送葬的队伍中有蔡元培、沈钧儒、王造时、章乃器、胡愈之、史良、李公朴、邹韬奋、沈兹九、郑振铎、郁达夫、叶圣陶、蔡楚生、欧阳予倩、袁牧之、郑君里、陈波儿、赵丹、姚克、赵家璧、张天翼、司徒乔等，还有日本友人内山完造、鹿地亘夫妇等。送殡的队伍绵延几里，萧军是这支万人队伍的总指挥。

　　在租界行进时，骑高头大马的外国巡捕在队列两边，经过中国地界则有荷枪插上刺刀的警察。一路上队伍整齐严肃，秩序井然。大家随着低回的哀乐，唱着为哀悼鲁迅作的挽歌，唱着《义勇军进行曲》《打回老家去》等抗日救亡歌曲，声音悲壮、有力，高呼着"继承鲁迅先生遗志，打倒帝国主义"等口号前进。下午5时这支队伍走到万国公墓，公墓门上挂有"丧我导师"横联一幅。

　　鲁迅先生安葬大会治丧委员会主席是蔡元培，姚克担任鲁迅葬礼司仪，沈钧儒、宋庆龄等先后讲话。当鲁迅棺木要放入墓穴时，大家意识到这是最后的诀别，抬起灵柩时，十多人把手伸到灵柩下。在哀乐声中，一面由沈钧儒亲笔写的"民族魂"三个大字的白绸旗子，由沈钧儒、王造时、李公朴、章乃器四人分别拉着一角，轻轻地覆盖在鲁迅的楠木灵柩上，然后被徐徐放进墓穴中，顿时哭声

我的父亲沙飞
My Father H.Szeto

第一章 选择

章乃器在鲁迅墓地发表演说。左起：萧军、姚克、章乃器、沈钧儒、邹韬奋，前排右起：许广平、周海婴。1936.10.22. 沙飞摄

青年作家扶棺入墓穴。1936.10.22. 沙飞摄
（上海鲁迅纪念馆藏品）

一片。许广平携海婴，肃然伫立在墓前，宋庆龄紧紧扶住她的手臂，安慰她节哀保重。人们从地上抓起一把土，把它撒到先生的墓穴里，一支临时组成的民众歌咏队深沉、低缓地唱着送别鲁迅的《安息歌》：愿你安息，安息在土地里…… 歌声叩动每个人的心，在歌声中人们向鲁迅行了最后的敬礼。

孟波（1916~2015）2006年10月回忆："鲁迅逝世后，在冼星海家，我们写挽歌，但新写的挽歌群众不容易唱，因此主要是用《打回老家去》的曲，再填写歌词；我和麦新组织挽歌队，我们免费发挽歌歌谱，教大家唱挽歌。"

沙飞在鲁迅的葬礼上听人悄悄议论，先生是被给他治病的日本医生害死的。萧军在墓地发誓，我们要复仇和前进！沙飞相信这是事实。这成为沙飞心中永远抹不去的阴影。

鲁迅是一代巨人，他的死震撼了整个民族，这民众的葬礼在中国是第一次。

参加鲁迅葬礼的还有（源于上海鲁迅纪念馆馆藏《送殡者登记簿》《左联画史》）：周建人、王蕴如、周晔、周瑾、周蕖、沙千里、聂绀弩、魏璐诗、孔德沚、黎沛华、周而复、王统照、王任叔、王尧山、唐弢、郑伯奇、许粤华、张春桥、夏征农、钟敬文、司马文森、端木蕻良、草明、叶以群、梅志、蒲风、方土人、于黑丁、丘东平、关露、白薇、杨骚、王鲁彦、罗稷南、罗烽、白朗、吴组湘、唐瑜、王梦野、何家槐、许钦文、徐懋庸、陈企霞、钟望阳、任钧、杜谈、吴奚和、郑育之、舒群、金仲华、彭子冈、陈学昭、方之中、孔另境、陈伯吹、

5.《鲁迅生前最后的留影》

胡绳、陈子展、吴似鸿、宋云彬、徐调孚、曹聚仁、王春翠、孟十还、艾芜、沙汀、夏丏尊、马国亮、胡子婴、萧乾、冼星海、贺绿汀、马思聪、吕骥、麦新、孟波、刘良模、任光、周钢鸣、沙梅、黄新波、力群、马达、蔡若虹、沃渣、林夫、许幸之、白危、郁风、钱君匋、陈烟桥、沙清泉、刘岘、曹禺、陈白尘、张庚、柯灵、陈荒煤、于伶、阿英、郑君里、程步高、洪遒、王尘无、石凌鹤、司徒慧敏、费穆、史东山、袁文殊、瞿白音、应云卫、孙瑜、沈西苓、王士珍、周剑云、唐纳、蓝苹、沈振黄、吴宝基等,众多学生、民众。

《大公报》上海版1936年10月25日刊登戏剧电影界司徒慧敏、唐纳、赵丹、费穆、蔡楚生、欧阳予倩、史东山、柯灵、袁牧之、应云卫、郑君里等十余人署名的文章《悼鲁迅先生》:"在这一星期里面,文化界所发生的最大的变故,像一个晴空的霹雳,震慑着每一个中国人,乃至全世界的文化人的心,使他们震惊、悲悼、叹息,并且深切地受着像失去了什么似的空虚之感的,是鲁迅先生的溘逝……鲁迅先生的死所给予我们的,又岂止是失去文学师的悲戚呢。这损失是整个中国民族的,也是全世界的被压迫人群的!……'鲁迅先生不死,中华民族永存!'假如我们相信这挽语的铁一般的声音,那么,让我们祝福这一位苦斗了一生的战士的幽灵,静静地在地下安眠罢。"

沙飞用照相机记录了鲁迅葬礼的全过程。

沙飞要发表他拍摄的鲁迅照片,想给自己起一个笔名。他在自己一张穿西装的照片背后用钢笔题诗:"浪漫性情浪漫游,寄情湖海与山丘。羞与众生同媚世,心中唯有梦中人。"(作者注:这是我大哥王达理保存的照片,照片已遗失,1936年拍摄,大哥清楚记得照片背后诗,推论"梦中人"是沙飞热爱的摄影。)沙飞热爱祖国,向往自由,希望像一粒小小的沙子,在祖国的天空中自由飞舞。对,就叫沙飞!他对这个笔名很满意。

沙飞把照片投寄给上海、广东各大报刊。孟十还编的《作家》1936年11月号"哀悼鲁迅先生特辑",邹韬奋编的《生活星期刊》1936年第1卷第21号和22号,马国亮编的《良友》1936年121期("一代文豪鲁迅先生之丧"专辑署名:本志特派记者及沙飞、吴宝基、沈振黄、明星公司等合摄),黎烈文编的《中流》1936年11月期(第1卷第5期),《时代画报》1936年11月期,《光明》1936年第1卷第10号"哀悼鲁迅先生特辑",《文季月刊》杂志1936年11月期,《现

我的父亲沙飞
My Father H.Szeto

第一章 选 择

世界》1936年第1卷第6期,《葫芦》号外1936,《大公报》上海版11月21日等报刊,刊登了署名沙飞拍摄的《鲁迅生前最后的留影》《鲁迅遗容》等照片,有的登在封面。司徒乔画的鲁迅遗容、画像也发表在这些报刊上。

广州《民国日报》1936年10月28日艺术版"悼念鲁迅专刊"刊登沙飞文章《鲁迅先生在全国木刻展会场里》,该报同版刊登李桦文章《鲁迅先生是一面镜子》及李桦木刻《最后的鲁迅先生》。编者志:根据10月8日下午2时在上海全国木刻联合流动展览会场上摄的照片刻,距离死时只有10天,恐怕是最后的一个遗照。广州《民国日报》1936年10月29日"哀悼鲁迅先生特刊"刊登了沙飞拍摄的《鲁迅先生死后遗容》。

香港《大众日报》1936年11月10日副刊"大众动向"版"追悼鲁迅先生特刊",刊登署名沙飞文章《鲁迅在全国木刻展会场里》,内容与《广州民国日报》文章基本相同。汕头《先声晚报》副刊"海岸线"1936年11月1日发表沙飞拍摄的《长眠了的鲁迅》《他正在和青年木刻家说话》两幅照片。"海岸线"主编杜桐(1912~1967)后来是王辉的妹夫。

摄影家"沙飞"诞生了,而且一举成名。沙飞的名字在文学界、美术界、新闻界引起轰动。

沙飞跟司徒博一同参加了黑白影社在江西路、四川路口邓脱摩西餐馆的一次聚会。这是每隔数月的一次例会,每次由执行委员会通知社员,参加者带着最少一张、不小于六寸的作品到会,社员互相观摩作品,餐费自理。

那天到会的有卢施福医师、上海祥泰木行的陈传霖、上海中国棉业贸易公司的聂光地、上海时代图书公司的叶浅予、三和公司的林泽苍、上海晨报社的毛松友,还有敖恩洪及常州来的吴中行等人。见到知名摄影家,沙飞很高兴,主动与他们交谈、切磋。敖恩洪是北洋军阀孙传芳的女婿,照片拍得好,人也好。他1936年底到绥远抗战前线拍摄了多幅照片。

朋友告诉沙飞,陈依范刚从苏联回来,美术界朋友要找时间和他聚会一下,这是难得的机会,一定要去。沙飞听说过这个特殊的人物。陈依范1908年出生在西印度群岛,本名Jack Chen,大家都叫他杰克,父亲陈友仁是孙中山的外事顾问,曾四任民国政府外交部部长,母亲是法国人与黑人的混血。他外表完全是外国人,母语是英文,从没把中国话学好,不到20岁就担任父亲的私人秘书。

5.《鲁迅生前最后的留影》

他毕业于莫斯科绘画学院，加入苏联共青团，作为画家兼记者在塔斯社等新闻机构工作，是个十分活跃的社会活动家。

那天集会来的人很多。沙飞送给曹白、白危、黄新波、林夫、陈烟桥每人一份礼物——他拍摄的照片《鲁迅生前最后的留影》组照。照片放大成10寸，每个人好几张，他们都高兴极了。每次画家聚会，都带上自己的作品互相交流，因此沙飞当场毫不客气地向这几位朋友各索要了几张木刻画，他们都非常高兴地给了他。

陈依范是这次集会的主角，他跟大家谈了几年来在苏联的亲身见闻、他和苏联艺术家的交往。那时的苏联是不少年轻人向往的国度。陈依范还谈到漫画、木刻，他爽朗清脆的笑声、流利的英语、蹩脚的中文给在场的人留下了深刻的印象。陈依范从画家们拿来的画中挑选了部分作品。他热情地对沙飞说，我选一些你的照片介绍到苏联发表。你最好回华南去，拍更多的好照片，争取参加1938年元旦在苏联的展览。

1936年底陈依范赴欧洲，他带了中国画家们同仇敌忾反对日本侵略的作品在苏联、法国、美国及英国等地巡回展览。二战时他在英国，是援华积极分子，1950年回国，在北京外文局工作，1971年返回美国。他对中美关系发展起了重要作用，他的研究巨著《美国华人》受到广泛重视。陈依范1995年在美国逝世。

沙飞《我的履历》（1942）

这时适值从苏联回到上海不久的陈依范先生，因看到我的摄影有进步的内容，遂选了一部分介绍到苏联去发表，并鼓励我继续努力，要我有更多作品参加1938年元旦在莫斯科举行的中国艺展。并希望我回华南去收集一些艺术作品准备送往苏联展览。因此之故，我即折回广州。

2012年5月，国家博物馆举办《百年沙飞摄影展览》，陈依范之子陈一文参加了开幕式。

2014年1月，我与黄元（木刻家黄新波之女）到香港看望父辈共同的老朋友陈依范的遗孀陈元珍。陈元珍告知：抗战期间陈依范（杰克）在多国展出的自己和其他中国艺术家的部分作品，现已由大英博物馆收藏，并提供了大英博物馆收藏

我的父亲沙飞
My Father H.Szeto

第一章 选 择

作品的中国艺术家名单：陈蕙龄、陈涓隐、丁聪、丁里、高冈、黄新波、李桦、力群、梁白波、梁永泰、林檎、鲁少飞、陈玉书、罗工柳、马达、秦威、沈逸千、特伟、万籁鸣、汪子美、胡考、吴作人、严折西、郑野夫、冶平、叶浅予、张光宇。

遗憾的是没有沙飞的摄影作品。但我相信，1936年秋父亲交给陈依范的摄影作品，依旧沉睡在世界的某个角落。

陈元珍还告知，她已将丈夫陈依范（杰克）的美术作品、重要资料捐赠美国斯坦福大学胡佛档案馆。

沙飞与陈依范真有缘！2012年沙飞百年诞辰之际，我捐赠沙飞若干幅摄影作品、有关资料给胡佛档案馆。

与陈依范的见面，使沙飞知道了自己应该怎么办。

沙飞去四川北路司徒乔家，一起观看他们拍摄的、画的鲁迅先生的照片和画像。乔的小画上只有简洁的几条线，每条都像刀砍出来的，他把悲愤、崇敬全投到了画上。

乔在鲁迅葬礼的归途中，乘车时坐在宋庆龄身边，就把画的鲁迅先生三幅遗容中的一幅送给了她，过了几天接到孙夫人送的鲁迅亲自选编的《凯绥·珂勒惠支版画选集》。

沙飞告诉乔自己打算回广东。乔祝他成功！

沙飞买了一本《凯绥·珂勒惠支版画选集》。鲁迅先生在画集的《序目》中写道：她的作品，是"为了一切被侮辱和损害者悲哀，抗议，愤怒，斗争；所取的题材大抵是困苦，饥饿，流离，疾病，死亡，然而也有呼号，挣扎，联合和奋起"。沙飞认真看每幅画，看先生对作品的详细说明。他更领略了先生的人格魅力。他最喜欢其中第20幅画《面包》。先生是这样介绍的："饥饿的孩子的急切的索食，是最碎裂了做母亲的心的。这里是孩子们徒然张着悲哀，而热烈地希望着的眼，母亲却只能弯了无力的腰，她的肩膀耸了起来，是在背人饮泣。她背着人，因为肯帮助的和她一样的无力，而有力的是横竖不肯帮助的。她也不愿意给孩子们看见，这是剩在她这里的仅有的慈爱。"珂勒惠支的版画触动了沙飞内心深处不为人知的地方。后来，他把这幅版画带到战火纷飞的华北前线，一直挂在自己的房间。

沙飞买了一束鲜花，到万国公墓。墓地静悄悄，他默默地站在鲁迅墓前，墓碑

5. 《鲁迅生前最后的留影》

上镶着先生遗照烧制的瓷像，像下面是 7 岁的周海婴写的"鲁迅先生之墓"。他悲哀地默悼着，先生，安息吧！他向精神导师做最后的告别。

沙飞第一次摄影展览（1936 年广州），共有关于鲁迅的照片 20 幅，第二次展览有关鲁迅的照片 19 幅，都放在重要位置；在第二次影展（1937 年桂林）专刊《鲁迅生前最后的留影》照片下面，沙飞亲笔写下："我们要继续鲁迅先生的对恶势力毫不妥协的伟大精神奋斗到底。沙飞1937年元旦"。1940 年 10 月鲁迅逝世四周年之际，沙飞拍摄的有关照片在晋察冀边区华北联合大学展出。沙飞对鲁迅始终怀有一颗挚爱、景仰的心。

1936 年 11 月，沙飞告别上海。

《沙飞桂林影展专刊》刊登《鲁迅生前最后的留影》

6．"我们实在不能不受剧烈的感动"

1936年11月中旬，沙飞风尘仆仆地从上海乘船回到汕头。

王辉很高兴，她早预料到，丈夫到上海找不到工作，没有经济收入，花光了带走的钱后，绝不会来信叫自己给他寄钱的，他待不下去了，自然就会回来，当初勉强同意他去上海，不就是为了夫妻之间不要太僵，给他一个机会，同时也为他留条后路嘛。尽管他一直没来信，但她一直等待着这一天。两个孩子围着爸爸，都争着叫抱。晚饭时全家人在一起，热闹、高兴，他情不自禁地说，回家真好！

他拿出鲁迅的照片，自豪地对妻子说，这都是我拍的。她惊呆了。他一边给她看照片，一边给她讲照片上的人、照片背后的故事，讲自己在上海的生活、学习。她被他的成功打动。两个人沉浸在甜蜜、幸福中。夜深了，他告诉她，明天，不，就是今天要去广州，12月初要在广州搞个人摄影展览。她急了，摄影重要，还是这个家重要。他脱口而出，当然是摄影重要了！摄影是我选择的终生事业！她说不出话来。他马上安慰妻子，摄影、家庭，两个都重要，搞完影展，尽快回家。王辉只能再次让步。

第二天一早，沙飞乘早车到广州，他住在父母家——大新路430号。一楼，是夏天在广东中医药专科学校毕业的二弟司徒铃开的诊所，全家住在二楼。

此时沙飞几乎身无分文，在汕头他没向妻子要钱，他实在开不了口。但他生她的气，她明明知道自己现在没有钱，又非常需要钱，明明家里有钱，但她不主动给自己，以前她不这样！他完全没有意识到，自己爱上摄影后变了，不再是个好丈夫，她不给钱，是希望他早日回来，是为了这个家。他感到与妻子的隔阂更深了。

挚友李桦几次到他家，在一楼诊所两个朋友海阔天空无所不谈。李桦在这个

6. "我们实在不能不受剧烈的感动"

关头伸出友谊的手，想办法帮他借了一笔钱。

沙飞开始忙碌，选照片，放大，编辑出版影展会刊，找场地，通知亲友。当时他患有比较严重的鼻炎，他一边筹备展览一边治病。

沙飞第一次个人摄影展览于1936年12月3日至5日在广州长堤基督教青年会举行。

广州影展有一个简单会刊，包括114幅作品目录和沙飞的文章《写在展出之前》：

> 我学习摄影还未满两年，在这短促的期间中，常常为恶劣的环境所阻，以致中断，不过无论环境怎样恶劣，终不能磨灭我的志愿。因为我觉得摄影是暴露现实的一种最有力的武器，我总想利用它来做描写现实诸象的工具。
>
> 摄影是造型艺术的一部分，然而多数人还把它作为一种纪念、娱乐、消闲的玩意儿。这根本忽略了艺术的意义，而使摄影陷入无聊帮闲的唯美主义的深渊里，堕落到逃避现实，醉生梦死的大海中。这是一件多么可怕和可惜的事啊！
>
> 现实世界中，多数人正给疯狂的侵略主义者所淫杀、践踏、奴役！这个不合理的社会，是人类最大的耻辱，而艺术的任务，就是要帮助人类去理解自己，改造社会，恢复自由。因此，从事艺术的工作者——尤其是摄影的人，就不应该再自囚于玻璃棚里，自我陶醉，而必须深入社会各个阶层，各个角落，去寻找现实的题材。
>
> 然而在这两年中，我毕竟为了职业所限制，未能如愿地去获得所要找寻的题材，同时，表现的技巧也得不到修养的机会。这种束缚便使我感到莫大的痛苦，然而我并不因此而灰心，恶劣的环境只迫成我的抵抗心——加倍地工作，才得到这么可怜的成绩。
>
> 个展的筹备只有两个星期。一个没有经验的作者要在这短促的期间中把个展弄到完善，是不可能的事，但是，我愿意不断地耕耘，我更愿意接受观众的宝贵的评判。
>
> 二十五．十二．一．于广州

第一章 选择

沙飞个人摄影展览会（广州）目录

纪念鲁迅先生

1. 鲁迅先生最后遗容，2. 十月八日在上海，3. 二回全国木刻流动，4. 展览会场中与青年，5. 木刻作家们谈话时之情形，6. 绝笔，7. 溘然长逝——死后遗容，8. 遗体与遗物，9. 丧号传出，10. 遗体入殓后，11. 万国殡仪馆门前，12. 瞻仰遗容的群众，13. 签名参加送殡的女童，14. 出发之前一刻，15. 送殡群众七千人，16. 灵柩抬出，17. 运灵柩车驶出殡仪馆，18. 送殡行列，19. 音乐队，20. 民众歌咏团，21. 经过十字街头，22. 蔡元培先生演说，23. 章乃器先生致哀辞，24. 伟大的民众葬礼，25. 鲜花满饰墓茔，26. 后死者继续努力。

国防前线的南澳岛

27. 南澳岛马口，28. 残废的城垣，29. 美丽的海滨，30. 健康的人民，31. 儿童生活，32. 制盐，33. 耕田，34. 晒谷，35. 日出而作，36. 抬网落船，37. 船出发，38. 轻撒网，39. 紧拉绳，40. 波光里等鱼踪，41. 日暮，42. 修船，43. 补渔网，44. 险要的山道，45. 险要的山道，46. 外来的一群。

风景、静物、图案

47. 48. 松，49. 萧条的村庄，50. 风，51. 水乡，52. 图案，53. 观帆，54. 菠萝，55. 足印，56. 队伍，57. 湘小桥，58. 枯槁的树头，59. 荒凉的古庙，60. 秋风的表情，61. 石像，62. 并合的图案。

一般生活

63. 惨淡生涯，64. 慈母手中线，65. 磨绞剪，66. 洗补，67. 灌溉，68. 建筑，69. 油船，70. 锯！锯！锯！，71. 锻炼，72. 手工业，73. 小贩和顾客，74. 画花工人，75. 挑柴，76. 斗争，77. 78. 归途，79. 美的陶醉，80. 阿毛的午餐，81. 在激流中迈进，82. 83. 上帝，84. 舞台上，85. 劳工神圣，86. 油漆未干，87. 造屋，88. 采果女郎，89. 女佣的生活，90. 专补烂竹篮，91. 街头速写，92. 上帝的女儿，93. 攀登，94. 牛马生活，95. 劳动阵线，96. 疗饥，97. 凄凉的角落，

6. "我们实在不能不受剧烈的感动"

98. 生命的叫喊，99. 待救，100. 求乞也不成，101. 被迫离境，102. 国难宣传，103. 娘胎初脱，104. 惊奇，105. 把握着，106. 痛苦，107. 拾煤，108. 迷途的羔羊，109. 乐而忘形，110. 弱肉强食，111. 中国的孩子饿着，112. 抵抗，113. 妈！我不拜神，114. 童军汇操。

（作者注：1965年夏，我偷偷打开母亲的一个木箱，看到父亲1936年12月《沙飞广州个人影展专刊》，1937年6月《沙飞桂林影展专刊》。我全文抄下两专刊，原件毁于"文革"。七叔司徒彤收藏一份《沙飞桂林影展专刊》，20世纪60年代通过我大哥王达理捐赠给中国摄影家协会。《广州影展专刊》有沙飞文章《写在展出之前》及114幅作品目录，王雁手抄稿80年代给大姐王笑利，她再手抄，把看不清的字留空，王雁手抄稿已失。手抄过程有错。特此说明。）

关于这次影展，广州报刊发表了几篇评论文章。

何铁华于1936年12月3日在《广州民国日报》"艺术"第十四期署名璧子发表文章《沙飞个人摄影展》

我的父亲沙飞
My Father H.Szeto

第一章 选择

何铁华于1936年12月3日在《广州民国日报》"艺术"第十四期署名璧子发表文章《沙飞个人摄影展》：

本周两个艺展：一、日本火柴图案搜集展，二、沙飞个人摄影展……其次本月三日至五日，长堤基督教青年会敦请上海黑白社社员沙飞氏开个人摄影展。影展在我们看得多了，而且是每天在冲晒商店门前开着。但我们看到的，几乎没有例外是以风景、静物及裸体为主题。能够意识地用反映在镜头上的社会每个角落里的现实生活为主题的摄影展，似乎还没有。所以沙飞这个个展是值得介绍的。内容可分三部分：一部分是华南国防前线的南澳岛的形势及土人生活，这类带有国防性的摄影是最有意义的，因为摄影给与人们认识现实比之绘画更真切，经过一个艺术家的剪裁摄成后，我们不独得到艺术的陶冶，同时获得真切而深刻的认识。第二部分是大众的一般生活，从婴孩堕地，以至成人、老头儿，人在社会上认真地搏斗、挣扎的各种生活，跳不出沙飞的镜头。那里有你的朋友甚或你自己的命运的对照，从那里会使你同情、憎恨、颤栗，更从那里会启发你的自觉，出路。第三部分是鲁迅先生的纪念照片。沙飞在沪时幸运地在第二回全国木刻展览会场里摄取了当代思想的领导者鲁迅先生最后的遗像之后，又摄得逝世后的一般场面，这部分二十多张照片，告诉我们痛悼鲁迅的情绪怎样紧张，同时表现出鲁翁精神之伟大。统观全部作品，与一向的摄影在质上略为不同，这是摄影界的一个新动向，很希望能够给百粤中爱好艺术者以一个好的印象。

倚梅生于1936年12月10日《越华报》"快活林"版发表文章《沙飞摄展会巡礼》：

继御侮与赏美两展览会而举行之沙飞摄展会，经于三日在青年会开幕。是会之举办，乃由青年会特邀新近漫游南澳岛归省之青年艺术摄影家沙氏，将其个人之影作送会公开展览。地点在会之后座礼堂。是日上午，该会当事人已将展览品分别布置完竣。随于十时开放。由会派人招待，到场来宾有数十人。室之首陈一签名簿暨摄影作品名单，各展览品分别张贴壁间。纪念鲁迅氏之影片居第一列，南澳岛之风物照片次之，纪念鲁迅氏之照片占全部之三分之一。余都为风景、民间生活之写实作。纪念摄影者，且有海上闻人章乃器及蔡元培两氏于追悼会演说时之姿态及殡仪拍照。南澳岛之作，有岛之鸟瞰，及"知盐""晒谷""白

6. "我们实在不能不受剧烈的感动"

倚梅生于 1936 年 12 月 10 日《越华报》"快活林"版发表文章《沙飞摄展会巡礼》

暮""外来的一群""慈母手中线""磨绞剪""美的陶醉"等帧。全部作品凡百余帧。而"舞台上"一帧尤能善于利用背景、显影清晰,光阴无过阴过烈之弊。非娴熟此道者不足至此。至若"专补烂竹篮"一帧,乃一老翁方垂首作补篮时所摄,盖为民间生活之作也。他如"娘胎初脱""美的陶醉"两帧,前者为天真、浪漫之婴儿,后者为一女郎撷花时所摄,感光均准,可谓无懈可击。其余作品颇多杰构,林林种种,不能缕为阅者告矣。

1936 年 12 月 14 日黎觉奔在《南国青年周刊》发表文章《参加了沙飞先生的摄影个展回来》:

我的父亲沙飞
My **Father** H.Szeto

第一章 选择

我的心时常这样想：摄影该是艺术的一个部门吧。它的内容的本质正可以和其他各部门艺术（文学、绘画、舞蹈、音乐、雕刻、建筑、戏剧、电影）一样，必须通过正确的、科学的世界观，在现实的生活里吸取主题与题材，以伟大的形式和风格，艺术地表现之。这样才配称作好的艺术。

摄影品我在画报和杂志上看过很不少，摄影展览会也参观很多个，但能够给我较好的印象的可算得极少极少。究其原因，是因为一般的摄影师完全忽略了艺术的价值就是可以拿来做斗争的武器。他只视摄影为一种消遣品，作为一种娱乐的玩意罢了。所以这一类的摄影家，我一向都轻视他们的。虽然他们极尽唯美之能事，对于采景、采光拍照表现出非常的华丽，但这也不过是技巧的成功而已。世界上一切的伟大，和他们没有丝毫关系的。记得我在不久前友人拿了一本何铁华先生的摄影集（即《铁华北游》影集——作者注）给我参看。在他的摄影里，可使我看到北国的华美、建筑物的名贵、风景的雅致，然而一般大众的生活在哪里呢？现阶段的民族解放斗争的伟大功绩在哪里呢？在何先生的摄影集里完全是看不见的。不仅何先生的摄影集是这样，今日一般摄影家亦未尝不是犯了这样的逃避现实的毛病。

本月五日下午和朋友陈桂清君，偶尔到青年会参观沙飞先生的个人摄影展览会，可是这一次给了我很深的感动，这个深刻的印象使我不能磨灭。真的，我生长了24年，24年间，我没有看过如此一个给我满意的展览会——不能不算这是我人生史上一个意外的收获。

入展览会门的第一幅便是"鲁迅先生最后的遗容"，其次第二幅便是十月八日鲁迅先生和友人陈烟桥、新波等青年木刻家谈话时的摄影。第三、四、五也是和第二幅的一样是采取于这个全国木刻流动展览会场中的，从第六幅"绝笔"连接至第二十六幅止，完全是鲁迅先生的死后遗容、出殡情况，及民众热烈的追悼举行葬礼的悲壮的情况。从这二十六幅便可看出鲁迅先生生前爱惜青年的热情，及其死后也一样的为青年所痛惜！同时在这二十六幅摄影中，不但可使文学青年们知道鲁迅的文艺思想的伟大，而且使一般的从未读过鲁迅作品的青年也能意识到，中华民族解放运动之声中，失掉了一位伟大的导师。单就这二十六幅已可见到沙飞先生的摄影艺术的前进了。沙飞先生为什么不如一般的摄影家摄些无聊的风景、肉麻的女明星、卖国的汉奸、吃民众膏脂的官僚、军阀，而偏偏

6. "我们实在不能不受剧烈的感动"

摄二十六幅……

某一种人画报所登的除了名媛和皇后们的瘦腰大腿，便少有其他更有意义的作品！技术虽然大大的进步了，而应用的对象则仅仅是从雅人逸士移到闺秀名媛，还是狭窄得像在牛角尖里工作。

沙飞先生的摄影工作，可以说是一个很大的改革，把整个的艺术从雅士名媛的小摆设移送到广大民众来了。这里沙飞先生已经把强烈的生命素灌注到摄影艺术去。而也只有这样，摄影的艺术价值才益加显得有其比重。把民众的实际生活有组织的摄出来，那作者所赋予的意义，在文化水平低下的民众是更容易接受的。因为其间就是现实，无须再经过想象——像看别的画作。我想，摄影艺术在沙飞先生所作的艺术上，是很相似于文学上的报告文学，戏剧上的实景剧的。期间，如《生命的叫喊》等幅，我们实在不能不受剧烈的感动的。

当然，摄影艺术在艺术领域上，并不算是一条短途，因为要影能摄得好，不仅仅有了高明的技术就算了，而且还需要高度的科学技术——指摄影机及其一些设备。这显见得并不能通俗化和大众化，然而，如果一点一滴的效用来说，如果是要把摄影艺术不使之单是为了雅人名媛们的玩弄品，要使其可以尽可能的显示了艺术的社会价值来，那摄影艺术又定要背叛了它过去为瘦腰大腿献勤转而为社会大众效劳——如沙飞先生之所作为——那也至于风景之类是不大注视的。拍照的时候，如果需要点缀一些花术，也不过是挂起一幅四不像的画布横在背后，就很感到满足了，然而单单这一点，也还是要雅人逸士才做得到，至若贩夫走卒引车卖浆者流，却一向是拍不得的，倘拍，也不会引人欣赏，徒增龌龊罢了。

这时期的摄影——正确点应说拍照——技术，似乎都不怎么讲究。顺着阳光也拍，逆着阳光也拍，东也拍，西也拍，对于光线的明暗，取景的角度，背景的选择，都不列进摄影里面去。只要这边站着的是摄影人，那边站着的是被拍摄者，摄影机沙的一声，就"诸皆备"了。所谓拍照也是照相馆的包办工作，私人玩的就很少很少。我们到现在还常常在说，摄影不是艺术。大概是指的此时的拍照。因为它只仅仅能够把现实的状态拍出一个极其浮面而又模糊的形象，并不能有意义的深刻的活跃的增加人们对现实的了解。

我的父亲沙飞
My Father H.Szeto

第一章 选择

现在可就不同了。摄影已经从商业的地位走上艺术的地位了。优秀的摄影纵不能像名画一般的有无穷的神韵,但真可以感动我们的七情,却是不可抹杀的事实。摄影到这时候,也才渐渐引起人们的注意与尊重,但其工作,仍只限于小姐闺秀名山秀水之类,不及于徒棣也。

把摄影的工作放到民间去的,我只见于新闻摄影,如水旱灾的拍片,这可太草率,缺乏艺术的手腕,此外。如许……(后段遗失)

(作者注:1965年我从母亲保存的父亲遗物中看到黎觉奔在《南国青年周刊》发表的文章,我抄下全文,原件毁于"文革";80年代手抄稿给大姐王笑利,她再抄件给我,丢失后小段,丢失王雁手抄件。近年,我在广州、北京图书馆均未找到黎觉奔此文章,30年代黎觉奔曾在广州《时代文艺》杂志上发表过文艺评论。中国新闻摄影学会蒋齐生研究发现,沙飞桂林影展专刊上,洪雪村的文章中,部分内容与黎党奔文相同,不知是不是同一人。)

1936年12月《公评报》记者张天风报道:

沙飞摄影艺术超群、誉满羊城。他是司徒铃医生的亲长兄。司徒铃是广东中医药专科学校优秀毕业生留校,在广东中医院做驻院医师,医术高明、活人甚众,歌声载道,是社会上一个有名望的医生,最难的是他们兄弟两人都是社会上的知名人物,真可谓难兄难弟矣。(作者注:此报道乃二叔司徒铃记录。)

1936年12月沙飞首次个人展览在广州举办期间,他的父亲及家人常在展馆,原在汕头读书的七弟司徒彤因身体不好回到了广州,影展期间他在展览会当小帮手,尽管当时他只有9岁,但对往事记忆犹新。

沙飞的作品比较激进,家人担心他出事,劝他离开展馆避一避,他不畏惧。他向观众介绍南澳岛,说拍这套照片就是警示国人。当时有宪兵、军官去看展览,并未发生意外。有个青年军官在留言簿上对他的作品给予赞扬,有个外国人花30块大洋买了他一幅作品。李桦、何铁华去看了展览。王辉的七妹王勉在广州工作,她与何孟超一起去看展览。他们看见沙飞在展厅中间,很多人围着他说话,他们过去与他打招呼。七妹对姐夫说,印象最深的是一老一小:一个

6. "我们实在不能不受剧烈的感动"

编筐的骨瘦如柴的老人，一个拾煤渣的小孩；《渔光曲》这幅照片很美，是怎么拍的？他告诉她，渔网在抖动的刹那间拍的。二弟司徒铃问他，人家影展都展出美人，你为什么喜欢拍乞丐呢？他回答说，你是一个中医，靠医活人的生命而"济世"；我是一个摄影师，靠拍摄人的形象来达到济世之目的。我把受苦的穷人拍出来，让大家知道，世界上有很多人讨饭受压迫，启发大家找出路，不要再受苦。

展览出口处，许多人在留言簿留言，把这次展览誉为中国摄影史上的一次"革命"，沙飞的父亲对"艺术探险"四字感慨良多，认为它含着更深的意思，他对大儿子"以摄影为武器，救国救民"的宏愿由怀疑变为理解、支持了。弟弟妹妹们对大哥充满了崇敬。

沙飞从1926年参加北伐到1936年12月在广州举办影展，离家10年了，尽管他常回家，但从没有像这次一样，在家住了一个多月，父母、弟妹们都非常高兴。他作为长子、作为长兄，完全尽到了责任，他每个月给家寄钱，几年前，他怕弟弟妹妹们在家吵闹，影响二弟攻读医学，把七弟、四妹接到汕头读书，这次他为二弟的诊所拍了几张相片，还亲自用墨水笔写下"中医师司徒铃"，然后拍摄制版，刊在广州《越华报》《公评报》做广告，在二弟事业刚起步时给予帮助。

这次影展使七弟司徒彤有机会跟大哥较多地在一起。有时他们在马路上遇到衣衫褴褛的老弱乞丐，大哥掏出零钞、铜币给他们，还问从哪里来，为什么生活无着落。他对小弟讲，这些乞丐与那些西装笔挺的少爷和满手金镯、戒指的小姐生活差这么远，这个社会太不合理，一定要改造这腐朽的旧世界。司徒彤受大哥左翼思想熏陶很深，他后来参加了共产党，离休前在广州番禺当文化局局长，主持编辑出版了《番禺县志》。2014年底病逝。

四妹司徒慕真从汕头回广州后，学习中断了。沙飞生气地对母亲说，养个女儿不让读书，脑瓜子笨得像头猪，又责备二弟，不关心弟妹读书，他让母亲马上给四妹找学校。找到一所私立小学，一学期学费24元，离放假还有一个月，入学必须交全款，他主张让妹妹立即去，他出学费；母亲从经济考虑，主张下学期再上。新学期开始，在他的督促下，四妹终于又回到学校。她后来当了一名助产士，她一直非常感谢大哥，让她读书，能自立于社会。

我的父亲沙飞
My Father H.Szeto

第一章 选择

沙飞的父母信神,每逢初一、十五必焚香拜菩萨,祈求上天保佑。他对父母、弟妹们说,这是封建迷信。父母不听他的,家里仍然供着13个神:关公、教子三娘、门神、土地神、灶君爷等。一次母亲在家里的神像前,拿着香烛要阿彤跪拜,小弟受大哥影响,摆手拒绝,这一瞬间,沙飞按下快门。此照片曾在广州影展时展出,第113幅,题目是"妈,我不拜神"。一天父母出去玩牌,回家后看见13个神像全被打碎了,母亲知道是自己最喜欢的大儿子干的,便说算了算了,这些神都在天上,以后就拜天吧。父亲说这怎么行,怎么能把祖宗这么搞,但又无可奈何。

王辉知道丈夫在广州影展非常成功,她为他高兴、骄傲。影展结束后,他没有回家,甚至连封信也不来,她很失望,为了这个家,她带着儿子司徒飞到广州。她跟丈夫谈,跟公公婆婆谈,还找李桦谈,亲友都同情、理解她,都劝沙飞不要只搞摄影,不管家。母亲对儿子说,秀荔是个好媳妇,前几个月你去上海,家里没钱了,我们给她写信,她立即寄了100元给我们。3岁的司徒飞抱着爸爸嚷,咱们回家吧。两天后夫妻二人带着儿子回了汕头。

刚开始,沙飞强迫自己,像从前一样当好报务员、好丈夫、好父亲。他尽了努力,但失败了。因为他太痛苦!他已经证明、已经知道自己是个优秀的摄影师,怎么可能还干原来的工作?还过原来的生活?如果不能全身心投入自己选择的终生事业,生命还有什么意义?他需要摄影,需要自由,需要新鲜和激情!他无法继续这日复一日、年复一年的无聊、平庸、死水一潭的生活。妻子告诉他,你如果只搞摄影,我们之间只有一条路——离婚。夫妻的矛盾更尖锐了。他实在不明白,一向进步的妻子为什么不理解、不支持他搞摄影。他感到窒息,再这样下去,他会发疯。他逃走了,他离开自己的家,离开汕头,他知道自己不会再回来。他再次到了广州。

王辉《我的自传》(1944)

在二十六年一月我主动地写了一封信给他,信内容是"从今天起,我们脱离关系吧,我们是无条件结婚,现在也无条件脱离。希望大家努力自己前程,将来再在胜利的旗帜之下重新互相了解。至于二个儿女,在我一天存在,我无论如何不能放弃为母养育儿女的责任,除了我完全无能力才送回你

6. "我们实在不能不受剧烈的感动"

家里去。"信是这样简短的,他收到以后,复我一封很长的信,大意说,我不了解他,和我清旧账,对我的提出离婚尊重我的意见,但要求我维持朋友关系。我接到这封信之后复了他一封信,表示大家已戴有色眼镜看什么事情都有成见的,过去的事情愈说愈不清,愈说愈互相不了解,还是不要说吧,希望他还是努力自己前途,将来总会有一天互相了解的;至于继续朋友关系,我不愿意,因为藕断丝连只有使双方痛苦的。从那时起我没再见他面了,但还接他几封信,都使我心痛、难过、苦痛。

沙飞《我的履历》(1942)

(1936年12月广州)举行个人摄影展览(内容是鲁迅先生生前死后的二十余张,国防前线南澳岛的形势及人民生活共二十张,大众生活照片五十张)与广州艺术工作者发生联系。而这影展的一切材料费则是由美专较前进之同学及名木刻家李桦先生等所借助。这次的影展,确实是改变了中国旧影展的面貌的,因而获得了许多好评(因为展览会起了很大的作用:A. 扩大了鲁迅先生的政治影响,B. 南澳岛形势的照片使同胞提高了民族警觉性,C. 大众生活照片使观众提高了正义感和对现社会之不满)。但这次展览会却使我在经济上负了一笔也许是永远还不清的债。因为当时我二弟虽然当了医生,但是新招牌,以至入不敷出无力相助。妻子虽也有职业,但她非但不援助,并更轻视我,她认为干下去只有死路一条,因此,便提出了书面离婚来,而这时候,一个投机商人却把我作为对象,找我商谈在广州用沙飞两字的名义开一间美术照相馆,他出三万元资本来办,每月给我五百元的月薪。他说用这名义可以号召全市青年学生来照相……

我的家庭和一切亲友都劝我接受。即使不愿意也可做一年,把债还清了还可有本钱去做自己要做的事业。生活的压迫,妻子的威胁,商人的利诱和自己的矢志不移的愿望发生了极大的矛盾。这矛盾曾经使我动摇过,痛哭过甚至企图自杀过。但是因为随即记起了鲁迅的一言"能生,能爱,才能文"和托尔斯泰的"不要让现实的大海把你毁灭"。于是我才以衫袖揩干了热泪,执起笔来,写下这么八个字"誓不屈服牺牲到底",然后大笑起来,回了妻子一封同意离婚的信。天亮后立即就赶乘早车到香港去,请求友人郑未明

我的父亲沙飞
My Father H.Szeto
第一章 选择

君（即名木刻家野夫同志，当时他是天一影片公司港厂的布景师）给我以援助。结果就将我的摄影机让给他而换回了 80 元的港币。再折回广州，以 10 块钱的代价到旧货摊上买了一架破旧但还可勉强使用的 F4.5、1/250 的摄影机。而这时候适值那商人又来劝诱。但当时我因缺乏修养只凭高度之憎恨，遂当面给了那商人一个无情的耳光。这商人挨打后，就立即反转脸皮，骂我展览鲁迅照片是反动分子，要到公安局去报告。他走后我想事情不妙了，且将会连累家人（当时我住在家中），迫得出走，但是回沪呢，人家知我来沪滨，码头车站恐有警探，匆忙间乃决计入桂一行，即令母亲和妹妹代焚前进书籍，自己收拾行装，时家人惶惧悲涕，父亲告以今后勿再回家，二弟则摇首无语而别。

对摄影事业的酷爱，使沙飞有了战胜痛苦的力量。他没有屈服，没有被击垮，他坚持着、挣扎着、勇敢地向前走。他把痛苦深埋在心中。

沙飞去找李桦商量，认为去桂林比较合适。一来原在梧州军用电台的司徒勋已调到桂林；二来广西当局比较开明，欢迎进步文化人士。到那里有机会用摄影、木刻为救亡、为社会服务。当然他们也考虑到生计问题。

1937 年初沙飞背上照相机，告别广州。从此，他再没有回到故乡。

7. "不要让现实的大海把你毁灭"

沙飞于1937年1月初到达广西省会桂林。

他住在桂林第五路军无线电总台报务主任司徒勋家。他们既是宗亲，又是老同事、好朋友。

《桂林日报》1937年1月18日发表沙飞诗《我有二只拳头就要抵抗》

我的父亲沙飞
My Father H.Szeto
第一章 选择

《桂林日报》1937年1月18日发表了沙飞的诗《我有二只拳头就要抵抗》。

> 我有二只拳头就要抵抗，
> 不怕你有锋利的武器、凶狠与猖狂，
> 我决不再忍辱、退让，
> 虽然头颅已被你打伤。
>
> 虽然头颅已被你打伤，
> 但我决不像那无耻的、在屠刀下呻吟的牛羊，
> 我要为争取生存而流出最后的一滴热血，
> 我决奋斗到底、誓不妥协、宁愿战死沙场。
>
> 我决奋斗到底、誓不妥协、宁愿战死沙场，
> 我没有刀枪，只有二只拳头和一颗自信的心，
> 但是自信心就可以粉碎你所有的力量，
> 我未必会死在沙场的，虽然我愿战死沙场。

这是沙飞在桂林公众面前第一次亮相，是他给桂林人民的见面礼。

这位以拍摄鲁迅生前最后的留影及葬礼，并在广州成功举办了第一次个人影展的摄影家的到来，很快引起广西文化界、艺术界人士的关注。这座当时不满10万人、素以山水甲天下闻名的小山城张开双臂热情地拥抱了他。

不久他就认识了桂林文化圈里所有比较活跃的人，原《中央日报》社首任社长、时任广西总政训处长的潘宜之，政治部宣传部主任朱达章（笔名司徒华），画家陈宏，木刻家钟惠若、李漫涛，《桂林日报》编辑洪雪村及广西大学的教授们。他常到乐群社，这是广西政府的高级招待所，也对外营业，这里经常举办文化活动。沙飞和新朋友们不时在乐群社见面。在朋友们帮助下，10天后沙飞给桂林献上了第二份礼物。

《桂林日报》1937年1月28日刊登消息：李桦君木刻画个展，今起在乐群

我的父亲沙飞
My Father H.Szeto

7. "不要让现实的大海把你毁灭"

《桂林日报》1937年1月28日刊登消息：《李桦君木刻画个展，今起在乐群社举行》

我的父亲沙飞
My Father H.Szeto

第一章 选择

社举行。李君版画内容充满热力。名木刻画家李桦君,今日假本市乐群社礼堂开个人木刻展览会,欢迎各界参观。日期由今日起至31日止,时间由上午9时至下午4时。李君现尚在广州,作品由其好友沙飞于本月6日带到桂林,总政训处长潘宜之介绍及帮助。遂设乐群社作公开展览。木刻作品共120幅,《一·二八之役》《义勇军》《鲁迅先生》《中国怒吼了》等。

　　在李桦木刻展展厅,沙飞忙碌地接待着观众。文化、艺术界来了不少人。

　　两天后《桂林日报》对展览做进一步报道:李桦木刻画个展第二日,参观者仍络绎不绝,各界评语甚多,总政训处长潘宜之亦到场参观,并亲笔题:"是伟大中华民族力量的表现",尚有省会公安局长周炳南及名家30余人写评。

　　《桂林日报》1937年3月17日发表李桦关于木刻的公开信。

　　亲爱的同志们:藉沙飞先生之介,这回把拙作呈献于桂省大众之前,一面希望就教于大雅,一面却想以虽然表现得极其拙劣的作品,煽动起我们最足宝贵的民族意识……

《桂林日报》1937年3月17日发表李桦关于木刻的公开信

7. "不要让现实的大海把你毁灭"

陈宏于 2 月 18 日在乐群社举行第 20 次个人画展，这次展出的是他在越南、香港画的水彩画。沙飞喜欢绘画，他帮陈宏忙里忙外。2 月 20 日李宗仁夫人郭德洁女士参观了画展。徐悲鸿、广西大学教授马宗融、陈望道来参观。

徐悲鸿是广西美术会名誉会长，为广西艺术教育的启蒙和发展，花了很多精力。他于 1936 年 6 月应聘为广西省政府顾问，住在省立图书馆内，正在筹办桂林美术学院。

1937 年初，尚仲衣、千家驹先后从广州、南京来到桂林，开始都下榻乐群社。

沙飞专门去广西大学文法学院拜访教授们。教务长陈此生 1933 年从日本回到广州，广西教育厅长李任仁是白崇禧的老师，与陈此生是至交，他连写三封信，邀请此生到桂林师范专科学校任教务主任，并再三叮嘱物色几位好教授来；1935 年夏陈此生出任该职，由他聘请的陈望道、马宗融、邓初民、廖苾光及祝秀侠等先后从上海复旦大学、广州中山大学到桂林，导演沈西苓也来了，这些教授的到来，使整个山城活跃起来。陈此生还曾致函鲁迅先生，恳切希望他来师专任教或开讲座，即使是三个月也好，鲁迅复信婉拒。1936 年秋，广西当局将师专并入广西大学，改为文法学院，陈望道担任中文系主任，邓初民是社会学系主任，尚仲衣是黄旭初主席请来的中山大学教授、留美教育家、社会活动家，任省立国民基础教育学校校长兼西大教授，千家驹是广西政府请来的广西建设研究会经济部副主任，广西大学社会系、经济系教授，此前任职于南京中央研究院社会科学研究所。

沙飞经常到与乐群社距离仅百米的李子园——广西大学文法学院看望教授们。千家驹隔壁住着廖苾光，陈望道住对面，这三间房子中间是个亭子。他们常在小亭子聊天，教授们有时互相"揭短"；沙飞对桂林更了解了，还知道了教授们不少趣事。

当时桂系与蒋介石矛盾尖锐，凡反蒋的人，到广西都受到欢迎，马克思主义在学校里也可以公开谈论。西大的学生都是开口马克思、闭口列宁。黄旭初、李宗仁、白崇禧对知识分子很尊重，他们的夫人，乃至白崇禧的岳父母，都愿与教授们来往。这里生活清苦，每人每周几小时课，要自己编讲义。广西抗日气氛很浓，大学生实行军训，不能随便离校，无论男女一律穿军装打绑腿，经常实弹打靶。

西大教授多单身独居，已婚的有的也未带家眷，大家将学校安排他们居住的楼命名为"红豆楼"，又把这个院子称作"相思院"。每当盛此君代表丈夫陈此

我的父亲沙飞
My Father H.Szeto
第一章 选 择

生前来探望大家时，他们总要笑着说她的到来，扰乱了大家的相思。学校附近常有一个女孩出来叫卖荸荠，陈望道便送她一个雅号——马蹄皇后。

陈望道喜穿长衫，称自己为"一介布衣"。1920年4月在上海，他应陈独秀邀请，参加《新青年》编辑工作，他与陈独秀、李汉俊、李达等组织了中国第一个马克思主义研究会，出版了他翻译的、我国第一个中文全译本《共产党宣言》，并酝酿组织上海共产主义小组，开展宣传十月革命和传播马克思主义的活动。然而在中共"一大"召开前夕，他声明脱离组织。陈望道研究修辞，对方言感兴趣，他说两广人喜欢夸张，初到桂林时，听到"落楼"二字，以为说要掉下楼去，不说"下雨"，而说"落水"，仿佛雨是倾盆倒下的；广东话将男女谈恋爱说成"拍拖"，非常妙、确切。沙飞最喜欢吃陈望道的拿手好菜——义乌家乡鸡。望道不善饮，但喝了酒，他的话多了，有时会谈到上海文化界的趣闻。

千家驹原是北京大学学生。1931年12月1日北大全体学生开会，当天下午他们从前门车站出发，在火车上他被推举为宣传委员，起草了《北大学生南下示威宣言》，"命令"南京政府立即结束内战，对日本采取武装抵抗。他们5日到南京后，警察将团长和他抓去，其他同学纷纷跳上警车，要求同他们一起去，这样一下子便逮捕了185人，他们被送到军营后绝食抗议。当局于6日晚派一千多名武装军警，以二三个彪形大汉对付一个文弱学生，将他们个个五花大绑，派一列专车押送回北平，一上火车便给他们松了绑。他们在南京被捕和押解的消息举国皆知，回到北平第二天，报上竟发表了蒋介石给北大学生的"慰问电"。

廖苾光的妻子于1936年秋天因生小孩，不幸去世，但他仍然开朗、乐观。他在日本与郭沫若有来往，常去请教，一次问郭沫若，人家说你是浪漫主义作家，你自己认为是不是？沫若回答，我从没想过自己要做一个什么主义的作家，我只凭自己的情思写，写出来是什么主义，那由人去说。廖苾光与千家驹过从甚密。一次千教授下课后回自己的房间，看见门上贴一纸条"千家驹之墓"，原来是廖苾光的恶作剧，千家驹大笑不已。

马宗融是回族人，他热情、健谈、喜欢热闹和朋友，喜欢看桂戏。沙飞常去马宗融、罗世弥夫妇家，他们有一个可爱的女儿叫马小弥，胖胖的，会讲流利的法语。看到小弥，沙飞就想到自己的孩子。马教授与巴金、黎烈文很熟悉，他把

7. "不要让现实的大海把你毁灭"

法国文学、阿拉伯文学译介到中国。

祝秀侠与鲁迅1927年在广州就有交往,当时以中山大学学生为主的南中国文学会正在酝酿成立,祝秀侠、欧阳山等到中大大钟楼拜访鲁迅,他毫不犹豫地接受了一群素不相识的穷青年的邀请,穿着灰布长衫、布便鞋,很随便地在几个学生的簇拥下到东如茶楼,与20来个年轻人无拘无束地聊起来。鲁迅说,我走过的路子不好走,各人应该走各人的路子。

1936年4月,西大教授在桂林中学礼堂演出俄国作家果戈理的话剧《钦差大臣》,导演团由沈西苓、陈望道和祝秀侠组成,演县知事的是邓初民,他那硕大的身躯,架着黑边眼镜的圆脸,不用怎么化装,就能显出一副老于官场的神态。教授们粉墨登场,格外吸引人。演出很成功,轰动了整个桂林。

西大教授们各个学识渊博、经历非凡,沙飞被他们吸引。他们都比他年长,对这样一个努力奋斗、有责任感的年轻人颇有好感,愿意与他来往,并尽力帮助他。

广西总政训处为提高民族意识,加强救亡力量,决定在桂林市内悬挂街头漫画,每星期更换一次。《桂林日报》3月15日刊登消息:总政训处街头漫画第三期昨已张贴。该期画作有李桦木刻作品多帧,沙飞艺术摄影作《劳力零卖》(桂林街头什景之一)、《投向那里去》(桂林街头什景之一)。《桂林日报》3月21日消息:总政训处街头漫画四期出版。有沙飞艺术摄影作《女佣生活》《海员生活》《生命线》等。

《广西日报》1937年6月9日一版刊登了总政训处图书室启事——请领街头漫画由五期至十期稿费:沙飞……(共19人),各作者街头漫画由五期到十期已核算清楚,希各作者于6月9日起至16日止,按办公时间持章到本处会计室领取为荷。

沙飞在桂林忙碌、充实,他用摄影为抗日救亡服务。他除了在《桂林日报》《广西日报》发表作品,还往上海及家乡广东投寄稿件。

《国民周刊》1937年6月一卷八期发表沙飞写于同年6月16日的文章《爆铜工人》(360行):

那真是一个又肮脏又气味恶劣的工场,那里有四条皮带在那狭窄的小屋子里伸长了头颈似地急转,四部爆铜机器日夜不停地在摩擦,在工作屋

我的父亲沙飞
My Father H.Szeto

第一章 选择

子里弥漫着青兰竹布尘埃与铜屑的灰尘，它能使你眼睛都张不开来。但是在这四架爆铜机器和活动皮带的旁边，却站着那浑身乌黑，连嘴脸都弄得漆黑的爆铜工人。他们就站在那皮带的边上，捏着一些铜器，放在那急转的青兰竹布的轮盘上，嘶哑地摩擦着，当铜器一碰着那青兰竹布的轮盘的时候，便迸出很多很多蓝色细丝的灰尘，那些灰尘，便吸入他们的肺管，停留在他们的头上、脸上和赤露的胸膛上，并且飞散开来，落在地上。铜器虽益发亮了，而这些有血有肉的工人却已吸饱了灰尘，他们已变成了

《国民周刊》（谢六逸主编）1937年6月一卷五期封面照片《一个老国民》．沙飞摄

《国民周刊》1937年6月一卷八期发表沙飞文章《爆铜工人》

7. "不要让现实的大海把你毁灭"

"鬼"。据一个在工作的工人说,他在这小小的工场已经做了七个年头,早晨六点钟,便开始在皮带边上呼吸蓝布的细丝和灰尘,一直到晚上八点钟,才使你放手。一年360天,除了过节过年、生病老死,你便得闷着头去呼吸这充满铜屑灰尘的空气。至于说工钱,在三年半学徒生活里,是一个钱拿不到的,到满了师头两年,也只可以拿三四块钱一月。和我说话的那个工人,已经干了七年,现在也不过十三四块钱。我对他说,"你们这样生活不是很苦吗?""要吃饭有什么办法。"他用了很郑重的声音回答。我倒是能体味到这悲愤的语气的。在他旁边,我看见两个学徒,一个手脚皮肤全都被克罗米药水烂黄了,另一个双脚浮肿,他们也在过着"不是人样"的生活。

沙飞关注劳苦大众的生活,对他们充满了同情。

沙飞有一次去看桂戏,那落后于时代的氛围,让他感到新鲜、刺激、兴奋、疯狂。在戏园里,看到几个熟面孔在无顾忌地痛饮、猜拳,他很惊奇,但他很快就理解了。广西土地贫瘠,生活艰难,但民风朴实,上至李宗仁,下至平民,都埋头苦干,公务员包括长官都冬夏不变地穿人们称为"广西装"的灰色制服,欧美留学生不少,都具有专门学识,为大众埋头苦干。这里几乎无社交生活,无文化生活,赌博跳舞都在被禁之列,书店里的书少得可怜,看不到杂志,也看不到新书,难耐的寂寞折磨着大家。桂戏是这里唯一的剧种,捧桂戏名角成为官员及文化人的唯一消遣,政府要人的宴会常在这剧院内楼上的正厅举行,西大教授们经常在这里请客。

在新认识的朋友中,陈宏(1898~1937)是个能够热切而又客观观察人生的艺术家,他比沙飞大14岁,广东海丰人,曾留学法国学美术,在上海美专、新华艺专、广州美专当教师,1933年到广西,组织广西美术会,1936年同徐悲鸿筹办广西全省首届美术展览。沙飞与陈宏常一起喝酒,两个热爱艺术的人,很快成了无话不谈的挚友,他们谈绘画、木刻、摄影,谈巴黎的艺术、国内的画坛,谈家庭、未来。他们游遍了桂林奇丽的山水,乘小艇游百里漓江画廊,大自然的美令沙飞陶醉;陈宏的友情,使感情上受到创伤的他,稍微平静了。他对自己的选择更加坚定,献身艺术就要有坚强的信仰,要能吃苦、肯牺牲、有责任心、百折不回。

我的父亲沙飞
My Father H.Szeto

第一章 选择

四月初的一个晚上,陈宏在乐群社定了座,请沙飞。他们先在大中南路的柏林照相馆见面,然后一起去乐群社。陈宏告诉他,明天要出差,刚才也请雪村兄来,他说已吃过了。他们两人边喝酒,边聊天,直到深夜,分别时互道"再见"。

5月4日,沙飞打开《广西日报》看到:艺人陈宏在雷平堕潭溺毙。他惊呆了。

5月1日下午陈宏邀朋友同去游雷平黑水河瀑布,他看到瀑布时大喊,这儿有图画,又有音乐,伟大极了!后来两人都脱光了,一丝不挂地在岩石上,刘视导员拿着照相机在约二丈远的地方为他们拍照。水势急,陈宏跌落深渊,两天后才找到他的尸体。

陈宏是一位艺术家,他的作品充盈着广西的魂。

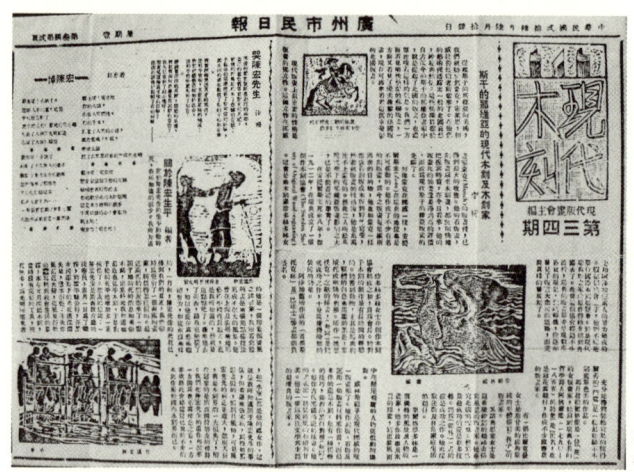

1937年6月14日广州《市民日报》现代木刻版发表沙飞诗《哭陈宏先生》

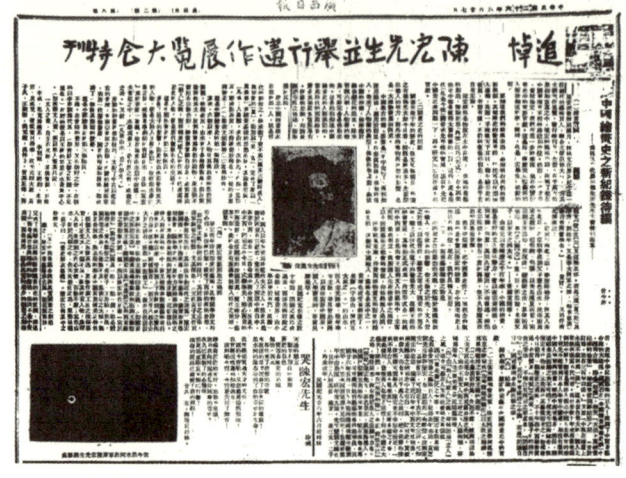

《广西日报》1937年6月27日"追悼陈宏先生并举行遗作展览大会特刊"发表沙飞诗《哭陈宏先生》

7. "不要让现实的大海把你毁灭"

哭陈宏先生

沙飞

天边的愁云，
紧压着漓江的两岸，
苍茫的暮色，
笼罩着历史的名城。
无情的西风，
却吹来了悲惨的音号：
水龙渚的深潭，埋没了你英伟的雄躯！
黑水河的瀑布，冲毁了你的幸福和生命！

我曾经痛哭过天才的夭折，
谁料今宵呦，又悲艺星溘然殒灭！
我曾经感慨过相知难遇合，
谁料今宵呦，今宵更失悼了知音！
睁视着茫茫的天野，悠悠的泉壤，
将教我向何处寻觅你诚挚的音容？
我久已重创了的心怀呀，
那更堪这极哀至恸的打击？
滚滚的泪珠已模糊了我的视线。

（作者附记：陈宏去世后友人在《广西日报》发表文章，提及"陈宏常得意地告诉朋友，自己有个孩子在香港学弹钢琴，且颇有造诣"。2006年陈宏外孙吴健通过互联网与我取得联系，他的母亲陈婉退休前是湖北音乐学院钢琴系教授兼系主任，她正是陈宏引以为傲的那个孩子。）

8. "他在作品上倾注他的生命"

1937年5月26日,《广西日报》文艺周刊主编、西大教授祝秀侠请陈望道、沙飞等人在环湖酒店开"纪念五卅座谈会"。祝秀侠当主持,首先发言:大家都知道"五四"是中国现代文学史上的一个重要阶段,但我以为"五卅"在中国文学史更是一个重要的阶段。因为"五四"的文化运动,只提出了反封建的口号,而"五卅"是进一步地提出了反帝的口号。

陈望道说,我觉得"五卅"运动和文学的关系,如果从直接反映当时运动实际的文学作品来说,似乎不见得多,假若论当时的社会运动及于后来文学的反响,却可以说是划时代的……

沙飞没发言,他一直在认真听着,后来他因为有事,中途离座先走了。座谈会记录登在1937年5月30日《广西日报》上。

6月初沙飞再次到西大文法学院。在院子中间的小亭子,他拿出100来张12寸照片,告诉教授们,自己打算在这个月下旬,搞一次个人摄影展览。

教授们兴致勃勃、认真地看照片。廖苾光提议,为使这次影展效果更好,应该搞一个展览会专刊。专刊由陈望道编辑,在教授们支持帮助下,展览会专刊很快完成。

沙飞桂林影展专刊

写在展出之前

沙飞

我学习摄影还未满五年,在这短速的期间中,常常为恶劣的环境所阻,以致中断,不过无论环境怎样恶劣,终不能磨灭我的志愿……

(作者注:此文后边与1936年12月1日沙飞为广州个展所写《写在展出之前》基本一样,故略。)

我的父亲沙飞
My Father H.Szeto

8. "他在作品上倾注他的生命"

沙飞桂林影展专刊（1937年6月25~27日）

我的父亲沙飞
My Father H.Szeto

第一章 选择

沙飞桂林影展专刊背面（1937年6月25~27日）

8. "他在作品上倾注他的生命"

沙飞先生影展门外谈

千家驹

沙飞先生定于本月廿五日在桂林开个人摄影展览会了，对摄影或艺术，我完全是个门外汉，本来不配说什么话的，但我看了沙飞先生的作品以后，很有一点感想，因此愿以一个门外汉的观众资格来说几句外行的话。

"艺术"在中国本是"文人雅士"专利的东西，所谓"艺术神圣"，或什么"为艺术而艺术"，还不是有闲阶级的玩意儿。近年以来，"大众艺术"这一口号固然已有许多人在提倡，然而真能站在大众立场，以艺术为武器来描画大众生活与表现社会之矛盾的究竟有几个人呢！摄影近年在中国总算长足进展了，但我们只要随便拿起一本良友或美术生活来一看，上焉者不过摄几幅名胜风景，下焉者则登几幅名人照片或甚至什么名媛的时装表演，小姐的掷瓶剪彩，这真是大人先生们茶余酒后典型的清闲品。可是沙飞先生的作品，却与他们形成一个很明显的对照，他分明是属于另一时代与另一类型的。我们看他作品名山胜景的照片简直没有，而十之八九是对于大众生活的写真。这是为中国"高雅"的艺术家所不屑取材的——虽然这却正是中国现实社会生活之真实的一面。看了这，也许会令人感到不快，但这不快之感原是中国大众生活真实的反映啊！自然，作品中也有几张是例外，如"小姐的闲情"，"上帝的儿女"等，但这几幅却正是拿来与"为了活命"，"女佣的生活"，"生命的叫喊"等等相对照的，这就更显得社会生活的矛盾了。此外在儿童节献画中，一方面是"张家小姐白而胖"，是"胖如冬瓜白如雪"；另一方面是"我家宝宝哭不歇"，是"中国大部分的儿童饿着"，这又是多么有意义的题材啊！

沙飞先生作品还有一个特点，即他的每张画都不是孤立的而是整套中的一幅，所以每幅的取材都是经过慎重考虑与布置的结果。"纪念鲁迅先生"21幅固是一整套，其他如"国防前线的南澳岛"，"儿童节"，"一般生活"，莫不是统一的与联系的整体，每一张都在有计划的设计之下完成的！所以单独来看，固然每幅有每幅的优点，若就整套来说，则除技巧的优美外，更有其特殊的社会意义与价值了。听说沙飞先生正打算摄一套"中国四万万同胞往哪里去？"我们极希望这种伟大的作品能早日完成，以饱我们的眼福！

我的父亲沙飞
My **Father** H.Szeto

第一章 选择

  我对摄影完全不懂，但我知道摄影之可贵，不在其形肖，尤在其神似，即作品不仅要逼真，更重要的还是要传神，就这一点说，沙飞先生可以说是完全成功的，他的每一张作品都可说是传神之作，这是在我们外行人都可以看得出来的。

  在各处正在提倡国画或开国画展览会的今日，沙飞先生的作品却以新兴的艺术姿态而出现于桂林，这更不是没有意义的，故虽以对艺术一无所知的我，亦乐为之介绍。

一九三七．六．二十三

[作者附记：1985 年 11 月《沙飞摄影艺术展览》在北京中国美术馆举办，千家驹参加开幕式，之后写文章《再看沙飞影展有感》：我是四十八年前（1937 年）曾经看过沙飞在桂林展出摄影作品的一个观众。当时我就说过"沙飞作品与一般'大人先生'、'文人雅士''为艺术而艺术'的摄影有显著的不同"。"沙飞的作品是属于另一时代的另一类型的。""我看了这一次在北京的展出，和沙飞作品的介绍，我才知道沙飞……这是历史的见证，也是史诗的记录。沙飞虽已去世，但他的作品将永垂不朽，其原因也许就在这里吧！"

千家驹、王笑利、王辉、杨成武、吴印咸、罗光达、王达理（右起）在沙飞影展开幕式。1985.11. 中国美术馆

8. "他在作品上倾注他的生命"

2000年，我在深圳到千家驹先生寓所看望千老，赠送收录了千家驹文章《沙飞先生影展门外谈》的《沙飞纪念集》。]

沙飞先生的摄影极富画意
陈望道

沙飞先生的摄影极富画意。他的摄照很会选择镜头的视角，或从上（如"劳动阵线"），或从下（如"锯"），或从对面（如"美的陶醉"），或从旁面（如"牛马生活"），都很能使影面跟所要传达的内容切合，影面上仿佛故意布成似的自成一个很难增减的格局。他又最善运用各种流动变化的事物，如云彩、风浪、阳光等等，每每能够将这些事物某一多彩的景象，跟人物某一最富承前启后内容的动作，同时摄入影里，使我们在他的影片中不但见到形的影，还见到影的影，形影相得，非常可爱，又觉得影中人在动，景也在动，人景都动，非常活泼，非常流走。

他的摄影差不多随便那一张我都觉得可爱，我都像看名画似的看得不愿休歇。对于云护锯者、浪泛桨光的那二张更其如此。假如绘画是艺术，这种逼肖绘画的摄影就不能不称为艺术。

但这还是单就沙飞先生摄影的形式方面说的，若论内容，我更觉得可敬。他的摄影差不多随便那一张都是严肃内容的表现，这在现在用美女照片做封面，用美女照片装底面的摄影时风中简直是一种革命。我们若只赏识他的技术的神妙，还不免把他的摄影看得太简单了。

（作者注：该文收入上海鲁迅纪念馆编《陈望道纪念集》，2006，复旦大学出版社。）

勉强的几句话
马宗融

有人对一张画得太逼肖所模写的对象的画要下一种含有贬意的评语时，每每会说："这简直是一张照相罢了。"这意思好像是说照相不是艺术的，只能把所摄照的东西，如实地机械地显出就完了。其实我觉得能够如此，那画画的人的技术也算达到一个相当成功的阶段了，并不值得这样遭人的轻蔑。可是世间尽存浑身挂着招牌，号称艺术大家的人有时就连这种程度都还达不到。这还是只从技巧方面着眼的说话。若再谈到题材和内容方面，在大艺术家的作品里我们常常只嗅到一点"斗方"气味而已。现在看到了沙飞先生的影展，我感到不特用"照相"来讥评绘画是不切当的，反之若用"有画意"、"富于画境"等等形容语去褒扬他的作品时，是只有损却它的真价的。因为一个画家要表现出他的个性和思想时，他的笔是损益自由，驱遣自如的。沙飞先生的摄影机，却是一种不奉命令的机械。但给我们制作这样多量的活影的具有生命的画幅，若非这个摄制家具有役使自然的伟力，恐怕是不易成功的吧！据闻他摄取那"秋风的表情"里的云景时，直费了四五天的等待的工夫，这种忍耐的力量是多么可惊佩啊！至于他的选材命题，却又无处不寓深意：一面要替大众写出他们的疾苦，如大众生活的各幅；一面要报国人以警钟，如南澳岛岛民生活的各幅；而在风景的各幅中，又把大自然纯美尽量地呈现在我们的面前，让我们认识它的伟大。我把这次影展环览数过后，只觉得涌起了无数不同的情绪，要用言语来说却说不出，终于勉强写了这末几句话，不过为的要附和着人家来对公众介绍这位具有崭新的思想和手法的摄影艺人沙飞先生！

（作者注：该文收入光亭出版社 1944 年 1 月出版的马宗融杂文、散文集《拾荒》。）

为沙飞先生影展说几句话
祝秀侠

对于摄影，我是外行，但照片总算是看过不少的，却从来没有像这次看沙飞先生那一百几十幅的照片那么的被感动过。我贪婪地看了一次又一次。我兴奋得像在读一种精心结构的名著小说或一章优秀的诗篇似的。

实在，一幅好的照片，也就和一首好诗，一部好小说一样，它同样要具有取材、结构、剪裁、修饰这许多条件的。所不同者，诗歌与小说是以音韵和文字显现它的内容，摄影却是将活生生的真实的形象如实地表现。

沙飞先生每一张照片，都足以抵得住一部文学作品。"儿童节""南澳岛"等连环整套，更是一种有思想有魄力的伟大的巨制。在这次影展中沙飞先生充分发挥着摄影艺术的效能，使我们认识摄影机也是一种犀利的武器。

8. "他在作品上倾注他的生命"

可敬佩的是沙飞先生对于艺术的态度,他从不肯把镜头滥用在无聊的对象上,他不是如一般"摩登雅士"把摄影作为消遣,他对摄影是严肃的。他在作品上倾注他的生命。他对工作的认真,对社会、人生认识的深切,都可以从他作品取材与技巧上看得出来。

这次影展不但在桂林是一个可贵的纪念,就是在全中国,能够出现这样充实内容的影展,也算是有影展史上崭新纪元的。我希望沙飞先生继续努力,他的一架摄影机,就是一种犀利的武器。

桂林影展专刊目录(专刊一部)

[作者附记:沙飞七弟司徒彤保存沙飞桂林影展专刊孤本(已捐中摄协),中共党员司徒彤知道祝秀侠1949年后到台湾,把影展专刊中祝秀侠文章作者名字涂黑,所幸(文章)目录中名字留住;20世纪80年代初千家驹回函沙飞长女王笑利,在信封背面注明"祝秀侠是国民党走狗"。]

摄影只是消闲的吗?

廖苾光

艺术如果徒然是供人赏心悦目的玩具,那艺术便没有社会的价值。艺术家如果只图掩饰现实以趋承某特定社会的人们的爱好,那艺术家也便没有存在社会的必要。这,不论文学、音乐、绘画、演剧、雕刻、舞蹈以及电影,都没有例外。摄影虽没有被排在艺术等级上第几艺术之列,但总不能否定她的艺术的存在的。

摄影既是一种艺术,当然也不是专为有闲的人登山临水,探胜寻幽的时候"留鸿爪""带湖山归去"的玩意,她自有她的特殊的价值,她是暴露现实之极逼真极有力的武器。由于这次沙飞摄影展览会中的作品,更足证明摄影在现阶段对于社会所尽职能的伟大。在这次影展中,如"劳动阵线","生命的叫喊","有碍观瞻","问是谁的儿童节"等作品,对于社会丑恶之不容情的暴露,若与"美的陶醉""小姐的闲情""张家小姐白而胖"等对照起来,正可说明在畸形社

我的父亲沙飞
My Father H.Szeto
第一章 选择

会的症结。而"浪人侵入南澳岛"等帧,暴露敌人谋我之无微不至,无孔不入,更说明摄影艺术在眼前抗敌宣传上有极大的功能。以沙飞氏艺术认识的深入,以其技巧的更加熟练,预期沙飞氏将来必有大成,我敢为今日之影展会作诚挚的介绍。

崭新的摄影艺术
洪雪邨(村)

摄影已经从被玩弄的地位提高到成为一种艺术了,这应该是谁也承认的事了吧?摄影在从前,大家是狭窄地叫它作拍照,也叫照相,大抵它的工作对象只限于人,至于风景之类是不大注意的。拍照的时候,如果认为需要点缀一些花木,也不过是张起一幅四不像的画布横在背后,就已感到满足了。然而,单单这一点,也还是要雅人逸士才做得到,至若贩夫走卒引车卖浆者流,却一向是拍不得的,倘拍,也不会引人欣赏,徒增龌龊罢了。这时期的摄影——正确点应说拍照——技术,似乎都不怎么讲究,顺着阳光也拍,逆着阳光也拍,东也拍,西也拍,对于光线的明暗,取景的角度,背景的选择,是不列进摄影里面去。只要这边站的是摄影人,那边站着的是被摄影者,摄影机沙的一声,就"诸凡皆备"了。所谓拍照,也是照相馆的包办工作,私人玩的也就很少很少。我们到现在还常常在说:摄影不是艺术。大概是指的此时的拍照,因为它只仅仅能够把现实的状态拍出一个极其浮面而又模糊的形象,并不能有意识地、深刻地、活跃地增加人们对于现实的了解。

现在可就不同了,摄影已经从商业的地位走上艺术的地位了。优秀的摄影纵不能如名画一般的有无穷的神韵;但其可以感动我们的七情,却是不可抹杀的事实。摄影到这时候,也才渐渐引起人们的注意与尊重,但其工作,仍只限于小姐闺秀、名山秀水之类,不及于徒隶也。

把摄影的工作放到民间去的,我只见于新闻摄影,如水旱灾的照片是,这可太草率,许多画报所登的,除了名媛和皇后们的瘦腰大腿,便少有其他更有意义的作品了。技术虽然大大的进步了,而应用的对象则仅仅是从雅人逸士移到闺秀名媛,还是狭窄得像在牛角尖里工作。

沙飞先生的摄影工作,可以说是一个很大的变革,他把整个的艺术从雅人逸

8. "他在作品上倾注他的生命"

士名媛的小摆设移送到广大的民众来了。这里，沙飞先生已经把强烈的生命素灌注到摄影艺术中去，而且只有这样，摄影的艺术价值更加显得有其比重。把民众的实际生活，有组织的摄出来，那作者所赋予的意义，在文化水平低的民众，是更容易接受的。因为其间就是实况，无须再经过想象——象看别的画作。我想，摄影艺术，在沙飞先生所作的意义上，是很相似于文学上的报告文学，戏剧上的实录剧的。其间如"生命的叫喊"等幅，我们实在不能不受剧烈地感动的。

当然。摄影艺术在艺术领域上，并不算是一条坦途，因摄影要能够摄得好，不仅仅有了高明的技术就算了，而且还要有高度的科学技术——指摄影机及其一切设备。这显见得并不能如何的通俗化和大众化。然而，如果我们是要争取一点一滴的效用来说，如果是要把摄影艺术不使单是为了雅人名媛们的玩弄品，要使其可以尽量发挥出艺术的社会价值来，那摄影艺术必定要背叛它过去为瘦腰大腿献殷勤，转而为社会大众效劳——如沙飞先生之所为——那也是毫无疑义的。

崭新的摄影艺术之途是由沙飞先生苦苦开辟出来了。此后只望有志于摄影的同仁大家走上去就是了。

如何鉴赏摄影

李 桦

二十世纪才有摄影这回事。之前传达形象的只有绘画。自摄影发明以后，人们可以把最难得的种种偶发事体机械地一摄就成功了。然只给形象摄取下来，并不成为艺术。因此，人们对于机械地摄取形象还不满足，更要把形象用绘画的技巧去处理、表现，再加入一些内容，这里摄影艺术就成立了。

因此，摄影而成为艺术，并不单是摄取形象，更要处理、表现形象，尤其是注入它的生命——内容。我们鉴赏摄影艺术，也就不能单看看所摄取的形象，更要看看作者如何处理，表面形象的手腕，尤其是发掘它的生命，摄影之内容。

摄影作为艺术看待而陈列展览会中给人鉴赏的，却是近年来的事。可是鉴赏者还少能领会到摄影艺术的意义，单以看看摄下的什么形象为满足，把摄影的内容完全忽略，这是不晓得鉴赏艺术的看法。

我的父亲沙飞
My Father H.Szeto

第一章 选择

艺术一定要有它的生命——内容，可是就摄影的内容说可分出"唯美"与"唯人生"两方面。好像绘画一样，摄影艺术发生的第一阶段也是在"唯美"上的。在过去我们可以接触到的摄影，多是一朵花，一只鸟，一幅美丽的风景，一个青春的女体。像这些内容，都只有带人们到美的憧憬去。而另一方的"唯人生"的摄影现在都……在这方面的摄影里，我们可以看到活生生的人类生活，苦痛和快乐的情绪，伟大的欲望与斗争的交织，好像一幅人生纵错的图画给我们反省兴奋，刺戟。和一般艺术的倾向一样，"唯人生"的摄影现在已不单是标出一帜，而且有压倒"唯美"摄影的趋势了。

我们如果反问自己一句，究竟哪一种摄影有意义？那么，你也许会同情"唯人生"这方面。因为中国已踏上了一个新阶段，一切的希望都摆在我们的前面，什么都得抖索着精神苦干，在这儿，我们所需要的不是给我们太优美，太写意的堕落情绪，却是些使我们兴奋、自觉的精神粮食，这就是"唯人生"艺术的赐予。

摄影本来是一件死东西，加入了作者的创作便成为有生命的艺术。我们鉴赏摄影第一不要忽视了它的内容，而就内容说，也须分别孰是我们今日所最需要的粮食。

"西洋镜"外
——为沙飞摄影展览会而写

柔 草

省会迁桂之后，一切都具有新气象，一切近代文明，都在开始活跃。现在的桂林，已经不是古老，而是披上了新装！

沙飞氏的摄影展览，是这一洪流冲来的文明之一。摄影的文明，在桂林本来不算稀奇，但一提到所谓"劳苦大众"之类的生活画片，因为不堪入目，却非某种"山水甲天下"的人所愿乐闻的事。虽然沙飞君不远千里跋涉尽了最大的努力，以活的生命摄入镜头，再印在纸上，结果在他们看去仍旧是一张照相而已！有什么稀奇？所谓构图、角度、光线、色调、艺术、生命……总还不是一张照相？为什么需要几十元一张？简直是骗人西洋镜呀！（但西洋镜在中国内地，却拥有无数的群众，美！在现在，看画报的却是最摩登的人了。）

8. "他在作品上倾注他的生命"

可是我们也相信有另一部分人，对沙飞的作品，会认为不是商品的照相，而是艺术化的文明，自有其艺术的和社会价值的评价，不与商品照相同日而语。但是，求以艺术眼光和社会价值的评价来鉴赏他的作品的，我敢说现在是少而又少！

沙飞的摄影展览，在这样的青黄不接的地方出现，至少是有点冒险！这是沙飞的勇敢！然而，也正好尝试自负"山水甲天下"的人的文明程度。

（作者注：沙飞桂林影展专刊有关文章，收入龙熹祖编著《中国近代摄影艺术美学文选》，天津人民美术出版社1988年版，中国民族摄影艺术出版社2015年再版；除李桦文章因没提及沙飞名字外，其余文章收入1996年版王雁主编《沙飞纪念集》。柔草是谁的笔名，至今未考证出来。）

沙飞摄影展览（桂林）目录

华南国防前线的南澳岛 ——连环照片十八张

（1）南澳岛全景　　　　　（2）南澳岛上的古城

（3）儿童生活　　　　　　（4）妇女生活之一

（5）妇女生活之二　　　　（6）农民生活之一

（7）农民生活之二　　　　（8）盐民生活之一

（9）盐民生活之二　　　　（10）渔民生活之一

（11）渔民生活之二　　　（12）渔民生活之三

（13）渔民生活之四　　　（14）渔民生活之五

（15）渔民生活之六　　　（16）渔民生活之七

（17）渔民生活之八　　　（18）大批浪人潜入南澳

纪念鲁迅先生——连环照片十九张

（19）鲁迅先生最后遗容　　（20）中国高尔基和孩子们

（21）鲁迅先生英勇的神态　（22）鲁迅先生欢笑的颜容

（23）鲁迅先生憔悴的面貌　（24）鲁迅先生死后的遗容

（25）遗体及生前写稿之书桌　（26）遗体入殓之后

（27）万国殡仪馆门前　　　（28）签名参加送殡的女童

我的父亲沙飞
My Father H.Szeto

第一章 选择

（29）出殡之前群众云集　　（30）灵柩由作家抬出
（31）运灵车驶出殡仪馆时　（32）送殡行列之前导
（33）音乐队　　　　　　　（34）民众歌咏团
（35）章乃器先生演讲　　　（36）伟大的民众葬礼
（37）鲜花满布墓茔

儿童节献画——连环照片八张

（38）张家小姐白而胖　　　（39）胖如冬瓜白如雪
（40）人家羡慕儿童节　　　（41）我家宝宝哭不歇
（42）问是谁的儿童节　　　（43）中国大部分儿童还饿着
（44）这是一个弱肉强食的世界（45）要生存和自由就只有抵抗

大众生活

（46）磨剪工　　　　　　　（47）慈母手中线
（48）迷途的羔羊　　　　　（49）小贩与顾客
（50）画花　　　　　　　　（51）油船
（52）建筑　　　　　　　　（53）造屋
（54）斗争　　　　　　　　（55）征程
（56）破浪　　　　　　　　（57）油漆
（58）凿　　　　　　　　　（59）挑
（60）推　　　　　　　　　（61）锯
（62）风烛残年　　　　　　（63）为了活命
（64）美的陶醉　　　　　　（65）小姐的闲情
（66）女佣的生活　　　　　（67）人不如狗
（68）劳动阵线　　　　　　（69）阿毛的午餐
（70）凄凉的角落　　　　　（71）生命的叫喊
（72）上帝的女儿　　　　　（73）有碍观瞻
（74）被迫离境　　　　　　（75）国难宣传

8. "他在作品上倾注他的生命"

人像、静物、风景、图案

（76）人之初　　　　　（77）天真烂漫

（78）拾级而登　　　　（79）舞台上

（80）风　　　　　　　（81）风景

（82）秋　　　　　　　（83）秋风的表情

（84）落日　　　　　　（85）归途

（86）晚餐　　　　　　（87）静物

（88）菠萝　　　　　　（89）脚印

（90）石像　　　　　　（91）古庙

（92）倒影　　　　　　（93）舞台上

（94）上市　　　　　　（95）虎丘古塔

（96）浣纱溪畔　　　　（97）图案

（98）并合的图案　　　（99）并合的图案

（100）桂林拾零

《沙飞桂林影展专刊》有几幅作品：《鲁迅生前最后的留影》《鲁迅先生追悼大会中章乃器先生对群众演讲说到最沉重一句时之情形》《生命的叫喊》《劳动阵线》《被迫离境》《波光里等鱼踪》《以拾煤屎为活的女童》。

（作者附记：沙飞长子王达理曾在母亲那里见过沙飞桂林影展专刊补充材料，是红色铅印字，上面有徐悲鸿等三人写的评论沙飞摄影展览文章。另两个人他记得是沙千里、李公朴。我认为邓初民、尚仲衣两人可能性较大，沙千里、李公朴当时不在桂林。近年我在桂林、北京、广州、上海图书馆，都未找到徐悲鸿等三人为沙飞桂林影展写的评论。）

在筹备影展过程中，广西大学文法学院的小亭子，成了沙飞筹备展览的办公室。省教育厅长李任仁常来，廖苾光告诉他沙飞要办影展的事，他很支持，找了桂林初级中学教室作为展览室。

廖苾光在教授中年龄较小，主动为展览奔走，贴海报、布置展室、挂照片。沙飞在每张照片下面都标上价格，大多十几元一幅，有的还贵一些。书生气十足的廖教授对他说，你的照片是艺术品、无价之宝，不应当卖。沙飞说，朋友们喜欢

我的父亲沙飞
My **Father** H.Szeto

第一章 选择

哪张照片就送，其他人就卖，借此机会可以筹款，支援救亡。一张鲁迅照片标价10万元，千家驹不解，沙飞说，我不愿意卖此照片。千先生说，你标明"非卖品"。

1937年6月25日至27日，沙飞在桂林初级中学举办第二次个人摄影展览。

《广西日报》连发3天消息。6月25日，沙飞个人影展今日在桂初中开幕：摄影家司徒沙飞，为提倡艺术、引起各界对于摄影兴趣起见，特于今日起至27日假桂初中举行个人摄影展览会。全部作品百余幅，分两室陈列，琳琅满目、蔚为大观。查该氏为上海黑白影社社员，平日对于摄影之研究，极有心得。其作品尤以大众生活，颇得一般爱好艺术者所称许。闻此次展览，为其数年来创作之结晶。谅届时前往参观者，必甚踊跃云。

6月26日，沙飞影展第一日盛况：沙飞个人展览会，业于昨晨在桂初中开幕。记者于昨日入场参观时，各界人士在场参观者，已极拥挤。咸称沙飞君作品之高超，为摄影艺术上开一新途径。定购作品者，极为踊跃。总部蒋副处长伯伦、西大教授陈望道、祝秀侠诸先生定购数幅云。

6月28日，沙飞影展昨日闭幕：沙飞影展昨日为最后一日，是日适逢星期。观众更形拥挤，定画者亦比前天更为踊跃。计有西大教授尚仲衣、马宗融、千家驹、廖苾光、省府参议曾希亮。港报记者常书林等闻此次影展极得观众好评，良以取材深刻、技术超卓云。

影展期间，参观的人看中哪张照片，就在下面写上自己名字，即表示展览后买此照片。廖苾光特别喜欢《问是谁家儿童节》这张照片，一个衣衫褴褛的要饭的孩子，穿着短裤，头发蓬松，手拿一根棍子。他知道这照片有人买了，马上去找沙飞，说自己还喜欢《弄潮儿》，沙飞送给了他，画面是一个小孩的背影，站在海边的沙滩上向日出招手。廖苾光把照片一直保存在梅县老家，后毁于"文革"中。

沙飞忙碌了近一个月，他的第二次个人摄影展览终于落下帷幕。

沙飞喜欢版画，他和广西美术界朋友搞了一个"版画研究会"。《广西日报》1937年6月16日刊登消息《李漫涛等筹组版画研究会》：查木刻版画为当代新兴艺术之一，一般从事艺术之青年，对此极为重视。盖以其形式接近大众，且能给予大众以深刻之感动也。本市现有李漫涛、钟惠若、洪雪村、司徒沙飞四君，发起组织广西版画研究会。隶属于桂林乐群社文化部。闻已拟具章程、呈请审核。一俟核准，即可成立云。

我的父亲沙飞
My Father H.Szeto

8. "他在作品上倾注他的生命"

"追寻沙飞足迹——纪念沙飞诞辰百年摄影作品及文献巡展"桂林开幕前一天，我们三兄妹：大哥王达理、小妹王少军与王雁，到访父亲74年前举办影展的桂林中学。2011.11

7月3日广西版画研究会在乐群社召开首届会员大会。会员40多人，选举李漫涛为常务干事，沙飞、钟惠若、洪雪村为干事。研究会在《广西日报》副刊每周编一期《时代艺术》。

几个月来，沙飞从报纸上多次看到关于汕头的通讯：青山清事件、日舰四艘突驶汕、日海军部在汕设特务机关、汕市全体学生函慰警察局……他惦念着他的妻子及孩子们。

沙飞影展闭幕后的第十天，7月7日卢沟桥事变发生了。7月11日沙飞好友李桦到桂林，7月16日广西版画研究会举办李桦在桂林的第二次木刻展览会。

7月17日蒋介石在庐山对卢沟桥事件发表严正声明："如果战端一开，那就是地无分南北，年无分老幼，无论何人，皆有守土抗战之责任，皆应抱定牺牲一切之决心。"面对共同的敌人——日本，同为炎黄子孙的国共两党化解了仇恨，全国军民，团结一致，共赴国难。广西大学文法学院全体学生提前毕业，请缨北上抗日、杀敌。

沙飞明白，在国家民族生死存亡的时刻，作为一个摄影师，应肩负起历史重任，用照相机唤起民众。他开始为上前线做准备。他再次去找教授们。

陈望道及马宗融夫妇很快要回上海。邓初民、千家驹和廖苾光给沙飞写介绍

我的父亲沙飞
My Father H.Szeto

第一章 选择

信,叫他去太原国民师范学校找温健公(1908~1938),他们都与健公熟悉。千家驹教授提议,给司徒兄捐一些钱,让他多买一些摄影器材、胶卷,到前方多拍照片。大家都同意,10元、50元、100元,一下子就捐了好几百元。沙飞向教授们表示感谢。

《广西日报》1937年8月8日之《时代艺术》第四期(广西版画研究会主编)刊登赖少其致李桦信《木刻家到了战争的时代》:"李桦先生:我们都非常想念着你,曾有两封由司徒君转给你的信,收到了吗?第三回全国木刻流动展览会,各地都在积极地进行,今天力群兄在上海来信……同版刊登李桦文章《我们今后的工作——别广西木运同志们》。"

当晚广西版画研究会在乐群社阅报室举行茶话会,欢送李桦。长条桌围成一个方形,有点心、纸烟,30多人参加。常务干事李漫涛致辞后,李桦、沙飞、洪雪村、常书林等发言,大家自由座谈。分手时沙飞也与朋友们握别,告知即将奔赴华北抗日前线。

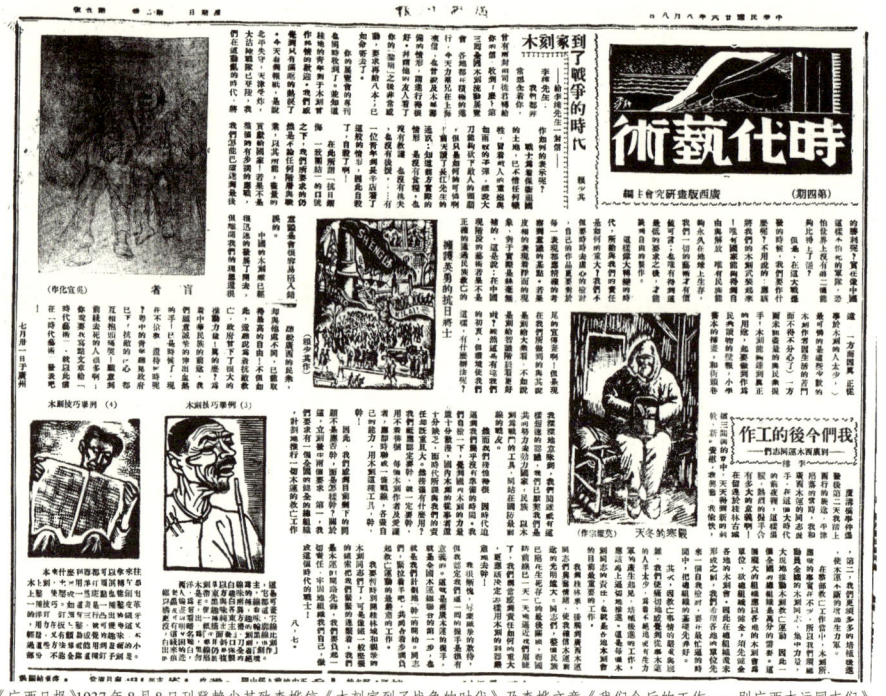

《广西日报》1937年8月8日刊登赖少其致李桦信《木刻家到了战争的时代》及李桦文章《我们今后的工作——别广西木运同志们》

8. "他在作品上倾注他的生命"

第二天沙飞送别李桦，他们相约"战场上见"。

1937年8月15日《广西日报》之《时代艺术》第五期（广西版画研究会主编）刊登沙飞文章《摄影与救亡》。

  摄影是造型艺术的一部门。但是它并不能像其他造型艺术之可以自由创造，而必须是某一事物的如实的反映、再现。因此，在当初它是被否认为艺术的。但是，事实上它虽然必须是某一事物的如实的反映、再现。然而，在反映再现的过程中，就必须要有艺术修养的作者缜密的处理，才会使人感动。所以，摄影终于被人公认为造型艺术中的一部门了。

  正因为摄影必须是某一事物的如实地反映再现，所以才能够使人生出最真实的感觉，得到最深刻的印像。并且摄影可以藉着科学的帮助，在极短速的一瞬间，就可以把一切事物摄入镜头，更可以在一极短速的时间将所反映出来的事物形态翻印出千百万份来，这也是它迥异于其他造型艺术的一种特质。

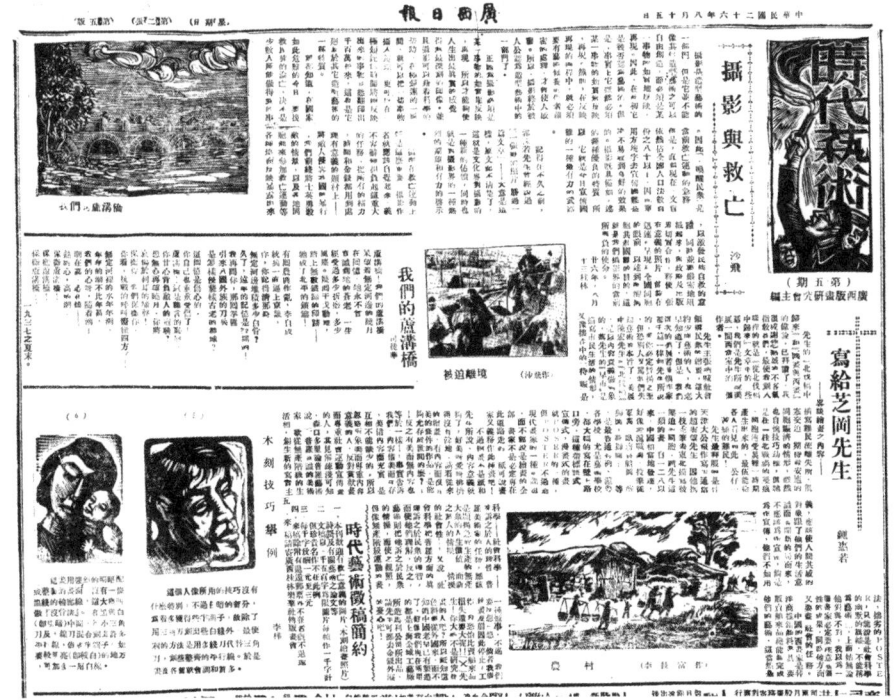

《广西日报》1937年8月15日发表沙飞文章《摄影与救亡》

我的父亲沙飞
My Father H.Szeto

第一章 选择

谁都知道，在国家如此危难的今日，要挽救民族的沦亡，决不是少数人所能做得到的事。因此"唤醒民众"是当前救亡运动的急务。但是，直到现在，文盲依然占全国人口总数百分之八十以上。因此单用方块字去宣传国难是决不易收到良好的效果的。摄影即具备如述的种种优良的特质，所以，它就是今日宣传国难的一种最有力的武器。

记得在不久之前，郭沫若先生曾经说过"一张好的照片胜过一篇文章"——大意是这样，原文记不清楚了，这就是文化界对摄影的一种新的估价，同时也就是对摄影界的一种热烈的期望和有力的启示。

摄影在救亡运动上既是这么重要，摄影作者就应该自觉起来，义不容辞地担负起这重大的任务。把所有的精力、时间和金钱都用到处理有意义的题材上——将敌人侵略我国的暴行、我们前线将士英勇杀敌的情景以及各地同胞起来参加救亡运动等各种场面反映暴露出来，以激发民族自救的意识。同时并要严密地组织起来，与政府及出版界切实合作，务使多张有意义的照片，能够迅速地呈现在全国同胞的眼前，以达到唤醒同胞共赴国难的目的。这就是我们摄影界当前所应负的使命。

1937年8月13日 桂林

这是沙飞给桂林人民的告别信。

沙飞《我的履历》（1942）

到桂林后，幸得进步青年及西大教授如千家驹、尚仲衣等同情与援助（过去不认识的新朋友），同时展览照片全都是现成的，无须耗费金钱，故影展遂得顺利地举行。

不久"七七"事变，我决心立即北上至华北战场，收集材料，千家驹、尚仲衣、邓初民诸先生闻之十分喜欢并热诚地慨然捐助我以不少的路费和材料费。且还写了许多介绍信给太原、保定、延安、西安的友人，要给我以援助。

沙飞的命运与时代紧紧联在一起。他带着朋友们捐助的摄影器材，吟诵着民族英雄岳飞诗句"壮志饥餐胡虏肉，笑谈渴饮匈奴血"，豪情满怀地踏上征途，奔向沙场。

第二章 洪流

1. "我第一次看见为抗日负伤的战士"

国家、民族的命运，把不愿做亡国奴的人们，卷进了抗日救亡的洪流中。1937年8月22日南京国民政府军事委员会发布中国工农红军改编为国民革命军第八路军的命令，任命朱德、彭德怀担任八路军正、副总指挥，全军编制共4.5万余人。随即八路军总部及下辖的三个师东渡黄河，向晋北、晋东挺进，并于9月中旬先后到达，列入第二战区序列。阎锡山为司令长官，朱德为副司令长官。当时太原的抗日救亡工作非常活跃。

沙飞8月底到达山西省省会太原。他直奔国师附小温健公家。温健公、宋维静（1910~2001）夫妇是广东人，早期加入中共。1935年底他俩奉命到山西开展对阎锡山的统战和情报工作，这个"夫妻店"受到延安中央情报部门肯定。抗战初温健公受命，到河北与晋绥军官教导团团长张荫梧商谈，在保定筹组河北民军训练养成所，组织第一战区民众协同抗战。

健公希望沙飞仍搞电台工作，他因马上要去保定，叮嘱沙飞千万要等他的消息。温健公家是个四合院，宋维静、三岁的儿子及小姑温如住在家里，还有厨师、保姆。有资格住在那里的客人一定是"自己人"。

过了两天有个年轻的女客人来访，沙飞开门，她说找宋先生，他拿手往里指，静姐，有人找。宋维静介绍他们相识，赵翠英是她的助手、牺盟会女兵连九连政治工作员，北平师范大学物理系学生；这位是广西来的司徒传。翠英是个快人

温健公、宋维静夫妇。宋汉珠提供

我的父亲沙飞
My **Father** H.Szeto

第二章 洪流

快语的"小钢炮",她告诉新认识的沙飞,祖父曾在雁门关当道台,父亲是反帝大同盟的,被日本人杀害了。

宋维静在刚成立的"山西青年抗敌决死队"负责领导女兵连工作。她1910年在广州出生,其父曾跟随孙中山参加同盟会,她是1927年广州起义中年纪最小的女战士,那时他们认为无产阶级革命的目标是建立共产主义大同世界,占领银行后,把金银钞票付之一炬,有些工人甚至连自己口袋里的钱也拿出来一起烧掉。

宋维静有一双充满热情的大眼睛,很有朝气。沙飞不由得想到了已离婚的妻子,他恨她,为什么就不能像静姐一样,全力支持丈夫的事业。他不时地拿两个人相比较,当他意识到对静姐有特殊的好感时,他搬到了牺盟会少年先锋队。

太原牺盟会原址。2014

我的父亲沙飞
My Father H.Szeto

1. "我第一次看见为抗日负伤的战士"

少年先锋队是牺盟会准备动员5000名志愿兵的一个训练机关，队员们来自全国各地，甚至海外，他们要求上前线抗击日寇，决心以青春和热血保卫家乡、保卫国土。每天他们拿起步枪，挎上手榴弹，进行艰苦的军事训练。战士们豪迈地唱着：枪，在我们的肩上；血，在我们的胸膛；我们来捍卫祖国，我们齐赴沙场。

沙飞在牺盟会住了几天，他拍了照片，写了通讯。他认识了从南洋回到祖国参加抗战的、有才华的许群，并成为要好的朋友。

一次，在杜任之当院长的新生剧院首次公演巴金小说《家》改编的话剧，还有赵翠英创作的独幕话剧《血洒卢沟桥》。在后台的翠英见到一个大眼睛男人，手持方正的照相机忽而登上台角、忽而跳下台拍摄，仔细一看，是在宋维静家见过的司徒传，她不同意他在演出时台上台下拍照。演出结束后沙飞跳上后台有礼貌地对她说，请明白我也是抗日救国者，拍片子是为了寄往我的家乡广东宣传抗日救国。舞台上的演员握着他的手说，你做得对！咱们都是爱国者！

9月16日周恩来、彭德怀、续范亭到保定、石家庄，会见第一战区刘峙、程潜等，商谈八路军准备入河北境内作战一事。其时日军正向保定逼近。

八路军驻第二战区办事处主任王世英（1905~1968）找到宋维静，通知她马上带随军战地服务团（即女兵连）到河北协助温健公工作。服务团由来自全国各地要抗日救国、不做亡国奴的100多名女教师、女演员、大中学校女学生组成。沙飞随宋维静、赵翠英及她们率领的女兵一起乘火车到保定。翠英跟沙飞接触多了，发现他非常聪明、很活跃，他坐不住，哪里有事，拿起照相机就去拍，谁也管不了他。在石家庄火车站，大家下车买烧饼吃，敌机轰炸得很厉害，沙飞立即拍摄躺在铁路旁流血的伤病员。翠英对他说，宋大姐叫我告诉你，这些伤兵来自辽宁、黑龙江、吉林三省，是张学良领导的东北军，他是张作霖的儿子，是支持抗日的。蒋介石不支持东北军，你不要跟他们讲话。沙飞掉下眼泪说，我第一次看见为抗日负伤的战士！他们与温健公在保定会合。保定已处于日军的直接攻击之下，炮声震天动地，城市在一片火海之中，秩序很乱。沙飞两天后辞去电台职务，返回太原。

9月20日第二战区战地总动员委员会在太原正式宣告成立，续范亭（1893~1947）为动委会主任，刚释放不久的"七君子"之一的李公朴（1900~1947）担任委员、宣传部长。沙飞在鲁迅葬礼上见过他，走在队伍前列

第二章 洪 流

的 30 余岁的李公朴飘着乌黑长须、穿着一身白色西装,格外引人注目。

沙飞听说李公朴于 9 月中旬在太原刚成立了全民通讯社,立即前去拜访。一个白面书生出来接待,他是李公朴的秘书周巍峙(1916~2014)。沙飞介绍了自己,说想到全民通讯社当摄影记者。周秘书知道客人就是拍摄鲁迅的沙飞时,非常高兴。李公朴马上出来见客,他身着黑色中山服,健壮,潇洒,一手捋着胡子。他当即同意沙飞担任全民通讯社摄影记者。

1932 年,16 岁的周巍峙经戈公振(1890~1935)、邹韬奋介绍,当了李公朴的私人秘书。李公朴知道他喜欢音乐,有时朋友们在家里聚会时就让他唱一曲,或者用口琴奏一曲。在李公朴鼓励下,他收集、编辑了一本救亡歌曲集《中国呼声集》,1936 年由读书·生活出版社出版。1936 年 11 月 23 日,周巍峙照常去李家上班,李夫人告诉他,先生已在凌晨被捕,有一封毛泽东写给救国会的信还在家里。周把这封信带回家,他的父亲一直把信藏在身上,整天在马路上转,以防来家查抄。1937 年 8 月李公朴刚出狱不久,就同柳湜(1903~1968)、桂涛声(1906~1982)和周巍峙一起去华北前线做抗战宣传、组织民众的工作,8 月底到太原。

李公朴与阎锡山、周恩来商量,以救国会名义在太原办全民通讯社,李公朴任社长。经费、人员和工作由八路军驻晋办事处负责,周巍峙参与通讯社采访编辑发行工作,已发展部分通讯员。太原失守后,全民通讯社先后转移到武汉、重庆,在成都建立了总社,社长仍由李公朴担任。通讯社向国内外发了大量战地新闻、通讯,各地报纸都有全民通讯社通讯稿。

曾在天津中外新闻学社的方大曾(小方)是全民通讯社记者。小方拍摄过许多重要照片,如绥远抗战、卢沟桥事变等。《申报》、《良友画报》、英文《中国呼声》周刊、《北晨画刊》及国外一些刊物常登他拍的照片。1937 年 6 月《国民》周刊第一卷第五期封面照片是沙飞拍摄的《一个老国民》,封二有两张小方拍的照片。《广西日报》1937 年 8 月 15 日刊登小方的战地通讯《由保定向北去》,与沙飞文章《摄影与救亡》同日不同版发表。小方参加了太原"9·18"纪念会后,就再没人见过他了。方大曾最后一篇见诸报端的文章是 1937 年 9 月 30 日发表在《大公报》上的《平汉北段的变化》,从此杳无音讯,不知所终。方大曾作为一名失踪的战地记者,很可能是在 1937~1938 年牺牲于抗日前线,

我的父亲**沙飞**
My **Father** H.Szeto

1. "我第一次看见为抗日负伤的战士"

时年仅 25 岁。1995 年，82 岁的方澄敏将哥哥方大曾遗留的底片资料全部转交侄子张在璇；2006 年 3 月，张在璇将舅舅方大曾遗留下来的 830 余张原版底片无偿捐赠中国国家博物馆收藏。

1937 年 8 月下旬，红军驻太原联络站改名为国民革命军第八路军驻晋办事处。八路军总参谋部参谋处长彭雪枫（1907~1944）兼任八路军驻晋办事处主任。办事处设在坝陵桥南街 8 号（原成成中学），居临街前院，中共中央北方局、山西工委及招待所设在后院。学校旁边市民的一所院子也租下来，供红军后勤部部长兼总供给部长、政治委员叶季壮使用。这一时期八路军高级将领周恩来、朱德、刘少奇、彭德怀、任弼时、林彪、贺龙、刘伯承、徐向前、邓小平、萧克、左权等先后往来于太原，或与阎锡山商谈事务，或过路，都住在八路军驻晋办事处。

太原八路军办事处旧址。2001

9 月 26 日平型关胜利消息传来，太原城内一片欢腾。记者云集八路军办事处，彭雪枫宣传共产党政策，介绍平型关大捷，把缴获日寇的胜利品军大衣、军刀、皮靴、太阳旗等拿出来展览，让大家尝日本袋装压缩饼干，还将军大衣送给记者们。为庆祝胜利，大家穿着日本呢大衣、皮靴，拿着太阳旗，照相留作纪念。

《大公报》范长江（1909~1970）提出，派记者随八路军采访。彭雪枫立即请示延安，得到答复，急需通过各条渠道、各种方式向全国、全世界宣传报道，八路军是坚决抗日的军队，刚出师华北，便取得胜利，由办事处负责物色新闻记者去采访拍照。

知道此消息后，沙飞、周巍峙二人兴奋不已，俩人都积极争取上前线。周巍峙也一直向往当记者，彭雪枫与他商量，沙飞会摄影，在上海拍过鲁迅，派他去前线可靠，周巍峙留下。沙飞再次如愿以偿。

李公朴写了"全民通讯社记者沙飞到抗日前线采访"的介绍信，盖有社长李公朴签名的印章。沙飞向李公朴、周巍峙告辞。

我的父亲沙飞
My **Father** H.Szeto

第二章 洪流

1939年初，沙飞从《新华日报》得知，河北民军秘书长兼政治主任温健公于1938年12月在山西吉县日军飞机轰炸时牺牲。沙飞在保定时，看到宋维静带领战地服务团，竖起红十字旗，冒着漫天的硝烟为伤兵包扎伤口，对她充满了尊敬。此时，沙飞心情沉重，提笔写信，静姐：我在太原时，得到你的照顾关怀，非常感谢。我对你十分怀念……写了几句，他发现自己的信不自觉地流露出依恋爱慕之情，就没有再写下去。一份埋在心底的情，留在这封未写完的信中。这封信在沙飞去世后，一直保存在长子王达理处，后毁于"文革"。

周巍峙（1916~2014）出席石家庄双凤山陵园沙飞雕像揭幕仪式，深情缅怀战友。2004.5.20

20世纪80年代初，因偶然机会我在广州到宋维静家，她说与沙飞很熟。我大哥曾去拜访她，她没多谈什么，只说是有一个记者曾住在他们家，记得一起去保定，不记得又一回太原。她还提到，有个叫赵静的女人，当时也在太原。查《宋维静传》，她的记忆是对的，她当时承担重任，不可能与沙飞折回太原。

"静姐"究竟是谁？姐姐王笑利1982年日记中有几个字：赵英（静），丈夫郑思源，国务院周恩来总理办公室。

根据线索，2000年我在北京，通过在全国人大工作的老同学亚平，要到了有关单位电话总机，打通后对接线员说，我是摄影家沙飞的女儿，要找父亲在太原的老战友赵英，她是郑思源的爱人，希望告知电话；对方说，请你留下姓名、电话；不到半个小时，赵静来电话，我立即赶到南沙沟她家，见到了原国务院对外经济研究室主任赵静，他们两口都是副部级干部，怪不得接线员那么谨慎。精干、利索的赵英翻看着我带去的《沙飞纪念集》，尽管是60多年前的往事，但她一看沙飞肖像，就认出这是她认识的司徒传（沙飞），并立即亲笔写材料。父亲在太原的活动有了细节，真令我高兴。我还想确定，究竟谁是"静姐"。

赵静比沙飞小几岁，当年叫赵翠英，因为崇拜宋维静，后改名为赵静，抗战后期结婚。

我的父亲沙飞
My Father H.Szeto

1. "我第一次看见为抗日负伤的战士"

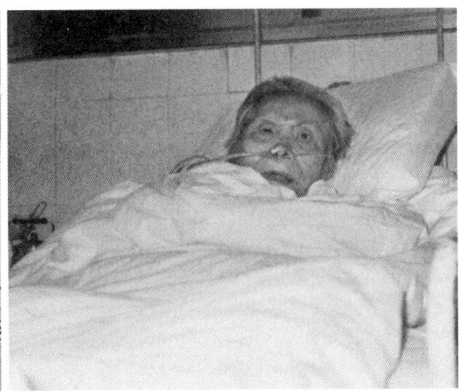

赵静。2000

宋维静。2000

沙飞1942年写的《我的履历》，四次提到宋维静。我断定，宋维静是"静姐"！

2000年底我到广州，与妹妹去医院看望宋维静——父亲曾经思念的女人。能干而又历经坎坷的宋维静已在生命的晚期，我紧紧握着她的手，感到无比惆怅。温健公去世后，宋维静没有再婚；延安整风期间因"两次被捕"等问题被"整肃"，独子于六七十年代病逝。

我曾问过母亲，"爸爸是不是你生命中唯一的男人？"她毫不犹豫地回答："当然"；"你是不是爸爸的唯一？"她说："不知道。"

沙飞到八路军驻晋办事处，彭雪枫（1907~1944）热情地接待了他，然后拿起毛笔写了介绍信："八路军总部：今有全民通讯社记者沙飞同志，到前方去采访。"他的毛笔字潇洒有力。

沙飞在八路军办事处安排下，带着摄影器材，乘坐从太原北去的火车，到达忻口，换乘去五台的军用卡车，下车后走了20多里，一路上不停地问，终于到达八路军总部南茹村。他拿着盖有八路军总部大印的记者证明，奔向115师驻地。115师在平型关战斗结束后，迅速撤离战场，驻扎在五台县城东边不远的一个小村河东村，进行休整。

沙飞是第一个采访115师的记者，这也是他第一次以记者身份去采访。他先到师部拜见了师长林彪和政委聂荣臻。对于他的采访，师部给予大力支持。聂荣臻将沙飞带到侦察科长苏静那里，介绍说，沙飞同志是由上海来的记者，摄影技术不错，你也喜欢搞摄影，就由你来好好接待他。

我的父亲沙飞
My **Father** H.Szeto

第二章 洪流

苏静将军。1995

苏静（1910~1997）是福建人，缅甸华侨。他跟随林彪多年。平型关战役前夜，他陪同林彪去看地形。他始终认为，林彪是个非常出色、善于动脑筋的军事家、指挥官。

在中共苏区时，红军缴获了一部120照相机，还有胶卷。军团长林彪、政委聂荣臻知道苏静会照相，把相机给了他。他拍摄了一些有关红军的照片，胶卷无法冲洗，红一军团长征到遵义，他去照相馆冲洗了两三卷。这是红军时代保留下来的极珍贵的照片。苏静摄于1934年的《红军机枪训练班》、1936年的《红小鬼歌舞队》及1937年8月的《改编东渡，出师抗日》组照，发表于1943年9月《晋察冀画报》第四期《红军时代的生活》；同期发表的还有聂荣臻拍摄的红军时代的照片。照片是聂荣臻给沙飞的。

同行相见，格外亲切。苏静打量对方，沙飞穿的是黑色的衣服，比较瘦，说普通话，拿的是普通的小照相机，还不如自己的大照相机好。

沙飞很有兴趣地听苏静介绍情况。9月24日，115师在上寨镇小学校的土坪上召开了营以上干部动员大会，师长林彪讲话："今天，中华民族正经历着巨大的考验。我们一定要打一个胜仗，给嚣张的日军一个打击，给友军一个配合，给部队一个兴奋！"25日上午7时，日军板垣师团第二十一旅团的辎重及后卫部队进入伏击圈，林彪立即下达攻击命令。战斗很激烈，歼敌数名，缴获的汽车及所载的摩托车都是崭新的，八路军无人会驾驶，只好命令烧毁。我方牺牲200余人，多是经过长征的老战士。

沙飞采访了聂荣臻。打仗那天一早，聂荣臻带着三个通讯员，到杨得志、陈正湘的685团坐镇指挥。战斗即将结束时，孙毅立即起草了给毛泽东的报捷电报。当晚，聂荣臻同林彪、孙毅睡在一条土炕上，打了胜仗也不觉得累了，几个人高兴得睡不着觉，一直聊到天明。

115师对于沙飞的采访，没有任何限制。他想去平型关，部队已撤退，不可能再去。沙飞有时与苏静一起采访，有时独自去拍摄。他拍了两个胶卷，拍了战利

我的父亲沙飞
My Father H.Szeto

1. "我第一次看见为抗日负伤的战士"

品，还拍了林彪、聂荣臻及部队活动，战士们穿着缴获的日军军装和皮靴，扛着崭新的日本"三八"大盖枪，吃着日本罐头、饼干，个个意气风发。

沙飞与苏静两人住在一间20平方米的屋子里，相处有半个

八路军115师平型关战斗胜利后，战士们胜利归来。1937.沙飞摄

月。他们互相切磋摄影技术，一起冲沙飞拍的胶卷。沙飞把自己拍摄的鲁迅照片给苏静看，苏静送给他一件日本军大衣。平型关战斗结束后，苏静只见到沙飞一个从外地来的新闻记者。他后来随115师主力到晋西、山东，再未见过沙飞。

沙飞迅速赶回太原，洗照片、向各地报社通讯社发稿，宣传八路军出师后的第一个大胜利。他住在八路军驻晋办事处招待所。在招待所住的有丁玲、陈波儿等，还有从上海来、要到前线去拍纪录片的摄影师徐肖冰。徐穿着笔挺的西装，他看见沙飞很忙，穿得很随便，大家都住在一个小院，吃饭、进出互相打招呼。

丁玲任团长的西战团从延安来到太原，迎接他们的是空袭警报。周恩来直接安排西战团工作，他们的任务就是宣传国共合作、全民抗战。丁玲到处演讲，她很潇洒，着军装、束皮带、打绑腿，披着缴获的日本黄呢军大衣，她声音洪亮，讲日寇的残暴、民众的责任、抗战的形势，最后自报姓名叫丁玲，全场轰动，她成了新闻人物。晚上，山西头面人物及各界群众代表济济一堂，西战团演出新编活报剧《八百壮士》《忻口之战》等。炮火连天临战气氛下的特殊演出，观众在笑声和掌声中喊着"再来一个！"

沙飞喜欢丁玲的文章，1937年4月24日发表于延安《解放》周刊创刊号的《一颗没有出膛的子弹》，给他特别深刻的印象。沙飞记录了西战团活动。他拍摄的丁玲照片，发表在1938年初桂林《克敌》杂志创刊号，标题是《战地服务团团长丁玲》。

10月26日娘子关失守，山西抗战形势急转直下，晋北战场全线败退，日军逼进太原。警报凄厉，跑散的亲人相互喊叫，街上充满紧张和恐怖，11月8日太

第二章 洪流

原失守。

10月中旬沙飞已知道太原失陷是早晚的事,他再次面临选择。他听说115师主力开拔,聂荣臻率一部留在山西五台县打游击、开辟抗日根据地。他决定去五台山。

沙飞背上照相机,告别太原。在往五台山的路上,他看到一批批打了败仗的中国官兵向后方撤退,受伤的士兵或爬行,或躺在路边,在血泊中呼救……有时还遇到日军飞机狂轰滥炸,百姓四处奔逃,惨不忍睹。这一切,更激起沙飞对侵略者的仇恨,增强了他抗战到底的决心。

沙飞《我的履历》(1942)

我在八月底到了太原,住友人温健公家,他劝我放弃摄影,仍做无线电台工作,我则要求干摄影记者工作,并要到八路军中请其为我作介绍,但他坚持目前电台工作较重要,叫我仍住在他家里,等他的电报,他即往保定去了。

我讨厌住在他家里,乃商得宋维静(健公之妻)同意,到牺盟的少年先锋队中住几天,一则探尝军事生活,并看看红小鬼(东征时被晋军所俘虏者),因为从丁玲的那篇《一颗没有出膛的子弹》里,知道红小鬼是非常活泼顽强十分可爱。另一方面又可以拍些新闻照片。

三四天后,健公即来电,我即随宋维静一起赶往保定去。但到时适值日军已迫近保定,国军后撤正定石家庄,而八路军却在平型关打了胜仗,消息传来使我非常兴奋,冲动,但又十分苦恼。在保定两天,又与宋维静折回太原,而全民通讯社周巍峙同志已听说我对摄影有些经验,即来找我要我去当摄影记者到八路军中去。商得宋维静之同意,我即辞去健公方面所将要给予我的职务。

到全民通讯社的第二天,经太原办事处主任彭雪枫同志之介绍,以记者资格到八路军总政治部,再转往115师去收集平型关胜利品等新闻照片和通讯材料,两星期完毕即回太原发稿。

不久太原危急,国军主力南撤了,但闻八路军将留下少数游击部队,在五台山打游击,并创造抗日根据地。我遂又回到五台山来,找到了聂司令员介绍到杨成武支队去收集材料。

我的父亲沙飞
My **Father** H.Szeto

1. "我第一次看见为抗日负伤的战士"

八路军骑兵通过平型关出击日军。1937. 沙飞摄（1947年曹聚仁、舒宗侨编著《中国抗战画史》发表）

王雁到访平型关。1998

日寇秋季大扫荡中，被杀害的平民百姓。1943. 沙飞摄

被日寇烧毁的阜平西庄普佑寺。沙飞摄

2.《战斗在古长城》

在民族危亡时刻,沙飞选择将摄影作为终生事业,就是立志要做一名战地摄影记者,他要见证历史、记录历史,他知道,这是自己的使命。

1937年10月八路军总部决定,115师一部在聂荣臻带领下,以五台山为中心,创建晋察冀边区抗日根据地。115师主力开拔后,留下的部队有独立团、骑兵营、师属教导队。11月7日晋察冀军区在五台县正式宣告成立,11月18日军区从山西省五台县移到河北省阜平县城。晋察冀边区战略地位极其重要,可以作为对日反攻作战、收复东北失地的前线阵地。

1937年10月中旬,沙飞再次到五台山。聂荣臻在组建晋察冀军区的百忙中会见了他,介绍他到杨成武支队采访。杨成武随聂荣臻留在晋察冀,在北线开创抗日根据地,杨成武独立团已由出征时的1700人,发展到7000多人,扩编为独立师,杨任师长,他的部队在晋察冀三省小三角地带。

时晋察冀军区骑兵营政委蔡顺礼(1913~2009)1998年回忆:1937年10月,我到军区,政治部的人对我说,有个记者要到杨成武部队。于是我带沙飞去,我和他在路上有说有笑,他艰苦朴素,不讲究,衣服破烂。经涞源、张家口以南等地,我把沙飞送到了。后来我们打仗时缴获了一部莱卡照相机,是日本小队长的,政治部知道了,叫送去给沙飞用,他的照相机还没这么好。沙飞去骑兵团

挺进敌后。1937年秋.沙飞摄

我的父亲沙飞
My Father H.Szeto

2.《战斗在古长城》

王笑利、王雁姐妹拜访蔡顺礼将军，蔡老家挂着沙飞拍摄的《挺进敌后》。1998

向长城内外进军之杨成武支队。1937年秋．河北涞源．沙飞摄（《晋察冀画报》创刊号封面照片）

杨成武将军。1995

好几次，他跟着部队行动，看着好就拍。

1995年蔡顺礼将军在中国军事博物馆参观"长征60周年长城摄影展"，看到《挺进敌后》这张照片，他激动地说，这是沙飞拍的我们骑兵营，我不知道他何时拍的。是我把沙飞带去杨成武部队的。策展人李少白将此照片送给蔡将军留念。

杨成武对沙飞的到来很欢迎。沙飞虽然曾在国民革命军当过兵，但他是报务员，不需要像普通士兵一样，摸爬滚打、冲锋陷阵。八路军打的是游击战，要不停地运动。沙飞到部队过的第一关是骑马。

我的父亲沙飞
My **Father** H.Szeto

第二章 洪 流

　　1995年杨成武将军（1914~2004）回忆：在独立团沙飞跟着我，在平西、北平、天津、张家口、大同周围，他一直跟着我。他不会骑马，一上马就摔下来。他拿着照相器材，我派个马夫跟着他，马夫也不行，就再派个警卫员，保护他安全，照顾他。

　　沙飞咬着牙，终于学会了骑马，可以随部队驰骋疆场。一个来月的时间，杨成武部队四面出击，连续克复灵丘、涞源、易县、蔚县、繁峙、紫荆关等重要城镇。沙飞跟着部队辗转各地，挺进敌后，开辟根据地。当时他的身份仍然是全民通讯社摄影记者。一个多月，沙飞拍摄了多幅作品。

　　沙飞有中国人特有的长城情结。他1937年10月到河北涞源杨成武支队采访，拍摄了多幅八路军与长城的照片。沙飞用照相机把中国军队与万里长城组成了《义勇军进行曲》的交响乐。他用真实生动的形象，告诉全中国乃至全世界，在国土大片沦丧、民族危亡之际，八路军在华北转战长城内外，顽强地守卫着阵地、坚持着抗战。为强化宣传抗日的效果，他选择适当时机发表，用心良苦。

　　沙飞拍摄的长城组照，在不同时间发表，照片说明文字是不同时间、地点。《塞上风云》《挺进敌后》《战斗在古长城》《战后总结会》《八路军在古长城上欢呼胜利》等。

战斗在古长城。1937年秋.河北涞源.沙飞摄

王雁与沙飞学生顾棣在《战斗在古长城》原址。1998.严欣强摄

纪录片《血肉长城》海报。1995

《世界抗日战争图志》封面。

型電視文獻片《血肉長城》展現中華民族驚天地泣鬼神的業績
Large-scale television documentary, the Greatwall of Flesh and Blood,
olds the Chinese people's suffering during the 14 years of war against the Japanese.

血肉長城

The Great Wall of Flesh and Blood
A factual account of the Chinese Defense against Japanese Invasion

表明：中國在抗日戰爭中傷亡 3,500萬人以上
ording to the statistics from historical documents,
causalities of Chinese people during the War of Resistance Against Japan
eeds 35,000,000.

世界抗日战争图志

SHIJIE KANGRI ZHANZHENG TUZHI 中册

顾 问　曾景忠
编 著　杨克林　曹 红

上海画报出版社

第二章 洪 流

《战斗在古长城》是沙飞摄影代表作之一。

该照片于 1943 年 9 月《晋察冀画报》4 期首次发表，说明文字为"转战在喜峰口外的晋察冀八路军，孔望（沙飞笔名）摄"。

此照片何时、何地、何因拍摄，因说明文字含糊，及沙飞早逝，无人知晓。

解开此谜的是中国长城学会会员严欣强等人，他们于 1997 年春节找到拍摄此照片的准确地点。

1998 年 4 月，中央电视台《永恒的瞬间——记沙飞》摄制组史学增编导、父亲的学生顾棣与我等人，跟随应邀带我们踏寻《战斗在古长城》拍摄原址的严欣强去河北涞源浮图峪。上山的路上，严欣强说："好像那不是现场。"我问："你暗示什么？"他没有回答。

我们翻过了一道道山梁，老严大喊"到了！"我们站在山顶上的一小块平地上，这是一段倒塌了许久的长城，不远处蜿蜒的长城、巍峨的群山都很清晰地出现在眼前。雄伟、壮观！老严指着说："那就是沙先生拍摄的长城。"我赶紧掏出照片，大家围上来，看长城的形状和远处的山形，对着照片琢磨，"对，就是这！"我们欢呼起来；又对着照片，找当年拍摄者的位置，"就在这里！"大家一致肯定。我马上站到那个位置，心里一阵激动，就在 50 年前抗日将士顽强御敌、父亲拍摄《战斗在古长城》这幅历史巨照时、他曾经站过的地方，我对着气势磅礴、巍然屹立、象征中华民族精神的古长城，连按了好几下快门。

众人一阵激动、拍摄过后，几个人一起仔细看照片，不约而同地在琢磨同一个问题：几个军人拿的枪、拿枪的姿势、此山与对面山头的距离、山下的情况及照片的整个画面，显然他们手中的枪不可能打到对面山头的鬼子，若打山底下的敌人，应该俯射……大家一致认同严欣强"不是战斗现场"的观点；我马上提出，父亲从来认为拍摄新闻要真实，他怎么可能摆拍？史导说："你这都不明白，沙飞在搞创作！"大家恍然大悟，笑起来；我笑不出来，因为我完全没有精神准备：父亲拍摄的历史巨照，竟然不是真的战斗场面，这对我冲击太大了，我很难接受；但我此刻站在原址，不得不认同父亲拍摄的《战斗在古长城》摆拍的事实。

岁月匆匆。从 2000 年起，我开始整理父亲的摄影作品，也开始关注中日战争期间敌我双方拍摄的照片，当看到多幅日军在长城上挥舞着太阳旗的照片时，我终于理解了父亲。

2.《战斗在古长城》

八路军在古长城欢呼胜利。1937年秋. 河北涞源. 沙飞摄

《八路军画传》封面

2006年4月我策划了一个活动：到河北涞源县寻找沙飞拍摄的长城，参加活动的有长城爱好者、解放军画报社记者、中国摄影家协会记者等20余人。首次登上沙飞拍摄的《欢呼楼》，我和妹妹高举双手，对着古老的长城高呼：爸爸！我们爱你！在呼唤中，我期待着回声，感觉到血管里流淌着的血在震荡，我百感交集，

此邮票用三张历史照片，沙飞两张：左《战斗在古长城》、右《八路军在古长城欢呼胜利》。1995

陡然间，不由自主地流下眼泪：给予我生命的父亲，当年拍摄这组照片时，仅20多岁，他为中华民族留下了如此伟大的影像，我感到骄傲和自豪；然而，在"欢呼胜利"的时刻，不满38岁的父亲却以特殊方式离开了我们；当时未满4岁的我，如今60岁了！

同行者登上欢呼楼齐呼："纪念沙飞！""纪念沙飞！"——后来者的声音在古长城、在莽莽群山中回响。一个已去世50多年的人，除亲人外，还有这么多人

我的父亲沙飞
My Father H.Szeto

第二章 洪流

在欢呼楼欢呼。2006.4

长城线上活跃之我军。1937年秋.河北涞源.沙飞摄

我们第一次站在沙飞拍摄的《长城线上活跃之我军》原址欢呼。2014.7

1947年曹聚仁舒宗侨编著出版《中国抗战画史》，刊登了沙飞拍摄于1937年秋的《长城线上活跃之我军》

战斗在古长城2。1937年秋.河北涞源.沙飞摄 　　　　　　找到《战斗在古长城2》照片拍摄点。2014.7.司苏实摄

《羊城晚报》2009年2月15日:《新快报》记者李洁军《复制战争》这组作品于2009年第52届"荷赛"摄影评比中获肖像类组照三等奖,以"复制"形式重现《战斗在古长城》《诺曼底登陆》《美国国旗插上硫磺岛》《胜利之吻》等二战经典照片,"公仔"再现"历史"。("荷赛"即世界新闻摄影比赛,在荷兰举办)

第二章 洪流

追寻他的足迹，这实在令我欣慰！未满 38 岁走了的父亲，没有遗憾！

沙飞拍摄照片《长城线上活跃之我军》拍摄点找到了，距离《欢呼楼》不远。这是司苏实根据照片辨认出来的。我第一次站在这个位置，很激动。

1937 年 12 月沙飞在河北阜平正式参加八路军。作为随军记者，他多次到部队采访。

陈正湘将军（时任 115 师 343 旅 685 团副团长）在回忆录中写道：平型关战斗之后，我们转移到河北山西交界的五台县以北豆村地区休整。国民党政府派了个摄影队来拍摄平型关战斗的纪录片，上级指定我们团担负此项任务。我们找了个与平型关地形相似的地方，组织部队拍了电影。我们每人一顶斗笠，像广东部队戴的那种，服装也很整齐。（作者附记：在当时形势下，"摆拍"也是抗战宣传的需要，无可厚非。）

李钟奇将军（1913~2003）1998 年回忆：我是原晋察冀军区骑兵团团长。沙飞抢战时镜头是不可多见的，他拍的真实镜头是别人没有的，那是极端危险的。他拍得真好，因为他懂军事，部队到哪他到哪，随部队行动。有时部队还没到，他就先到了，我们到了，他已站在那里拍照了。他机动灵活，吃苦耐劳，又能打，又能照，又能写，沙飞难能可贵啊！他的照片真生动，给了我们，反"扫荡"时丢了。我记得 1937 年平型关战斗后，三分区还没有挂牌子，沙飞就已经

王笑利、王雁姐妹看望李钟奇将军及夫人。1998

我的父亲沙飞
My Father H.Szeto

2.《战斗在古长城》

到了。11月份已经冷了,穿棉衣。沙飞棉袄右边有三个洞,敌人打的。在摄影记者中衣服打洞的不多见。

宋玉林将军(1915~2001)1995年回忆:1939年在阜平王快,我们消灭鬼子三四百人,我们牺牲了几个连长,沙飞在一团二营拍了我们部队下山反击拼刺刀的照片,照片有我,我是二营营长。1942年左右,我在易县打界安时,沙飞为我拍了全身照片。

邱岗将军(1913~1988)1980年回忆:我去《抗敌报》时,编辑科没有

宋玉林将军。1995

别人,只沙飞一人。1938年秋季反"扫荡",军区组织部长王宗槐带我和沙飞到阜平王快一分区,去参加陈正湘团长、王道邦政委的一团阻击日寇进攻阜平的战斗。我们到团指挥所,在前哨看到,前面平坦地带穿黄军装的鬼子在进攻。老沙和我没战斗经验,但是勇敢。日本人隔河向山口打,炮弹在我们头顶飞过,在我们身后落下,指挥员让我们退下。我俩并不惊慌失措,没显出窝囊废。老沙站在山头上照相,他忘我无畏的精神给我留下深刻的印象。我们在子弹飞啸、炮弹轰鸣中拍照片,这对于我们也许都是平生第一次,是经过战火洗礼的纪念品。

邱岗曾写一诗《咏老友沙飞》:"沙飞石走黯黄天,同窗共帐战友缘;并卧山头御敌寇,横渡沙河勇加鞭。最为难能留形象,千帧万幅史无前;供给后代作展览,教育意义胜千言。"邱岗还写道:其建树之多且大,无与伦比,培养与带领后进也颇为可观,在整个革命事业中,可称独树一帜,令人钦佩。他为人聪明异常,十分敏感,因此在战地摄影中收获甚多,常猎取奇珍异宝,为人之所不能为⋯⋯这都是奇人奇事。

陈正湘将军(1911~1993)1983年回忆:1938年在阜平,敌人几路进攻,我们团还赶上敌人扔催泪弹,沙飞也鼻涕眼泪一起流,不知怎么办,没有战斗经验。我们告诉他,要撒尿,用尿土糊脸。这次他跟我部队两三天,拍了不少

第二章 洪流

照片。

奚史文章《怎样遇到毒瓦斯——战地手记之一》[原载 1938 年 10 月 30 日《抗敌报》、《〈晋察冀日报〉通讯全集（1938~1948）》第一卷转载]：

我们在这里，一下望到首长指挥阵地是在前面过去的两个山顶上，于是急速下了山坡，穿过枣林，随手攀住枣树撼两撼，枯枝上仅余的几颗大枣如愿地掉下来，枣才到嘴，敌人的炮弹又啸叫着从上空飞过去，背后高山头上着了炮。我们紧两步靠近山脚，乱步向前跑。我们的预备队隐蔽在夹沟中，在苞谷地休息着，有的已经沉睡了，发出呼呼的鼾声。

"好小说材料。"沙飞喘着气说，"前边打的这样厉害，他们还能这样大睡"。没人理他的话。我们从一个夹沟下面向这个高山顶上爬，一口气爬到山顶，然后像偷马贼般卧在草上，用胸脯走到别人脚底下，从草叶中望出去，鸡子白沙河滩上的敌人正在放烟幕。

三朵白烟渐渐扩展，到弥漫了一部分沙滩时，接着另外三朵白烟也放出来，然后沙滩上的黑影，清清楚楚的，一个一个地向这方跳过来。前面的山顶上——我们的机关枪阵地，猛地发出几排毒辣的子弹，沙滩中黑影再也看不见，这时枪炮声骤然紧密，在一个震荡着山顶的巨声同时，前面的山头，喷出了一股黑烟，大石块迸飞起来，又滚落到山谷里去。我们虽卧在山上，也被迫颤动一下。

"赶快下去，到下面躲好，敌人要向这里打炮！"话是这两只脚上面的人说的，是政治委员对我们这几个非战斗员的命令。我们于是就像蛆虫似的，向后缩动几下，回到一座大黑石的背面，长出了几口气，肚内辘辘地响。知道自己过饥了，于是手脚也软起来。我从饭袋里拿出一块干饼，分做四份，递给旁边的沙飞和蔡、周，大家把饼放在嘴里，默默地咀嚼着。忽然，我感觉这高山顶上有淡淡的火药气味并在清爽的大气中渗入了另一种颇为刺鼻的臭气，这臭气很难闻，内中硫黄质是非常多的。这气味越见浓厚了。我略抬头，见山间已经笼上了一层乳白色的烟，回头，沙飞双眼正直瞪着我。眼睛已开始感觉受不了，慢慢潮湿了。山顶上，有人打了一个喷嚏。"老沙，你嗅到什么没有？""是的！——这恐怕是毒瓦斯！""毒瓦斯！""真的！娘卖比放毒瓦斯呵！"是从毛巾里发出来的声音。包枪布也做了防毒器具。水囊的水浸在布上。"用尿！"于是几个人，不敢站起来，只卧着打开裤裆，撒一泡尿在毛巾上，再急忙塞住嘴鼻，热腾腾的，阿莫尼亚和

我的父亲沙飞
My Father H.Szeto

2.《战斗在古长城》

毒气没能化合，只起混合的作用，两种气味同时向鼻孔里钻。政治委员，这时独自站在山头上，前眼眯着，一手拿手帕塞着鼻子，一手在扶着望远镜，眼角摺得很多皱纹，他聚精会神地在向下面望。"拿尿撒进你的手帕啵，政治委员。"他沉着放光的眼看了看我们，再转头向着前面，接着又是一声炮，我们把头又埋在草和土凹之间了。

在这样高的山顶上，已经布满毒气，下面又怎样呢！我们于是爬起来，爬到政治委员身旁，再从草茎间望下去，长长的黄大衣在山坡间刚可以看到，再前面，一片烟雾，什么都模糊了。这时站在山头的司号员，挺起胸膛，开始吹起冲锋号。

（作者注：此文章印证了邱岗、陈正湘将军回忆，记录了抗日战士沙飞一段鲜为人知的经历。推论，这是邱岗以笔名奚史写的文章。）

高粮（1921~2006）回忆：1939年在击毙日本阿部规秀中将的黄土岭战役中，我们三团三营十二连正攻击教场村西南小秃山时，通讯员领来了沙飞。我叫通讯员将沙科长送到二梯队，他立即讲，指导员，我是来参加战斗、拍你们连战斗场面的，到后边怎能完成任务？我说，这里危险，我实在不能保障你的安全。他说，要怕危险我就不到你们连队来了，我只要求跟你们连指挥所行动。陈连长和我默许了。在我与连长商量新的攻击方案时，沙飞插进来说，我不会指挥作战，但能否全连装成冲锋的样子，由一个班从左侧那条石棱子小沟摸上去好不好？陈连长说，好，有道理，我带四班摸，你们这里搞佯攻。战斗一打响，我们即攻上了小秃山。沙科长也照了相。部队转移到上下碾盘村之后，老沙不去营部住，挤在我们连部，我们拉起家常。他说，中国由于落后，人民文化程度低，非常需要利用照片做宣传，这样既逼真又看得懂，他准备创造条件办画报。当时沙飞用的是一台大八片的蔡司伊康照相机，我感到很新奇，拿过来摆弄，不小心报废了一张底片。老沙很惋惜，但又耐心地告诉我，这是什么牌相机，如何调焦和拍照。沙飞成了我初学摄影的启蒙老师。

厉男（1916~1983）1981年、1982年回忆：我1938年1月到晋察冀军区当敌工部长。我们受命到保定、满城做争取伪警防负责人王彦东起义的工作，共6个月，沙飞去了两个月。执行任务中，主要工作沙飞都和我们在一起，我与他一起和武工队化装潜入敌营、突袭敌巢，一起去争取、一起行军、作战。1938

我的父亲沙飞
My Father H.Szeto

第二章 洪流

年8月伪警防队1800余人全部武装起义，反正成功后，我们带着王彦东和所有支队长去见聂荣臻，沙飞全在，这过程中的全套照片都是他拍摄的。这支军队改编后叫晋察冀军区唐县游击军，王彦东任司令员，1941年王彦东在张家峪战斗中光荣牺牲。电影《野火春风斗古城》讲的就是这件事，关团长原型就是王彦东。跟日本反战同盟、朝鲜义勇队接触，我与沙飞也在一起。沙飞很勇敢，跟我们一起在战场、在枪林弹雨中拍摄。

孙毅将军（1904~2003）1998年回忆：我1937年认识沙飞，我当军区参谋长七八个月，跟他接触多，他给我照了不少照片，我合掌的动作，他给我照了，照片很

平汉线伪警防队1800余人全副武装反正，边区人民热烈欢迎。1938.8. 沙飞摄

孙毅将军。1995

孙毅。1939. 沙飞摄（这是孙毅提到的沙飞拍摄、不给他的照片，已收入孙毅将军画册）

2.《战斗在古长城》

好,我问他要,他不给,我问他要了几次,他都不给,他要留作纪念。我知道,两个政治部主任,开始是舒同,以后是朱良才,对他很好,对摄影科好。他这个摄影科长第一突出照相照得好,选镜头好,有经验,他在边区立下的不朽功劳就是摄影。他到前线很多。他很谦虚,感到有不对的地方或知识不够就请教别人。我叫他老沙,我对他不客气,他也对我好。他死后,有些人很想念他。

凌子风。1998

时西战团演员凌子风(1917~1999)1998年回忆:我一到晋察冀就认识沙飞。他跟我关系非常好,经常嘻嘻哈哈。那时艰苦,只有一套棉衣,光屁股穿棉裤,身上都有虱子。沙飞爱干净,冬天拿雪擦身子。鞋破了,露出脚,我会缝补鞋,我给沙飞缝过鞋,他很欣赏我的手艺。他什么时候都挎着相机、布袋、手榴弹、枪、书,身上丁零当啷。他的衣服破、脏,袖子成了片,棉花都掉出来了,也不在乎。我1943年又回延安,就没见他了。他给我印象很深,一闭眼他的形象就出来了,我们一聊就谈沙飞。我们演话剧《母亲》,他还给我单独拍剧照。

晋察冀边区第一届艺术节,华北联大文工团、抗敌剧社、西北战地服务团联合演出话剧《母亲》,凌子风饰恩特莱。1940.沙飞摄

傅崇碧将军(1916~2003)1998年回忆:1939年打陈庄时我认识沙飞。1941年反"扫荡"时交往比较多,当时我是四分区副政委,他与我们在一起,跟我们转移一个月。敌人把我们包围了,一天加两个晚上突围。没吃的,他把鱼烧了吃,烧得黑黑的,他说有的吃就不错了。老百姓房子烧了,他也照。他给我们拍摄帮老乡拉粪等,拍了很多照片。

我的父亲沙飞
My **Father** H.Szeto

第二章 洪流

（作者注：傅崇碧将军 2003 年去世，安葬在石家庄双凤山陵园，沙飞的雕像也立在那里。两个老战友长眠在他们共同战斗过的热土上。）

傅崇碧将军。1995

120 师师长贺龙。1939. 沙飞摄

陈庄战斗胜利品。1939. 沙飞摄

我的父亲沙飞
My Father H.Szeto

2.《战斗在古长城》

1939年9月下旬日军第八混成旅进犯陈庄。120师师长贺龙（1896~1969）亲自指挥、358旅旅长张宗逊（1908~1998）设伏于日军退路并将其包围，在晋察冀军区配合下，取得了陈庄战斗的胜利。

沙飞拍摄了陈庄战斗缴获的战利品等照片。晋察冀日报社记者田间（1916~1985）采访了陈庄战斗。"假如我们不去打仗，敌人用刺刀，杀死我们，还要用手指着我们的骨头说，'看，这是奴隶！'"，田间的诗，震撼着中国人的心。

从1937年到1945年，沙飞拍摄了日寇暴行、八路军抗击日军、反"扫荡"、根据地民主政权建设、人民生产生活、青年踊跃参军、在华日人反战同盟、国际友人……上千幅照片。

当时的胶卷感光性差，照相机没有闪光灯，没有变焦镜头，沙飞想办法从敌人占领的平津地区买来闪光器和镁光粉。这种光源在前线不能使用，因为夜间闪光容易暴露目标，只能在室内拍摄，在离敌人火力较远的地方，如群众在部队掩护下破坏公路铁路、召开群众大会时使用。

聂荣臻对摄影工作重视，对摄影记者爱护，他规定，军区的重要活动，都要通知摄影记者参加，他还指示各部队，既要支持记者做好摄影采访工作，又要保证他们的安全。各级指战员不让摄影记者到战斗第一线。八路军与日军主要打游击战。沙飞没有拍摄到敌我双方大规模作战的照片。

20世纪40年代的《八路军军政杂志》《晋察冀画报》，1982年长城出版社的《中国人民解放军历史资料图集》，1995年杨克林曹红编著的《中国抗日战争图志》，1995年世界知识出版社出版的《第二次世界大战画史》……收录了沙飞摄影作品。沙飞用照相机留住了中华民族抗击侵略者的历史。

3.《无声的战斗》

晋察冀军区司令员兼政委聂荣臻在短时间内安排好军区的机构设置，司令部唐延杰（1909~1988）任参谋长，副官长刘显宜（1903~1976）、作战科长李廷赞（1914~2008）、通信科长刘彬（1912~1989）等共六七人。政治部舒同（1905~1998）任主任，王宗槐（1915~1998）任组织科长，加上秘书、警卫员、两个马夫，共六人，住在老乡家，一盆饭菜够吃，一铺土炕够睡。1937年底至1938年初，政治部先后调来锄奸部长余光文（1902~1985）、敌工部长厉男、宣传部长潘自力（1904~1972）。各级干部都是经过考验的老红军、老共产党员。

聂荣臻率领军区机关，由山西五台出发于1937年11月18日到达河北阜平。沙飞摄

我的父亲沙飞
My Father H.Szeto

3.《无声的战斗》

晋察冀边区行政委员会主任宋劭文。1939. 沙飞摄

晋察冀军区政治部主任舒同。1939. 沙飞摄

八路军将领朱良才（右）、郑维山。1939. 沙飞摄

在河北唐县和家庄出席晋察冀军区政治工作会议的主要领导合影，前排左起：王震、舒同、罗元发、萧克、朱良才、刘道生；后排左起：陈漫远、赵尔陆、马辉之、程子华、王平、彭真、聂荣臻、关向应、邓华、孙毅、许建国。1939.6. 沙飞摄

晋察冀军区司令部合影。前排左起：孙毅、聂荣臻、聂鹤亭；后排左二起：左淮映、刘显宜、黄鹏、唐延杰、李廷赞、刘彬、张挺。1938. 沙飞摄

我的父亲沙飞
My **Father** H.Szeto

第二章 洪流

聂荣臻把筹办党报提到议事日程。1937 年 11 月聂荣臻给正在杨成武部队采访的沙飞去电，催他回军区。12 月沙飞在河北阜平正式参加八路军。沙飞是抗战时期第一个到华北晋察冀军区参军的知识分子。

聂荣臻破格提拔、重用非共产党员沙飞，任命他为晋察冀军区政治部编辑科科长兼抗敌报社副主任（即副社长），主持工作，舒同兼主任。沙飞满腔热忱地投入新的工作。

12 月初晋察冀军区政治部抗敌报社成立。抗敌报社社址与政治部同在阜平南关文娴街赵家大院后院的三间北房，司令部在东边隔壁一位姓刘的房东家里。两个后院开了个便门，司令部、政治部往来方便。

在聂荣臻指示下，舒同与阜平县"民族革命战争战地总动员委员会"主任王平协商，决定把县办《抗敌》油印小报及人员移交政治部。从部队抽调两名战士，县里提供一台石印机，还以每月 6 块大洋租用竹兴书局一台石印机及李志书等两名技工。4 个人、两台石印机、一把裁纸弯刀组成了"政治部石印组"，负责印刷《抗敌报》。

沙飞的直接领导、政治部主任舒同生于江西，个子不高、黝黑瘦削。他自幼

沙飞主编《抗敌报》1938 年 2 月 7 日 1 版　　　沙飞主编《抗敌报》1938 年 2 月 7 日 2 版

我的父亲**沙飞**
My **Father** H.Szeto

3.《无声的战斗》

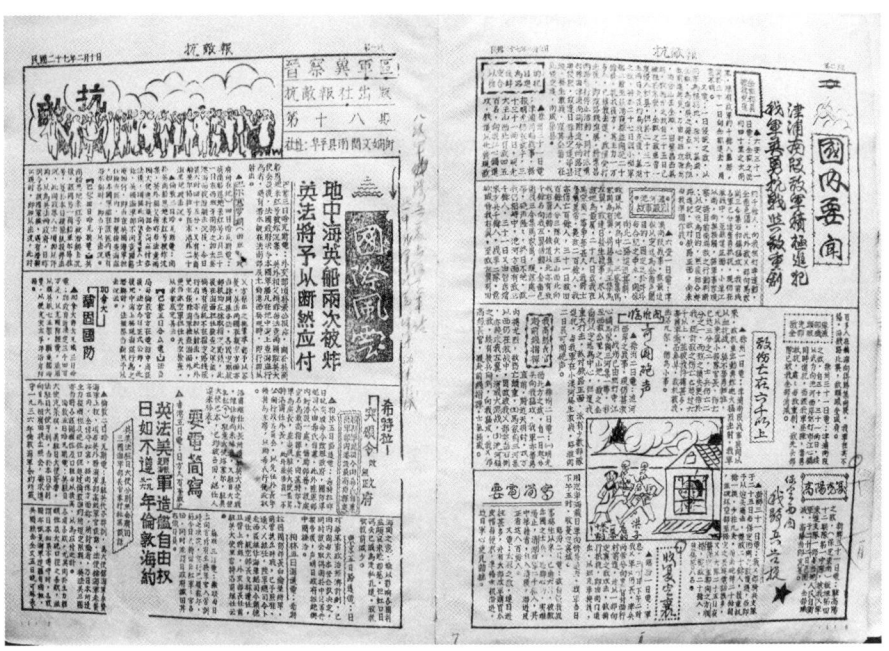

沙飞主编《抗敌报》1938 年 2 月 10 日 1、2 版

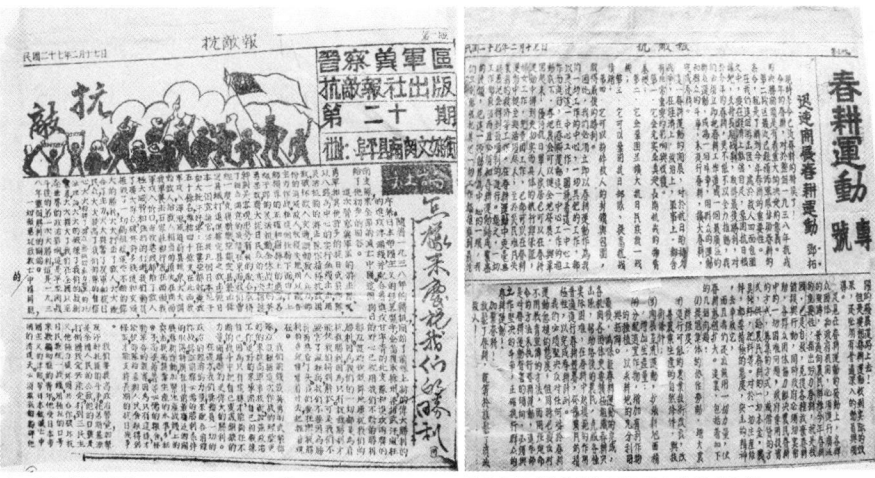

沙飞主编《抗敌报》1938 年 2 月 17 日 1 版　　　沙飞主编《抗敌报》1938 年 2 月 17 日 3 版

我的父亲沙飞
My **Father** H.Szeto

第二章 洪流

阜平县城文娴街——《抗敌报》诞生地。1998　　沙飞的老上级、原晋察冀军区政治部主任舒同为沙飞影展题字。1985. 罗光达摄

练习书法，文才出众，八九岁便为乡亲题写匾额、对联，被誉为"神童"，一手浑厚苍劲又飘逸潇洒的字体，压倒群雄。他早年参加共产党，大革命失败后，担任县委书记的他被通缉，妻子投河自尽，他只身一人辗转数省，一度沦为文丐，后化名混入军校。1930年他在《中央日报》看到红军的消息，以父病为由离开。他找到红军，开始了漫长的戎马生涯，经历长征，被毛泽东称为"马背上的书法家"。抗战初期八路军在山西五台招兵时，他当场挥毫，一个仰慕舒同才华的热血青年首先要求参军。舒同平时讲话轻声细语，但在会议上发言、在原则问题争论时，他声若洪钟，说话不多，但切中要害，他处理问题有条不紊，敢于负责任。

　　方林（1920~2013）2002年回忆：我原名司徒燕，1938年到延安时不满18岁。我们一组三人，分别改名为方木、方林、方森。我1938年底与刘澜涛（1910~1997）、彭真（1902~1997）、刘仁（1909~1973）等从延安到晋察冀。我尚未正式分配工作，北方分局开会，我搞会务工作，为首长服务。舒同也来参加会议，开完会时，因发大水，挡住他们回去。大家拿我和舒同起哄。我性格开朗，从来没谈过恋爱，幼稚、单纯，什么都可以不要，就要党，对首长很崇拜，我就与舒同结婚了。我1939年认识沙飞，一聊起来，才知我们原来都姓司徒，是堂兄妹，我俩的父亲是堂兄弟，我们特别亲，在一起讲开平话，我叫他传哥。他常来我们这里，像一家人，没隔阂。舒同后来去延安，我生了孩子，托养在老乡家，第二年孩子死了。舒同1941年来电报催我去延安，我对聂荣臻夫人

3.《无声的战斗》

张瑞华（1909~1995）说，我在前方工作，回延安干什么，干脆离婚。我打电报告诉舒同。许建国（1903~1977）1939年底到晋察冀，成立了社会部，专门搞情报，我调去他手下工作。我与他1943年结婚。

《抗敌报》是晋察冀军区的党报，由聂荣臻直接领导。晋察冀边区共产党组织和八路军，把这个报作为思想战线和新闻战线上对日寇作战、宣传动员武装群众的一面旗帜。它要成为坚持敌后游击战争、建设根据地的舆论工具，共产党联系群众的一条纽带。

晋察冀军区保卫部部长许建国、方林结婚照。1943. 沙飞摄

沙飞尽最大努力办这份报纸。他亲力亲为，组织几个编辑奔波、组稿、编辑。每篇稿件都经过聂荣臻、舒同审查。石印组工人不分昼夜试印报纸。

1937年12月11日，晋察冀军区《抗敌报》正式创刊，舒同为该报题写报头。开始《抗敌报》稿件来源少，只有几个编辑兼记者去采访，少量通讯员供稿，选用政府中央社和苏联的广播稿。主持晋察冀省委党刊《战线》编辑工作的邓拓（1912~1966）是《抗敌报》主要撰稿人之一，沙飞与邓拓关系密切。当时物资奇缺、经济困难，用的是黄毛边纸，出石印三日刊，四开单面、两个版，发行1000份，靠军邮和地方抗日动委会沿村免费赠送。从1938年1月20日12期起改为新闻纸，扩成四版，有社论、通讯、专刊、漫画等，形式多样，报道及时，使读者耳目一新，发行量逐渐增加。1月24日起增出一份周刊《抗敌副刊》，只发军内，内容是八路军的生活和作战经验，专门指导军事斗争，不久改为《抗敌》三日刊。

50年后，初期任《抗敌报》编辑的袁同济还清楚记得，沙飞当时朗诵一首自撰诗《无声的战斗》以自勉：我的战斗啊，是无声的枪炮；一个镜头，一幅照片；摄取了，渲染着抗日烽火的记录，民族解放的勋绩！

我的父亲沙飞
My **Father** H.Szeto

第二章 洪流

初创的《抗敌报》尽管稚嫩，但忠实反映了晋察冀边区军民英勇抗战、艰苦创建根据地的精神。沙飞作为《抗敌报》创始人，从创刊号到1938年2月的报纸，是他主编的。沙飞之后是越南人洪水（1908~1956），沙飞仍当记者。他5月调离《抗敌报》后，因病休养两个月。他为这份报纸的创办与发展呕心沥血。

张业胜（时晋察冀军区门诊部司药）2007年回忆：我认识沙飞是在1938年3月河北阜平，司令部在村南头，政治部在村中间，文工团在村北头，都在一个村；沙飞在晋察冀日报社，他来门诊看病就认识了，我估计他在大城市时就患结核病了，当时医疗条件差，就注射葡萄糖酸钙，吃点鱼肝油，增加维生素，我当时是司药，又管打针，沙飞隔一天来打一次针。后来医生说他应到五台山后方医院住院。

1938年4月《抗敌报》从晋察冀军区政治部划出，成为中共晋察冀省委机关报，邓拓任社长兼总编。1940年11月《抗敌报》改名为《晋察冀日报》。1948年6月《晋察冀日报》与晋冀鲁豫边区《人民日报》合并，在石家庄出版

1940年3月晋察冀边区青记成立大会在阜平举行，后排左二沙飞、左九邓拓，前排左二邱岗、左四仓夷、左六陈春森。沙飞摄

我的父亲沙飞
My Father H.Szeto

3.《无声的战斗》

《人民日报》。1949年1月迁至北平出版。同年改为中共中央机关报《人民日报》。

2003年石家庄双凤山陵园拟建沙飞塑像，我找到人民日报社，有关负责人了解这段历史后，人民日报社赞助2万元，并派代表参加2004年5月石家庄沙飞塑像揭幕仪式。

《抗敌》三日刊后来改名为《子弟兵报》，一直由晋察冀军区、华北军区及北京军区政治部领导，即现在

邓拓。1943.沙飞摄

记者节纪念大会，晋察冀边区新闻工作者。1943.沙飞摄

的北京军区《战友报》。

20世纪90年代战友报社整理社史后，时社领导决定在办公室挂舒同、沙飞、邓拓等人照片。

　　沙飞《我的履历》（1942）

　　军区成立后，聂司令员去电一分区，叫我回到阜平帮助编辑《抗敌报》，因此我立即赶回军区来，参加政治部工作，任编辑科长兼抗敌报社副主任。编报至1938年5月，因病休养两个月，7月出院即到四分区抓拍新闻照片。回到军区在司令部洗照片向外寄发。不久十月即反围攻，乃随王部长到一三分区收集战斗材料。12月底回来洗照片发延安。1939年2月军区成立新闻摄影科，我即调任摄影科长之职，至今未有调动。（完）

4. "他真像喝酒似的，心醉了"

沙飞调离《抗敌报》后，专职搞摄影，成为晋察冀军区司令部随军新闻摄影记者，聂荣臻直接给他下达任务，派到作战部队采访。

罗光达（1919~1997）1980年及有关文章回忆：1938年底我同彭真、刘澜涛、范瑾（1919~2009）、方林、丁一岚（1921~1998）等一起从延安到晋察冀。聂荣臻跟彭真要一名摄影记者。我从上海来，彭真问我会照相吗？我说照过，但新闻照片没拍过。他说军区要记者，叫你去。我说不行。他说就你合适。就把我给出去了。彭真给我写了介绍信，我去司令部，说找聂荣臻同志，参谋李廷赞出来，聂看信叫进去，亲切问哪里人等，说我们很需要这工作，我们还有个同志叫沙飞，搞摄影。他叫李参谋带我去沙飞那儿。沙飞当时是司令部随军记者，我俩住一个房子。说房子不够将来调，编制就是摄影记者二人。他说我拍了些，你看看。都是120胶卷，有些没冲洗出来。他拍的鲁迅的一二十张120底片，都用防潮蜡纸分开包好，装在一个铝烟盒里，放在军装上衣口袋。他说，我的机器给你，看到什么你就照。他把聂荣臻给他的一台缴获鬼子的F2.8、自动对焦法国魏尔脱照相机让我用。这是当时最好的，我一直用到抗战胜利。我在上海用过白朗宁相机，当时5元一个，还用过柯达的，偶

罗光达。1939. 沙飞摄

我的父亲沙飞
My Father H.Szeto

第二章 洪 流

然拍生活照片。我在实践中学摄影,沙飞辅导我,他指出我拍照中存在的问题。他最早培养的还有杨国治、叶曼之、叶昌林、赵烈等。我们讨论过,照片要真实,但有的也可做适当处理。我俩把他拍的照片洗出来。

1939年春节在河北蛟潭庄搞第一次摄影展览。照片在大庙的墙上挂起来,来观看的人很多,比赶庙会还热闹,看到缴获敌军的战利品,数一数,几门炮,多少支枪,多少匹大洋马,边看边议论。"山沟里来了照相的"便传开了。附近村群众都来参观。聂荣臻到现场,听到群众议论,他兴奋地对沙飞说,形象宣传作用大,不识字的人也能看懂照片。

可惜照片太小,大的是120八张、有的是120十六张的。沙飞自己设计放大机,他用一个破照相机镜头制造了一台土造日光放大机。我们把睡觉的房子布置成暗室,白天用被子、毯子挡住门窗,晒印相片,一张照片要放十几分钟,用脸盆、碗只能放八寸的,勤务员刘沛江帮我们打水。聂荣臻看了说很好,多放些,几十张一套,有人回延安,带回去,外宾来就送照片,什么也没这珍贵。有一次聂总到延安开会,准备让沙飞去,后来没去。我们把沙飞拍摄的东西加以选择整理,洗印若干套并编写文字说明,送到延安、八路军总部、重庆,甚至寄到国外。毛泽东1939年3月18日给聂荣臻的信:"送我的一本照片……正传观各同志。"

白连生、刘沛江。1939. 沙飞摄 　　左起:罗光达、张文华、沙飞、石少华。1943

4. "他真像喝酒似的，心醉了"

我们又搞了个放大的照片展览，在蛟潭庄附近，由刘沛江背去，效果不错。我们觉得要增加人，最好有暗房工作人员，我们到前方拍。我们找聂司令员说，增加人吧！舒同说，在政治部设立摄影科。1939年2月摄影科正式成立，这是人民军队第一个摄影机构，沙飞为科长，我是摄影记者，还有一匹马、一个马夫。白连生、叶曼之、周郁文、杨国治先后到，搞摄影、暗室工作，摄影科发展到六七人。重大战斗和重要活动，都尽可能通知新闻摄影记者参加。我年轻，有任务多是我外出，沙飞在家坐镇。他看到我拍平西的照片、雷烨拍冀东的照片，高兴得不得了。他当时就有肺结核，比较重，我没嫌他，与他同住一屋，他把芥末包在布里，用热毛巾敷肺部，带病坚持工作。他搞摄影事业，真像喝酒似的，心醉了。当时有人劝他成家。

巡回展览和对外发稿成为新闻摄影科两项经常性工作，每年要对外发很多照片并举行展览。据1941年上半年统计，由军区统一寄发到延安、重庆、晋东南、苏联、菲律宾、越南、暹罗、新加坡等地的新闻照片有3000余张；利用召开各种群众大会、赶庙会、赶集、部队俱乐部、街头等场地，举行照片展览50多次。

摄影记者配备马、手枪和照相机，带着军区开的通用介绍信，单枪匹马到各地采访，平山、阜平、唐县、完县、易县、涞源、房山、宛平……在军分区、地方行署、县，都受到热情招待，大力支持。遇到部队作战，就拍摄战斗场面，部队有什么战斗，全告诉你，但最前线不让去，一般在团部指挥位置，再要求，能到营指挥部。打完仗后，战友们见了面，就抱抱、拍拍、打两拳，说："哎呀，你没牺牲。"还拍摄部队的训练、支援前线、民主政权建设等。由于记者少，地区大，几个人东奔西跑，顾了东顾不了西，错过很多重要题材。1938年2月沙飞教军区李廷赞、刘彬、王宗槐三人照相。这是他最早用带徒弟的方法，培养出来三名摄影爱好者，后来他们拍了不少战斗照片。

沙飞很快发现这不能适应形势发展的需要。1941年冬摄影科在军区政治部驻地陈家院开办第一期新闻摄影训练班。他对战友、学员们说：时代赋予新闻摄影工作的重大任务，在于把我军民各界在华北地区广泛开展游击战争、坚持持久战、坚持统一战线、改善人民生活、实施民主政治等情形，把日寇一切残暴与阴谋以及敌伪军的厌战反战等事实反映出来，并广泛地传达到全国和全世界，使全国同胞和全世界人民知道在华北、敌人的后方，有这样广大和巩固的抗日根据

我的父亲沙飞
My **Father** H.Szeto
第二章 洪 流

地，相信中国人民抗日战争是有前途的。摄影要为抗战胜利服务，激励人民抗战到底的决心和信心。

冀连波 1980 年、1998 年回忆：沙飞是中国革命摄影的奠基人，这是我对他的基本认识，我认为他看问题看得远，高瞻远瞩，比其他人胜一筹。他 1937 年在抗敌报社，舒同是主任、他是副主任，行政待遇是正团，他放弃了这些，搞他的摄影事业，他不考虑那些当官的事。我、张进学等 1940 年 6 月开始跟沙飞学摄影，一个月一张底片。当时从各分区调人，这是新工作，不认识重要性，不愿意去，认为是照相的，还有些畏惧，自己没文化。我们是从八路军战士调到摄影科，当时三个人，我最大 18 岁，我上了四年学，有的只上了一年学，我们处于半文盲状态，在这个基础上学摄影确实很难，不懂化学、物理。沙飞说孙中山说的走捷径，他手把手教我们，从调焦、对距离、实际操作做起，他教我们一般不用正面光，我学得比较好。沙飞风趣、幽默，有文化人的风度，没架子。

王运同 1987 年回忆：1938 年我十四五岁在晋察冀军区宣传部当小鬼，和沙主任同吃一锅饭，生活在一起。聂荣臻非常爱才，重用知识分子，他手下两名文人最有名，邓拓和沙飞。但给人印象二人却完全不同，邓拓干净、整齐、文质彬彬；沙飞邋遢，不讲究，棉衣、棉帽上满是油腻，胸前总是挂两个相机。沙飞对人好，吃饭特别快。我曾看过他的木刻，刻的是火炬、马克思像，是将像放在木头上，描出图后再刻的。当时有两个姓沙的，一是沙飞，一是搞军事的沙克，人们说，要枪毙人找沙克，要当劳模照相找沙飞。

1997 年，陆诒（抗战期间著名战地记者）致函王雁：1939 年 11 月底，我随冀中军区司令员吕正操将军，由八路军 120 师骑兵连掩护，冲过平汉铁路正定车站附近的敌军封锁线，深夜行军向太行山区的晋察冀抗日根据地前进，先到阜平县城南庄附近的军区司令部访问聂荣臻将军。由他介绍去拜访当地同业——晋察冀日报社长兼总编辑邓拓同志，相见欢谈。他诚恳劝我在此多住几天，参加了军区成立三周年大会，再到其他各地去采访。12 月上旬，我在当地参加庆祝军区成立三周年大会活动三天，其中有一天上午我参观了军区露天的摄影展览会，看到了军区摄影记者沙飞、石少华、徐肖冰等同志精彩杰作，真是大开眼界。我还由晋察冀日报周游同志陪同，去拜访了军区新闻摄影科长沙飞同志。我至今尚保存他为我冲洗的两张照片，一张是聂荣臻将军在军区纪念大会上做报告，另一张

我的父亲沙飞
My Father H.Szeto

4. "他真像喝酒似的，心醉了"

为冀中军区政委程子华将军。

徐肖冰 2006 年回忆：1939 年延安电影团到晋察冀边区，沙飞是摄影科长，请我、吴印咸、袁牧之等吃饭。吴印咸、袁牧之与沙飞在一起时间较长。

吴印咸 1985 年回忆：我早在 30 年代的上海，就知道沙飞的名字，他同我一样，也加入黑白影社，比我晚一些，但我们没见过面。1939 年我接受拍摄电影《延安和八路军》任务，从延安到晋察冀根据地，见到他，并相处了两个多月。他在艰苦的战争环境里，努力创造条件开展摄影工作，为适应行军作战，他设计了安全简便的行军用的帐篷式暗房，不论白天晚上，不论走到哪里，临时架起来，就可以冲洗、印晒和放大。我到前线不久，沙飞就请我为摄影战士写教材。我没有一点资料，边想边写，完成了《摄影常识》这本小册子。邓拓写了序一，沙飞写了序二。小册子于 1939 年 11 月由抗敌报社印行，这本当时仅有的摄影入门参考书，是我与沙飞密切合作的珍贵纪念品。

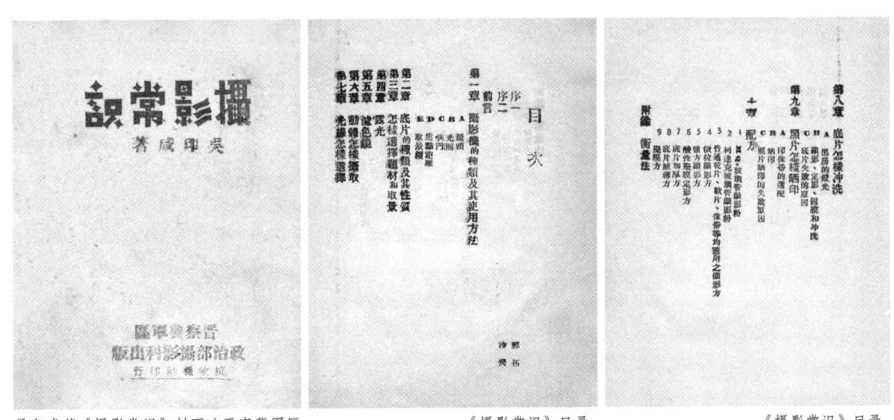

吴印咸著《摄影常识》封面（晋察冀军区政治部摄影科出版，1939）。吴炜提供

《摄影常识》目录

《摄影常识》目录

为吴印咸《摄影常识》作序

沙飞

在这伟大的民族自卫战争的过程中，一切都必须为抗战建国而服务。摄影是一种造型艺术，但同时又是科学的产物。因为它有着优良的特质。第一、它能最忠实地反映现实，因此它能给人们以最真实的感觉，最具体而深刻的印象，而为人们所最容易接受与欢迎。第二、它能最迅速地反映现实，

第二章 洪流

并能最迅速地将所反映出来的现实诸象广泛地传播出去。所以毫无疑问的，它是一种负有报道新闻职责的重大政治任务的宣传工具，一种锐利的斗争武器。

因为摄影是一种造型艺术，同时又是科学的产物，因为摄影负有报道新闻的重大的政治任务，所以一个从事战时新闻摄影工作的人，他除了必须有正确的政治认识和新闻记者收集材料的方法外，还需要有艺术的修养和科学的知识。没有艺术修养，则一张照片的画面必然会平淡无力和缺乏美而不易使人感动。没有科学的知识，则即使拍得了一张很好的照片，亦会因冲洗、印晒、放大等必经之手续中某些缺陷而失去了成功的保证。没有正确的政治认识，和新闻记者收集材料的方法，就不能把握住现实，不能顺利地去进行工作，不能完成重大的政治任务。

然而许多人对摄影还没有清楚的认识，有些人以为摄影只不过是一种娱乐消闲的玩意，一种纪念品而已，这根本忽略了摄影的政治意义。有些人以为摄影是一件简单容易的事，无须学习与研究，只要拿到一个摄影机在手里，就什么事物都可以摄得出来。而事实上，摄影固然并不是一件了不起的深奥难懂的东西，但也决不是像某些人想象中的那样简单容易，亦需细心地学习和研究不可的。

我们为了要增强抗战的力量，为了要使这种有力的宣传工具起到它应有的作用——把我军区军政民各界在华北广泛开展游击战争，坚持持久抗战，坚持统一战线，改善人民生活，实施民主政治……等英勇斗争情形，把日寇一切残暴与阴谋以及敌伪军厌战反战等事实，反映出来，并广泛地传达到全国和全世界去。使全国同胞和全世界人士知道在华北敌人的后方有这样广大而巩固的抗日根据地，并了解这个抗日根据地的一般情形，相信中国抗战是有光明的前途，和更清楚地认识日寇的残暴与阴谋，以及它可怜的命运——因此，我们已决定把全军区所有的摄影机动员起来，把全军区所有愿意从事新闻摄影工作的同志们联系起来，以便共同担负起时代所给予我们新闻摄影工作者的重大的任务。我们知道，没有组织和计划，就决不会发生多大力量的。

摄影即是一种专门的技能，则参考材料的缺乏，无疑的，将会使我们的

4. "他真像喝酒似的，心醉了"

工作开展上受到很大的阻碍，为了解决这个精神上的食粮问题，我们决定在最近出版一些小册子和一个研究新闻摄影的刊物，举办新闻摄影流动展览会等……供给同志们以必要的参考材料。

　　这本《摄影常识》就是一册研究摄影的入门的很好的参考书。作者吴印咸同志是一位对摄影很有研究的名摄影家。他在1922年毕业于上海美术专门学校，以后就在电影公司里做摄影工作，电通公司的《都市风光》《风云儿女》等名片就是他拍摄的。他是上海黑白摄影社社员。他的作品曾在画报上发表过，在黑白社的摄影展览会和1933年瑞士国际摄影展览会上展览过，并且得到了荣誉奖章。吴印咸同志这次从大后方跋涉数千里，冲破了敌人的封锁线而到达我们军区来旅行，把我们军区一切军政民各界在华北坚持久抗战的英勇斗争情形用摄影传播到全国和全世界去。吴印咸同志这种救亡的热情和刻苦耐劳的精神是值得我们全军区从事新闻摄影工作的同志们学习的。此外，吴印咸同志还有更值得我们学习的地方，就是他十年来研究摄影所得来的丰富的经验和学识。为了这，我们新闻摄影科特敦请吴印咸同志把他十年来研究摄影所得来的丰富经验和学识写下来，以供我全军区从事新闻摄影工作的同志们作参考。

摄影家吴印咸、沙飞的汉白玉雕像立在山西平遥国际摄影博物馆。2009

第二章 洪流

现在,吴印咸同志已经在百忙中,在酷暑里,不悼疲劳地给我们写下了这本宝贵的参考书,并且还答应了我们,将不断地给我们的研究摄影的刊物写稿。这是我们全军区摄影工作者的荣幸。在这里,我除了向同志们介绍这位名摄影家吴印咸同志及其著作外,并代表我全军区从事新闻摄影工作的同志们,向吴印咸同志致无限的谢忱和最崇高的民族解放的敬礼!

1939年"九一八"八周年纪念日

(作者附记:2003年9月在山西平遥国际摄影节,摄影家吴印咸、沙飞的汉白玉雕像同时揭幕。他们两个是上海美专校友、黑白影社影友,用照相机记录国际反法西斯战士白求恩、记录抗日战争的战友,一起守望着他们共同战斗过的地方。2004年9月,原中国新闻摄影学会主席蒋齐生及著名美国摄影家亚当斯塑像在平遥落成。沙飞不再寂寞。2012年11月上海美专建校100周年纪念展,展出校友吴印咸、沙飞摄影作品。)

5. "王若冰"

1942年6月,沙飞在"入党志愿表"上填写,结婚否:已婚已离,配偶姓名:王若冰,任何工作:小职员、小学教员。

沙飞隐瞒前妻在电台工作,依旧怨恨已离婚的妻子,把"王秀荔"改为"王若冰"。他从不曾想过,是自己为了搞摄影,抛弃了妻子、抛弃了家庭。

王辉是个坚强的女人。丈夫走后,她既要上班挣钱养家、照顾两个孩子,还参加抗日工作。

1938年三八妇女节,妇抗会组织纪念大会,主任陈瑞莲主持,宣传干事王辉做国际妇女运动报告,大会发出"妇女动员起来救中国!""打倒日本帝国主义,保卫大潮汕!"的怒吼。会后举行环市游行,规模空前。1939年3月15日青抗会会刊《抗敌导报》纪念妇女运动专辑发表王辉文章《抗战中的潮汕妇女》,署名王秀莉。

在青抗会组织的一次宣传会上,王辉5岁的儿子司徒飞上台表演王亚夫编导的汕头抗战民谣:你别笑我是小鬼,小孩人小志气大,挽起衫袖和裤腿,赶走日本鬼。

1938年日本飞机对汕头市狂轰滥炸,人们四处逃难。王辉几姐妹忙于抗日,顾不了家,小脚的母亲带着两个外孙逃往潮安乡下避难,途中遭敌机空袭,很危险。

1938年底王辉看到汕头《星华日报》转载武汉《新华日报》陈克寒文章《模范抗日根据地晋察冀边区》:"边区最大的报纸是《抗敌报》,已经有半年多的历史。《抗敌报》的负责编辑者,过去是全民社的记者沙飞,现在是边区常写文章的邓拓先生。"她知道沙飞已奔赴华北前线,参加了八路军。她不感到意外,她既高兴,又明白,他再也不会回家了。

1939年6月21日是端午节,凌晨4时日寇发动突然袭击。以日军132混成旅团为主组成的粤东派遣支队和一支海军陆战队,在40多架飞机和30多艘舰

第二章 洪流

艇的配合下,总兵力约万人,分三路进攻汕头市。我军英勇抵抗,终于不敌,22日凌晨汕头市沦陷。

战事发生后,潮汕警备司令部秘书徐先兆即电话告知王辉,她立刻赶回已撤至郊外的电报局,按预先指示,发急电向闽西南潮梅特委、青抗会及各分会报警,青抗会及时组织撤退。金砂乡分会得知情况后,迅速向保安第五团"借"枪支弹药,这批枪弹成了当时潮汕游击队抗日的主要武器。王辉站好最后一班岗,完成任务后从容撤退。

王辉的六妹王勖、七妹王勉都参加了抗日,三姐妹先后加入共产党,抗战初期王家三姐妹是潮汕地区抗日的活跃人物。后来王辉把母亲送到谢育才、王勖夫妇工作的闽西南,她再没有任何牵挂,一心一意投入工作。王辉的八弟参军到157师,从汕头开拔到上海,参加抗击日军的"8·13"淞沪战役,部队后来撤退回汕头,八弟身染伤寒、肺病,于1939年初病逝。

王辉《我的自传》(1944)

我和我的爱人离婚之后,一方面养病一方面照常工作,为了减少内心的痛苦、求得精神上的慰藉,我在晚间还去教女工读书呢,在他们里面我得到了有生以来未有的快乐。我觉得自己太渺小了,想起几年以来为家为儿女的无意义,反而得到大堆苦恼,这更使我立志把一切来贡献国家民族,为人类谋幸福。

在参加工作当中我认识了李白山(即李碧山)同志,他是安南人,才二十岁左右,本来在汕一个日本办的商店工作,后因参加工作被开除无家可归,我们因看见他甚前进,对他特别同情,在他向我们表示没地方住的时候,我就请他到我家里来和我们一同居住。

李碧山和我接近后,常常告我一些国内外的消息,我听了很感兴趣。有一次他到香港去找了一本斯诺著的西北印象记(《西行漫记》)回来给我看,那时开始认识共产党是真正为国为民,对党员的不怕艰苦与牺牲精神起了无限的敬仰,而希望来延受教育锻炼也从那时开始了。

二十六年春,由李碧山介绍参加义勇军,工作除了教夜校外还组织歌咏团、读书会。七七抗战后,潮汕进步青年在党的领导下起来组织青年救亡同

5."王若冰"

志会，不久正式成立，我也参加到里面去了。九月后汕头敌机大轰炸，青救会在党的领导下组织随军工作队，直属李汉魂一五五师。到潮安受训，二星期完毕。

不久党派苏惠同志来和我联系，指导我工作、教育我，我的工作情绪更高、积极性甚强。有一天，那是三七年九月，苏同志突然向我提出参加党，我就把我对共产党员的认识告诉她，并表示我恐怕不够资格参加呢，她向我说，共产党员不是生下来就能干的，都是参加党以后、受党的教育、经过不断的锻炼才会这样，你工作甚积极，学习也甚好，你参加党以后，党一定能教育你、领导你、使你进步，我听到参加党之后党会教育我，使我进步，能多做救国工作，我就答应参加了。后来苏同志告诉我，做共产党要不怕牺牲、要严守党的秘密，我说这个我可以做到。入党以后，苏同志仍继续领导我，她给我看毛主席著的统一战线问题，王明同志的日本进攻中国与中国人民斗争的新时期，我们每星期都有讨论问题，每三天碰头一次，由于苏同志领导的具体切实，我在工作上感到甚是愉快。

十一月十日我举行宣誓，我在列宁、斯大林、毛主席的相片面前表示，我从今以后愿在党的领导下，执行党的决议，服从党的纪律，不怕任何牺牲，为中华民族的解放而奋斗到底。苏同志跟我说，从今天起你已成为正式党员了，你应该感到无限的光荣，望你从今以后加紧工作学习、完成党给你的任务。我的心高兴到说不出话来，对她的话，我无问题、完全同意接受。在这个时候我开始做妇女支部书记（因全支部三人都是新参加的）。

我在电报局工作，每天要三小时以上，在青抗又负责常委，晚上教夜学，同时兼妇女抗敌同志会新生活运动妇女委员会兼组织电抗会常委，一天开会甚忙，因此，内部的工作我并未尽最大的责任来做。二十八年春，潮汕中心县委妇女部由温碧珍同志负责，我则调汕头市委妇女部，并兼妇女支部书记，公开方面我负责岭东青年抗敌同志会通讯处妇女部。

闽西南特委第五次扩大会议决定我代表岭东青抗会到南洋捐款。四月我带了我二个小孩子到香港保育院，并由组织介绍我去见廖承志同志和他商量出南洋事，开始由连贯同志来，见我次日才由他介绍我见廖同志，他介绍我

第二章 洪流

见他母亲廖夫人，再由廖夫人介绍我去见翁照桓，希望他能写到南洋介绍信给我，但他无甚表示。

王辉"文革"交代材料（1969年5月3日）

1939年由于日本帝国主义不断的进攻，汕头形势日益紧张。方方来汕头具体时间记不清，提出要我到香港和廖承志（他在香港负责）联系，看看能否出国向华侨进行募捐，以便环境更恶劣的时候好解决地下党经济上的困难。我知道这消息之后，想到毛主席论持久战的光辉著作里指出南方各港口都已经包括在日本帝国他们的大陆政策之内，因此认为汕头一定会沦陷，自己就会失业，工作会转入地下。二个孩子怎么办，自己家里没有直属亲属可以代养，沙飞早就不管，他家里经济也困难，照顾不了。而且广州沦陷之后又不知搬到那里去，想来想去想不出办法，最后想到香港孤儿院。因此就写信给当时在香港合一堂少年德育会认识的一个朋友吴伟机，告诉他敌人可能占领汕头，考虑到孩子的安全，想把他们送香港孤儿院，希望他帮我打听，如果能送去的话，希望马上给我来信。在我要去香港之前就接到他来信。我把孩子带去，因为坐的是大舱，大孩子调皮，不小心被开水烫伤了脚，天明到香港时，先找吴伟机和黄女士，他们帮我把小的先送去保育院，因为怕孩子闹啼哭，他们不让我去，我就硬着心肠让他们把孩子带走，大的送医院。我要吴伟机帮忙等他好了再送去，然后我到十一舅母（舅父早死，剩下孤儿寡母，靠泰国那个舅父寄钱供他们家用）家里写信给连贯约他来找我，连贯接到信之后就来找我。我把来意告诉他，他约我第二天中午在安乐园和廖承志见面。我按时去见了廖承志，他把我带到他家里，当时住在跑马地听说是陈铭枢的房子，见到何香凝。廖承志告诉我由于形势紧张，不好出国搞募捐，要我回来告诉方方。因此在香港不到一个星期，我就赶回来。临走前一天，我和吴伟机去医院看我的大孩子，告诉他好了之后由吴领出来送保育院，然后我赶快走。

1940年9月我到桂林八路军办事处工作，因为办事处和香港有联系，地下党的费用都是由香港汇来办事处再由办事处转。我快离开办事处之前就到银行拿过二十万元。当我听到日本帝国主义要占领香港的消息，我把小孩的情况向当时办事处李克农同志（八路军秘书长、病故）反映，要求通过香

5. "王若冰"

港地下党组织有人回来把我的孩子送回来，当时李克农同志说没有人来。我就向他提出，是否可以写信给香港的朋友打听孩子的情况。经他同意我就寄了一封航空信给吴伟机打听孩子的情况。后来接到他回信说孩子已回国内贵阳。不久我由桂林乘八路军办事处的车到重庆八路军办事处路过贵阳，在贵阳八路军交通站停留几天。我就向当时贵阳站的负责人袁超俊，要求他打听一下是不是香港有保育院小孩到贵阳。有一天，他从报纸上看到一启小新闻说，香港保育院有一批小孩到从街（记不清）某旅馆，就告诉我。我马上去找，就看到二个孩子在那里，简直不像样子，满身疥疮，眼痛流鼻涕，耳朵烂了一块。已经是冬天了，我们都穿上棉大衣，他们还穿着薄薄的毛线衣，又没有棉被盖，没人管。我看到这种情况回来就哭了一顿。要求袁超俊替我打个电话给桂林办事处李克农同志，要求他批准我把孩子带走，他要我请示重庆八路军办事处周总理，后来袁超俊替我打电话给重庆办事处处长钱之光同志，但未答复，说要请示总理再答复。以后车要走，临行时我跟袁超俊说，等我到重庆后再请示如果批准，希望他把孩子接出来，有人到重庆时顺便把他们带走。后来我到重庆的时候，就听钱之光同志告诉我，孩子已经批准接出来决定送延安，已打电话通知贵阳接出来。以后有人把博古的孩子送重庆时，顺便把我的孩子送来，在重庆医了十余天，适有几部车（八路军军车）送大批孩子和家属到延安，我的孩子也跟着去，在安塞保小学习。

（作者附记：20世纪50年代王辉是广州中国银行经理，负责侨汇工作，并担任省侨联委员。她去北京开侨务会议时，常去看望何香凝、廖承志、廖梦醒。故人相逢，老人很高兴，送给她一幅自己画的狮子，题词"王辉女士惠存　何香凝"。此画一直挂在家中客厅，毁于"文革"。1976年后，廖梦醒与王辉相互联系通信。）

王辉《我的自传》（1944）

（1939年）五月我回汕，决定和我同去南洋的同志杨世瑞在乡间迟迟不来，后决定罗林同志。因汕危急，出南洋护照来不及办，党给我的任务无法完成了。

第二章 洪 流

在此时，适李汉魂妻吴菊芳由连县来汕转香港，我奉党的命令代表岭东青抗会妇女部去见她，商量抢救儿童，并要求把这事交青抗会负责。当时她表示这件事要党政军与群众团体合作才能做得好。

六月二十一日汕头失陷，我奉组织命令，到内地去打电报到全潮汕青抗会，通知各地组织，敌人在汕登陆，希望各地准备。

当我走不到十余里，被二个敌兵追来，许多同志都向前走了，只剩我一人，一面跑一面把组织给我到香港的介绍信毁掉，转过头来看见二个敌人在搜查后来逃难者的东西，我继续向前跑，转一个弯，看见前面有好些同志，我很快活，不久，徐扬同志（他是岭青负责人）来，我们一道向前跑，过一道河，到我一个结拜姊妹杨丽娟的夫家，到时才知道地名渔州，四面已被敌人包围，我们在沦陷区住了半个月，经过几次的危险才和徐扬王声道跑出来。

接方方的消息，要我和他、钟贞、谢莹还有一位男同志来重庆。

到桂林，李克农同志要留我在桂办当会计，我心里很不痛快，要求还是给我到延安。李克农同志再把工作的重要性和我说，并希望我好好地在桂林工作，我说那你答应在我工作一二年后给我赴延吧，他说到时再说，我默然，心里很不愉快，主要是我对这工作怕负责任麻烦琐碎，以为干一辈子无前途的。但虽如此，我仍尽自己责任干下去呢。

我在桂林工作是一九四零年九月，工作除当会计外，还兼收发，管理图书，十二月桂办撤退我便随车来重庆了。

6. 白求恩："照相机给沙飞"

1938年春，沙飞随军区政治部驻在山西五台大甘河村，他常到军区卫生所看病。游胜华部长见他身体衰弱，经常咳嗽，有时痰内还带血丝，劝他休养一段时间。他5月住进医院，即五台县耿镇河北村的军区卫生部卫生所。

白求恩、聂荣臻接受《救亡日报》记者叶文津（右）采访。1938. 山西五台金刚库. 沙飞摄

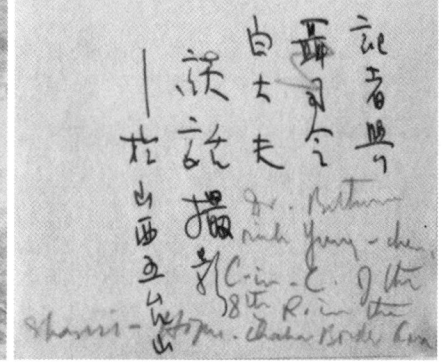

照片背后中文沙飞字

白求恩与聂荣臻。1938. 山西五台金刚库. 沙飞摄

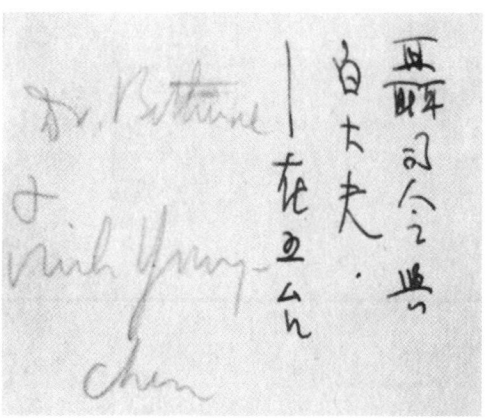

照片背后中文沙飞字

我的父亲**沙飞**
My Father H.Szeto

第二章 洪 流

（作者注：此两张照片是旅加学者崔松提供，原照片在加拿大国家博物馆，崔松辨认照片背后中文为沙飞亲笔字，沙飞拍摄。）

1938年6月白求恩率领医疗队从延安到达山西五台县金刚库晋察冀军区司令部驻地。他骑着一匹枣红色骏马，身穿米黄色夹克衫，足蹬皮靴，架着一副金丝边眼镜，灰白稀疏的胡须迎风飘动。他身后是一列驮马，马背上的器材箱披着树叶的伪装，他带来大批药品，还有显微镜、X光机和一套手术器械。通讯员何自新及一支小部队护送他。中共军委作战局局长郭天民奉调到晋察冀军区，他及新婚妻子窦克与白求恩同行，他们长途跋涉一个来月。聂荣臻、军区卫生部叶青山部长及当地军民热情欢迎白求恩大夫一行。正住院的沙飞骑马赶到司令部拍摄。

1938年8月初，五台县松岩口村这个200余户的山庄为建模范医院活跃起来。白求恩每天除做手术、开处方外，亲自设计图纸、指挥木工。沙飞常背着照相机到松岩口。

9月15日，松岩口像过节一样热闹。街道都用白灰粉刷，路旁树立醒目的路牌：丁勃克街、列宁路、南西格尔路、朱德路、聂荣臻路、中正路、平型关路等。

聂荣臻、宋劭文等在紧张备战情况下参加根据地第一所模范医院落成典礼。

山西五台松岩口，左起：胡仁奎、聂荣臻、邓拓、白求恩、宋劭文、潘自力、娄凝先。1938.9. 沙飞摄

白求恩在山西五台松岩口模范医院给八路军伤员做手术。1938. 沙飞摄

6. 白求恩:"照相机给沙飞"

白求恩发表了热情洋溢的讲话:"因为日本人残杀中国人民,我才要求到中国来的,我觉得这儿是迫切需要援助的地方,这儿对我是最有用的地方!千百万爱好自由的加拿大人、美国人和英国人的眼睛,都遥望着东方,怀着钦佩的心情注视着正与日本帝国主义作着光荣斗争的中国!"白求恩身穿军服,腰间扎着一条宽皮带,眼睛炯炯有神。

在山西五台松岩口,白求恩与民兵自卫队员一起站岗。1938. 沙飞摄

医院有两个院子,入口处挂着横匾,一块写着"中山医院",一块写着"毛泽东医院"。整洁的病室、明亮的手术室,吸引着大家。沙飞拍摄了白求恩及模范医院多幅生动的镜头。

白求恩1938年9月30日写信给延安的马海德:"你把那些胶卷冲洗了,而且寄往加拿大,我很高兴。今后,我们打算就在这里冲洗胶卷,因为我们已经从天津弄来一些照相器材,我们还有一个很出色的摄影师,将寄一些我们拍的照片给你,以供人民外交协会之用……你9月15日来信说到延安的协会,又促使我们行动起来。一个宣传委员会已经组成;在9月26日举行了第一次会议,研究组织计划。在那次会上,有四个委员出席:董(越千)同志(我的译员)被选为主任,负责文艺、教育方面,同时担任委员会的中文组和英文组的联络员;邓(拓)同志(军区政治部的),负责政治和群众组织组的工作;沙(飞)同志(现为军区司令部的摄影师)负责委员会的军事组及摄影工作。我负责英文组,并特别注意医院、卫生等方面的工作。这个委员会的名称已定为'延安人民外交协会晋察冀分会'。

"特别要提出的是,每一个委员保证每月至少写一篇文章,同时收集更多的材料。我们想知道整个边区什么事情在进行中,并且要'告诉全世界'。如果总会在任何时候需要有关我们活动的某些方面的'专文',我们将努力满足这样的需要。

我的父亲沙飞
My Father H.Szeto

第二章 洪流

"我们计划买一架电影摄影机，为我们的军队和游击队拍摄电影。也准备拍摄一套照片，供巡回展览之用。我们非常需要一架放大器和大号的印相纸。你能在西安给我们搞到这些东西吗？我曾建议从加拿大弄来一架可以携带的电影放映机到边区来放电影，不知道此事是否在进行？"从信中知道，沙飞与白求恩来往密切。

白求恩在第一次世界大战期间参加加拿大远征军，到法国战场当一名担架兵，在战斗中负重伤；1936年10月，他率领加拿大医疗队赴西班牙马德里前线救护伤兵；1938年1月，率领国际援华委员会派出的加美医疗队到中国。白求恩是一名出色的胸外科专家，还多才多艺，喜欢摄影、文学、绘画，他来中国前买了一个新型的带有柯达镜头的莱丁娜照相机。据悉，当年价格300美元。

沙飞用并不流畅的英文与白求恩交流。他们很自然地谈论摄影，在战场上使用哪种相机效果最佳，战地摄影与一般摄影的区别，怎样拍摄又快又清楚，等等。

白求恩自愿成为八路军的一名业余摄影战士，为支援中国人民抗战多做贡献。他注重开展对敌军的宣传工作，亲自给受伤的日本战俘做手术，为康复的战俘照相。沙飞与白求恩千方百计把拍摄的照片向延安、重庆、敌占区、侵华日军、国外发稿，让全中国、全世界了解八路军在顽强地坚持抗战。

1938年11月2日，白求恩在常峪给晋察冀军区司令部写报告："……我于10月27日离开花木前，为这两名战俘和林（金亮）大夫等拍摄了一张合影，林大夫穿着医务人员的长罩衫，上饰红十字和八路军袖章。我本人也和他们一起照了相。建议为该两战俘派去一日文译员，要他们写信给日本亲属，附寄上述照片。另需在印发他们的家信和照片时加以说明，作为在敌占区和对外散发的宣传品。"

我一直在努力寻找署名白求恩拍摄的照片。2011年初，河北省委党史办拟出版画册《在华日人反战纪实》，编辑张建华传给我有关照片，告知照片从多方搜集，希望辨认哪些是沙飞拍摄的。其中有一张令我激动，我发给林金亮之子林巩，经他们兄弟认真辨认，一致确认此照中八路军医务人员是其父亲林金亮。我又请教解放区摄影史专家顾棣，80多岁的顾棣查找众多资料、认真考证，于

我的父亲沙飞
My **Father** H.Szeto

6. 白求恩："照相机给沙飞"

2012年初确认：此照片是白求恩拍摄。

沙飞与白求恩有太多相同的地方，都是忘我献身的理想主义者，对法西斯侵略者极端仇恨，对人类命运无比关注，对事业坚定执着，对艺术异常热爱……在山西五台松岩口村，两个异国影友建立了深厚的友谊。

越南人洪水继沙飞之后，一度主持《抗敌报》工作，他们是要好的朋友。洪水1906年

八路军军医林金亮与日本战俘伤兵。1938.10.河北平山．白求恩摄

出生于越南河内，原名武元博，1922年随胡志明在法国巴黎与周恩来等相识，1925年跟胡志明到中国广州，他是黄埔军校四期学员，是参加长征全过程的唯一越南人，精通法语、英语、越文、中文。因为"敌人"把共产党说成是洪水猛兽，他改名为"洪水"。他与认识王辉的李碧山是早期越共的亲密战友。1938年夏，洪水到松岩口医院做手术，白求恩要亲自操刀，洪水说我有个条件，就是不用麻药！答应就让你主刀。白求恩用力地拥抱他。手术前护士把一块纱布递给洪水，要他痛时咬纱布，他拒绝了。手术从头至尾，他一声未吭。白求恩连声说："Hero！Hero！！"（英雄！英雄！！）

周明回忆（时晋察冀日报社编辑，《忆在〈晋察冀日报〉的岁月——周明答邓小岚问》，载《吹响民族的号筒——〈晋察冀日报〉的追忆与纪念》，陈春森、白贵主编，人民日报出版社，2013）："当时我在《抗敌报》上看到一条消息，标题是：'洪水妨碍（破坏）统一战线，撤职查办'。我很奇怪，新闻里并没有什么妨碍统一战线的事情。而且从五台县东冶河边区动员委员会主任撤职，却调报社当副主任。这是撤职查办，还是离职升职？我很不解。后来知道，发这个消息登报，是为了应付阎锡山的。原来东冶河边村，有两个大的府邸，一个是阎锡山的老家，一个是杨爱源的府邸。当时我们对这两个府邸都是用力保护的，没有任何侵犯。后来有人反映，说杨爱源家的地窖里有几箱未开箱的从

第二章 洪 流

德国进口的驳壳枪。那时,这是为枪啊。洪水就发动群众从杨爱源家地窖里取出了这几箱驳壳枪,果然是还未开箱的好武器。对杨爱源的家仍然保护得很好,除取枪外丝毫未动。事情传到阎锡山那里就走了样。说是八路军抄了杨爱源的家。阎锡山是二战区的司令长官呀,他大怒,说了狠话。说:'你们抄了杨爱源的家,是不是还要抄我的家呀?'为了应付阎锡山,《抗敌报》发了消息,对洪水'撤职查办'。"

洪水后来回越南参加抗法战争,越南、中国都授予他少将军衔。1956年在越南逝世。

美国驻华武官埃文思·福·卡尔逊1896年出生于美国,1915年进美国海军陆战队服役。曾任美国罗斯福总统在佐治亚州温泉公寓的卫队副官,他与罗斯福私交甚密。1937年7月他受罗斯福委托到中国,将中国战场情况直接写信报告总统。卡尔逊到过延安、太行八路军总部,是到华北敌后对八路军进行实地考察的第一个外国军人。

1938年1月卡尔逊第一次到晋察冀边区,周立波全程当翻译。聂荣臻和宋劭文陪同他到军政学校参观,在校长孙毅陪同下检阅了学员队伍,然后去五台山,在寺院住了一夜。卡尔逊身材高大,手托着硕大的烟斗,穿一套帆布短外衣,衣服有很多口袋,放着《圣经》、地图、笔记本、笔、烟、药及口香糖,脚穿一双厚厚的翻毛皮鞋,肩上背一架照相机,背上一个很重的行李包。

1938年6月,卡尔逊第二次从延安到华北,由刘白羽领队、欧阳山尊当翻译、汪洋担任摄影师的五人小组奉毛泽东之命陪同他远征。汪洋出发前领了几个胶卷。聂荣臻盛情接待了老朋友。卡尔逊在五台山与白求恩见面,用英语交谈很久,他还到五台松岩口医院参观,到各病室慰问伤病员。

卡尔逊口琴吹得好,大战时流行的进行曲、陆战队队歌都会吹奏,他最喜欢吹的是《游击队之歌》。刘白羽告诉大家,1938年在山西临汾郊外的刘村八路军总部,贺绿汀写了一整夜《游击队之歌》,当时他就睡在贺绿汀身边。

沙飞用照相机记录了卡尔逊两次在晋察冀边区的活动。每次有重要客人、重要活动,沙飞都参加并拍摄。

卡尔逊曾在冀南会见徐向前、邓小平,1940年他在纽约出版《中国的双星》一书。卡尔逊对游击战术特别感兴趣,曾对聂荣臻说,游击战争非常了不起,我

6. 白求恩："照相机给沙飞"

也要学会打游击战争。他三次给罗斯福写信，要求打游击战争，去开辟一块"根据地"。总统竟网开一面，让他去菲律宾实践。在突袭梅金岛、瓜岛的战斗中，他运用游击战术取得胜利。1947年卡尔逊在美国病逝。卡尔逊华北之行的报告，现全部保存在纽约罗斯福博物馆，有关照片大多丢失，沙飞拍摄的他第一次到访晋察冀边区的部分照片存留。

2003年8月，卡尔逊孙女凯瑞及曾外孙到中国。他们拜访了刘白羽、欧阳山尊，看望了徐向前元帅的家人，见到了汪洋的子女、周立波的儿子，还特别要求见为卡尔逊拍照的沙飞后人，沙飞长女王笑利看望了他们。

2009年6月，凯瑞再次到中国，同行的有周立波的旅美孙女周仰之，她们与四位"卡尔逊突击队"队员——第一次来中国的美国老兵，年龄最大的一位老兵超过100岁，重走了1937年她们的祖父共同走过的路；途中，美国老兵与中国老兵见面时，他们对素昧平生的老八路，开口闭口都称老师。60年前，他们所在的卡尔逊突击队采用八路军的游击战，塑造了美国海军陆战队一段传奇。这次的线路和行程安排，参照了凯瑞和周仰之带来的各自祖父写的战地日记，两本日记记录了一段战地历程，见证了反法西斯战争中一段中美友谊的佳话。中、美反法西斯战士的孙女周仰之和凯瑞，从美国出发，到中国寻找祖父抗战烽火中共同走过的路，同行的还有白发苍苍的二战美国老兵——太牛了！

汪洋1995年回忆：一踏进司令部，就见到沙飞，他对我这个青年摄影同行，格外亲切，用一口带广东味的普通话说着，太好啦！辛苦啦！欢迎呀……我感到他是个热情、朴实但又不太会交际的人，看他满腔热情很高兴，却好像一时又难以表达。后来聂荣臻陪我们去五台山，沙飞也一同去，我们就更熟悉了。沿途彼此切磋摄影技艺，他热情地给我们介绍敌后人民的风土人情、趣闻逸事和人民战争情况，还拍了不少照片。

刘白羽1998年致函王雁：收到纪念集，我很激动。你父亲那热情而活跃的形象，立刻突现在我面前。我从延安到晋察冀边区认识他，而且一见如故，很说得来，因此多年都在想念着他。

1938年9月26日延安参观团高敏夫在日记中写道："午后4时，政治部请我们会餐。副参谋长郭天民、政治部主任舒同、宣传部长潘自力、白求恩大夫、翻译董越干、张瑞华（聂司令员夫人）诸人。晚8时到军区司令部参加座谈会。

我的父亲沙飞
My Father H.Szeto

第二章 洪流

听聂司令员、白求恩大夫等充实而富有趣味的报告，非常感动人。聂司令员的精明、镇静，白大夫对中国抗战的热诚，均令人万分兴奋！直至深夜1时才散会。认识政治部总编辑沙飞同志（广东人）。第一次吃到胜利品——敌人的饼干。军区司令部住的地方十分整齐、阔绰，据说是前天津电话局长张某的住宅。"

高敏夫是慰问前方抗日将士参观团文艺工作团组长。同行的有新加坡《星岛日报》记者胡守愚先生、黄薇女士，广州《救亡日报》记者叶文津等。沙飞拍摄了9月叶文津采访聂荣臻、白求恩的照片。

1939年1月在河北平山蛟潭庄，沙飞和罗光达举办《敌后抗日根据地——晋察冀摄影展览》。白求恩也来观看，他看到沙飞为日寇炸毁的模范医院留下了较完整的照片资料。

沙飞从白求恩到晋察冀边区的第一天起，就用照相机记录他的活动，他既拍摄了白求恩严肃认真工作的场面，又抓拍了白求恩富有战地生活情趣的照片。

1939年11月12日凌晨，白求恩在河北唐县黄石口村去世。11月17日沙飞赶去向白求恩做最后的告别，他轻轻摘下军帽，肃立默哀，并拍摄了战友的遗容。11月21日，晋察冀边区隆重举行白求恩追悼大会。灵堂里，有白求恩致聂荣臻的遗书。沙飞拍摄了大会全过程。

白求恩在唐河。1939. 沙飞摄　　　　　　　　白求恩日光浴。1939. 沙飞摄

我的父亲沙飞
My Father H.Szeto

6. 白求恩:"照相机给沙飞"

白求恩遗容。1939.沙飞摄

白求恩遗嘱赠送沙飞的照相机

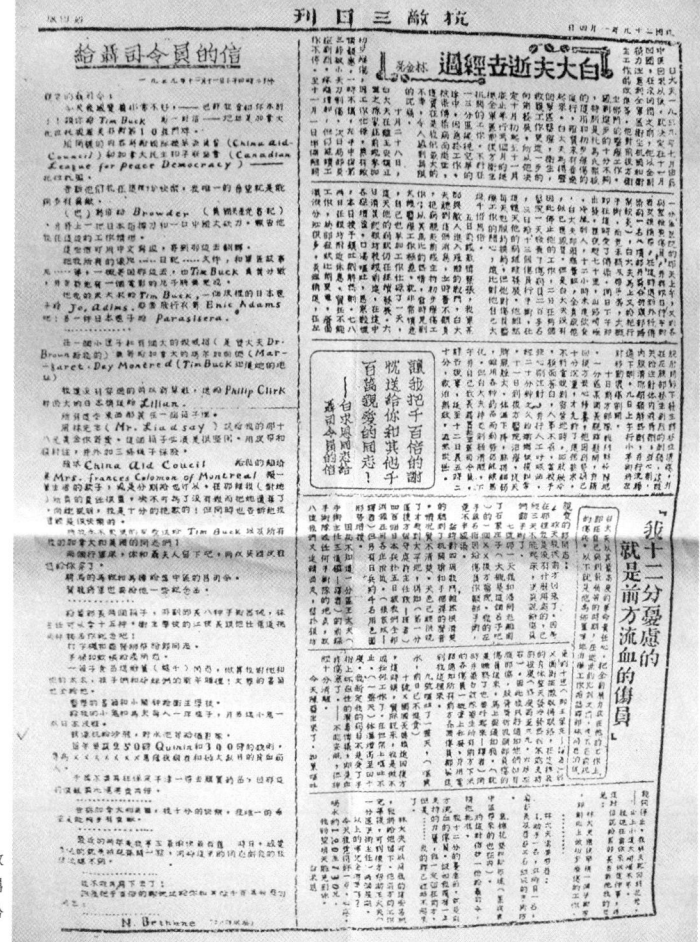

1940年1月4日《抗敌三日刊》刊登白求恩遗嘱（即1939年11月11日给聂司令员的信）

我的父亲沙飞
My Father H.Szeto

第二章 洪流

沙飞五子女及弟弟司徒彤拜谒石家庄白求恩墓。2004.5

  李遇寅1980年、1998年回忆：我看过白求恩遗嘱，照相机给沙飞。当时照相机交到聂荣臻身边一处长那里，他见到沙飞说，你给我手表，我给你白求恩的照相机。沙飞的表不错，但还是摘下手表给他，换回相机。白求恩还送给沙飞一个相册，里面有白求恩的生活照片及参加西班牙战争时的照片。

  晋察冀军区作战科长李廷赞1982年回忆：苏静随115师到山东，聂荣臻把相机给我，让我照，我一点也不懂，瞎照。用的照相机很大很笨，玻璃底版。1938年2月沙飞教我和王宗槐照相，我是他的徒弟。白求恩去世后，照相机上交司令部，到我手，我感到非常好，很珍贵。后来沙飞找我说，这照相机白求恩说是给沙飞的，你应该把照相机给我。我不愿意给，就开玩笑，你用手表换。当时大家都没手表，他有，他马上把手表给我，我把照相机给了沙飞。这件事是我经手的。

  1940年1月5日，沙飞在河北唐县军城拍摄了白求恩遗体安葬仪式和追悼大会。满山遍野站满了百姓，万人恸哭。聂荣臻宣布军区决定，将晋察冀军区卫生学校命名为白求恩卫生学校，将卫校附属医院命名为白求恩国际和平医院。2月16日在唐县葛公村举行学校和医院易名典礼。

我的父亲沙飞
My Father H.Szeto

6. 白求恩:"照相机给沙飞"

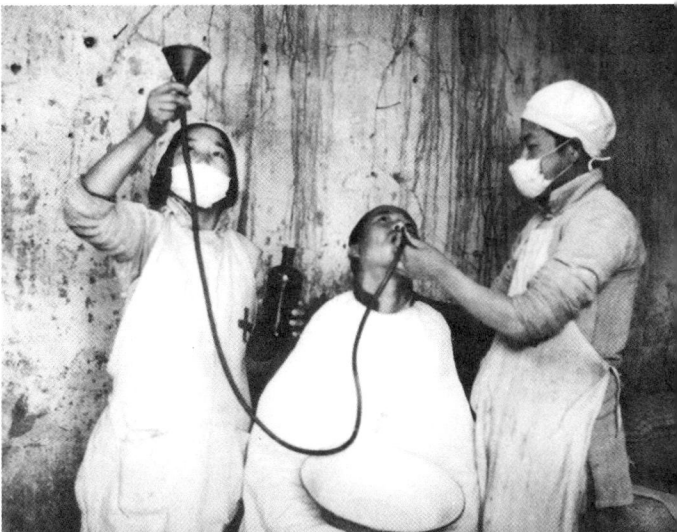

殷希彭博士、印度援华医生柯棣华、奥地利大夫傅莱、江一真合影。1941.沙飞摄

白求恩和平医院耳鼻喉科。1944.沙飞摄

　　白求恩为八路军培养了不少人才。曾是他主要助手的江一真很小就参加红军,没经过任何正规医务训练,跟着白求恩学了很多东西,成为一名优秀的外科医生。他也是白求恩卫校校长。沙飞与聪明、豪爽、善饮、打麻将手法伶俐敏捷的江一真是挚友,还为他拍摄了结婚照。

　　白求恩卫校、白求恩和平医院在抗战时集中了一批精英,包括留学日本的病理学博士殷希彭、内科专家陈淇园、微生物学教授刘璞、印度援华医生柯棣华、奥地利大夫傅莱、北平协和医院大夫王钢等。沙飞为白求恩卫校、白求恩医院拍摄了不少照片。

　　1940年6月21日在唐县军城,沙飞拍摄了白求恩陵墓落成典礼。

　　李钟奇将军1998年回忆:在唐河白求恩墓地,我与沙飞遇到两次。

　　1940年11月白求恩逝世一周年之际,沙飞在唐县军城举办了《纪念我们的国际朋友白求恩摄影展览》,展出沙飞、吴印咸、罗光达等拍摄的白求恩活动照片50幅、白求恩摄影遗作28幅。沙飞用白求恩遗赠的相机拍摄了这次影展现场。

我的父亲沙飞
My Father H.Szeto

第二章 洪 流

《沙飞·石少华摄影展》深圳开幕式剪彩，左起：顾棣、三山陵、王雁、傅莱。1995.8.28

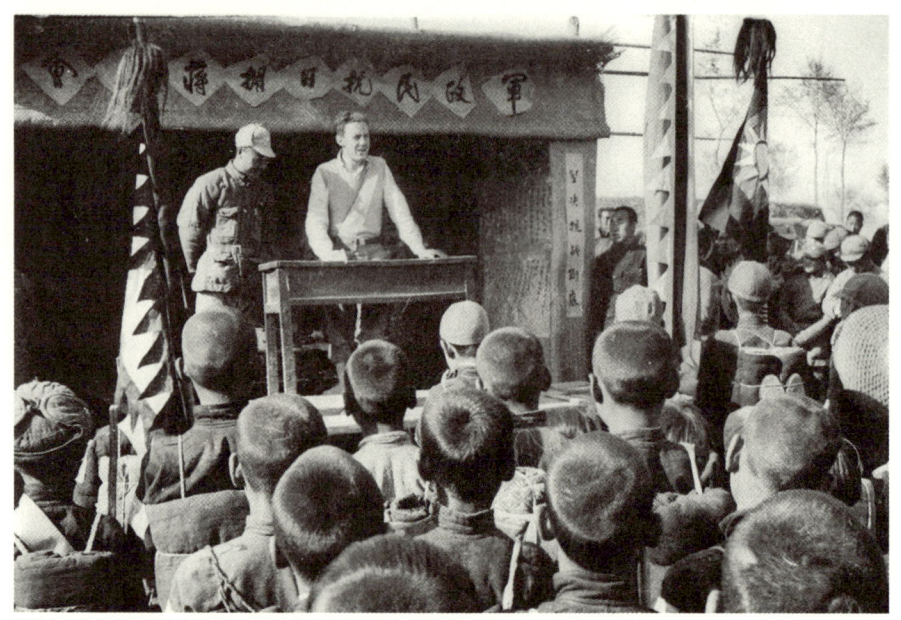

美国合众社记者郝乔治（何克）在军政民抗日拥蒋大会上讲演。1939.5. 沙飞摄

6. 白求恩："照相机给沙飞"

1942年7月7日出版《晋察冀画报》创刊号，沙飞精心编辑一组"纪念国际反法西斯伟大战士诺尔曼·白求恩博士"专题摄影报道，表达了中国人民对白求恩的缅怀之情，也表达了他对异国战友深切的怀念。当时放大照片用的就是白求恩送的放大机。

1945年4月《晋察冀画报》八期登出"白求恩国际和平医院"专辑，10幅照片全部是沙飞拍摄的。

1995年王雁策划《沙飞石少华摄影展览》，请沙飞老战友奥地利裔"老八路"傅莱到广州、深圳剪彩；傅莱曾经几次告诉我：与沙飞很熟，可惜1949年沙飞在石家庄和平医院住院期间，我调走了，我如果当时还在和平医院，沙飞有什么想法会跟我讲，他就不会出事了。

1939年5月，沙飞拍摄了美国合众社记者何克（英籍）访问晋察冀边区的照片，并发表在《晋察冀画报》创刊号上，何克在五台山见过白求恩。2008年3月30日，我应邀到湖北黄石参加电影《黄石的孩子》全球首映式，何克是该电影主人公，他抗战时到中国采访，营救了60名在战争中失去父母家庭的孤儿，千里逃奔到甘肃山丹，并办学校使他们受到良好教育；人道主义大爱的何克于1945年7月因破伤风，于30岁时长眠在中国甘肃山丹。我赠送沙飞拍摄的何克照片给电影《黄石的孩子》的导演罗杰·斯波蒂伍德及制片人阿瑟·柯恩，他们很高兴，告诉我，英文原著封面是沙飞拍摄的何克照片；之前，英国作家詹姆斯·迈克马努斯已为该书用沙飞照片与我取得联系。

2009年9月，加拿大驻华大使馆在山西平遥国际摄影节举办《纪念白求恩大夫逝世70周年摄影展览》。开幕式上马大维大使用中文致辞：我非常高兴出席今天在这里举行的纪念伟大的加拿大人道主义者白求恩大夫逝世70周年摄影展览。通过这个展览，各位将有机会看到一些从未向公众展示过的有关白求恩在中国生活和工作的照片。这些由摄影家沙飞和吴印咸拍摄的照片见证了一位有理想、正直的人所做的贡献。作为加拿大人，能够与这位富于幻想的先驱者联系在一起，我们感到很自豪。同时，我们也为他在中国受到的尊敬和重视所感动。作者致词：1938年6月白求恩带着照相机由延安到晋察冀边区，白求恩与我的父亲、八路军战地摄影记者沙飞一见如故。白求恩自愿成为八路军中一名业余摄影战士，力求在支援中国人民抗战事业中多做贡献。白求恩既是沙飞的战友、影

我的父亲沙飞
My **Father** H.Szeto

第二章 洪 流

友，也是沙飞摄影采访报道的对象。1939 年 11 月白求恩去世前夕立下遗嘱："照相机给沙飞"。这部相机是父亲短暂的一生中最珍贵的物品，一直伴随父亲至 1950 年生命的终点。在天国，白求恩与沙飞两个异国影友一定仍在谈论着他们钟爱的摄影，也一定在开心地注视着今天的盛会。

王雁陪同加拿大驻华大使马大维夫妇参观平遥国际摄影节《白求恩逝世 70 周年摄影展》。2009.9

7. 将历史的瞬间定格

1940 年 8 月至 12 月，八路军在华北发动百团大战，这是抗战期间八路军最大规模、最有影响的战役。沙飞用照相机留住了百团大战期间晋察冀军民的影像记录。

厉男 1980 年回忆：百团大战时沙飞跟我们部队在一起。我们要过滹沱河去井陉，这时山洪暴发，河宽几十米，流速很急，有的战士被水冲走了。沙飞与战士们都拉着绳子过河，他身上带的唯一东西就是照相机。沙飞和杨成武在强渡滹沱河时开玩笑，互称小鬼。

李途（原名李鸿年）1980 年回忆：当时我在杨成武部队，晚上过河，只有个月亮牙，天很黑，河水特猛，会游水的过河都有顾虑。南北拉一条绳，大部队蹚过河，水淹到脖子，我旁边的敌工科长冲走了。少部分人坐船。我过了河，但照相机、胶卷都冲走了，鞋也没了，只剩下衣服。我跟杨成武说了，他说我给你想办法。他借了个 120 八张 6.3 小镜头的。战斗开始前一天，我和沙飞第一次见面，一见如故。我们跟部队打新矿。一夜战斗，把新矿基本拿下，最后剩下炮楼。我俩一起活动拍照，他的中心是敌人顽抗不放弃的炮楼。我俩商量，拍照片必须出去拍，我说我去拍，他在后面给我掩护。

高粱回忆：我们是

百团大战前夕，聂荣臻召开主攻部队首长会议，左起：舒同、聂荣臻、杨成武、聂鹤亭会议期间合影。1940.沙飞摄

我的父亲沙飞
My Father H.Szeto

第二章 洪 流

正太铁路破袭战，八路军晓雾朦胧中向井陉矿区进攻。1940. 沙飞摄

井陉煤矿被炸毁的烟囱。1940. 沙飞摄

高粮。1996

正太铁路东段之大破袭。1940. 沙飞摄

8月17日晨从易县界安村出发，一路急行军。部队到滹沱河畔一片密林中休息时，杨成武司令员做了战役动员报告，要强行军80里，在8小时内赶到井陉煤矿。正值雨季，滹沱河洪水猛涨，河上只有一条渡船。团参谋长肖应棠带头跳入水中，泅水过河。水深、浪大、流急，部队遭受了损失，但终于抢时间过了河。那次摄影记者李鸿年的照相机与全部装备被水冲走，急得老李抱头大哭。杨成武将自己的相机给他使用。

部队赶到井陉老矿将敌人包围。我们看地形、选择突破口时，沙飞来了。20日凌晨2时六班长拿上扎有胶皮把的大铡刀去破电网，猛砍一刀，人倒在地上，两个战士急忙去拉，也被电死。电网没破成，白白牺牲了三个同志。沙飞说，找矿区的联络员，一定会有办法。找到老李，一听砍电网，他马上说这很简单，他从老乡院里解了一条铁丝晒绳，到前沿将铁丝一头插入地下，还溺上点尿，然后将另一头往电网上一抛，眼看着电网上的红灯灭了，他说砍吧！没电了！这时天已破晓，我们

7. 将历史的瞬间定格

给胜利归来的战斗英雄戴花，前者为夺取堡垒的高成功。1940. 沙飞摄

新闻照片街头流动展览。1940. 沙飞摄

砍断铁丝网发起冲锋。沙飞跑到三班机枪阵地拍了攻打井陉煤矿的照片。

魏巍（1920~2008）1998年回忆：百团大战还在进行，我在平山墙头上看到四方纸上挂的刚冲洗出来还湿的照片展览，当时宣传得很及时。

冀连波1998年回忆：沙飞叫我去采访百团大战，给了我两个胶卷，还是过期的。周郁文带我参加采访，叮嘱我一定要保护好照相机，丢了相机就等于战士丢了枪。战役第一阶段，

魏巍。1998

王雁采访冀连波。1998

我的父亲沙飞
My Father H.Szeto

第二章 洪流

周郁文把拍照任务交给我,事后才知道是沙飞的指示。我到六连后,陈指导员将我随他们连采访拍照的消息告诉指战员,说这一仗只能打好,记者给咱们拍照片是全连的光荣。部队开始进入阵地,我打开照相机,部队那种高昂情绪,有好多镜头需要拍下来,但由于胶卷太少,不允许我多拍。8月20日晚10时,攻击信号弹升空后,枪炮声顿时大作,战士们跃出工事勇猛冲上前,那场面实在激动人心。夜间作战,相机没有闪光设备,即使有,也不允许闪光,无法记录下战士们勇敢作战的英雄形象。战斗打得很激烈。我趁天色微明时抢拍了几张部队撤出战斗和进入新阵地的镜头。第一战役结束,我们赶到军区前线指挥部。正逢聂荣臻准备将三团在东王舍车站解救的两个日本小女孩,派人送还敌方,沙飞在拍摄,拍了一二十张。当时围观群众多,他叫我维持秩序,免得影响拍照。他对我说,这些照片现在可能没有什么作用,也不是完全没用,几十年后发到日本,可能会发生作用。作为一个记者,能预料到他的作品在几十年后发生作用,没有政治头脑、政治眼光是不行的。事实完全像他所讲的。

聂荣臻将军和日本小姑娘美穗子。八路军在攻占井陉矿时,在战火中救出日本小姑娘,聂荣臻照顾她,并写信给日军片山旅团,嘱将小姑娘转交她的亲人,并派人送她到日本军营。1940. 沙飞摄

聂荣臻将军和日本小姑娘美穗子。1940. 沙飞摄

7. 将历史的瞬间定格

罗文坊将军（1916~2000）1980年回忆：从抗战开始我就与沙飞在一起，我们打完仗胜利归来，缴获日本中队长的马，我拉着走，他给我照相，他跟我关系很好，我照相是他教的。百团大战时我是侦察科长，激战第二夜，聂荣臻通知我立即返回指挥所。沙飞拍摄日本小姑娘时我在场。聂荣臻对我说，阳泉那儿的铁桥没有炸掉，你赶快去五团亲自指挥炸桥，你不但要完成任务，而且要设法将大桥被炸的镜头抢拍下来。沙飞在司令部，他很想去拍炸桥，但没让他去。他赶紧教我如何拍炸桥、如何拍摄在夜间炸桥，他将一架照相机给了我，帮助我对好光圈、速度。我们要炸的桥距娘子关东四五公里，我凌晨赶到五团，立即组织再次炸桥。我到离桥三四十米的一个小窑洞里，待工兵把炸药装好后，我就喊"炸！"一声巨响，大桥被炸成了两段。我从指挥部出来，头碰到房顶碰了个包，顾不得疼痛，冲出洞口对准被炸毁的桥梁按下了照相机快门，画面是桥断、钢筋还在墩上、桥面上硝烟弥漫。照片洗出后，沙飞送我一张，我非常满意。可惜丢了。

李遇寅1980年回忆：聂荣臻写信给石家庄日本驻华北派遣军司令。他们用中文回封信给聂荣臻：收到小孩，对贵军人道主义精神非常感谢，将来和平后见面，定向你们致谢。信是沙飞给我看的。回信没发表。

《聂荣臻传》：石家庄日军收到这两个小孩之后，回信表示感谢。

《抗敌报》1940年9月14日发表晋察冀社通讯稿《老乡！把这两个日本女娃娃送到敌人那里去！》，此文章署名沙飞，发表在《晋察冀日报通讯全集1938~1948》（晋察冀日报研究会主编，中共党史出版社，

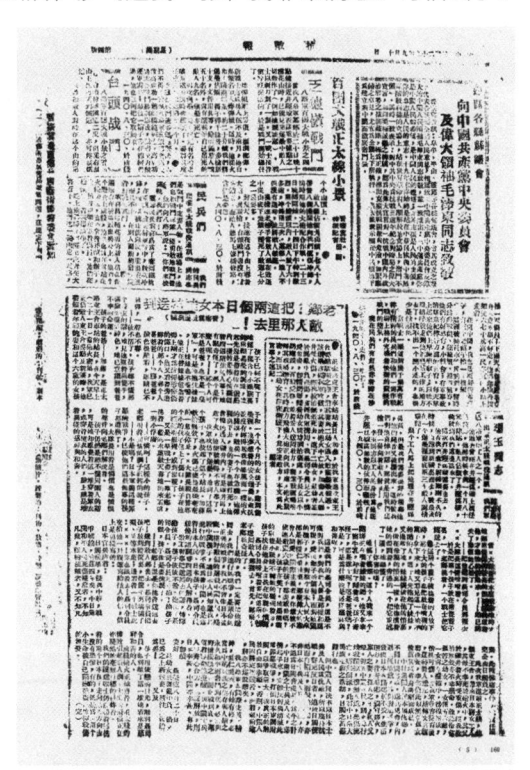

1940年9月14日《抗敌报》发表文章《老乡！把这两个日本女娃娃送到敌人那里去！》

2012）。这是聂荣臻收到日方回信后，沙飞写的文章；当时没有解决制版问题，无条件在报刊发表照片，他就先发文章。沙飞以一个新闻记者敏锐的观察力抓住了这个有重大意义的历史题材。

老乡！把这两个日本女娃娃送到敌人那里去！

沙飞

原载《抗敌报》1940年9月14日　　晋察冀社通讯稿

编者按：正太路东王舍车站站长日人加藤，于我军进攻东王舍要点新矿之际，偕其妻与二幼女逃入敌寇堡垒躲避，该堡垒随后被我军攻破，其妻于炮火中亡故，加藤逃入矿井受火伤，经我救治无效死去。遗下二幼女，最幼者并于混乱中负轻伤，当经我军携回。我聂司令员见之，怜爱至尽，即请奶妈喂养幼女并调治伤处，予长女以牛奶罐头，百般爱抚。即着妥人送回敌方。亲笔致函，嘱咐转其亲属抚育。其时敌方飞机大炮正向我肆虐，炮火紧密，而该二幼女在严密卫护下，竟安达敌方。本文为此实事之速记。

孩子已经不哭了；她揉了揉含在小眼睛眶里的两颗晶莹的泪珠，她起先还是带着像在堡垒内一样的恐怖心情，凝望着周围陌生的人群，她有点奇怪了，那是个什么人呢？——那个人可不是爸爸，也不是"皇军"，可是他抱住妹妹——妹妹也不号啕了。他正在替妹妹包扎着脚上刚才为流弹所擦伤的伤口，他又看着旁边睡着的那个人，那个人是爸爸——加藤爸爸，脸色很难看，眼睛已不动弹，一声也不响。

——救不活了。孩子听不懂那个医生的话。她见他摆着两只手，满脸失望的神色，她已经意识到爸爸不幸的命运。

孩子的爸爸——加藤，是正太路东王舍车站的站长，在今天早上（二十一日），当炮火密集，我军已攻占敌人东王舍要点及新矿时，他带领着年轻的妻和这个六岁的女孩子及一个八个月的女孩子，跑到堡垒里。他梦想着的安全堡垒的顽抗并没有经得起我军像暴风雨一样炮火的袭击，敌兵一个一个在急骤的炮弹里倒下去，他的妻子也被打死，他仓皇地逃入矿井内，可是矿井马上起了火，他便被烧得不省人事了。

我军攻占了堡垒，拾到了这两个孩子，也救起了这个站长。加藤救治无

7. 将历史的瞬间定格

效，火伤已使他最后的奄奄一息也停止了。X大队长亲自替那个小的孩子包上了伤口，孩子在他的轻轻抚慰里，感到温暖了。

一群战士又带了一群老乡，挑着一篮水果，欢天喜地来看这一对小俘虏。

——可怜呵！这样小的孩子。老乡用着同情的调子轻轻地说。

——不是吗？日本军阀发动这场罪恶的战争，已使他们这些无辜的孩子都遭殃了。

X大队长用着是怜惜也是愤恨的声音，向老乡们解说着。

孩子仍然是听不懂周围人的话，可是她却感觉着这一堆穿着军衣或穿着便衣的人，脸上总是堆着异样的慈祥与和善。

当X大队长要把水果送给她时，她那两只闪闪发亮的眼睛牢牢望着他，最后她才想过来——她已消失了恐惧的心情了。

——把她送到聂司令员那里去。X大队长这样吩咐着。

于是把两个孩子放在两只篮子里，一个老乡挑着，一个战士护送着他们去了。

当这两个篮子被挑着的人放下时，那个大的孩子把放在嘴里的果子拿下来，她又看见了一个不相识的人。这个人先抱起了妹妹，又挽起了她，妹妹依偎在他的怀里，像在母亲的怀里一样，他抚摸着她的头问着，旁边的一个人把他的话重述了一遍，她听懂了。

——你害怕吗？她摇了摇头。这个人找来一个奶妈，给妹妹喂奶。他又拿来一筒牛乳，冲好了喂着她。孩子奇怪了，这是谁呢？这是爸爸吗？不是！可是为什么他是这样慈祥与和善呢？

这就是我们的聂司令员。他不仅对我们、对我们的人民是那样和蔼可亲，是爱民如子的领导人；而对敌国的孩子，不！对整个日本人民大众，都是那样仁至义尽，那样伟大的富有人间爱的国际主义者。你想能不使连敌国六岁的孩子都要感动吗？

是的，孩子在笑了。她黑溜溜的两只小眼睛不转动地凝视着他。孩子伏在他身上，像伏在母亲的怀里。

聂司令员吩咐着要把这两个孩子送回敌人那里去。首先，那几个老乡就奇怪了。——是的，我们一定要把这两个孩子送回去。因为我们进行的战争，

第二章 洪 流

是革命的正义的战争,我们不会像日本强盗那样野兽似的屠杀中国人民,残杀中国孩子。让日本人民知道我们进行的战争,不仅为着中国,也是为着日本人民、日本孩子。

聂司令员缓缓的语调给四周的人解释着。

敌工干事把送回去的话,转译给孩子。孩子依依不舍地抱住了聂司令员。聂司令员轻轻拍了拍孩子的头,孩子像是要流泪了。

——老乡!还是你挑着送他去吧!送到敌人那里去。

聂司令员把孩子放到篮筐里,把筐子里放满了梨、桃等水果;边看着一个战士,说:你也跟着去!

聂司令员交给一封亲笔写给敌人的信。信上是这样写的:

日本军官长、士兵诸君:

日阀横暴,侵我中华,战争延绵于兹四年矣。中日两国人民死伤残废者不知凡几,辗转流离者又不知凡几。此种惨痛事件,其责任应完全由日阀负之。

此次我军进击正太线,收复东王舍,带来日本弱女二人。其母不幸死于炮火中,其父于矿井着火时受重伤,经我救治无效,亦不幸殒命。余此伶仃孤苦之幼女,一女仅五六龄,一女尚在襁褓中,彷徨无依,情殊可悯,经我收容抚育后,兹特着人送还,请转交其亲属扶养,幸勿使彼辈无辜孤女沦落异域,葬身沟壑而后已。

中日两国人民本无仇怨,不图日阀专政,逞其凶毒,内则横征暴敛,外则制造战争。致使日本人民起居不安,生活困难,背井离乡,触冒烽火,寡人之妻、孤人之子、独人父母。对于中国和平居民,则更肆行烧杀淫掠,惨无人道,死伤流亡,痛剧创深。此实中日两大民族空前之浩劫,日阀之万恶之罪行也。

但中国人民决不以日本士兵及人民为仇敌,所以坚持抗战,誓死抗日者,迫于日阀侵略而自卫耳。而侵略中国亦非日本士兵及人民之志愿,亦不过为日阀胁从耳。为今之计,中日两国之士兵及人民应携起手来,立即反对与消灭此种罪恶战争,打倒日本军阀、财阀,以争取两大民族真正的解放自由与幸福。否则中国人民固将更增艰苦,而君辈前途将亦不堪设想矣。

我八路军本国际主义之精神,至仁至义,有始有终,必当为中华民族之生存与人类之永久和平而奋斗到底,必当与野蛮横暴之日阀血战到底。深望君等

7. 将历史的瞬间定格

幡然觉醒，与中国士兵人民齐心合力，共谋解放，则日本幸甚，中国亦幸甚。

专此即颂安好！

聂荣臻　八月二十二日

孩子用依恋的眼光，离别聂司令员，也别离了这一堆她看来是慈祥和善的人。

前线炮火正炽烈着。正太线的惨败，引起敌人调来大批的飞机，正在做残酷的毫无目标的狂轰滥炸。

我们的护送战士，仍然带着这挑着的两个日本孩子，向敌人的方向走去，没有恐惧。有的，只是为这两个小生命，随时有被自己国家强盗的炸弹杀伤的担忧。

沙飞在该文章中记录了拍摄《将军与孤儿》的过程，并把聂荣臻致日军信全文发出。

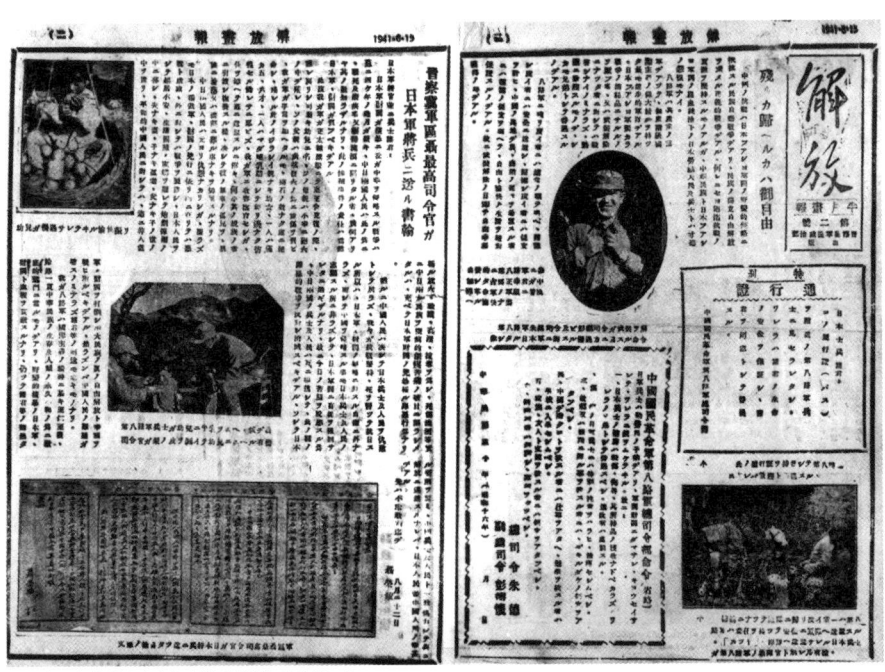

1941年晋察冀军区政治部出版《解放》画刊第2号

我的父亲沙飞
My Father H.Szeto

第二章 洪流

　　沙飞拍摄的《将军与孤儿》组照中的两幅照片、聂荣臻写给日军官兵的信件（沙飞拍摄）和译文首发于 1941 年 6 月 15 日《解放画报》第 2 号 2 版；同期 1 版刊登了八路军总司令朱德、副总司令彭德怀发布的优待日军俘虏的命令，介绍了八路军总司令部发给日本士兵的"特别通行证"，刊登了沙飞拍摄的两幅照片：①日本兵吉田正幸从敌据点逃出自愿参加八路军，愉快换上新军装；②八路军释放愿意归队归国的日军战俘，王震旅长为他们送行话别。

　　晋察冀军区政治部摄影科 1941 年 4 月完成照相制版的试验工作，1941 年 6 月 1 日出版单张对敌伪军宣传的《解放画报》半月刊两期。它面向日本侵略军中的士兵，图片说明及文稿都译成日文。

　　1942 年 7 月 7 日《晋察冀画报》创刊号发表《将军与幼儿》组照及聂荣臻信。

《晋察冀画报》创刊号刊登《将军与幼儿》照片及聂荣臻致日军信

　　日本沙飞研究会来住新平会长几次对我说："沙飞拍摄聂荣臻与美穗子的照片，完全理解，沙飞怎么会想到拍摄信件？ 沙飞真有远见、国际视野。"

7. 将历史的瞬间定格

1947年1月3日，晋察冀画报社摄影工作者在阜平县城南庄举行经验交流会，沙飞介绍摄影采访的经验：

  1940年百团大战时我和李鸿年同志一起随部队出发到正太路去。当时了解部队的中心任务是，首先进攻井陉煤矿，之后进行爆炸，破坏工矿，于是决定我们的活动要先跟随步兵，然后马上转随工兵。

  当步兵顺利攻克井陉矿时，我们拍了攻入井陉矿的一些特写场面，等转到工兵时，便因天晚中止。第二天又赶上下雨，煤矿距我们住地还有一段路程，路面泥泞，对工作进行有很大阻碍。当时我坚持冒雨赶去拍照，李鸿年主张晴天后再去。他认为：第一，敌人不会来得那么快；第二，下雨对保护机子和胶片会不利。我不同意他的意见，我认为必须抓紧时间去拍照。后来我一个人去了，在雨中拍摄了工兵爆炸井陉矿的情形。当时我们就接到撤出战斗的命令，冒雨转移到另一个地区去。李鸿年很后悔丢掉了时机，没有完成拍照任务。这次经验告诉我们，新闻摄影工作人员应该抓紧时间，遇到重要材料，甚至要争分秒。当客观环境困难时，要顽强地以主观努力去冲破它，用战斗的姿态去坚决完成任务，工作中的犹豫会造成很大损失的。

  再谈谈临时发生的一些动人材料，我们应该如何搜集、拍摄。

  部队进入井陉城时，敌人大部全跑掉了，我们战士在进行搜查的时候，发现了一个遗落在这里的敌人的小孩子。战士们便把这孩子直接送到了我们的军事首长聂司令员那里。在我们撤出井陉之前，聂司令员亲自写了一封信，嘱咐一位老乡把日本孩子妥善地交给敌人。我们的战士在与敌人作战时是多么英勇，对敌人的仇恨是多么深啊！可是对敌人丢掉的一个小孩子却是宽大为怀的。这是一件大事，从这里可以具体地说明我们人民军队从战士到首长都明确俘虏政策，具有革命的仁慈。也说明了我们军队愈战愈强及具有最后胜利的充分信心。

  当时我虽然拍摄了一些生动的材料，检讨起来，还很不够，因为我没有把那位不知名的勇士的事迹——从在战场上发现幼儿，直到亲自送到部队首长那里，具体地生动地记录下来。这件事情，现在想起来还感到遗憾，值得在今后处理同样情况时注意。

涞灵战役三甲村战斗后，参加欢迎会的被俘日伪军及家属。1940年秋．河北涞源县杨家庄．沙飞摄

百团大战河北涞源县三甲村战斗，俘虏日伪军若干人，在欢迎会上，被俘日军代表讲话。1940年秋．河北涞源县杨家庄．沙飞摄

百团大战河北涞源县三甲村战斗，俘虏日伪军若干人，在欢迎会上，被俘伪军代表讲话。1940年秋．河北涞源县杨家庄．沙飞摄

欢宴涞源三甲村战斗俘虏之敌伤军（坐太椅的是早年留学日本的晋察冀军区敌工部部长厉男）。1940年秋，河北涞源县杨家庄。沙飞摄

河北涞源杨家庄妇女为前方战士做军鞋。1940年秋

我的父亲沙飞
My Father H.Szeto

第二章 洪流

　　1940 年 9 月百团大战第二阶段涞（源）灵（丘）战役中，晋察冀三分区部队在河北涞源县三甲村战斗，俘虏日伪军若干人。沙飞拍摄了欢迎英雄、押解日俘的场面；在河北涞源县杨家庄，沙飞拍摄了欢迎会、欢宴情景及妇女为前方战士做鞋等照片。

《解放军画报》1980 年 6 期

《解放军画报》1980 年 8 期

190

我的父亲沙飞
My Father H.Szeto

7. 将历史的瞬间定格

《解放军画报》1980年9期

美穗子第二次访华，到聂荣臻元帅家做客。1986.孟昭瑞摄

我的父亲沙飞
My **Father** H.Szeto

第二章 洪 流

1980年,《人民日报》《解放军报》《解放军画报》发表姚远方文章《日本小姑娘,你在哪里?》及未署名的《将军与幼儿》照片。日本读卖新闻社很快找到了当年的日本小姑娘——美穗子,她住在日本九州宫崎县都城市,已是三个孩子的母亲。美穗子1980年夏应聂荣臻邀请来华访问。她说:"中国是我的诞生国,中国人民是充满了人类友爱精神的人民,将军是我的救命恩人,是'活菩萨'。我能健康地活着,能来到这里,能见到将军,心情是难以用言语表达的。一些日本旧军人知道了这件事的来龙去脉之后,非常感动和惭愧,更加认识到了侵华战争的罪恶。这些照片是最珍贵的礼物,将是我们家的传家宝。"聂帅说:"救你的事,不只我一个人会做,我们的军队,我们的人民,不论是谁,遇到这样的事情,都会这样做的。让我们化干戈为玉帛吧!愿中日两国人民世世代代友好下去,永不兵戎相见。"

美穗子曾先后几次来中国探亲。1992年聂荣臻与世长辞的第二天,聂帅办公室收到美穗子的唁电:"忽接父亲去世的噩耗,深感悲痛。从回国之日起到今天,我一直崇敬他为我心灵的依托。那场可怕的战争,使我在中国大陆沦落为孤儿,承蒙您的相救,才使我有今天……"美穗子在家里设立了灵堂,按照日本传统习俗举行悼念仪式,表达日本女儿对父亲的特殊感情,祝愿中日友好之树常青。

萧克将军及夫人。1995

我的父亲**沙飞**
My **Father** H.Szeto

7. 将历史的瞬间定格

1995年抗日战争胜利50周年之际，在看望萧克将军时谈起沙飞拍摄的照片《聂荣臻与美穗子》，萧老说："聂荣臻代表了中国人民的文明！"同年，我通过日本三山陵女士邀请美穗子来中国广州参加《沙飞石少华摄影展览》开幕式，美穗子寄来贺信并赠送全家福照片。

右起：聂力、美穗子、王雁。2005.8.秦宪安摄

2005年8月在北京，我与聂力大姐见到第六次（最后一次）来华访问的美穗子，我向她赠送《沙飞摄影全集》；由此，美穗子家乡日本都城市日中友好协会来住新平会长，及众多日中友好人士，努力促成系列活动。

洪河漕村举办"庆祝百团大战美穗子获救井陉·都城友好纪念馆开馆一周年纪念大会"。2006.10

我的父亲沙飞
My **Father** H.Szeto

第二章 洪 流

2006年10月，在洪河漕村举办"庆祝百团大战美穗子获救井陉·都城友好纪念馆开馆一周年纪念大会"，中国河北省井陉县领导与日本都城市市长签合作协议。作为沙飞之女，我目睹全过程，并被授予"洪河漕村荣誉村民"。

2005年秋、2006年春、2006年秋，我与日本都城日中友好协会会长来住新平在北京、石家庄见面。来住先生告知："我们努力争取在日本举办沙飞摄影展览；因为津泽胜医生问题，在日本宣传沙飞，会有阻力；我们找到津泽胜长女田子和，她说，宣传沙飞，他们没任何意见，但希望中国政府、和平医院对津泽胜医生在中国白求恩国际和平医院期间的工作有个评价。应先解决津泽胜家属提出的这个问题。"我表示理解并愿尽力。

2007年春，我得知总理将访日，即提醒日本友人，转告津泽胜后人尽快找中国驻日使馆，这是争取中国政府对津泽胜有个评价的契机；我又得知，"总理融冰之旅后，中华全国青年联合会将邀请百名日中友好人士于2007年6月14日访问中国，其中有津泽胜之女池谷田鹤子（中文名田子和）"，同年5月8日我以个人名义致函时国家领导人，表达作为沙飞后人"希望池谷田鹤子于6月来华期间，能给她个惊喜——中国有关方面对津泽胜在为中国工作期间的表现有个评价"。我很快接到有关部门电话，知道问题已解决。

2008年4月，日本开始巡展《沙飞摄影展览》，影展得到了日中友好协会、中国驻日大使馆、中国摄影家协会、日本文化交流协会、朝日新闻社等机构支持，很快成全国性巡回摄影展。北起北海道，南至冲绳，影展在18个都道府县29个城市成功举办。

《沙飞摄影展览》日本巡展，还展出了日本医生津泽胜有关照片、资料，介绍津泽胜的资料特别提出，"在沙飞名誉恢复的问题上，津泽胜的家属，对中国法律对沙飞的处理没有异议的发言对沙飞恢复名誉起了决定性的作用。"我和妹妹少军于4月20日到访津泽胜先生家乡熊本县宇土市，市政府会议室挂着津泽胜先生的荣誉证书。田口信夫市长说："津泽胜先生为中国人民做了贡献。我们会把津泽胜先生的事迹向市民介绍。"我说："经过共同努力，经有关方面批准，中国人民解放军白求恩国际和平医院如期把津泽胜先生荣誉证书送到池谷田鹤子女士手中。我很欣慰：父亲与津泽胜先生的在天之灵应该都得到了安慰！"同年5月，田口信夫市长出席了在熊本县举行的《沙飞摄影展览》。

我的父亲沙飞
My **Father** H.Szeto

7. 将历史的瞬间定格

日本都城市《聂元帅与沙飞摄影展》海报。2008

日本东京《沙飞摄影展》海报。2008

《聂元帅与沙飞摄影展》在日本都城市开幕。美穗子（左二）、长峰诚市长（左一）与沙飞之女王雁、王少军姐妹在《将军与孤儿》组照前合影。2008.4

我的父亲沙飞
My Father H.Szeto

第二章 洪流

津泽胜荣誉证书。中国人民解放军白求恩国际和平医院。2007.6.26

《百年沙飞》纪念活动在石家庄举行。2012.5.5

7. 将历史的瞬间定格

2012年5月5日是沙飞百年诞辰纪念日,"百年沙飞"纪念活动在石家庄举行。活动由河北省英烈纪念园主办,河北省摄影家协会、日本沙飞研究会、日本都城日中友好协会协办。沙飞五子女及家人,美穗子之女中村留美子等日本友人及石家庄有关人士参加了活动。

2005年至2014年,我多次陪同日本友人踏访沙飞足迹,到上海,广东开平、汕头、广州,及河北井陉、阜平、平山、唐县、石家庄、山西太原、北京等地。

沙飞拍摄的照片将历史的瞬间定格。沙飞的预言实现了。

沙飞也许没有预料到,他的抗战摄影作品之所以能够在日本展览,因为他拍摄了《将军与孤儿》。

8.《文化的鲜花》

罗光达在 1980 年及他的论文集中回忆：抗战爆发后，北平、上海已不出画报。沙飞对出画报很有兴趣。我们商量搞画报，还想抗战胜利后，在全国发展画报。我们想先搞制版，报纸上插照片多好。

我参加百团大战时遇到康健，他过去在故宫印刷厂搞照相制版工作。后来又见到刘博芳，他以前也在故宫印刷厂，他们是师兄弟。我们设法把他们调来。

1941 年 4 月，我们完成了照相制版的试验工作。先在《抗敌三日刊》《晋察冀日报》及其他刊物上发了近百张铜版插图，又出版了单张的对敌伪军宣传的《解放》半月画刊两期。

1941 年 5 月，朱良才、潘自力、总务股长吴志远找我们开会。军区石印所与画报社合并，一切出版印刷任务都由画报社统一负责。我们向军区领导建议，把闲置在平西准备印钞票的设备和人员调来。1942 年 2 月，何重生、杨瑞生、王秉中、高华亭等 7 人带着全套照相制版机，在战斗部队护送下，经过半年艰苦跋涉，到达摄影科。

沙飞亲自抓画报编辑工作。创刊号主要是沙飞编，章文龙、赵启贤等负责照片说明、文字和美术编辑工作。创刊号所有稿子聂荣臻、朱良才、潘自力不止看一次。创刊号有中英文版，刘柯、李伦译成英文，还请班威廉、林迈可等国际友人帮助校正。

《晋察冀画报》(部分)创办者，左至右：徐复森、赵烈、张一川、罗光达、刘博方、裴植、王秉中、沙飞、何重生。1942.河北平山碾盘沟

我的父亲沙飞
My **Father** H.Szeto

8. 《文化的鲜花》

合影，左至右，前排：罗光达、李遇寅、何重生；后排：裴植、赵烈、赵启贤。1942.11.河北平山碾盘沟

参加筹办《晋察冀画报》部分人员，左至右，前排：康健、杨振亚、李文治、杨国治、张梦华、杨瑞生；后排：刁寅卯、曲治全、陈大炎。1942.河北平山碾盘沟

坐左起：李途、李遇寅、赵启贤、张一川、何重生、罗光达、裴植、赵烈（右一）。1942.11.河北平山碾盘沟

我的父亲沙飞
My Father H.Szeto

第二章 洪流

　　1942年5月1日晋察冀画报社在河北平山碾盘沟村正式成立。沙飞任主任，我任副主任，赵烈为政治指导员。下设编校、出版、印刷、总务四股。沙飞兼任编校股长，文学编辑章文龙、赵启贤，美术编辑唐炎，摄影记者杨国治、白连生、张进学等，裴植、李遇寅任总务股正、副股长，刘博芳、王秉中任出版股正、副股长，张一川任印刷股长，何重生担任制版、印刷总技师，全社共计百余人。1942年7月1日装订出第一本画报，立即给聂荣臻送去。7月7日创刊号全部装订好。这天画报社开了隆重的庆祝大会，朱良才、潘自力参加并讲了话，转达聂司令员对画报社的表扬。边区政府颁发了奖旗、奖状。伙房杀了一头大肥猪会餐，还开了晚会，大家唱由章文龙作词、赵烈谱曲的社歌。

　　《晋察冀画报》创刊号以晋察冀军区政治部名义出版、晋察冀画报社编辑印刷，印数为1000本，刊登150多帧照片。封面是彩色套版的八路军挺进长城，封底是铁骑兵，都是沙飞作品。

　　罗光达文章《枪弹、文化和照相机——记聂荣臻元帅对摄影画报的关怀》（摘选，原载《聂荣臻百年诞辰纪念文集》，解放军出版社，1999）：聂荣臻元帅是文艺战线上的一位英明的战略家。在战争年代，他一方面指挥着千军万马与敌人作战，创建和发展根据地；另一方面也很重视文艺这一武器，使晋察冀的文艺工作得到了蓬勃发展。摄影这一形式在那时虽然是文艺的一种新的品种，尚处于萌芽状态，聂帅对它也很重视。他青年时代在法国勤工俭学时，就很热爱摄影。长征时，他用缴获敌人的仅有的一台照相机拍摄了反映红军帮助民众收庄稼、红军在彰州缴获国民党军用飞机、红军战士帮助农民麦收等摄影作品，真实地记录了中国工农红军的光辉事迹。这些作品他一直珍藏了多年，直到我们能制作铜版时才有机会予以发表。聂帅把摄影看成是一种强有力的战斗武器，是对群众进行宣传教育的很好形式。他十分重视和关怀摄影工作的开展和摄影画报的出版。1938年冬，我从延安到晋察冀，由中共中央北方分局分配到军区司令部。当我第一次见到聂总时，他要我担任新闻摄影记者。我说我没有做过这项工作，要求到前线去作战。聂帅说："整个晋察冀敌后抗日根据地都是前线，各项工作都是为着一个打败日本侵略者的目标。打日本有用枪杆子，也有用笔杆子，照相机也是一种武器，同样可以杀伤敌人，消灭敌人。摄影工作大有可为，要努力开展这项工作，没有做过，可以学习，共同提高。"

8.《文化的鲜花》

　　1939年新春佳节，我们在驻地蛟潭庄举行了晋察冀第一次摄影展览。这些照片在展出之前聂帅虽然都已看过，但在展出时，他还是亲自来到展览现场，直接听取群众的反映。他高兴地对我和沙飞同志讲："你们办照片展览很好，不识字的人也能看懂。照片上的人物形象真实生动，宣传教育作用很大，如果能把照片放大后展出，那么展览的效果肯定会更好。"我们告诉他正在试制土法放大机时，他很高兴地鼓励我们早日做成。他还表示：你们有什么需要，提出来，组织上尽力帮助解决。

　　在聂帅对摄影工作的重视与关怀下，摄影科也增加了几名摄影记者和暗房工作人员，在聂帅的影响下，摄影工作的重要性逐渐被党政军民所理解，凡遇重大的战斗和重大的政治活动，都及时通知摄影记者参加，留下了生动的形象记录。记得有一次向他反映摄影人员太少，很多重要题材错过了拍摄机会；同时，一些前线指战员不让记者上火线。随战斗部队一起行动等问题时，聂帅指示：摄影记者人数太少，你们可以商量一下，提出一个编制由政治部定下来，把摄影工作普及开展起来；摄影记者上前线问题，则要看情况，要在注意安全的情况下完成摄影任务；你们是种子，要靠你们这些种子去生根、开花、结果，要靠你们发展军区的摄影事业。

　　摄影画报（《晋察冀画报》）一开始筹备，聂帅就用长远的战略眼光看待摄影工作的壮阔前景，并给予最大的爱护和支持。他亲自批准在军区设立专职新闻摄影记者的正式编制，直到形成全军区的摄影网；他亲自给平西萧克司令员发电报商调印制钞票的机器、材料、设备和制版印刷技术人员；他当面与冀中军区司令员吕正操、政委程子华商请他们协助到敌占的北平、天津等大城市购买照相制版及印刷器材，并通过敌人的层层封锁线运往冀西山区；他批准要军工部、供给部、卫生部、晋察冀日报社代画报社铸一架8页铅印机、铸全套5号铅字，代制硫酸、盐酸、硝酸、纯酒精等化学药品，试制平面压力难度很大的铜版、锌版；他派一个工兵班常驻画报社，帮助挖掘坚壁印刷物资的山洞，以保证反"扫荡"中机器和物资的安全；为战胜自然灾害，他还特批给画报社1000斤小米，以防浮肿病的蔓延，保证画报印刷的正常进行。1942年春，当我们把画报创刊号的稿子送请聂帅审阅时，他把政治部、宣传部、画报社的有关同志一起叫来，当面指示："晋察冀画报的编辑方针，应该是把边区军民英勇斗争光辉事迹反映出来，以鼓舞人民更勇敢地斗争。我们的画报，不仅要面对边区，而且要面对全国，面对全世界。"他具体地指示："照片一定要精选，宁缺毋滥。照片的文字说明要用

我的父亲沙飞
My Father H.Szeto

第二章 洪流

中英两种文字，以利于对外宣传。"聂帅为《晋察冀画报》创刊号亲笔题词："五年抗战，晋察冀的人们究竟做了些什么？一切活生生的事实，都显露在这小小的画刊里。它告诉了全国同胞，他们在敌后是如何的英勇保卫着自己的祖国，同时也告诉全世界的正义人士，他们在东方，在如何的艰难困苦中抵抗着日本强盗！"在小山沟里，到敌占的平津等大城市购买照相制版、印刷材料异常地困难，是冒着生命危险的。而且要花很多钱，有时还要用黄金、银圆。主管财务的同志说，没有那么多钱，不能买，只好报请聂帅解决。聂帅说：艰苦奋斗、勤俭节约是我们的根本方针，但也要实事求是，从实际出发，不该花的，一个铜板也不能花，该花的钱还是要花，花钱买照相器材、拍照片、办展览会、出画报，可以收到很大的宣传教育效果，是必要的、值得的。从以上所述的这些事实，可以明显地看出聂帅高瞻远瞩的全局观念和他那从长远整体看问题的战略思想。

1987年6月17日，为纪念抗日战争50周年举办《抗日战争中的晋察冀摄影展》和出版《人民战争必胜》摄影集，我和周巍峙等同志前往聂帅处，他听了我们的汇报后说："那很好嘛，我们今天还是要发扬敌后军民八年艰苦抗战、英勇奋斗的精神，也不能忘记日本军国主义对中国人民所犯下的残暴罪行和历史教训。"

1991年1月23日，我和周巍峙将正式出版的《晋察冀画报影印集》送请聂帅阅看，递到他手里一厚本。当翻到半个世纪前的题词，他看了一下后很风趣地说："现在写字不行了，记忆也不如前几年了，我的回忆录要是前几年不写出来，现在很可能写不成了。"当了解到搜集100多期画报、画刊等花了两年时间，他很感慨地说："花了这么大力气真不容易，这是做了一件很有意义的工作。你们把晋察冀抗日战争和解放战争两个时期的形象史资料很好地保存了下来。3000余张照片，内容极为丰富生动，是真实的历史记录。"接着他又问："印了多少？"我说："500套，因为经费困难印得少了一些。"聂帅说："不少，一套孤本、绝版变成了500套，就不会很快消失了。我很感谢你们做了这件有意义的工作。"（1992年8月）

《晋察冀画报》工作事略（顾棣、王笑利，载司苏实编著《沙飞和他的战友们》，新华出版社，2012）：沙飞和罗光达深感只用搞影展的办法进行宣传，数量有限，面也窄小，如能出版画报，宣传面就更宽，作用也就更大了。沙飞早在参加八路军以前就有创办新型摄影画报的理想和志愿。他认为部队有创办画报的条件，只要努力奋斗，一定能够实现，从此开始酝酿。这想法得到晋察冀日报社

8.《文化的鲜花》

主任邓拓的称赞，聂荣臻表示支持。

1940年8月底，罗光达在正太战役娘子关汉河滩战斗采访时，遇到来前线劳军的五专区宣传队康健，得知他懂照相制版技术，罗光达请他一起参加筹建画报工作。战斗结束，罗光达把康健带回军区摄影科。

康健是河北行唐人，高中毕业，因家贫不能升学，经人介绍到北平故宫博物院印刷厂学制铜版和锌版，从1930年到1934年，刻苦自学物理、化学、外文，特别对各种化学药品的性能和成分比较熟悉。四年满师，留在故宫博物院印刷厂工作，后在太原西北实业公司印刷厂工作，太原失陷，他跑回家乡参加了革命。康健来到摄影科，沙飞如获至宝，立即开始筹建画报工作。他和罗光达做了明确分工：罗筹建印刷厂并解决制版、印刷器材设备和技术人员问题，沙飞负责筹建编辑部兼管组稿和领导全区摄影工作。康健画图，开列制版印刷所需药品和各种设备，让木匠按图制作照相制版机，康健和罗光达到军区卫生部、军工部、晋察冀日报社等单位请求帮助，各部门对筹建画报工作都非常支持。10月，康健背上百团大战的照片到阜平城万人大会上展览，碰上在大会拍照的刘博芳。他俩是北平故宫博物院印刷厂学习照相制版时的师兄弟，刘在边区银行印刷厂搞制版，经常搞些业余摄影活动。康健回摄影科后，马上向沙飞、罗光达汇报遇到刘博芳的情况。罗光达1939年在平西采访时，

晋察冀画报社工作人员在排字。1942.河北平山碾盘沟.沙飞摄

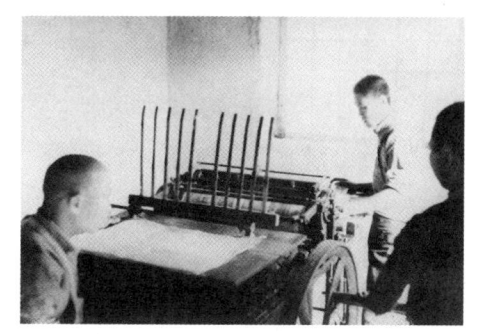

晋察冀画报社铅印车间。1942.河北平山碾盘沟.沙飞摄

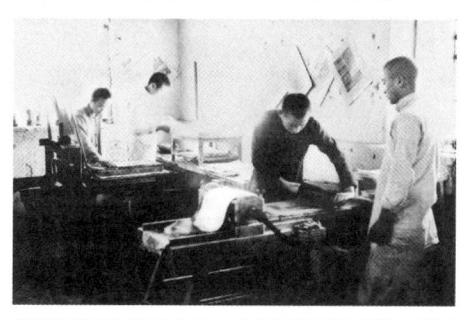

晋察冀画报社印刷厂的技师工人创制的轻便平版印刷机，曾得政府奖励。1942.河北平山碾盘沟.沙飞摄

我的父亲沙飞
My Father H.Szeto

第二章 洪流

晋察冀画报社编辑部开会。站立者为赵启贤，右一为白连生，中间一人为张进学。1942.河北平山碾盘沟.沙飞摄

晋察冀画报社排字房，中间女同志为吕红英，左一为侯培元。1942.河北平山碾盘沟.沙飞摄

晋察冀画报社制铜版（创刊号），左起：康建、曲治全、杨瑞生。1942.河北平山碾盘沟.沙飞摄

8.《文化的鲜花》

知道那里有一批印制钞票的机器，听说项目下马了，便向军区请求将人和机器调来，年底，平西派人把全部机器和印刷技术人员一起护送到军区。

1941年1月，反"扫荡"结束后，画报筹备工作加紧进行。罗光达、康健继续四处奔波寻找药品和各种器材，从卫生部、工业部、供给部找来不少，有些药品和重要物资在边区找不到，就通过种种关系派人到敌占区购买。1941年1月，聂荣臻得知筹备画报急需照相制版机镜头，他把自己的望远镜送来，让沙飞、罗光达改装，但不能使用。

1941年2月，刘博芳调来，把从北平带出来的一个镜头和一块网目也带过来。他在故宫博物院印刷厂学会了摄影，对照相制版技术比较精通，对机器安装也很内行。他来之后，做成了照相制版机的"皮老虎"（即伸缩皮腔）。这时，康健设计的第一台土造照相制版机也做成功了，之后便到支角沟军区印刷所试制铜版。制版试验工作主要由刘博芳、康健两人搞。第一次试做了百团大战的照片，聂荣臻看了很高兴，又指出技术上的缺点。在制版试验中，沙飞热心协助，裴植作为印刷所所长，大力支持。裴植是从北平出来的青年知识分子，爱好文学与摄影，将试制铜版视为己任，密切配合试验十来次，终于成功。1941年4月14日《抗敌三日刊》第四版正式刊登了试验成功的第一幅新闻照片，上边特别注明"铜版插图"字样，这是晋察冀报纸上发表的第一幅新闻照片。1941年5月，李遇寅由华北联大文艺学院调来，他是一个知识分子，1936年在北平通州高级师范读书，毕业后到北平故宫博物院印刷厂学制珂珞版，和刘博芳、康健是师兄弟，师兄弟三人都来到摄影科，画报照相制版的力量就更加强了。

1941年5月初夏，军区政治部朱良才主任召集沙飞、罗光达、裴植开会，明确指示让他们集中全力筹备画报，军区印刷所也划归画报筹备组领导，由沙飞全面负责，裴植担任支部书记。朱良才还明确表示：筹办画报的一切经费都由军区解决，在尽量节约的原则下，需要多少就给多少；人员方面，需要什么样的人就调什么样的人……这些指示使大家很受鼓舞，从此，画报筹备组的牌子就正式亮出来了，各种筹备工作更加紧张了。1941年6月，由摄影科供稿，在华日人反战同盟晋察冀支部编辑的日文《解放画报》出版，这是晋察冀出版最早的摄影画刊。我军用炮弹把这些宣传品打到敌人的据点里，有些日军、伪军带上这些宣传品向八路军投诚。敌人为此惊恐万状。《解放画报》制版、印刷都很好，试验

我的父亲沙飞
My Father H.Szeto
第二章 洪流

工作获得成功，为画报正式出版做好了技术准备。

裴植（晋察冀画报社第一任党支部书记）1998年回忆：能搞出《晋察冀画报》，第一，有沙飞，他非常执着；第二，有聂荣臻的支持，他对文化的支持，超过其他地区；第三，靠近平津，有印刷器材、技术工人。有这三个条件，才能办成画报。其他解放区不具备这些条件。画报的创办人是沙飞和他的得力助手罗光达。沙飞1937年底、1938年初就跟聂荣臻提出搞摄影画报。1940年他们就酝酿出画报，并开始做准备。1941年军区政治部主任朱良才亲自找我、罗光达、沙飞来谈成立画报社，这是接受了沙飞的建议。朱良才讲，今天把你们请来是谈成立画报社的事，聂司令员已经决定要出版画报，政治部决定把摄影科和印刷所合并，成立晋察冀画报社。沙飞、罗光达已做了不少准备工作，画报是很重要的事业。按工作要求，组织上要做调整，不要讲谁职务高低。我认为他这话是针对我说的，我当时是军区政治部印刷所所长，到画报社是总务股长。他又说，你们共同负责，画报要出，印刷要搞好。军区非常支持，从组织、人力、经费给予保证。我对他说，画报工作我没有做过，怕做不好。朱良才说，不要紧，边做边学嘛！最后他说，画报是一个很重要的宣传工具，事交你们几个人办，你们要共同负责把它办好！

这个组由沙飞主持领导，抓编辑摄影工作；罗光达负责具体事务、工厂、设备，我是党支部书记，协助罗光达，近百名工人跟我一道划归画报社。赵烈去后是支书，负责办训练班，我是副书记。需要的经费基本都保证，批黄金、银圆、边票。我们自觉地精打细算，如买胶卷大体需多少，照相机买几部最需要的，沙飞用的莱卡相机属一流的，一般记者能有一个蔡司依康120，拍12张或16张的相机已算不错了。沙飞认为办好画报不光靠编辑、摄影，而且要从物质上保证，照相制版、胶卷等采购要花费他一半以上精力。画报社买东西费劲，保护更费劲，好油墨比金子还宝贵。画报社总结时，几个方面的配合是画报出版的重要保证。记者要不断深入部队、深入前线、到战士中去，反映部队的战斗生活、高昂士气，同仇敌忾。当时大家都住老乡家。我们经常唱《游击队之歌》《我们在太行山上》。

我1943年学摄影，沙飞是我的老师，我1944年才有了一架属于自己的蔡司依康折叠式120照相机，走上新闻摄影记者的道路，任画报社摄影股长。许多人用的相机是杂牌的。大个子杨国治用的是画报社唯一一台能照八张较大底片的蔡司相机。

8.《文化的鲜花》

大生产运动，抗敌剧社的崔嵬到画报社门口缝鞋。崔跟沙飞熟，沙飞拍他们的活动、剧照。

沙飞对人才重视。张一川原是干部，因托派嫌疑，到印刷所当工人。他表现不错，我推荐他，沙飞不拘一格用人才，重用他，安排他当印刷股股长。

沙飞事业心非常强，对工作、对人特别热情，把摄影作为事业来搞，解放区摄影工作搞起来他起了重要作用。在整个解放区，摄影、画报工作晋察冀最突出，这是沙飞一手搞起来的。整个创办的功劳主要归沙飞。他有敬业、奉献精神，事业、艺术上有成就，全力以赴，排除万难，没有他的努力，根本办不成画报，沙飞有独特的不可磨灭的贡献。他钻一个问题，想深、想细、想办法实现，不惜一切代价，但容易只想一方面，忽略其他。他搞采访、创作，自由、机动，有新闻就跑，社里其他事没全面考虑，家里事没人管，不能正常进行。他愿意投入社会活动，容易激动，让人不理解，有些怪，他是党外人士，我们发扬他的长处。对他的缺点，我们提主观急躁，他对支部的意见比较尊重。他不是党员，该商量、请示的都做了。指导员在连队是政治负责人。抗敌剧社指导员与社长同级。画报社指导员不相当于政委，不是政治首长。社长是科级、团干部，指导员不跟社长平级，跟股长平级。政治上赵烈说了算。我原是印刷所所长，安排我当股长，低了，我不计较。

开始是罗光达、我、赵烈补沙飞的不足，抓行政、支部、日常工作。石少华来，补沙飞的不足，石少华对业务钻研，拍东西比较讲究，水平比较高，他考虑问题仔细，日常工作有条理，抓进度和琐碎的事稳稳当当，善于团结人。他们配合协调，精神比较愉快，沙飞放心。

章文龙1998年回忆：我1941年底到画报社筹备画报。我们与沙飞白天、黑夜一起工作，睡一个炕。我与他并肩战斗，关系密切，他愿跟我谈他的过去。他是一把手，抓摄影、编辑、印刷。画报准备工作大致三项，一是整理照片资料，沙飞是军区一成立到的，三四

章文龙。2009

我的父亲沙飞
My **Father** H.Szeto

第二章 洪流

年积累的材料不少，没整理，只有他熟悉。我们整理图片资料，根据沙飞记忆，写出标题说明，分类、编目，把积累资料全部整理出来。二是组织稿件，除照片外，还要有文学、美术作品。蔺柳杞、西战团李劫夫、徐灵有时寄稿，有时在画报社住下来，画好再走。重要的是定编辑方针，在陈家院，聂司令、朱良才、潘自力找沙飞及摄影科几个人一起谈过一次，画报起两个作用：鼓舞斗志、教育激励自己、建立信心、达到抗战胜利目的；还有一目的，照片给人民、历史留下真实的记录。画报创刊词是我写的，我向邓拓请教。沙飞兼编辑股股长，下边搞文字的是赵启贤与我，赵侧重资料工作，我侧重编辑。英文翻译是李伦。我们不懂编辑业务，从头学。编好写出说明，让编辑看校样，不会看，校对的一套符号不会，王秉中精通业务。赵启贤不会校对，大家管他叫大编辑，故叫赵大。

沙飞当时肺结核是活动期，但他常常出去采访，重大事件自己出马。1942年春沙飞与张进学、我、白连生去采访，回来路上休息时，他吐血了，我们照顾他回来。他躺在床上还写采访文章《滚滚的滹沱河》，写得很动人。（作者附记：有人认为《滚滚的滹沱河》颇可体现沙飞作为一名新闻记者的文字功力。比如在结尾处他写道："滹沱河的水，依旧汹涌地奔流着。西天的明月，透过了树梢，照耀着河边小渠上急速行进的人群。人马奔驰，树影也仿佛在走动了。愉快嘹亮的歌声又飘荡在天空：'我们在太行山上……'。"情景交融而又毫不着力。这篇报道发表在1942年3月《晋察冀画报时事专刊》上。）

他给潘自力写信，表示虽然吐血，但要做好工作，搞好摄影。是让我送去的。沙飞先去治肺结核，后带我去透视。我开始评连级，以后没问过，他给我争取团级的服装。第二期画报制完版后，铜版发生危机，沙飞倡议成立自然科学研究会，专门解决制版问题，大家选沙飞担任理事长。当时我们有争论，如会员需要什么水平，沙飞说要高中毕业、五年工龄。赵烈不同意，说要适应现有条件。经过集思广益，研究出铅皮制版法和轻便印刷机。边区政府给研究会发了2000元奖金，还给何重生技师发了奖状。聂荣臻找出一架望远镜给摄影科说，你们试试看，能不能改装成放大机镜头，自力更生，发挥你们的创造性。1943年八一纪念特刊聂荣臻送来1928年红军生活照片。红军时代只有很少照片，没有队伍。沙飞到晋察冀后，建立了这支队伍。沙飞事业心强，有才干，活动能力强，善于组织。

8.《文化的鲜花》

丁一岚 1982 年回忆：我和邓拓 1942 年在陈家院结婚。1942 年大热天，我亲眼看到邓拓汗流浃背地为《晋察冀画报》创刊号写《晋察冀舵师聂荣臻》。据说因为这篇文章，这期画报拿到延安没有发行。

周明回忆（时晋察冀日报社编辑，《忆在〈晋察冀日报〉的岁月——周明答邓小岚问》，载《吹响民族的号筒——〈晋察冀日报〉的追忆与纪念》，陈春森、白贵主编，人民日报出版社，2013）：沙飞是全国著名的摄影家……他后来办了《晋察冀画报》，晋察冀日报社支持他，派了一些工人去。他和罗光达一起办画报，很有成绩。中间出了一个曲折。有一期（创刊号），比较集中地反映聂荣臻将军，邓拓还写了一篇文章，名字是《晋察冀的舵手（师）——聂荣臻将军》。邓拓这样写文章，是因为中共发过指示，要树立各抗日根据地的领导人的威信。但是用"舵手"这个词惹了祸。中央看到这篇文章，令这期画报停止发行。说是全国只能有一个舵手，不能把根据地的领导人也称为舵手。当然《晋察冀画报》以后还是照常出版。

张进学 1980 年回忆：我是沙飞真正的学生，最信得过的得意门生。我 1924 年生于阜平，1940 年 6 月跟沙飞学摄影。沙飞到各分区政治部讲新闻摄影的意义，用照相机记录抗日战争，要求各分区建立摄影组。我们学习的资料是：沙飞编的油印的《新闻摄影》，四五十页；吴印咸编的铅印的《摄影常识》，100 多页。沙飞让我们自己先看，然后座谈，问技术性的问题，解答问题。暗室和放大技术由他讲，我们实际操作，他根据做得好坏讲评。真正严格学习没几个月。百团大战、反"扫荡"，直到第二年二三月，又学习了一两个月就算毕业。除政治课外，化学、光学原理他都讲过，从照相到冲洗、洗相、放大都是他亲手教的，他放心让我去做。1941 年 7 月我送片子到平山摄影科，沙飞不让我走，因为要开始筹备出画报，他认为我细心，让我做暗室放大。1941 年 8 月办第一期摄影训练队，赵烈当队长，我当辅导员。业务课沙飞上，他讲新闻摄影、摄影技术。我们复制过鲁迅的底片。

反"扫荡"时学员分到各支队，走前沙飞叫我背所有最重要的底片。他说，重要底片都在里面，人在底片在。齐观山是最小的学员，他抢我的包来背，让他背过一次，休息时他忘了，把底片丢了，派一个班返去拾回来。我以后规定，你怕我累，帮我背挂包，我死了，你背底片。

没有沙飞的顽强根本出不了画报。1942 年初发现第一期画报照片不够，从

我的父亲沙飞
My Father H.Szeto

第二章 洪流

1月至5月,我陪沙飞去阜平、曲阳、行唐、灵寿进行采访。5月至7月和他一起编第一期画报,我放大照片。当时没有暗房,他创制两个大棉口袋,一放大,一显定,放大利用日光,一般用印相纸放大,他教我放。天很热,曝光有时一张要一小时,满头大汗,一天放大三四张,每张八寸、六寸。他是广东人,不怕热,但体质不好,很多事都是他张罗,他什么都管,身体越来越不行,失眠很厉害,他往往夜很深才睡觉,他有胃病,肺也不好。第一期画报照片是我放大的,还有一助手,用白求恩的放大机,放后再制版。我对他的照片比较熟悉。我问他,为什么你的照片,登在画报上用那么多化名,甚至有的不写名。沙飞说,你想,如果不用化名,人家一看画报,以为咱们部队搞摄影的只有一个沙飞。所以除了大家知道的化名孔望、眼兵外,红叶、静子、王君、秋子、丽陵、路涛、刘定等,也都是他的笔名。第一期上没有署名的也全是他的作品。他说,我们的摄影和照相馆是不同的,与艺术照相也不同。用照相机表达爱憎,表达支持和反对,摄影的贡献是很大的。他最反对用摄影去娱乐。他说,不能用胶卷拍自己,用有限的胶卷记录人民斗争。给首长拍,必须有限制。

开始时他生活受优待、给补助,他都不要。每天早上出操,他是前几名到场的。一般人都不相信他是高级知识分子。

沙飞每次谈到他拍摄日军暴行的照片时,都非常激怒,有时躺着讲,突然坐起来跳到地上,大骂日本鬼子。晚上睡觉时他滔滔不绝地讲,多次讲他的身世,谈他在战争胜利后的理想,还讲到他的爱人孩子。他说,他要用摄影唤醒民众,他认为摄影的说服力要比绘画更强。拍照,他没有考虑成熟他是不拍的。甚至我们将来进北平后,该穿什么衣服,都一次又一次地说他的想法。他还说,胜利后当自由职业者,咱们到国外拍,穿土衣服最光荣。一谈就是几小时。有几次我睡一觉醒了,他还在给我谈这些,屋里只有我俩。有时他谈得激动了,声音大,把我惊醒了。我当时就觉得他这些状况不正常,我还给赵烈谈过。他说话有点结巴,批评人时急得脸红,半天说不出一句话。

他曾说,他想当军事家,他给我看他写的托聂荣臻转毛主席的万言书。建议毛泽东、党中央采纳他的建议,在敌人要道旁,挖地洞埋伏人,打击敌人,他叫这是土坦克战。他给我看过几页,我记得开头写的是:亲爱的党,亲爱的父亲毛主席……我当时虽很年轻,但我是战斗部队调来的,觉得他的想法、称呼都很可

8.《文化的鲜花》

笑、不正常。

7月初我刚看到《晋察冀画报》创刊号样本,冀热辽需调人去支援,沙飞派我随一批干部去。他说,他本想最早到鸭绿江边,现在因出画报去不了。那里环境艰苦,很需要人,你第一批去,你们将来是第一批打到鸭绿江边的,你们是尖兵,那有长城、山海关,环境最艰苦,军队和人民的斗争最英勇,你们要很好地把军民抗战的事记录下来。他把在平型关战役中缴获的一台F4.5的120照相机送给我,要我带到鸭绿江边,把部队开进天下第一关山海关时的雄伟场面拍摄下来。让我带胶卷、相纸、药、小晒版架。照相机后来交东北画报社。

1945年8月朱总司令下令进行大反攻。我日夜兼程,随所在部队第一批出关。我用他给我的照相机拍摄了八路军收复山海关的壮丽场面,沙飞将其发表在《晋察冀画报》第9、10期合刊的封面。第一期《冀热辽画报》有我许多作品,我也用了许多化名。

画报社技师高华亭1980年回忆:出第一期画报,我们干三天两夜不睡觉。纸全是我裁的,一刀裁不好,全完,纸来之不易。画报出来,沙飞说庆祝庆祝吧,大家喝得醉醉的。有一次藏好器材,沙飞高兴地拍我肩膀说,快出来看,敌人怎么能搜出来呢?他要求的,我们都能提前完成,他一高兴,还给我们打酒喝。

画报社技师康健1980年回忆:百团大战时罗光达找到我,我跟他到唐县摄影科,在军城白求恩墓附近,我们还去修过墓。我们几个人住在一起,有时鞋子都穿错了。沙飞讲,摄影是武器,我们是敌后的敌后,照这些照片,牺牲不少同志,抗战胜利后,这些照片意义很大。拿百团大战翻铁道的照片说,艺术性不一定很好,但过时就拍不到,这就有政治意义。他说,我们战士缴获了照相机,不懂,胶卷当橡皮膏拉出来,说不黏,又拉一次,拿到照相机拉开镜头盖,一看亮,就扔地上,说它还看我,用刺刀把镜头刺坏了。他还说,展览照片

康健。2003

我的父亲沙飞
My Father H.Szeto

第二章 洪流

也可以，但宣传面太小，如果能印出画报，宣传意义就大了。沙飞经常给我们讲白求恩不远万里来中国参加抗日的事迹。

纪志成 2006 年回忆：沙飞给我的印象深呀。你感觉不到他个人有什么事，他一心就想出画报。我认为：一、如果没有沙飞的拼命工作，二、如果没有聂的支持，画报是出不来的。沙飞说什么都算，别人说了不算。沙飞能直接跟聂说，能够解决。1943 年 5 月，我们在河北平山曹家庄，敌人进来我们上山了，画报社躲避了日军袭击，沙飞跑到了山头，看见我们都没有负伤，高兴得不得了，沙飞抱着外号"女张飞"的女同志高呼："我们胜利了！我们胜利了！"在这次扫荡中雷烨牺牲了，他地形不熟，在一个山腰下跟敌人遭遇了。沙飞听说了很伤心。沙飞性格豪放开朗。我们是又怕他又不怕他。1943 年在河北上庄，军区通报反"扫荡"，要把画报社的东西坚壁起来。我们几个去坚壁，杨国治负责，他又高又大，我们没按沙飞的要求打洞，沙飞看了叫起来，你们怎么搞的？洞口怎么打的？要洞中有洞。后来重新打，沙飞看了很满意，高兴地说好呀，小鬼好呀。工作没搞好，他批评你，眼睛瞪圆了；工作搞好了，高兴得对你热情得不得了。我觉得他很可爱的性格。我们很能接受他的性格，搞好了，要抱着你。沙飞豪爽、敢说敢干，要不是这个性格，出不了画报。他让我给找《三国演义》，我没找着。沙飞的作风影响我们一代人，很可爱的人。你别看沙飞跟赵烈气得鼓鼓的，其实关系特别好，吵得最多，可以辩论，是特殊关系。我印象沙飞就是赵烈，赵烈就是沙飞，不分彼此，别人不行。赵烈年轻有才华。1944 年大年三十，魏巍、陆扬，我们一起聊天，说男女这些事，我说自己这么大岁数，连个女人的手都没摸过。

白连生 1999 年回忆：1941 年春第一期摄影训练班我参加了。沙飞讲，摄影是武器，揭露敌人暴行，我们要照下来，搞展览，让群众看，恨鬼子，参加抗日。沙飞经常去反战同盟。敌工部厉男曾留学日本早稻田大学，宣传部潘自力、宣传科长李荒、编辑科长邱岗、高天辉、组织部长王宗槐都跟沙飞熟。画报社有个英文编辑，沙飞校对。第一本画报样品我送去聂荣臻办公室。一次一位同志无知，倒掉制版汁，沙飞大发脾气。李鸿年、王秉中进入北平，先把材料买到手，然后运往天津、白洋淀，我们负责运过平汉铁路，到平山、阜平。我们第一次搞材料，沙飞亲自带队，到易县小山庄，找当地主任。1943 年沙飞给我两根金条、好多伪币，放到子弹袋，要过封锁线，交给白洋淀大马庄隆昌商店王晓楼经理买材

8.《文化的鲜花》

料。有时带烟土去卖，包在孩子身上。用平山照相馆名义与敌占区来往。柯达、爱克发胶卷多数过期，也用。1944年我把两个弟弟都带去画报社。沙飞爱吃狗肉。

白田野 1999 年回忆：1945 年初我 17 岁，到阜平坊里画报社给沙飞当警卫员。我和石少华的警卫员王清江一个宿舍。沙、石各一房办公、睡觉，中间是他们吃饭的地方。我每天搞卫生、送信，照顾首长、陪同去司令部政治部开会。沙飞常讲，胶卷是从敌人手中弄来的，是冒生命危险换来的，不能私自瞎照，照的胶卷要经审查，要有政治意义、有内容，他要检查，不好就要说。沙、石两人单独吃饭。沙飞经常去工厂，他热情、随便，与工人一起玩。

张四（印刷工人）1998 年回忆：1941 年我在印刷厂，印刷厂和摄影科合并。沙飞是主任，张一川是厂长，我是石印组的。开始印第一期画报，章文龙是编辑。沙飞除了睡觉，全部精力都在画报上，他亲自掌握，那时很困难，印第一份画报，奋斗三四个月，终于出版了，那是沙飞的心血。到了曹家庄，沙飞为了出二、三期画报，派我去送伪币。他特别嘱咐我，这是边区人民的生命，交给你送到北平，当时 20 万伪币，那不是小数啊，可不得了。我是个印刷工人，沙飞相信我。他说，你完成任务就回来，完不成就别回来。沙飞与我们，除了分工不同，其他没什么不同，跟我们吃的一样，穿的一样。后来在洞子沟，七八十人一下子减少到 26 人，当时感冒传染，沙飞急了，技术工人病了怎么办？我是技术骨干。他亲自到军区卫生部去要"奎宁"，那是最好的药。我吃了后病就好了。人歇机器不歇，继续印画报。

白万英（时阜平上庄儿童）2001 年回忆：我父亲白玉琢是阜平县抗联主席、区委书记，我是他的独子，那时刚几岁。1943 年沙飞教我们上庄老百姓打草鞋，可以穿三五天，以前夏天都光脚，从那以后夏天都穿草鞋。他又教大家用柳树皮做雨衣，下雨天穿。沙飞在篮球场给儿童团照相，洗了一张，大家都传着看。有一次我们看见他一人骑马来，都围上去，叫沙主任，他第一个抱起我说，这是革命后代，你们现在是儿童团，将来打倒日本后，要靠你们。画报社每天一人节约一两粮食，我家得了三斤黑豆。

李力竞 2006 年回忆：我 1944 年参加晋察冀军区第一期摄影培训班。那时很苦，条件简陋，为战争打洞、地道，还要种粮食，劳动挣一些经费。学习器材很少，一个人学一期就拍两张照片。"眼兵"就是沙飞，就是沙飞对摄影的理解。

袁苓 1998 年回忆：我认识沙飞是 1944 年二三月，在洞子沟摄影训练班毕

我的父亲沙飞
My Father H.Szeto

第二章 洪 流

业,要分配到冀中。一天中午石少华领着我进一间屋,说我是袁苓,沙飞一下子站起来,把我抱住,问我多大了,什么地方人,什么时候学照相,能不能冲洗。(作者附记:1998年在北京新华社黄亭子宿舍,我首次拜访袁苓,一提起沙飞,老人即哽咽。)

顾瑞兰(顾棣的大姐)1998年回忆:我第一次见沙飞是1943年,我是区妇女会长,一天我刚进家门,一个又高又瘦的八路军干部在门口问,这是顾棣家吗?他跟我们说,前几天在路上碰到个孩子叫顾棣,觉得他挺聪明的,想让他以后跟他学照相,问我们愿不愿意他去。他特别爱笑。我们说,他从小就出去闯,只要他愿意,我们不阻拦。我母亲是妇女主任,她说,顾棣1940年当儿童团长。他一听,马上就高兴了,眉飞色舞,哈哈大笑,他说,不知道小顾棣还是一个老革命呢!说得我们也笑了。快中午了,他要走,说他叫沙飞,在画报社。1944年他又来了,问顾棣是不是毕业了。后来通过高天辉,把顾棣调去画报社。1945年第三趟来我家,还有石少华,沙飞说顾棣学习很刻苦,他说以后还要再来。

顾瑞兰2014年回忆(女儿宋涛根据资料及口述整理):对沙飞主任的印象,他平易近人,说话带笑,有时像个孩子一样天真。如我刚到晋察冀画报社不久(1947年),他从前方回来办事,到暗房来看望大家,这时我正给战友们看我的塑料筷子,他来后不知道我们在看什么东西,大声对我说:"小鬼,你拿的是什么宝贝呀?"我回答:"沙主任,你还不知道吧,这筷子可是象牙的。"他伸手抢过去仔细端详后,哈哈大笑:"小鬼,你的眼力不错,还真是象牙的。"我看他拿着筷子爱不释手的样子,就说:"你看着好,就归你了。"他又哈哈大笑起来:"你说的当真?"我说:"对呀。""那你给我写个条子。"我说:"写什么?"他讲:"你写上送给亲爱的沙主任。"这时宋贝珩接过话茬,"你写上送给讨厌的沙主任。"逗得大家都笑起来。这时他的警卫员进来说有人找他,于是他把筷子举起来大声说着:"归我了,归我了。"可真像个孩子一样,跟着他警卫员一起走了。

顾棣:1944年底群英大会期间,我和沙飞在一个窑洞,胡朋是邻居,她来看我们。沙飞向我们详述了他的经历。他从皮包里拿出小铁盒,把里面的东西给我们看。铁盒有时放在上衣左袋,有时放在皮包,盒磨损得很厉害。里面有用蜡纸包着的14张鲁迅底片、晋察冀参议员证书,还有八路军总部朱德总司令委任他为全军特派记者的委任状,是十六开大小的白麻纸,用毛笔写的字,上面盖有

8.《文化的鲜花》

中国国民革命军十八集团军总部的大方公章，有朱总司令的图章；1937年初王辉写给沙飞要求离婚的信，他给我俩念了这封信。最后他送给我20多张小照片做纪念。后来才知道这大都是沙飞在广州、桂林举办个人影展的作品样片，底片已丢失。胡朋几天后结婚。

（作者附记：很早就听说，胡朋喜欢过父亲。1998年采访胡朋时，忍不住婉转地问她：我父亲对您是不是挺好的？她平静地回答：接触不多。当时想，可能是岁月冲淡的缘故。不久听说，胡朋的大女儿看到甄小英发表在1995年《中华儿女》杂志上关于沙飞的文章提到此事，告诉了她母亲，胡朋分别给姐姐、顾棣打电话和写信，非常严肃地提醒，不要乱说，有损沙飞形象。我再找前辈问此事，原来传闻是错的，完全相反。那次采访，我还问胡朋、胡可，你们结婚时，沙飞是否给你们拍过照片？胡朋回答：拍了，但当时他把一个老乡的孩子放我俩中间。）

2004年5月20日沙飞铜像揭幕前夕，我们几兄妹与田华欢聚在石家庄，田华谈起往事："你爸爸特别喜欢我们这些女同志，常给我们拍照，他喜欢胡朋、追胡朋，他当时不知道你妈妈在哪里。聂荣臻为稳定演员队伍，专门规定：无论哪一级干部，不许到剧社找对象。胡朋是抗敌剧社一号女演员，演陈白露等主角，我们可羡慕了。你爸爸喜欢我，但不是那种，我比他小16岁，当时是小孩，1942年底，他把我拉出来跟雷烨一起照相，1943年春他又单独给我在阜平大沙河边拍照，照片好极了。沙飞有才，是好人，他勇敢，不管对错，他敢说、敢做。他出事后，政治部给我们念文件，我们都哭了。"

吴群1980年回忆：1945年春我去画报社拜访沙飞，他亲切地接待了我，给我换了一台较新的德国蔡司伊康120折合式照相机，我还领了两个胶卷，他鼓励我在前线多拍好照片、多供稿。我觉得沙飞不错，就来画报社了。

石少华1980年回忆：我

田华在沙飞60年前为她拍摄的照片前。2004.5.石家庄

我的父亲沙飞
My Father H.Szeto

第二章 洪 流

1939年12月到晋察冀。吕正操要我到冀中军区筹建摄影科。沙飞是先驱、开拓者。他写了建立摄影工作的建议报告，军区批准，建立了摄影科，属军区政治部宣传部领导；后来他又建议创办画报，也批准了。沙飞认识到历史使命，他将眼光从晋察冀投向未来的新中国，将大部分精力从个人的实践转向队伍的建设。沙飞到华北前线，不光是一名记者，他是一个摄影家。他以艺术家的身份参加参议会。沙飞的功绩是在敌后艰苦的环境下、在其他解放区没搞起来时，他办起了《晋察冀画报》。这不仅是新闻摄影画报，而且是一本全面的艺术画报。他团结艺术家们，共同办这件大事。他气魄很大，敢用、重用北平来的工人，没有很好的气魄，不能团结这些人。我们的画报进入保定、平津，送到日寇最高司令部。敌人把画报当成军事目标，要摧毁。当时摄影器材来源十分困难，日寇当作军用物资处理，甚至在每一个胶卷盒上都印上"防谍"，防止流入抗日根据地。我没到画报社时，我们感情就很好，互相关心支持。我们没吵过架，同房同炕，生活习惯不一样，我们在一起互相不小气，谁也不愿谁离开，两个通讯员互相照顾。他有时脾气大，他不愿我离开，苦恼时我在他身边。警卫员体会不到他的事业心。他跟别人发火，我做工作，使他不太火，也使别人对他不太恶感。他是社会活动家，善于交际，他交友广泛，与其他单位一弄，就很亲热，就能合作。

李遇寅1980年、1998年回忆：我曾在故宫博物院印刷所三年。沙飞讲过一个故事，一次世界大战前夕一名摄影记者，在奥国皇太子去检阅前，一直张开镜头，结果把皇太子被刺的过程给拍下来了，这个人后来很有名。狼牙山五壮士的事后，我、沙飞、白连生去狼牙山住了一夜，在山上庙道庵见到一老道，沙飞跟老道谈起来。老道原是吴佩孚手下的营长，吴失败后，营长灰心，不过问国家大事，出家当老道，七七事变北平被占领后，他去过，他对军事有研究。沙飞问他，你对八路军的战法有什么看法？老道说，你们对。八路

李遇寅。1996

8.《文化的鲜花》

战术好，以柔克刚，敌人走了就来，敌人跑了就打。沙飞问应该怎么办，他说，枪不在我手里，我也没办法。我们叫老道吃饭，他说，我是出家人，不吃。沙飞给老道拍了照片。沙飞说他准备写电影剧本，可能已动手写了，有三个记者参加抗战到敌后，他、赵烈和我，遇到好多事，包括狼牙山。

他跟周巍峙说过，他不适合做行政。咱们不搞行政，你搞音乐，我搞摄影，都比这有成就。穆欣常给沙飞寄一卷卷报纸，有《新华日报》《大众周刊》。沙飞让章文龙抄涅克拉索夫的诗。沙飞看话剧《雷雨》说，啊！好极了。他说，他拍的一张照片，教堂内外，里面一华丽女人，外面一群乞丐，他要展出，教堂提抗议。沙飞指着鲁迅送殡照片说，这低头光头的是胡风，这是郁达夫的侄女郁凤，是漂亮的大姑娘，这是巴金、黄源。他的照片《鸽子》有飞的、在房上落的，有12英寸大，他挂在我们住的屋，我说这照得很好，他说没有发表过。有一幅照片标题是《淘金者》，一个骨瘦如柴的老人半裸着坐在沙地上，在阳光下用筛子筛沙土。由于光线、角度、构图运用得巧妙，使老人的艰辛、阳光的灼热、沙地的干枯融为一体，极有感染力。时隔几十年，这幅照片仍在我记忆中很鲜明。我在张家口看到香港出的一个刊物有个消息说，在晋察冀有个沙飞先生搞了个《晋察冀画报》，非常好，战斗性很强，艺术性很好。沙飞喜欢版画，他的房间总是挂一幅版画，画面是一个痛苦的母亲和两个饥饿的孩子。他说，这是鲁迅欣赏的德国女版画家珂勒惠支的作品。他不止一次谈到，妻子不让他搞摄影，他一定要搞。他们度蜜月去了好多地方。两个孩子从小就会吃鱼，会择刺。温健公让他搞无线电，他没搞，坚决搞摄影。

张志坊1980年回忆：一次吕东阁闹情绪，但说自己有病。沙飞让炊事员做病号饭面条，还打了几个鸡蛋。吕东阁快吃完才问，谁让给我做的病号饭，才知道是沙飞，吃完去找沙飞检讨。一次吕东阁和朱良才他们在大沙滩上踢球，当时朱良才穿着鞋，他不注意一脚踢到没穿鞋的吕东阁大腿根上，吕坐在沙地上哭，朱良才过来赔不是，说不是故意的，一会又好起来。

徐飞鸿1980年回忆：1942年秋天派我去延安鲁迅艺术学院进修，临行前沙飞交给我两本《晋察冀画报》创刊号，他用两块板把画报夹住，他要我带给毛主席和朱总司令。到延安后我将画报直接送交中央办公厅，请他们转交。沙飞还给晋绥日报社穆欣一本画报，并写一封信给他，请他提意见，我路过他处住了三天。

我的父亲沙飞
My Father H.Szeto

第二章 洪流

穆欣。2000

晋冀鲁豫《战场画报》主编高帆1998年回忆：1943年我从晋冀鲁豫到晋察冀，沙飞一看我们远来很高兴。我希望他支持，他说我们应有个发展，不是几个人能干得了的。我拿了晋察冀画报社制好的铜版回到太行，印出来。沙飞是我们的榜样，是革命摄影的旗手，给我们打下基础。

穆欣2001年回忆：抗战初期诞生的国际新闻社是中共南方局领导的。我当时在山西兴县晋绥日报社。1939年11月范长江给我一封长信，国新社决定在晋西北（近延安）和晋东南（八路军总部）派驻特派员并设通讯站组织稿件。晋西北由我兼任特派员、通讯站主任，负责组稿范围是陕甘宁边区、晋绥边区和晋察冀边区。随函附来几十名撰稿人和特约通讯员名单。信中特别说明，这个在华北解放区发展的计划是经过"周公"（周恩来）同意的。名单中有沙飞。沙飞在给我的回信中，介绍自己原名司徒传，受左联司徒慧敏影响大，与木刻家李桦熟，拍过鲁迅的照片等。我抗战前读书时见过沙飞拍的鲁迅照片。我们交换报纸、画报，并互相供稿。他每次最少寄10份以上《晋察冀画报》，我转重庆、延安等地。我转二三十份新华日报及其他报纸到前方。我保存了许多资料。全套《晋察冀画报》于2000年捐赠给中国军事博物馆。

1944年6月，美军飞行员白格里欧中尉执行空袭任务时，受伤迫降，被我军救获，晋察冀画报社派记者跟踪采访报道，7月18日他到画报社参观，并住一晚。8月出版《晋察冀画报》6期有《援助盟邦飞行员白格里欧》组照、沙飞署名宋山文章《白格里欧在晋察冀画报社》，及一则消息：得悉白格里欧遇救，美国大使代表政府，函谢朱彭总副司令：接准本年7月28日台函，得悉美第十四航空队飞行员白格里欧在正太路被迫降落，经贵部营救出险。查美国飞行人员被迫在敌占区或其附近地区降落，多赖中国军队及人民予以宝贵之协助，使其

8.《文化的鲜花》

沙飞（伸手指者）向参观晋察冀画报社的被我营救的美国飞行员白格里欧中尉介绍新闻图片。1944.7.阜平洞子沟

在阜平洞子沟晋察冀画报社，左起：翻译董越千、沙飞、美军飞行员白格里欧中尉、高帆在土制制版机、印刷机前合影。1944

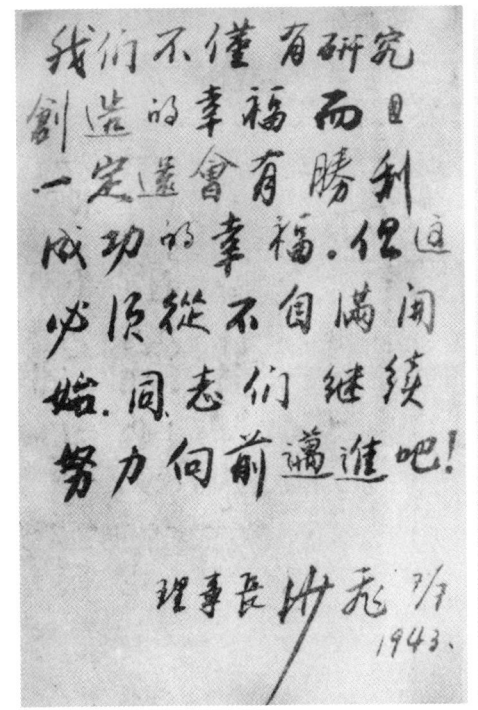

沙飞为晋察冀画报社自然科学研究会题词。1943.7.7

1942年8月28日，《晋察冀日报》发表赵烈文章《文化的鲜花》，详细介绍《晋察冀画报》出版经过

得以安全返防，继续进行对贵我两国共同敌人日寇之斗争。本国政府深为欣喜感荷，上述美国飞行人员，承阁下及贵部队之援救。本大使谨代表本国政府，敬致谢忱！

1942年8月28日《晋察冀日报》发表赵烈文章《文化的鲜花》，详细介绍晋察冀画报出版经过。

第二章 洪流

文化的鲜花

赵 烈

《晋察冀画报》从艰苦斗争中出版了。炎夏的季节,晋察冀开放了一朵美丽的鲜花,军队和人民都热爱着它,阅读着它,传递着它——这就是《晋察冀画报》创刊号。

关于它的内容,正如聂司令员在题词中所说的:"五年的抗战,晋察冀的人们究竟做了些什么?一切活生生的事实都显露在这小小画刊里。它告诉了全国同胞,他们在敌后是如何的坚决英勇保卫着自己的祖国;同时也告诉了全世界的正义人士,他们在东方,在如何的艰难困苦中抵抗着日本强盗!"

的确,边区的摄影工作者以及一切文艺工作者,在五年艰苦的工作中,把边区这伟大斗争真实的史诗,活生生地记录下来,编写在这刊物里,广泛地传播出去,这是何等的丰富与动人呵!

这样的画报,在抗战五年的中国从来是罕见的,尤其是诞生在这样艰苦残酷的敌后,诞生在这样荒僻狭窄的山沟里,不能不算是一件惊人的奇迹!

在一处极其破旧的村庄,从这里日夜发出隆隆的机声,与山沟的流水相呼应着,这里一切都是残酷和贫乏的,只有几架机器和一些少数的药品材料,但是这里有着一群年轻活泼的伙伴,画报就在这样条件下创造出来。

关于这些,它的劳动创造者们会告诉你许多生动的故事。

1940年的夏天,离现在是两年的时间了,这件事业开始了筹划,然而,那时寥寥无几的几个同志只是摸索在茫茫大海里,没有头绪。

秋天很快地过去了,他们中间增加了一位技术专家,随着运来了一架破旧不堪、几乎不能用的照相制版机,经过了水刷和黑布粗略的修补之后,成为今天重要的工具。

但是制成铜版所需要的几百种药品和用具更是显得渺茫呵!为着这,当时寥寥无几的几位同志日夜忙于奔波,他们四处寻找,八方求援,到各个兄弟部队里整整经历了五个月长期的奔跑与努力,终于凑合借到了一部分药品和代用品,数量虽然是少得可怜,但制版工作最后试验成功了。

在1941年光辉的5月节中,铜版在边区出版界以崭新的姿态出现在报纸刊

8.《文化的鲜花》

物上了。"边区有了铜版，这是出版界新的胜利啊！"

可是不久，伴着这胜利而来的是材料告罄了，但是，工作要坚持下去，要发展起来……为了解决急切的严重困难，奔走的工作又开始了，他们怀着坚强的信念，带着重大的任务到了冀中，因为冀中或许有解决困难的机会。秋季，经过一次激烈的大动荡，很快过去了。

严冬的夜晚，月亮冷酷地俯射着广阔的平原，在隆隆的枪炮巨响下，一支队伍飞快的越过了平汉路，越过了层层的封锁沟，天亮了，战士们铁青的面孔，额角流下了汗珠，他们不是因为长期奔跑的战斗生活而疲劳的，而是因为在他们的肩上增加了个负担——一个异乎寻常的大挂包，挂包里满装着的不是子弹，而是用玻璃瓶装着的药品和沉重的厚铜片，他们代替了大车和牲畜，越过了宽阔的封锁沟，把材料运输过来了。啊！是勇敢的战士为着这一事业的成功而艰辛地奔跑着，战斗着，流着他们的血和汗。终于粉碎了敌人的层层封锁而得到了胜利，大批的材料用笨重的大车输送回来，工作又射出了新的光芒，《解放》《日军之友》以及其他的报纸上出现了大批铜版照片的插图了。

工作经历了一段短促而紧张的路程。一件意料之外的喜讯传来了。

事情是在一年半以前了，在北平西山一条崎岖弯转的小路上，有人护送几位优秀的技术专家，带着笨重的机器和几箱材料，踏过了敌人的堡垒线，冒着生命的危险走进了山地，习惯于城市生活的人，行进在崎岖的山道上，他们的脚都臃肿了，脚上都打起了核桃大的水泡，喘着气，爬过了密层层的山峦。他们是受着真理和意志的驱使而来的，——为着建设敌后出版事业底意志而来的。

为着这件事业他们受了多少折磨和牺牲呵！一位中年健谈的王技师会滔滔不绝地和你谈论的：1940年底他们一起离开了北平，离开了自己可爱的家庭和富裕的生活，他们并不惜别这花花世界和丰富物资的享受，不怕敌人特务的追踪和汉奸的暗算，因为他们为了崇高的目的是可以牺牲一切的。

在他们刚到根据地几天之后，残酷的"扫荡"与反"扫荡"便展开了，不幸一架崭新的脚蹬机被敌人破坏了，砸成残缺的碎块，药品由于长期的坚壁而受潮了，工作于是受到严重的损失。

"既然从北平运得出来，我们就能把它补得好的。"那位王技师曾气愤地下了决心：经过了一个多月修补的工作，机器结果是修补起来了。

我的父亲沙飞
My Father H.Szeto

第二章 洪流

为着解决材料用品的困难,凭着熟悉的社会关系,王技师冒着生命的危险回到了北平,一个多月活动购买的结果,材料已经运出了北平城,但是千万个注意中的一次疏忽,材料被发觉了,王技师和一位购买员一起被送进了丰台日本宪兵队的看守所里,过了四个多月监狱的生活,受尽了无数次灌凉水、煤油和灌辣椒汤等毒刑的损害,终于得到了保释而脱险归来了,还带回来几箱重要的药品。

现在,已经是一支强大的队伍了,有了许多优秀的技术专家,有了机器和材料,还有广大的年轻的伙伴,以及文艺、摄影、编辑底工作同志,3月间《时事专刊》就在他们的积极工作下出版了。

机器还在日夜隆隆地响着,制版的同志在热辣辣炭炉旁边烤铜版,汽灯下排字的同志在辛勤地工作,一切都为着画报创刊号的出版而忘却了,疲劳地工作着,整整经过了一个半月的突击工作,在频繁的战斗环境中,这朵美术的文化鲜花终于开放了,它是如何地受着广大的人们的欢迎与热爱啊!它是从长期艰苦的斗争中创造出来,而又是能够真实地反映晋察冀的人们伟大斗争生活的史诗的刊物!

八月十七日

1944年12月15日重庆报纸《国讯》发表穆欣文章《钢铁是怎样炼成的——敌后报业散记》:"这是一种奇迹……到一九四二年秋大型的《晋察冀画报》出版了,那精美的五彩封面,早已不见的重磅道林纸、木造纸、瑞典纸;清晰而秀丽的图片,比之于战前在上海出版的最好的画报也不逊色。而它活跃纸上的人民的姿态,丰富的敌后斗争内容,这更非那些兴趣放在'大腿''曲线'上的消遣品所能及。这是晋察冀军区政治部出版的报刊之一,名摄影家沙飞等均在该社工作。我们已收到的共有四期,外有三期《时事特刊》,比较薄些的副册。听说第五期(实际已出到第七期)已出版,但尚未收到。战争每每会把近在咫尺地区分割成地角天涯,炮火阻难着交通。"

太平洋战争爆发后,1942年始,中华大地仅有两份摄影画报,即《联合画报》和《晋察冀画报》。1942年9月中美英三国宣传部门在重庆办《联合画报》,舒宗侨任总编辑;1943年1月《联合画报》转归美国新闻处经营,初为半月刊,后改为周刊,主要刊载反映同盟国联合作战的新闻照片及战地通讯、述评等,在

8. 《文化的鲜花》

大后方和各战区发行，销数从两三千很快增加到五万份，并由盟国飞机向敌占区空投，取得很好的宣传效果。

二战期间，交战双方都在努力宣传。杨克林文章《中国抗日战争时期的摄影》（2008年沙飞研究中心首届学术研讨会）中写道："日本在侵略中国的过程中，早就使用摄影图片这一手段。特别应该指出的是，日本不但在各部队中都配备了设备齐全的摄影报道班，系统全面地进行战场报道，而且把摄影作为一种收集中国情报的手段，鼓励其国内的摄影力量（包括专业的和业余的）全方位地、战略性地扫描中国。"

晋察冀画报社重视对外宣传，不放过向外发送照片的机会。发稿方式主要为人员顺带，通过来边区访问的国际友人、美军观察组、出国代表团、军调执行组等带出。

1946年6月，丁玲赴法国参加世界妇女联合会时便带去了120幅由晋察冀画报社精选的解放区妇女活动照片。

1946年7月，晋察冀画报社与美国新闻处建立互相发稿关系，美国新闻处给画报社发来大批照片和挂图，画报社也给美国新闻处寄发了八年抗战和自卫反击战新闻照片。《晋察冀画报》8期（1945年4月）"海外通讯"栏已发表美国新闻处提供的照片。

1946年9月舒宗侨主编的《第二次世界大战画史》，1947年5月舒宗侨、曹聚仁编著的《中国抗战画史》在上海出版，各收入照片千幅左右，两本书各收录中共抗日根据地照片几十幅，晋察冀画报社提供各20余幅作品，作者赵烈、周郁文、李途、孟振江、张进学、流萤、董玉福、刘沛江、袁克忠、叶苍林、雷烨、田野、石少华、蔡尚雄、杨国治、刘峰、沙飞等。

舒宗侨。2003

我的父亲沙飞
My Father H.Szeto

第二章 洪流

《晋察冀画报》1~10期封面

8.《文化的鲜花》

　　1998年6月6日,舒宗侨赠王雁签名本《中国抗战画史》(中国书店影印本)并致函王雁:当年那些照片转我,回忆是邓颖超从解放区带过来的,我则由上海八路军办事处章汉夫那里取得,章是我在重庆和上海的老朋友。

　　1948年3月,香港《正报》出版《正报读者爱报运动纪念册》一本,即《老百姓自己的军队》画册(非卖品),16开本,180克木造纸印刷,刊登了59幅照片,除前边几幅领袖、将领像以外,全部是晋察冀画报社发出去的抗日战争时期照片。(作者注:香港《正报》主编杜桐是王辉的妹夫,1946年始担任中共中央香港分局书记方方的秘书。)

　　2006年3月19日,《新民晚报》驻美记者徐逸鹏发表文章《当年由安娜·路易丝·斯特朗从延安带回美国,近日辗转被发现——一百四十余幅照片重现抗战历史》:140余幅记录八路军抗战和晋察冀边区建设场景的珍贵照片,在尘封近半个世纪之后,近日在美国加州一位摄影师家中找到下落。这套照片是抗战胜利后美国进步女记者安娜·路易丝·斯特朗从延安带回美国的,全称为《晋察冀边区影集》,出版单位为晋察冀军区政治部晋察冀画报社,照片拍摄年代集中在1939年至1944年期间。这批照片生动地记录了晋察冀边区。在《军事斗争》里,有大龙华歼灭战和百团大战的几十幅照片,有表现边区人民积极参战、踊跃为部队提供各种保障和边区发展教育事业、生产自救的场景。在《冀中平原的游击战》一集中,有反映八路军抗战各种战术的照片,有揭露日寇"大扫荡"中各种暴行的照片,还有当时美、英等盟国武官和军事观察员来边区活动的照片。

　　晋察冀画报社有6年历史,从1939年摄影科建立算共9年。做了几件工作:(1)出版刊物几十万份(册);(2)培养摄影队伍;(3)对外发稿5万余张照片;(4)举办影展300余次;(5)先后派出三批人员,支援兄弟解放区创办摄影画报;(6)保存底片、照片资料。

9. 天各一方

　　1940年9月，王辉随方方北上到桂林。她在李克农领导的桂林八路军办事处工作了几个月，当会计。沙飞的三弟司徒强从南澳岛军用电台调到桂林国民党军用电台工作，他去看望王辉，他说，你和大哥感情那么好，为什么要离婚，我真不明白。她不知如何回答。她知道，沙飞那么多弟妹，最了解他的是这个三弟。在司徒强来访前，王辉就已向组织汇报，后来她认为没必要再见面，双方就失去了联系。1940年底，王辉奉调重庆八路军办事处。

　　1941年1月皖南事变后，南方局决定部分人员及家属撤到延安。名单、身份已由当局审定，当然都不是真实的。为此，王辉的儿子司徒飞改名为王大力（即王达理），女儿司徒鹰改名为王小力（即王笑利）；王辉的六妹夫谢育才与前妻生的女儿谢莹改名为王莹……还有李克农、博古的孩子及李鹏、叶选平等人。每个孩子要记住自己的新名字，记住到延安是找爸爸妈妈的。当时欧阳山、草明夫妇在重庆等待去延安时，收到大女儿欧阳代娜的明信片，告知她随香港保育院撤至贵州桐梓，欧阳山立即赶去接孩子。他刚走，草明接到通知，立即去办事处乘车赴延安。组织委托草明在路上照顾两个小孩子，她痛快地答应了。草明抱着刚出生几个月的儿子欧阳嘉，在临上车前，王辉把两个孩子交到她手里。草明当时已知道孩子的父亲就是在上海认识、现在华北前线的沙飞，也知道孩子的父母亲已离婚，她理解母亲的心，一再安慰她：你放心吧！我保证他们会安全的。

　　同一批走的有蒋南翔、李金德等人，100多人分乘几辆大卡车和一辆小轿车，周恩来、邓颖超去送行。草明在途中尽心照顾两个孩子，李金德对他们说：你们要不听话，到延安就不让你们看毛主席。一行人顺利到达延安。王达理、王笑利到延安保小读书。后来王辉到延安，与草明是中央党校同学。1945年底草明到张家口，在晋察冀日报社工作，她去看望老朋友——已破镜重圆的沙飞夫妇。沙

9. 天各一方

飞把自己拍摄、1936年12月首次个人摄影展览作品、珍藏了10年的三张照片《鲁迅与青年木刻家》《鲁迅遗容》《鲁迅丧仪》送给她。照片伴随草明度过了几十个春秋。2014年草明之女吴纳嘉将此三张沙飞摄影作品原作捐赠给中国国家博物馆。

第十八集团军驻渝办事处，也称八路军驻重庆办事处，是中共公开对外的名称、机构，办事处在红岩村，它掩护着中共中央南方局这个秘密机关。

1939年1月南方局正式成立。周恩来为书记，博古、董必武、叶剑英、邓颖超等为委员。工作人员有孔原、蒋南翔、童小鹏、王炳南、陈家康、龚澎、章文晋、夏衍、冯乃超、何其芳、荣高棠、许涤新、宋平、章汉夫、潘梓年、陈舜瑶、张剑虹等人。

周恩来居住办公在曾家岩50号，即有名的"周公馆"。这是一座三层小楼，一、三层是自己人的，二层住的两家是军统头子戴笠安排的，楼下的传达室各占一半，戴笠的公馆在附近。胡同有几家茶馆、几个烟摊，是双方各自布置的。周恩来常在办事处办公住宿。

王辉到重庆南方局不久，就发生了皖南事变，国共两党关系异常紧张。1941年1月17日晚，南方局在办事处二楼走廊召开全体工作人员会议。周恩来讲了形势及应付可能发生的突然事变所必须采取的各种措施。他说，国民党顽固派对外准备妥协投降，对内镇压，国民党又向我们动手了，蒋介石是一身流氓气，不要忘记，我们现在是和一群流氓打交道。我们每个同志要做好充分准备，准备国民党把我们抓去坐牢杀头，准备在可能情况下突围上山打游击。办事处没有公开身份的立即疏散出去，公开身份需要留下的要坚决留下来，准备和国民党斗争到底。世界上没有任何困难能够压倒共产党人。他讲完后每个人当场表示随时准备牺牲，是去延安，是留下来，还是疏散，请组织决定。

周恩来叫袁超俊、童小鹏等成立一个秘密工作委员会，成立后第一件事就是搞保密工作条例，他亲自审定。这个条例成为共产党在国统区的保密守则，有些规定1949年后在外交部驻外使馆延用。第二件事就是根据条例，采取一系列具体措施，南方局、新华日报社主要工作人员列花名册，电报中央，以防不测；严格要求各部门清理机密文件，重要档案连日连夜用密电发往延安后，材料及电稿均烧毁；严格检查公私物品，一般文件、电报、名册、报表、私人信件、日记本、照片等，集中上交烧毁；非保存不可的，如密码、每个人联系的重要关系的

我的父亲沙飞
My Father H.Szeto

第二章 洪 流

地址、接头暗号等，用极小的字写在一种很薄的纸上，放在随手可拿到的隐蔽地方，每人准备一盒火柴，遇情况，立即烧掉，再用水泼灰渣，任何字迹都查不出，每个房间随时准备一盆水，三楼专门备了个烧毁文件的铁炉；有些贵重和有价值的东西由办事处交苏联驻重庆大使馆暂存；机要人员一律不得外出，保证在任何情况下联络都要畅通；在二三楼的楼梯口装上结实的门；传达室增加人员，二楼加哨，与楼下的警卫昼夜放哨，值班有一线、二线；还喂了一条狗，名叫"汪精卫"，它也帮助警卫；每层楼安上电铃，电铃按钮装在传达室的桌腿上，遇情况，值班人员将膝盖一靠，电警铃即响，按预先分工，每四五人一组堵住楼口，争取时间，以保证三楼的同志在最短时间内将所有密码本、电稿、账本全部销毁。这种情况从未发生过。

每个人都接受保密教育，不应说的不说、不应看的不看、不应听的不听，如果偶然听到或看到的机密也要尽量忘掉，以保证在任何情况下，不泄露党的机密、不损害革命利益。

三楼的工作条件很艰苦，房间像鸽子笼，又低又小，窗户开在房顶上，阳光直射房里，夏天酷热难当，没有电扇。周恩来每天晚上最后一个"节目"就是向党中央发电报，同时又接收延安的指示。机要、电台夜以继日地工作，保证这条"看不见的战线"畅通无阻。

抗战开始，办事处从政府军需署、兵工署领到军饷、枪支弹药，皖南事变后什么都没有了。共产党除延安、各敌后抗日根据地需要钱外，在国统区也需要活动经费，南方局、办事处、新华日报社工作人员的生活费、办公费、特殊工作费，国内外各地下党活动经费，帮助重要统战人士及民主党派的经费，这三方面需要很大一笔钱。南方局想方设法，一部分是捐助的，一部分是从卢绪章的广大华行拿来的。袁超俊负责秘密财务，他到某个地方取钱，汽车七转八转到适当地方下车，再绕到目的地，拿到钱后绕道开回办事处，有时一包钱几十斤。他1943年得肺病吐血，还要定期去提钱。

一位曾在南委、桂林及重庆八路军办事处工作过的秘密交通员王华生（20世纪80年代南方局党史资料征集人）于1983年8月致函王辉：记得我在重庆你曾说过，我在梅县时南方局寄给南委的经费，写的是王洁华收，你说猜出是我！不错，是我。我想不起来，南方局寄过多少钱来。你能记起寄了多少钱来？我估

9. 天各一方

计起码也在 10 万元以上。因为不止一次，是三五次，每次最少两万元。请你在百忙中回忆一下。

周恩来传达中央关于"隐蔽精干、长期埋伏、积蓄力量、以待时机"的 16 字方针。南方局决定凡未暴露身份而又可利用社会关系找职业掩护的党员暂时疏散，转入地下斗争，以保存力量。为了让这些同志敢于斗争、善于斗争，周恩来及组织部长孔原提出实事求是、从实际出发的具体方针和做法："三勤"，即勤业、勤学、勤交友；"三化"，即职业化、社会化、合法化；"三有"，即有理、有利、有节的斗争原则。扎扎实实做好等待时机的具体工作；要利用敌人内部矛盾，把工作深入到国民党上层人物，对重要人物的子女要做工作；在一个单位内，如果强迫所有人都参加国民党、三青团，不参加可能暴露身份，为了长期隐蔽，最好在大约一半人参加时，随大流参加，不要过早或过迟。周恩来特别要大家一定注意"革命的两面派策略""同流不合污"，保持共产党员的高尚品德，继续战斗。

王辉的七妹王勉、杜桐夫妇 20 世纪 40 年初调到南方局工作，杜桐任南方局青年委员、《新华日报》副刊《青年生活》编辑。

袁超俊负责疏散人员，并结合疏散建立隐蔽的交通线，转入地下工作的人组织关系保留在南方局，不和地方党发生组织关系，单独成立党小组，由南方局直接领导、单线联系。

王辉、王勉和杜桐在四川无亲友，袁超俊通过关系，为他们找到教书的职业。离开办事处前一晚，亲人要分开了，话匣子打开就收不住了。王勉告诉姐姐，一次邓大姐对她说，你姐姐出来工作早，很有魄力……他们一直谈到深夜。整个办事处都熄了灯，只有住在离他们几房之隔的周恩来房间还亮着灯，他到他们房门口，轻声说，你们要注意啊，不要清谈误国，明天还有许多工作要做，早点休息吧！"清谈误国"四个字印在王辉心中。

第二天一早，王辉就和办事处的江洪去四川江北县桶井镇，王辉当了几个月小学教师。

沙飞在 1942 年填写的入党志愿表中，写已离婚的妻子职业是职员、小学教员。真巧！

王勉、杜桐夫妇在四川广安县、渠县中学教书五年，隐蔽待命，直到抗战胜利。

王辉回南方局仍干原来的工作。周恩来对王辉讲，规定的财会制度，你们管

第二章 洪 流

财会工作的同志要坚持。领导有时批条子跟制度发生矛盾时，你要及时向我提出来。

外事组陈家康等领了出差活动费，老不报销。王辉多次叫他们快结账，他们不以为然。她从他们的工资中扣回了借款。

一天邓颖超从曾家岩到八路军办事处，荣高棠的儿子荣乐天正在大门口玩耍，就迎上去叫"邓妈妈"，她高兴地把他抱起来，童小鹏恰巧拿了照相机，就拍下了这个镜头。邓颖超、周恩来看了照片很高兴，周恩来即兴题诗："大乐天抱小乐天，嘻嘻哈哈乐一天。一天不见小乐天，一天愁煞大乐天。"上款写"题乐天图"，下款写"赛乐天书"。照片与诗在党支部的壁报上发表。大家看后哈哈大笑。

（作者附记：20世纪80年代初，我听说荣高棠到广州，当晚即去省体委二沙岛招待所，荣老知道来访者是王辉的女儿，很高兴。我"假传圣旨"，说母亲请他有时间去家里，荣老当即要了车到我家；我先进家门，告诉正在卧室穿着睡衣躺在床上的母亲"荣高棠应邀到访"，她还弄不清楚怎么回事，荣老已握住了她的手，老战友久别重逢，分外高兴。）

1942年秋王辉患肺病，暂住曾家岩（即周公馆），边休养边工作。

病中的王辉看到延安八路军军政杂志社出版的《抗战中的八路军》及《晋察冀画报》创刊号。华北前线照片有的署名沙飞，有的没有署名或署其他名，但她知道，很多照片是他拍摄的。她看着画报，想了很多，他真的在用摄影为抗战服务！当初自己那么坚决地反对他搞摄影，难道错了？他现在个人生活怎么样了？他想我和孩子吗？他还恨我吗？坚强的王辉掉下了眼泪。身患肺病的她，躺在床上胡思乱想，对生活、对前途几乎失去信心。邓颖超看到她情绪低落，主动跟她聊天，讲自己在长征途中患了肺病，顽强地与疾病做斗争，坚持走到陕北，鼓励她增强战胜疾病的信心。王辉跟小超大姐谈了自己与沙飞的关系。大姐说，既然你们俩现在都参加了革命，如果他现在还没成家，就应恢复关系。谈话后王辉似乎看到了希望，心情轻松了很多。她经过一段时间休养，病好后恢复正常工作。

王辉与汕头老乡许涤新、方卓芬夫妇，还有开始搞机要、后来搞宣传的张剑虹及先后在南方局发行组、新华日报社工作的郑德芳比较熟悉。20世纪80年代

9. 天各一方

初,王辉在北京看望中国新闻摄影学会主席蒋齐生,见到蒋夫人——几十年没见面的老战友郑德芳。

王辉交代材料(1968年6月5日)

(1940年底)我从桂林一路乘八路军军车到重庆,因事前是经过办理合法手续,伪军警严查也查不出什么东西,因此我们一路并未发生过任何事故。上述桂林几位同志和袁超俊都可以证明我是坐八路军军车到重庆的。我到重庆的组织关系是统一转的,不知是不是经过电报还是带的,因此到重庆很快接上关系。到重庆大概是在皖南事变前不久,大约十二月底。绝大部分人先住在招待所,我也住了一二天就搬到八路军办事处。先把桂林带来的账向办事处赖祖烈(现在北京中央机关)报销以后由孔原(当时南方局负责组织工作的)找我谈,叫我任组织干部。开始要我负责办事处的图书馆,管理书报,后来皖南事变发生后一部分同志去延安,原负责南方局会计兼出纳的张月霞(听说现在北京)调去延安,因此决定由我接南方局的会计兼出纳工作,而图书馆工作则由王汶(已出国)负责,南方局的账是绝密的,是用最薄的纸做账页,周总理、董老等负责同志他们要拿钱给地方组织或其他费用都是在我这里支取,然后给我收条。每月终我就根据收条登记在账页上并把账结清楚然后交给童小鹏(总理当时的秘书)、刘昂也是当时南方局工作人员(钱之光的爱人)审核之后把单据烧毁并在账页上签名以绝密件保存起来,时刻准备发生情况,把它烧毁(未烧过)。另外因为皖南事变前后中央发出的宣传品很多是新华日报印刷通过办事处发出,我也积极参加写信封和包装工作,这个工作搞了好多天,大概四月份(具体时间记不清)由于皖南事变发生后形势紧张,除一部分同志送去延安外,有些同志则转到地方暂时隐蔽起来,以备应付可能发生的突然事变。这时候,组织决定江洪调到她妹夫家乡四川桶井镇中心小学教书,我也跟她去,任该校三年级主任。临行前孔原找我说,告诉我走后组织关系保留在重庆八路军办事处,不和地方党组织侧面发生关系,每月和袁超俊通一次平安信联系,在那里用群众的面目出现,并要我到那里多联系群众多交朋友,为了不暴露自己,进步书籍不要看,然后要我把工作交给刘昂等。这样我就和江洪一起去,当天下午就到。

我的父亲沙飞
My Father H.Szeto

第二章 洪流

从重庆来的时候我带了一些红药水和碘酒，碰到小孩跌伤皮破血流，我都给他们敷上，这个学校本地教师上课很爱打学生，我和邹他们几个外地来的教员都不打，因此学生和我的关系较好，尤其是那些被我敷过药的小孩和家长，他们经常要我到他们家里去。我们每星期天和墟日都上街玩或到学生家里访问。到江洪妹妹家里有几次。因此一般说来和当地群众的关系较好，为了隐蔽自己，我常常跟学生家里或图书馆借一些旧小说如《三国志》《红楼梦》等书籍看，桌子上也摆这些书，有时也念几句唐诗三百首，跟小孩讲孔明张飞的故事。

不久大约九月左右，我接到办事处的通知，要我回来汇报工作。在我和袁超俊汇报的地方是在周总理办公室隔壁。记得周总理还过来，我要求总理让我回来办事处，周总理当时未表态，以后听袁超俊告诉我，总理同意我回来。我第二天一早就坐船过江转乘滑竿（即轿子），当天下午到后就收拾行李，当时因为学校放假无人在，有几个学生在玩，第二天我坐原来的滑竿回来。除了几个小学生知道我走外，其他都不知道。

回来重庆以后，在南方局交通处任干事，该处系袁超俊负责，具体搞会计与出纳还是以前的工作那样。由于这个工作较为绝密，另外钱的来源也是绝密，而且来之不易，有几次是总理叫我到他的办公室交给我清点的。保管的钱的数目也较大，因此我就搬到三楼（是机要室所在地）楼梯旁边的房子

重庆八路军办事处三楼—南方局机密部门。1940. 童小鹏摄

重庆曾家岩50号"周公馆"内景。1939. 童小鹏摄

9. 天各一方

办公。这个楼没有关系的人都不上去，其他的房子我也不入。现在省委调查部康西宁和童小鹏当时也是在上面住和办公，无事不外出，即使要外出也是随着小汽车出去。如有一次我要照 X 光也是总理住医院、邓颖超同志和其他

王雁到访重庆曾家岩50号周公馆，妈妈曾经住过的地方。2006

同志去探病我跟着车去。我每月把账搞完交给袁超俊，由袁超俊和童小鹏审查原始单据和账面核对，然后签名把原始单据烧毁就把账页保存下来。因为重庆环境时刻都准备敌人突然袭击，对账页我们时刻准备火柴，碰到有情况就要烧毁或准备吞下肚子里（当然从未发生过）。除了这工作之外我还管一些衣服，便利有些同志外出好化装，以及警卫员的学习。

1942年秋我因患肺病，组织照顾我，把我暂时调到曾家岩（即周总理的公馆）工作。南方局的账由刘昂负责。一方面那里不那么繁重，可以多休息，另一方面只管周总理的房子和保险柜，因他经常到八路军办事处那里住，有时他回来要用钱就跟我拿。梁隆太（现在原北京市人委工作）可以证明。在曾家岩几个月病情好转就再回南方局搞会计兼出纳，情况和上面讲的一样。另外还兼搞一些有关华侨资料，即从报纸上剪贴有些华侨资料，把资料积累起来，有车去延安就送去，记得只送过一次。在重庆这一段听到报告很多，经常听到周总理和董老关于形势的报告以及其他同志的报告给我的教育很大。

1943年下半年八路军办事处的会计科长刘恕跟总理以及其他负责同志去延安，就把我调去搞办事处的会计和出纳工作，主管一切办事处开支，每天报账取款的人很多，工作较为繁重。整天收收付付记账结算点钞票，另外我还兼支委工作，当时支书好像是童小鹏（记不清），支部只管组织生活和党员学习。当时办事处的处长是钱之光（现在北京纺织工业部），我也搬到楼下办事处的地方办公。1944年3月接到中央通知要抽调办事处很多同志回延安学习，我也是其中的一个。临走前二个月是最忙，一方面要把办事处的账

第二章 洪 流

全部结清向中央报销,另方面要把外面送来数百万元伪法币清点好,装好带回延安以便中央好向伪国民党地区购买物资建设边区。不知怎样搞的最后结账时差了伪法币一万元,查来查去查不出。钱之光处长也帮忙我查,也未查出,心里非常着急。因为是我从桂林到重庆管账以来最大的错误,最后我要求钱之光处长给我处分并表示到延安后搞好生产增加收入来偿还这笔款。钱处长不但不责备我,还怕我今后对这工作失去了信心不干,反而要我好好吸取教训,钱不要我赔,并要我到延安后向总理汇报。

1944年4~5月我和很多同志乘八路军的汽车去延安。当时带队是办事处一位科长祝华现在北京纺织部门工作,原广州新华社的张剑虹也是在重庆和我一起并一路去延安的,以后共同进党校三部和六部,不过不同一个支部。一路虽然检查很严,但因我们的准备工作搞得好和严,伪军警抓不到一根稻草。到延安后把账和钱交给袁超俊(他和总理一起去延安的)转中央办公厅赖祖烈(当时是中央会计负责人曾在八路军重庆办事处工作),当时我看到总理很忙,思想上也怕把少一万元伪法币向他汇报受批评,因此向袁超俊汇报并让转告总理,因他住在总理办公室的旁边朝夕见面,但他还未汇报,总理已经从办事处的报告知道这件事,找我去谈。我把情况向总理汇报,总理问了一句这件事向钱处长汇报没有,我说已经汇报了,他就叫我把情况以及办事处开支有什么问题写个书面报告给他,第二天我就送去,他看了说在百忙中有错误是难免的,要我好好吸收教训,以后我把从重庆带来的有些衣物变卖,并加紧生产增加收入,在1945年5月去晋察冀边区前把值一万元伪法币的陕甘宁边区币带到总理那里,一方面向总理和邓颖超同志(当时颖超同志不在)辞别,另方面还这笔款,总理说不要,还说我有孩子留来用吧,以后我交给他的秘书李金德(现在北京中央机关工作),李问总理不要怎办,我说代交党费,这样我就走了。

我们到延安不久,我们最最敬爱的伟大领袖毛主席对重庆办事处来的同志无限关怀,和中央其他负责同志在王家坪军委所在地亲自接见了我们。以后,我们重庆来的同志如张剑虹、张英、黄若敦(在北京)等都进了党校三部,在那里几个月听了不少报告,写了自传,后因原来的学员在整风中被审查,我们去了不久未有审查,后来要复查才把我们送去党校六部。到六部以

9. 天各一方

后不久，听了我们最最敬爱的伟大领袖毛主席做过一次有关整风问题的报告，还听了全国各地来延安参加七大的代表的报告，学习了整风文件等。

我们在党校，除了学习之外，开始在三部还搞纺线、种西红柿、纺袜子等，当时由于边区经济条件较为困难，所以对我们提出每年要交任务，后来好像没有交，但每个人都要生产，增加社会财富，增加收入，一年来在延安精神很愉快。

大生产中严金萱、贾素芬、贾素娥（左起）积肥。1941.沙飞摄［严金萱是王辉在重庆南方局战友袁超俊（原名严金操）的亲妹妹］

王辉《我的自传》(1944)

四二年三月时办事处审查干部，审查我的人是钱英、超俊二同志，结果历史清楚，优点：有进取心，善交友，有社会经验、生活技能；缺点：政治水准不高，组织经验缺乏。

晋察冀军区三分区冲锋剧社演出《黄河大合唱》，严金萱独唱《黄河怨》，指挥晨耕。1940.沙飞摄

我的父亲沙飞
My **Father** H.Szeto

第二章 洪 流

社会关系

我要声明下面所说的社会关系大都是九一八以前，以后来往较少，三九年我做内部工作，这些关系完全断绝。

1. 陈玉潜，过去汕头中国银行行长，后调工作中国银行。妻郭氏，汕人。叫她十奶。是一个能干的女人，陈的地位大部分靠她的力量，她是汕怡昌抽纱公司买办兼广州中央储蓄会经理。去年方方同志来，路上碰到她，听说目前在桂林中央储蓄会当会长。在我认得陈的时候，他的思想无问题是升官发财，不过还有点正义感。对贫苦的人而有志气者他是肯给他帮助的，这也许因为他曾有过一个时期贫苦过。自从他调去广州后（七七前），我很少与他通讯，除了有一次因我妹妹王勉要找职业写过二封信给他，因此他的情况我很少知道，只听人说他讨很多老婆。

2. 李仪波，新加坡巨商，后来生意失败，来汕和他的太太周瑞华居住，在华侨中还有相当威望，他的儿子李大宗是英国留学生，在汕头香港开化制公司专卖药品；李年六十余，因在南洋受帝国主义的压迫，年虽老国家民族意识甚强，凡救国的事请到他，只要他力量能做到，他一定帮忙，他曾当汕头华侨互助社主席，在任时海外华侨回国受海关扣榨，他都想办法帮助；不久，因华侨互助社情形复杂，许多人想借该社扣榨华侨金钱他看不惯，于是辞职不干；汕头失陷后搬回梅县松口他的家乡住，我在梅县时曾因方方同志爱人有孩子事去找他夫人周瑞华接生，他对我们在汕头的救亡工作者甚关心，并问我生活如何，如需要他帮忙，他可以想办法，现在不知死了没有。

3. 李启明，南洋华侨，幼时家贫，生活甚苦，来汕后与其弟李惠官（足球健将）在德记洋行办事，开始的思想是怎样赚多一点钱养家，因从小在南洋受奴隶教育，奴隶性十足，对其经理（英国人）尽其拍马屁之能事，后来升买办，汇丰银行华人经理，生活更腐化，嫖赌饮，汕头失陷后他仍回汕，现也许会当汉奸。我在九一八前常到他家里，后在一二八时他大吹日本力量如何强，中国如何弱，我很生气，从那时起来往一天天少了，四年来完全无来往。

4. 林里新，华侨，汕头铁路公司代董事长（代其姐），后因在公司贪污太厉害，想占其姐股份，被其甥女张福英知道把他弄走，自己当董事长，后

9. 天各一方

往香港，听说生活一天比不上一天，现不知下落。

5. 古衔医生，是南洋华侨，自己经过一个时期艰苦奋斗，才把自己家建立起来，不善交友，只埋头研究医学，对贫苦的人甚好，常给他们施医药，我在汕头时得他不少的帮助；汕头失陷，他匿梅县松口他自己新建的房子，一方面制药到南洋香港去卖，香港失陷前听说在那里开药房，生意甚好，现已回松口过医生的生活。

6. 游剑池，汕头怡和买办，为人好施，五十岁才开始学英文，在汕头有相当地位，汕头失陷后不知他的消息。

7. 陈德滋，汕中国银行副行长，后升正行长，是一个安分守己的人，很少见他出来交际，现不知消息。

8. 司徒璋，电报局工程师，我过去的爱人的堂叔，少时生活甚苦，曾在邮船当报务员，性慈善，看见别人贫苦，只要他力量能做到他都做，国家民族意识也甚强，"一·二八"后我们在电台组织救国会他出力颇多，对我甚好，汕头失陷后不知他的消息。

证明我历史的人：

汕头时期，苏惠同志、王向群同志、方朗同志、张克同志。

梅县时期，方方同志、郑易华同志。

桂林时期，李克农、夏子胥（夏之栩）同志。

渝办时期，钱瑛同志、袁超俊同志、孔原同志，以及由渝办来的同志。

中共中央党校第六部支部对王辉同志的鉴定

优点：工作负责，如当支干时都是不辞劳苦担负工作，虽有时遇事嫌厌，但经思想斗争却能克服。能团结人，对同志体贴，很克己，都愿和她接近，虚心考虑旁人意见，有人给她发脾气，事后再找人谈，显得很有涵养。学习努力，求知心甚切，常常是虚心主动和别人谈问题。

缺点：生活上有些散漫，对集体生活不太惯，有些事情的处理有些粗枝大叶，工作不够仔细，英雄主义，整风时反省较深刻，现在的表现，是向下的（指英雄主义）学习贪多，抓不住中心，内心有些好高骛远，对问题求精上差，集体学习差。（完）

第二章 洪 流

沙飞参加八路军后，从没给王辉写过信，但他给广州的父母、家人写过几封信。第一封信告知在八路军某师政治部当摄影师、编辑科长，月收入 8 元，没有钱寄给父母，无能力养家，负担养家的责任交给二弟，并叮嘱二弟一定要叫弟妹读书；沙飞到张家口后，也给父母写过信。

沙飞从家人的来信中，知道亲人的情况。1938 年 10 月广州沦陷，沙飞的父母带全家逃难，到开平老家。二弟司徒铃在赤坎下埠长堤开了司徒铃诊所，他离开广州时，带了医书，还带了大哥留下的广州影展的部分照片。全家曾回到书楼村，祖屋只剩下一间砖瓦小房，他们只好到赤嵌镇小海市岚厚村二弟媳的姨母黄玉莲、姨丈谭华强家借住，并把几十张照片放在一个纸袋里，存放在那里。

（作者附记：谭华强后来长期在美国，1950 年后他家房子一直被生产队占着。2002 年 11 月在开平市文化局长和司徒氏图书馆馆长陪同下，我与妹妹少军去那两座相连的三层碉楼寻找当年的照片，未果；又与谭在美国的大儿子电话联系，他从不知道家里存放过这么珍贵的照片。司徒铃认识教会的人，沙飞的父母亲在家乡改信基督教，父亲有时到重庆采购药材。三弟司徒强先后在桂林、重庆军用电台工作，他经常寄钱回家。）

沙飞始终关注着大后方，关注着族亲的行踪。

抗战初，司徒美堂被选为美国华侨抗日救亡统一组织"纽约华侨筹饷总委员会"的常务委员，他奔走于美国、古巴、秘鲁、巴西、巴拿马、加拿大等国，向侨胞宣传抗日救国，为抗战募款。1939 年 4 月他用捐款买了 100 辆救护车，编上粤侨一号、二号、三号……交给国民政府驻纽约领事馆，纽约华侨一次捐车百辆的爆炸新闻鼓舞了全美侨胞，掀起募捐运动新的高潮。抗战期间，总会为祖国抗日筹款 1400 万美元。

1941 年冬，被国民政府聘为华侨参政员的司徒美堂，自美回国途经香港时，因拒绝出任香港维持会会长，被日本特务软禁，美堂经香港洪门人士帮助，化装逃脱。他手执木杖，跛足步行 300 多里进入东江游击区，经韶关抵达桂林，受到广东省主席李汉魂、广西军事委员会主任李济深热情接待。1942 年 3 月 9 日美堂及儿子抵重庆，在机场受到陈果夫、陈立夫、吴铁城等人欢迎。美堂赴渝轰动山城，中央社、《中央日报》、《新华日报》等纷纷报道。美堂到重庆当晚，就

9. 天各一方

被冯玉祥接到家中，同时见到董必武。第二天一早，周恩来、邓颖超夫妇到中央饭店看望美堂，赠送《新华日报》。那天晚上，蒋介石、宋美龄、孔祥熙在行政院会议室开会欢迎司徒美堂，并设宴为他接风，国府要员云集于此。蒋介石夫妇对美堂

周恩来、董必武、邓颖超在重庆八路军办事处会见司徒美堂（左三）及其长子、黄兴夫人徐宗汉（右二）。1942. 童小鹏摄

到访必迎，出则搀扶。美堂父子应邀拜会重庆八路军办事处，受到周恩来、董必武、邓颖超及陶行知、黄兴夫人徐宗汉等热烈欢迎，童小鹏在办事处门口拍摄合影照片。

司徒美堂曾在抗战初年亲笔致信罗斯福总统，要求废除长达 60 年之久的排华法。太平洋战争爆发，美国跟中国结成盟国，中国战斗在反法西斯前线，抗击日本。1942 年 1 月 3 日，同盟国宣布中国战区建立，蒋介石出任最高统帅。中国国际地位改变。1943 年春天美堂从中国返美后，就废除排华法再次给罗斯福总统写信。1943 年 12 月 17 日，美国国会终于通过取消排华法，使华侨的合法权益得到保障。美堂公始终是沙飞心中的大英雄。

司徒乔于抗战初期曾回故乡开平，后又到南洋。1940 年在新加坡，他看到来自祖国救亡二团的演员金山、王莹演出话剧《放下你的鞭子》，深受感动，画同名油画。他着笔时，两个演员亲自到画室。1942 年初乔全家到重庆，乔把许多抗战阵亡烈士构成一幅高两丈的壁画，他站在高处画好几小时不住笔，妻子担心他累极了栽倒，劝他歇歇，他说画这些人该跪着画，站着画还敢说累吗？后来，他在痛失 9 个月独子的沉重打击下，在贫穷、疾病的折磨下，赴西北，用 10 个月完成《国殇图》，画的仍然是穷人，表现人民的苦难。组画在重庆、上海、南京展览，引起极大震动。

司徒慧敏于 1939 年带领摄制组回开平，拍摄家乡人民团结抗战、保家卫国的场景，摄制《保卫大四邑》等五六部影片。1943 年他在重庆中国艺术剧社，并在中国电影制片厂任新闻纪录片部主任。

我的父亲沙飞
My **Father** H.Szeto

第二章 洪流

司徒美堂、司徒乔、司徒慧敏相聚在重庆。他们知道沙飞在前方用摄影为抗战服务，他们为沙飞感到骄傲。

1944年在重庆，一次周恩来、邓颖超及秘书陈舜瑶跟司徒慧敏一起吃饭。陈舜瑶刚从延安来，带来解放区的摄影图片，她对慧敏说，你的侄子沙飞问你好。晋察冀边区的照片有不少是沙飞在前线拍的，这些照片很快要在重庆展出。她说，我堂姐陈舜玉也在晋察冀，是1942年河北唐县民主选出的第一任女县长，这有一张沙飞拍的女参议员照片，其中就有姐姐陈舜玉。周恩来对慧敏说，你有这么好的侄子，写信鼓励他好好干。你们司徒家族出这么多人才。慧敏专门去看了这次展览。

陈舜瑶（1917～　）2007年回忆：对王辉大姐印象很深，她管财务，很坚持原则。后来才知道她与沙飞的关系，她很开朗，很坚强。我们跟司徒慧敏很熟，他常来八路军办事处。

王雁看望母亲的老战友陈舜瑶。2007

10. "他像民主人士"

沙飞在八路军中，干着自己热爱的摄影事业，并担任相当职务，但他在加入共产党组织方面，并不顺利。

抗战期间，共产党高举抗日大旗，得到人民拥护，迅速发展壮大。1939年10月，中共北方分局书记彭真指出，要从思想上、政治上、组织上提高党的质量，保证党的纯洁性。

时晋察冀军区政治部组织部长王宗槐将军1998年及在回忆录中回忆：了解干部情况的一个办法就是填表，掌握基本情况。军区成立党务委员会，连队建立党支部，主要任务是发展党员。在斗争特别残酷的条件下，发展党员要极为严格。出身好、政治历史清楚的同志，由一名正式党员介绍，经三个月候补期就可以了。但对担任过伪职连长以上人员，或地主出身的同志入党，需三名正式党员介绍，经军区党务委员会批准，候补期需要一年。这对保证党组织的纯洁性是必要的。我跟沙飞很熟。他是南方人，到北方开始不习惯吃面条、小米饭、窝窝头。1939年我有折叠式照相机，沙飞教我学摄影。他跟我出去，给他一匹牲口驮照相器材，在阜平康儿沟发现日本人，他没有战斗经验，很紧张，马上卸下器材自己背在身上，我们说骡子跑得比人要快。他喜欢运动，爱打乒乓球，很活跃。那时说知识分子工农化、工农分子知识化，沙飞很快知识分子工农化了。他很勇敢，很能吃苦，战争年代冒着生命危险到第一线拍照，那时是近距离拍摄的。抗日战争沙飞是宝贵的啊！知识分子要经过长期考验，他1942年填表入党。我们开会老沙都参加。

罗光达1980年回忆：沙飞开始是爱国主义者，没有很快入党，他认为自己不够格。他满怀信心，相信抗战一定能胜利。潘自力跟我讲，让我帮助他早日解决入党问题。1939年他申请过入党。

第二章 洪流

裴植。2003

裴植（晋察冀画报社首任党支书）2000年回忆： 当时沙飞不是党员，是党外人士。我是支书，对他重视，认为他是高级知识分子，在上海拍鲁迅照片，有影响。我们尊重他，把他看得比较高，看为民主人士。他像民主人士，他的重点和热情没有放在入党上，思想很集中，主要精力放在摄影、画报上，扑在摄影事业上，他开始并没想加入共产党组织，他脑子里想的只是用摄影为抗战服务。他入党问题比较慎重，拖得比较长。第一二届支部都讨论过，第二届才解决。

裴植2011年接受腾讯网记者沈洪采访：沙飞的入党我们一开始就关注了，但我们能做的事情不多。首先把画报出来，这是第一位。沙飞在上海拍鲁迅照片，当时是一个比较知名的人士。对他入党的问题我们支部虽做了研究、做了工作，但很难定。他入党问题，主要工作是宣传部直接负责，我们只是配合。在画报没出以前我是关注到这个事了，列入我们的计划考虑这个事，但是谈不上做更多的工作。赵烈当支部书记后，我就变成支部委员了，画报已经出来了，发出去效果非常好，反映很强烈。这时候就有时间谈这个问题了。但这个事真正定跟做还是宣传部。赵烈也没做太多工作，真正决定都是部里。宣传部部长潘自力，主要是他，还有他底下一些别的科长做他的工作。然后通知我们这个人可以入党，我们再履行一些必要的手续。他的审查，对他的历史怎么看，我们都没什么太大权力。如果部里不定，我们很难解决他的问题。真正审查他，决定他入党的是部里。我们当时有一种看法，他还带着半个民主人士的形式，还是很看重他在上海前一段的经历，感觉到是一个小名人，就另眼相看。另外确实他对画报摄影工作又特别懂，所以对他也挺重视。

李遇寅1980年回忆：沙飞入党，邱岗等提出意见，唯一问题是沙飞与李公朴的关系，如没问题可入。1939年李公朴到晋察冀，他原是中共党员，国民党挑拨，说他是国民党内奸，咱们上当，开除李公朴，他难过，表示可以死，你们看我是好人坏人。李公朴批评晋察冀，咱们领导驳李。李公朴到晋察冀打听沙

10. "他像民主人士"

飞，想见面，沙飞不见。可能因此事。

章文龙 2002 年回忆：我从延安到晋察冀，经过晋绥，知道李公朴在访问，当时同学们就议论说李公朴有问题，是国民党的人，在搞情报。沙飞不光因为李公朴入不了党，他从国统区来，历史复杂，社会关系复杂，搞不清楚，要长期审查。李荒是组织部长，清楚沙飞历史。审查他，但没歧视。沙飞好机遇，编《抗敌报》，会摄影。他是画报社一把手，是特殊原因任命的，聂荣臻爱才，特殊照顾、破格重用他，叫他当社长。他开展工作很顺利，出画报后影响更大，但他不是党员，是群众。开始我与他都没入党。我先参加第五战区李宗仁、白崇禧部队，在政治大队受训后，又去艺术队，1938 年 7 月去延安，在陕北公学剧团。同去的另两个人一下子入党，我被晾旁边，指导员说，要看表现，肯定可以入，时间问题。

石少华 1982 年回忆：沙飞参加革命前有一个过程，当时他是寻找真理，中国何处去，他何处去，开始是国难当头、爱国，后来是跟党走。王辉比他接触党早。

邱岗 1982 年回忆：老沙带点怪的性格，不是平常人，像他这样的年轻知识分子，一年之内就应入党。我家庭是阜新的大地主兼商人，但思想比较开明，我用不着费很大劲申请，就入了党。历史没法审查，只看表现。他为什么隔几年才解决入党问题，一个感觉就

李公朴 1939 年在华北。张国南提供

第二章 洪流

是他有些怪，这怪与他后来结局有无内在联系？

李荒（沙飞入党介绍人、晋察冀军区政治部宣传部副部长）2000 年在沈阳接受王雁电话采访：沙飞外表是秀才、学生，实际是事业家，有创造性，求精不求全，他锲而不舍。聂荣臻非常重视他，罗光达、石少华是他手底下两员大将。我没听说他历史有问题，他入党晚，是因为工作忙。（作者附记：2010 年夏，我到沈阳拜访李荒，老人长期卧病，家人基本拒绝外人探访；因为我是沙飞的女儿，破格进入病房，病榻上的李荒仅能点头表示欢迎。2014 年离世。）

周巍峙在 2002 年李公朴 100 周年诞辰之际，在《我所认识的李公朴》一文中写道：他认为自己既不是国民党员，又不是共产党员的身份，恰恰有利于进行统一战线的工作。因此，他把开展统一战线的工作，看成是时代赋予他的历史使命。李公朴先生的社会活动能力比较强，性格爽朗，敢于直言，胸襟坦荡，热情待人。他既深入基层，又能联系上层，广交朋友，不但有些巨商富贾，就是国民党的上层和地方实力派的有些人物也与他有来往，如阎锡山、卫立煌等，有些人因此认为他社会关系复杂，甚至引起一些朋友的怀疑、误解和非议。

许涤新在 1982 年纪念李公朴先生殉难 36 周年时回忆：1946 年 7 月，消息传到上海时，周恩来正在马思南路 107 号领导上海工委的同志们开会。他掉下了悲愤的热泪！他责问当时参加会议的一位同志，你总认为李公朴是政客，是投机分子。我问你，他的生命是不是为民主运动而牺牲的？李公朴当然有他的缺点，但是缺点并不是他的主导的一面。应该肯定他是一位为新民主主义革命而献身的战士。我出席了那次会议，并亲聆恩来这一段话。

李公朴的女儿张国男、女婿王健（20 世纪 40 年代初就在李公朴身边工作）2003 年回忆：艾思奇夫人王丹一前年整理艾思奇纪念文集，她告诉我们，艾思奇 1932 年开始与李公朴搞《读书生活》杂志，1942 年延安整风审查他与李公朴的关系。1939 年 6 月李公朴在延安提出、共产党帮助组成"抗战建国教学团"，共 9 人，李公朴带队到晋察冀等边区。他是民主人士，有意见就提，总的来说，他对延安、对晋察冀是肯定的。他做了 6 个多月的考察后，写了《华北敌后——晋察冀》一书，断言"华北是我们的！""晋察冀是新中国的雏形"。他演讲时说，我不是国民党，也不是共产党，不参加任何党，才能搞好统战工作，他认为自己是中间人士，不丧失人格、爱国立场，为了抗战，干什么都可以。中共北

10. "他像民主人士"

王雁拜访李公朴女儿张国南、王健夫妇（小照片为李公朴夫妇）。2003

方局书记没点名说："抗战建国教学团一人说'不参加任何党，才能搞好统战工作'。不是谁都有资格搞统战工作。是共产党领导统一战线。"延安整风时，教学团的人全被整。共产党内部分人认为李公朴是党外人士、文化特务，认识三教九流，关系复杂，不可靠，称他为"马路政客"。当时对他的看法，影响到今天，宣传他比闻一多、邹韬奋少很多。1986年李、闻遇难40周年，中央电视台只纪念闻一多。原定采访李公朴的儿子，结果没来。

历史证明，李公朴是为民主献身的斗士。

1942年11月20日在关于沙飞转为中国共产党正式党员的意见中，党支委会是这样评价沙飞的工作态度与精神面貌的。沙飞候补期中的表现：

一、工作积极顽强、负责，具有为革命工作、为自己职务而牺牲的决心（这是一贯的优点，在这一时期更加发扬了）。在七八月间为突击《晋察冀画报》的出版，那时编辑的几个同志全病了，只有他一个人。另外，他又不愿和不放心将这些工作交给别人去做，因此许多工作都是他自己去搞。在那时差不多他每天都随着机器打夜工，一直到天亮。每版画报，每篇文章的中、英文，都亲自校对，而且非常细心、耐心。他有很重的病，曾经好几次都坚持不下去了，但为了工作，他不顾自己的一切。曾经在一天晚上打夜工，为了校对画报，实在坚持不下

第二章 洪 流

去了，结果吐了好几次血。但在事后他恐怕影响别人的工作情绪，始终没有向别人说过。

二、在生活上，他从没有要求过或打算过如何吃好穿好。他从不计较这些，别人向他提议过让他对自己身体注意些，可以吃病号饭。但他从没有这样做过，什么时候都和大家一起，生活一贯表现是很艰苦的，从不想到私人享受的问题。

（作者注：此材料是20世纪80年代蒋齐生翻拍抄录沙飞档案中的资料，我无翻拍件。本书中沙飞档案其他资料，都是20世纪80年代蒋齐生在北京军区政治部翻拍，并于1997年临终前委托姐姐王笑利转交我。）

邱岗：谈沙飞（1980年2月22日蒋齐生采访记录）

在晋察冀军区工作过的同志中，沙飞是很令人感念的。他的工作有很大贡献，其意义不限于晋察冀边区和敌后，而在全党。我到晋察冀时，他已经去了，他是去敌后最早的知识分子之一。晋察冀是敌后第一个根据地，军区给他成立了一个科（新闻摄影科）。沙飞革命事业心非常强，对工作全力以赴，舍生忘死，怎么说都不为过。这是他给我的第一个印象，我很佩服。而他那时就已经有肺病，痰中有血。1943年反"扫荡"中，在战场上他的鞋跑掉了，光着脚上，只有前进没有后退。他满脑子是革命工作，很多地方表现了独特精神。他虽然身体不好，但斗争精神很强，生命力旺盛。他的特殊性很明显。其次，给我印象很深的是他很有办法。在敌后那样的环境下，他搞的那一套，说明他很有办法。我觉得，当时在一起工作的同志中，他是最有办法的人。他的办法，不知从何而来。环境不论如何困难，他的工作照常进行。这一定是他竭尽全力搞出来的。他的办法不仅是适应当时的需要，而且一直有长远的打算。在他的心目中，经常存在着一种计划。对于我们当时搞政治工作、宣传工作的同志来说，他是创新的、有远见的。新闻摄影到现在的发展状况，同他当时开创的精神、办法有直接的关系。至于他的勇敢精神，也是很突出的。同部队听到枪响就上，哪里枪响就往哪里去的精神是一致的。这一点也是很值得歌颂的。这是很高贵、很高尚的精神。他的死由于精神失常、神经过敏。他的脑子里活动力很强，活动过分，可能造成失常。

10."他像民主人士"

1942年沙飞填写的入党志愿表。蒋齐生翻拍

我的父亲沙飞
My **Father** H.Szeto

第二章 洪流

1942年沙飞填干部登记表。蒋齐生翻拍

10. "他像民主人士"

1942年沙飞写的干部履历。蒋齐生翻拍

第二章 洪流

（作者附记：沙飞在他填写的重要档案中，隐瞒了曾在国民党军用电台担任五年报务员的历史；由于怨恨，将离婚的妻子改名为王若冰，并隐瞒她在电台工作。他的战友石少华、章文龙等知道他参加过北伐，在军用电台工作过。）

1987年，北京军区政治部印刷厂、中国照片档案馆、原晋察冀画报社战友，在河北阜平烈士陵园为晋察冀画报社1943年12月牺牲的烈士及沙飞立英魂碑。

英魂碑祭文沙飞（部分）：著名摄影艺术家沙飞同志，生于一九一二年，卒于一九五〇年。广东省开平县人，原名司徒传。少年时代毕业于广州市无线电技术学校，北伐战争时，曾任国民革命军无线电报务员。

假如沙飞当年如实交代这段历史，他个人及其热爱的事业将会怎样？

11. "有理也坚持，没理更坚持"
——赵烈日记摘选

1943年8月1日

起床时，沙已经在未明时走了。

1943年8月2日

天黑了，雨还没有停，而沙却冒雨回来了。关于蚊帐分配问题和王外出的问题一直商谈到深夜，打夜工的已经吃夜饭了，我们都喝了点稀饭才入睡。

1943年8月3日

最近的确有些问题使我感到不快，尤其对于沙的一把抓的工作作风，好像只有自己做的才是最稳当可靠，而别人做的都是不可靠的，什么问题都应该自己来做，好像自己做才能收到效果，别人做都是空的、无用的，尤其是对于蚊帐问题的处理，使我感到极大的不满，这为的是什么呵！

1943年8月4日

晚饭后开社务会议，会后即召开全社大会，沙讲话的时间有四个钟头，使人听不到以何者为中心，真有听不听三点钟之感。其中所提问题有很多是我所不同意的。尤其是对于人的批评问题太过分了吧！这样能收到它的效果吗？我很有些疑问，而且恐会有反感的可能，对于缺点和错误是应当恰如其分地处理的，如果过甚其词、过分严格地提出批评，为着发泄个人的气愤，或偶然想起便不分轻重地提出来，这又有什么用处呢？他那啰唆的词句，几次使我再也不愿听下去，但终于忍耐下来，这恐怕听众有不少的人和我有一样的感觉吧！

他的讲话继续到夜深十时半才完，我只简单提了几个必要的问题。

第二章 洪流

1943 年 8 月 8 日

熄灯之后,我到沙那里,谈起许多问题。老沙所采取的态度仍然和过去一样,并没有承认在某些问题上的缺点,有些问题上还是相当主观的,特别是对于全体大会上对管理班长等的批评是过火的。我始终认为他在对于一个同志的了解上是不深刻的,而且是感情的。这种现象是一贯的。我觉得,假如凭这样去了解同志,去处理问题,那是不会正确的,许多问题都在证明着这一点,而在事实上,许多同志对于他的反映也证明这一点。我的了解和认识,对他的提议大概是不会错的吧!他自己也是体会到的,然而却不能直截了当地承认与接受这些经验,相反地他却指摘我那天对无错误的同志,提出的问题是分量太轻了。谈的时间很久,我也厌烦了,接受也罢,不接受也罢!最后谈总务工作问题,夜深始入睡。

1943 年 8 月 10 日

沙飞今早到政治部开会去。

夜里辗转不能入睡,我起来到伙房去,听到了一些我所不知道的事情,我于是转问总务股与裴谈了些问题,生产材料预算等……那是为什么啊!这些问题我都不清楚,我应当提出,这些问题的处理是应该经过我的同意的。

1943 年 8 月 12 日

今天我整理好了雷烨遗留下来的一个活页夹子,在这夹子上面有他在自杀时留下的血痕和混合着血的沙土。我就拿他这带血的遗物作为永远的纪念。当我整理这个夹子时,对于他的牺牲的悲痛之情又油然而生了。于是,我在这夹子的开头写下了这样几句,作为这遗物的标志:"在这个册子上,有你和暴敌遭遇决然自杀时所流下的血迹斑斑。当我每次翻阅它,看到那已经变成紫黑色的血迹和铁夹上为血所侵蚀而生成的铁锈的时候,你那年轻智慧的脸颜,沉毅而和蔼的神色,清晰而响亮的声音……都一一浮现在我的眼前。我抚摸着你那已经消失了温暖和热气的血迹,我便记起你所留给我的深刻的印象。雷烨同志!我就拿你这遗物作为对于你不可磨灭的永恒的记忆的纪念品吧!"

1943 年 8 月 14 日

一清早,铅印机、石印机发出轧轧的机声,磨铅皮的玻璃球在滚动,发出沙

11. "有理也坚持，没理更坚持"——赵烈日记摘选

沙的声音。我只合上了眼睛不到一个钟头，再也不能在这嘈杂的声音里睡去，电话机在不断地响着，许多零碎的工作也在催促我起床，我起来了，虽然一夜很疲倦，但神志却很清醒。

老沙来信让我明天去参加开会，替他几天，这是可以的，然而午夜却下了大雨。

1943 年 8 月 21 日

通讯员带新报来，传来了胜利消息，西西里的战事平息了，盟军全部占领。西线的战事，进行得还不算慢，然而比起苏德战场来却是相差太远。开始时说七月份就可结束，但却一直延至十七日。今后，盟军的任务与战事则直接在于攻欧登陆了。

1943 年 8 月 22 日

晚上去打洞的有杨国治、纪志成、徐子光、刘克己、白连生我们六个人，洞已打到不能再打的时候了，我看了又看，发现了大石头，打第三层（子母洞中的第三层套洞）的计划不能实现了。这个洞已打了两个星期，我们把它封得结结实实的，明天再找别的地方去打。

1943 年 8 月 24 日

老沙临走时也没有谈工作问题，信中也没有说过，而这两天却只是休息，没有工作。我很知道，这不必我来经手，我不用管这些事情，因为一个人经手负责还比较好些，这两天之所以没有工作，他虽然没有和我说，恐怕别人知道了吧，我不用管这许多，待他回社看。

1943 年 8 月 26 日

我应当学习宽大一些，然而我始终还不能做得很好。今天，因为对于老沙的一些琐碎的事情和工作的处理感到不满，很有些闷闷不乐。我的胸怀还是太狭小了吧。

1943 年 8 月 27 日

下午与沙随便谈，他告诉我宣教会议的经过。我提出了几点意见，主要是对于他自己的工作作风、计划性、一把抓现象和生活细节应当注意的事。

第二章 洪流

对于他，许多人和我有共同的感觉，而他却是主观上固执己见、不承认。

这感觉就是，他主观常常曲解事实，明明是没有理的，自己弄错了，但却总想找理由来说明自己对。当自己再不能分辩的时候，就在对方身上摸些缺点出来，陪衬一下自己的缺点，一起说出去，好像这样才能下得了台。而有时则连这样也不做，一味坚持到最后。他的坚持性真是叫人佩服的，有理也坚持，没理更坚持，一直可以坚持一整天或者两三天。啰啰唆唆一大遍，从东到西，从南到北，有时为了曲解一件事，他可以把几年的老账一直给你翻一遍，翻得你头昏眼花，听得不耐烦了，屁股也坐痛了，有理也无心和他争辩，胡乱作结，无终而散。而他毕竟还是没有接受，还认为他的对。我在这许久以来，从就没有见过他真正地检讨过或接受别人的意见（除了有时上级批评之外）。

今天的谈话，进行和结果都和过去相仿，没有变化。

1943 年 8 月 28 日

为着准备晚上的坚壁工作，白天睡了一阵。

我们十一个人在黑夜中一起前进，我和大家一起都是背着沉重的东西，第一次我是背着照相制版组的一只材料箱，第二次背了两捆纸。而身体强壮的李明、董寿延他们则抬着沉重的大箱子。在洞里我们一直搞到深夜一点多钟才回来。漆黑的夜空，下着细雨，整个天空都蒙上一层浓厚的铅色雾气，我们回来时是摸着回来，不！是爬着回来的。

1943 年 8 月 29 日

老沙劈头就说了一句，我准备把肥猪杀了。我还来不及考虑。对于这个问题，在饭后我答复是不同意的。但不料这却快要成了事实，甚至已经有些人在讨论如何吃法了。我并不做任何的吃与不吃的争执，为了使大家了解我们之间的意见是一致的，是没有矛盾的，我可以迁就一些，但是我应当坚持的是，这猪不应该杀，杀猪也不是大家的要求，这是非常有理的，因为已有大多数人是和我意见一样，而老沙的意见只是片面的，估计少数人而已。

猪虽然杀了，而这一问题我还是不断地向沙提出，因为这是值得今后注意的事，在这一问题上，老沙的处理是独断的，是没有估计全面的，是欠考虑的。

我的父亲沙飞
My Father H.Szeto

11. "有理也坚持，没理更坚持" —— 赵烈日记摘选

1943年8月31日

我检查大家的日记，在日记中看到了不少的问题，看到了大家的不同的心理，在检查日记中，更能帮助我对于大家的情形的了解。

1943年9月4日

支部大会动员了，工作传达，尤其是坦白运动的问题，这是我们的中心工作，而且这应该以支部为核心来推动全社的开展的。

1943年9月7日

今天召开了全体大会，报告职工会工作，深入动员坦白运动。

[作者注：赵烈日记（1943.7.6~1943.9.7），是1943年4月牺牲的烈士雷烨留下的笔记本，现保存在中国摄影家协会。]

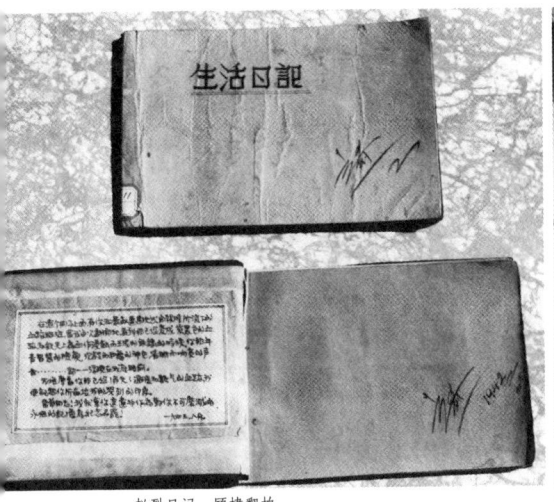

赵烈日记。顾棣翻拍

晋察冀画报社创办初期三位领导人。左起：赵烈、罗光达、沙飞。1943.7.7. 河北阜平上庄

晋察冀画报社大合影。1943.7.7. 河北阜平上庄

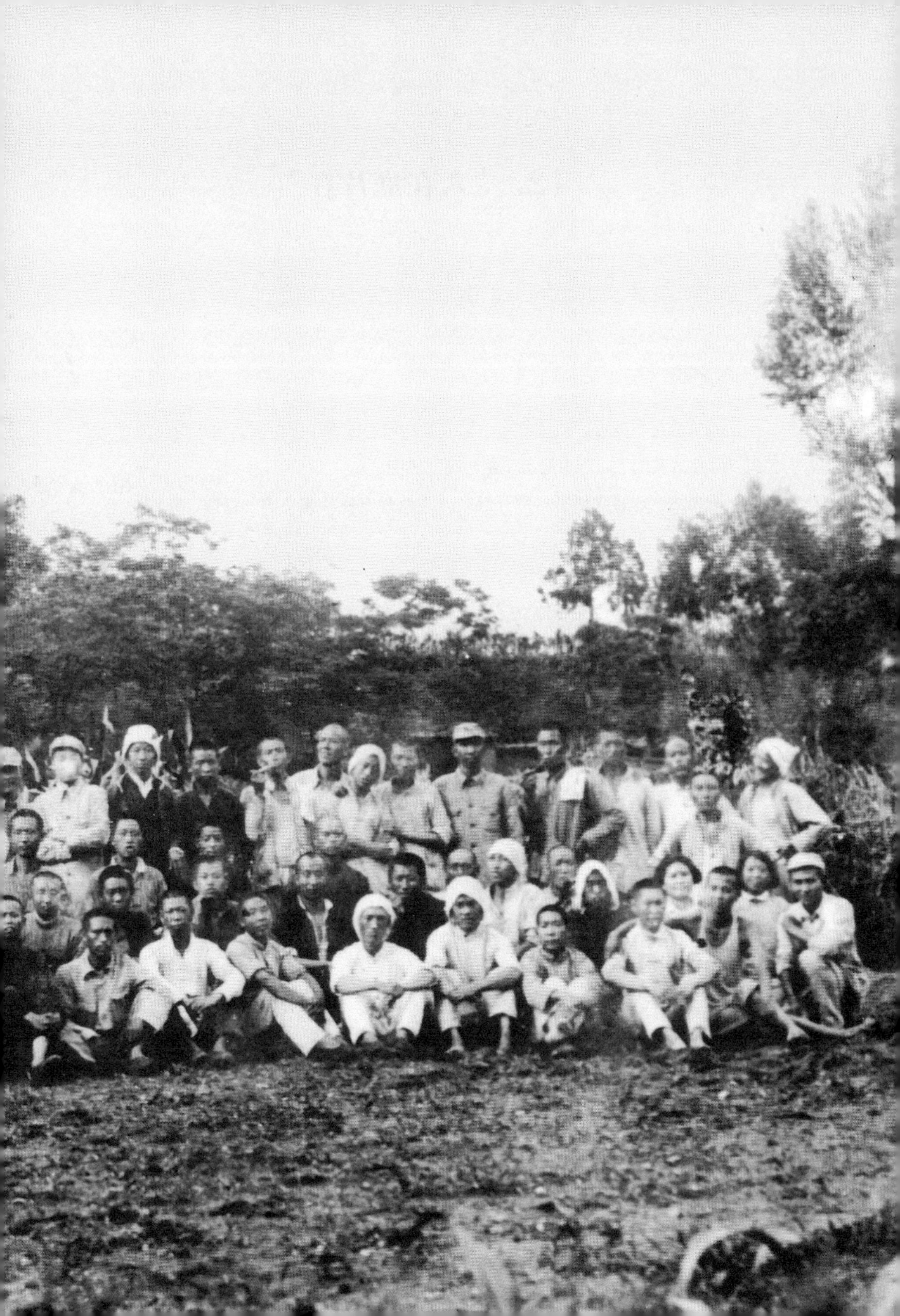

12. "人在底片在"

　　战争总是与死亡、血腥连在一起。战地摄影记者沙飞曾面对日本强盗疯狂杀戮，目睹战友倒下，亲身经历了生与死的场面。

　　罗光达：从建立摄影科那天起，沙飞就规定底片集中统一管理，采取防污、防潮、防失散的措施，开始只有几百张底片，他提出要找防潮纸，自己动手制作底片套，编号码，用油布包起来，装在小盒子里，随身携带。后来成立了画报社，加上各军分区也先后建立了摄影组织，底片越来越多，配备专人冲洗底片、洗印放大照片和保管底片，要求严格。有时行军手里还拿着刚冲出来的胶卷，晾干后收起来，到新宿营地，赶紧冲洗胶卷。每张底片洗印两张小片，一张贴在按照片时间前后顺序排列的本上，另一张贴在按照片内容分类的本上，再按顺序编上号码。编画报、对外发稿或展览就在本子上选照片。底片由专人负责保管。行军作战时，用双层油布包起底片，装入缴获的牛皮背包内，外面再盖上油布，防雨又防晒，过河也不会弄湿。底片从不坚壁，也从未将底片装箱由驴子驮运过，由专人负责背装底片的背包，明确规定"人在底片在"，若背底片的人发生意外，事先已指定好另一人接替，背底片的人必须和社领导一起行动。底片的重要性和随人携带的做法，画报社众人皆知。资料照片的样本体积较大，装箱牲口驮运，也从未坚壁。

　　画报社摄影记者蔡尚雄1998年回忆：1943年3月我到画报社搞摄影。画报社在平山县曹家庄，这个村有20户人家，周围都是山，这里离敌人据点有几十里路。当时正赶印二期画报，编辑三期画报。4月20日听说有情况，沙飞对我说，底片最重要，你和白连生负责先把两包底片转移出去，两个皮包，一人背一个，他还告诉我们到哪个村集合，他们留下拆机器。我们刚走出10多华里，就听到枪声。我和白连生在山上躲着，在一间破庙过夜，不时听到狼嚎。

我的父亲沙飞
My Father H.Szeto

12. "人在底片在"

章文龙1999年回忆：我记得是两包底片，有背带。有一次我背一包，沙飞背一包，准备应战。1943年4月20日早饭前，五团参谋长路过，告诉我们，一个多钟头前，敌人到了平山，你们还不赶快行动。空气立刻紧张了，沙飞做战斗动员，为保存人力物力，全体人员分为两部分，一支是年轻力壮、战斗力强的工人、摄影员和干部由沙飞指挥，坚壁物资器材，另一支是技术人员、编辑人员和女同志，由指导员率领，离开村庄向外转移。那次，冀东来的记者雷烨牺牲。反"扫荡"结束后，潘自力代表政治部来，他说，你们画报社人不算多，但是朝气蓬勃，斗志旺盛，在反"扫荡"中保护了人员和机器，抵得上一个团的力量，你们斗争很艰苦，胜利是很大的。我们迅速恢复工作。

曲治全1998年回忆：沙飞特别认真，认真得没办法。他什么都亲自做，自己摄，自己写文章，所有器材他都亲自看，满意为止。在上庄，我们打洞，外面打一个洞，里面再打一个小洞。藏东西，要他找不到为止，有时我们也挺火的。后来鬼子发现外面的洞，里面洞未发现，保存下来器材。

当天怎么跑的都不知道，跑散了，下午我们突围后，七八个人爬上山，天渐黑，我们听到下面有

摄影记者雷烨与抗敌剧社小演员田华。1942年冬．河北平山磙盘沟．沙飞摄

雷烨烈士长眠在石家庄华北烈士陵园。2013

我的父亲沙飞
My Father H.Szeto

第二章 洪 流

响声，我问谁？沙飞听出是我的声音，立刻说，是都督呀，我负伤了。阎锡山原来是山西都督，我是他老乡，大家开玩笑叫我"都督"。沙飞一见我们，便昏过去了。我们抬他上来，把脚上石头弄掉，撕了棉背心，把脚包起来。他说，现在不能下去，再等会。天黑了，我们背他到下面村里，要点玉米面，蒸窝头。吃饭后，我们两个人把他挤在中间，暖和半天，他的手还是冰凉的。天快亮时，沙飞让我出去找个山洞，找到后，我把他背进山洞。我们先藏他，再去找被子。尸体上有背包，我们说，同志，对不起，你不用，我们先用用吧。在山洞里，沙飞把三五牌烟盒那么大的盒子交给我说，这是宝贝东西，你给我保存好，我牺牲你帮我交给组织。我打开看了，里面放着鲁迅、白求恩的底片，王辉的信，还有其他一些资料。我离开山洞时，他让我留下一颗手榴弹，说万一被敌人抓到，就不活了。我走时，拿石头把洞口堵好，给他留下两床被子。晚上我来看他，发现他不在了。我们找到他，他说，白天看到对面山上鬼子在搜山，就离开这个洞。我们找老乡背着他，先到老乡家，我把铁盒还给他。他写信给余部长，让我送信，余回信后，我们找了担架，把他送医院。

2009年12月，我在北京陪同顾棣看望父亲的老战友，赠送《中国红色摄影史录》。在曲治全家，我问："1943年12月9日，父亲在山洞里把小铁盒给你，你是否很快就打开看里面有什么东西？"曲老笑答："是的！里面还有一封信，我从来没告诉别人。"我追问，曲老才说："小盒子里有一封和平医院的护士长给沙飞的信，从信中看出，他们的关系已经很密切了。如果你妈妈不来找你爸爸……"我大笑："当时我爸爸、妈妈离婚多年，爸爸找其他人很正常。他是男人嘛！"

董寿延1980年回忆：当时乱了套，只有一条羊肠小道，我和张四、李志书、张志往外跑，跑到山背后有几寸厚的雪，坐在雪上往下滑，爬过一条沟，到另外一个山，拼命爬到山顶。听到有人哼，我们过去一看是沙飞，他说我不行了，你看我脚。我们一看，整个脚掌一点老皮也没有，全是血。问怎么回事，说鞋跑掉了。我当时只穿了一件棉衣和两件单衣，我把小棉衣脱下来，撕成两半，一半包一个脚。沙飞不能动，敌人还没有撤，我们隐蔽在山上，一天没吃饭，只有几个冻萝卜。敌人撤了，我们背沙飞下山找老百姓，单独住在山上的一家，弄榆树叶粥、玉米楂粥大家吃。沙飞问其他人怎么样，我们说不知道，都跑乱了。他说，你们坚壁我，回柏崖看看。我们把他坚壁到山洞，留一个手榴弹。我们连夜返柏崖，找到杨瑞生，他脑袋肿得很大，正坐在地上。地下丢了很多被子，一被包一个牺牲的人，就地掩埋，我们埋了赵烈、石振才、何重生等，共八九人。我们接沙飞出院时，他还穿不了鞋，不会走路，后来重新学的走路。

张四1980年回忆：张志、我、曲治全、杨国治看到沙飞，他走不了路，我们把张志的棉背心撕开，我用两个救急药包包他的脚。他又饿又冷，问你的烟呢，快给我。我说没烟了，有萝卜。我们找洞，给沙飞留下两个手榴弹、一个地雷。我们上山探听情况，曲治全与沙飞留下。赵银德和我见了孙谦、陆续等人的尸体，是我埋的。"扫荡"时我的烟有一半给沙飞吸了。

杨瑞生1980年回忆：我只拿了一个手榴弹往外冲，鬼子紧跟在后面打枪，跑了一会儿，我身体支持不住，找了一个大石头隐蔽起来，一手攥住手榴弹，一手拉着弦，等鬼子上来同归于尽。鬼子扑上来，我用力把弦一拉，手榴弹没响，鬼子一下就把我打昏过去。我渐渐苏醒过来，一摸头，手上尽是血。头一批鬼子走了，第二批又上来了。我把流的血往脸上抹。他们哇啦叫，说我"死拉死拉的"，翻我身上，鬼子把我皮带解下，用刺刀把我外面穿的棉袄、小褂全豁开，把毛衣扒去，又踢了我几脚，就走了。8点多碰到赵银德，我脸上尽是血，他都不敢认了，我连叫了他几声，他才认出来。负责掩护沙飞的王友和与敌人展开肉搏，开始只有一个鬼子，后来一下上来好几个，他仍然坚持拼刺刀，直到沙飞安全突围。他被敌人一刀刺中脖子，倒在地上，他没死，装死，鬼子用手捏住他的鼻子，足有一分多钟，以为真的死了才撒手走。王友和事后说，要是鬼子再多捏一会儿就憋不住气了。

高华亭1980年回忆：鬼子把站岗的打死了。我们全跑出来，顺山道跑，鬼子两边架机枪。何重生跟沙飞一起跑，我一人最后跑出来，爬在石头底下，看见汉奸带鬼子下来，搜山时没搜到我，我有一枚手榴弹一支枪。老百姓说日本人走了，我进村去拿东西，看到锅里两个孩子、外面一个女尸，我找了四块板收尸。日本人把身体不好的病号扔火里烧死二三个。沙飞见到我时就掉泪说，小高，你还在呀，没死呀！我回答说，我还在，没有死！他问这个那个死没死。他握住我的手说，好！你在，老杨在，底片在，我们的画报就还能出版。在场的有杨瑞

我的父亲沙飞
My Father H.Szeto

第二章 洪流

生、赵银德、白连生、曲治全等，听了沙主任的话，都哭了起来。沙飞让张四、张志等下山到村里清点牺牲了的同志，并掩埋他们的尸体。杨国治、赵华堂、董寿延等相继回到柏崖，借老乡工具把9位烈士掩埋。后来军区政治部又买棺木把在柏崖牺牲的100多位烈士全部重新安葬，开了隆重的追悼大会。

李金月：我们跑下山时，看见余部长在哭，我们进到村里，看见他老婆已被鬼子挑死，他的孩子煮在锅里。我和高华亭把孩子拿出来，放在孩子妈的旁边。晚上余部长带我们走了。

李志书：我跑到山上，把包埋在雪里，包里有粮票、图章、钱、临时账本。后来我和何重生的通讯员到柏崖我们住的屋，掀开锅盖，两个孩子在里面，余部长的爱人裸体死在院子里，我们找席子盖上。第二天我们想回柏崖看动静，路上看到余部长，他问我们干啥？我们说回去埋人，他骂了我们一顿，说敌人已经撤退，赶快找部队，都让他们回来，你怎么一人跑了，胆小鬼。我说什么也没有，拿什么找队伍。他就给点粮票和钱。

耿同金（时上庄民兵）：沙飞他们要从上庄到柏崖，我说不要走，我们这里地形熟悉，比较平安。他们走了，几天后画报社李志书回上庄，见了我就说，别提了，我们的人牺牲了好多，要是听了你的话，就不会这样了。我们大哭一场。

苏凡：我原是北京剧社演出部部长，陆续原名陆柏年，是我的引路人。反"扫荡"刚过，联大通知我，画报社沙飞要找我。我到洞子沟，沙飞说，找你来是要把陆续牺牲情况告诉你。他刚来不久，知识分子表现不错，能吃苦，工作积极。在柏崖我们被敌人合围，他大意，睡觉脱衣服，跑得仓促、穿得单薄。他跟我在一起，我身体不好，过河沟时鞋丢失。敌人从东南北合围时，他很镇静，他高度近视，不让我等，我等他，我们就要跑到山顶时，敌人枪打得越来越紧，他摔一跤，眼镜摔地下，他借着白色的雪，两手在地下摸眼镜，我停下来要拉他，他说沙主任，你不要管我，你要紧，你突围吧。我要拉他，子弹打到我脚下。离山顶还有3米，他被打中。

方林2002年回忆：抗日战争时期，资料留下来不容易。聂荣臻私人的重要东西在1943年反"扫荡"时都丢了。

赵银德（时沙飞通讯员）回忆及2005年文章《血染的画卷——〈晋察冀画

我的父亲沙飞
My Father H.Szeto

12. "人在底片在"

赵银德。1944.阜平洞子沟.宋贝珩摄

王笑利、王雁看望赵银德。1998

报〉——忆沙飞率领我们战斗在太行山》(《传记文学》2012年5期、6期两次发完全文，题目改为"沙飞与《晋察冀画报》"):

  沙飞太重视底片，对底片最不放心，他说什么丢了，底片不能丢。1943年秋季反"扫荡"开始以后，所有的照相制版、印刷器材都入洞坚壁了，唯有装满摄影底片和照片的四个牛皮箱（每个约35公分见方，厚15公分，重15斤左右，外面包着金黄色的带毛牛皮），因底片怕潮不能入洞坚壁。12月8日画报社奉军区命令，马上转移。几位领导研究决定，由石少华副主任带领一部分病号留守华塔山，沙主任和赵烈指导员率领主力向北转移，还决定将摄影底片和照片全部带走。沙主任要亲自背两箱底片，我劝他说：您身体不好，又要指挥部队行动，还是找一个身体好的同志和我一起背吧。他说：你不要担心我的身体，我背得动。摄影底片不比照相制版、印刷器材，照相制版、印刷器材丢了还可以买，底片是摄影记者流血牺牲换来的，丢了就无法弥补。不管发生什么情况，你不要管我，要保证底片的安全，要做到人在底片在，人与底片共存亡！我犟不过他，我们各背着两个牛皮箱，于12月8日上午从华塔山出发，开始转移。下午到达柏崖村，我和沙、赵二位首长单独住在一间小房子里，便于他们研究工作。12月9日，沙主任命令食堂起早做饭，队伍准备在早饭以后继续转移。约在清晨四五点钟，军区锄奸部余部长带领一部分人，也来到柏崖村。余部长对沙主任说：我们在仓山村被敌人包围了，突围出来后，鬼子追了我们一天，干部、战士什么东西也没有吃，先把你们做的饭让给我们吃吧。我带着一个警卫排，战斗力比你们强，把站岗的任务交给我们吧。锄奸部同志吃过饭后，伙房又开始给我们烧水做饭，米还

我的父亲沙飞
My Father H.Szeto

第二章 洪流

没有下锅,日寇开始向村里发起攻击。杨国治刚要出去换岗,听到枪声后立即叫醒熟睡的同志们向外冲。我和沙主任各背两箱底片向外跑,冲到街上,看到锄奸部、画报社、"健康连"的同志们,还有许多村民与日本鬼子混淆在一起。我和沙主任被鬼子冲散了,我很着急,不知到什么地方去找我的首长,我只好随着突围的人群向村西北一条山沟跑去。我看到有人扔掉几斤粮票和几元钱,我捡起来准备突围后使用。我追上了高华亭,他说:没有吃饭跑不动了,我说:只要我们冲出去就有饭吃,我有粮票和钱,赶快跑吧,跑了不多远就不见他了。突围的人群在沟底,鬼子在山梁上,居高临下,用步枪、机枪、小炮疯狂地向沟里的人群射击,子弹从头上飞过,炮弹不断地在人群中爆炸,有人负伤了,有人牺牲了,为了轻装突围,同志们除了武器、文件外,几乎把所有的东西全都扔掉了。沙主任"人在底片在,人与底片共存亡"的声音一直响在我的耳边,我咬牙发誓,一定要把底片保存下来。但是,我背着约三十斤重的金黄色牛皮箱,目标很大,想来想去,唯一的办法是趁天还没有大亮,先把底片坚壁起来,再轻装突围。这样即使我牺牲了,底片也不会落到敌人手里。我选择了一个雨水冲刷成的土坑,将两箱底片放进去,找了几块石板盖在上面,用杂草伪装好,确认没有破绽后,我轻松了许多。鬼子回过头来进行拉网式的搜捕。从我左侧山坡上下来了三个鬼子,端着上了刺刀的枪,在距我七八米远的地方顺着山坡下去了,我有幸闯过这一关。大约十点左右,鬼子离开了山沟。我的右脚(摔伤)踝骨肿得像个紫茄子,走路更加困难了,我急于想看看底片是否还在,便忍着剧痛向坚壁底片的地方挪去,当我拨开杂草掀开石板看到金灿灿的两个牛皮箱安然无恙时,一颗忐忑不安的心安定下来了。我选择一个既安全又有特征的地方,将底片坚壁起来。12月11日,我们翻过东山,在距柏崖村十多里路的沙岗岭村遇到了沙主任、曲治全、董寿延、王友和等。沙主任躺在老乡家的热炕头上,他见到我第一句话就问:底片背出来了没有?我说:背出来了,没丢。他激动地伸出拳头捶着我的胸脯说:小赵,你的任务完成得很好!你快说说你是怎么把两箱底片背出来的?路上遇到什么危险没有?我把和他被鬼子冲散后遇到的情况,详细叙述一遍。沙主任对我的叙述很感兴趣,不断插话提问。晚间我同沙主任睡在一条温暖的热炕上,我们两人一直谈到深夜。他详细介绍了他在突围中的遭遇:自从咱们被鬼子冲散以后,首先遇到了李明,他见我背着两个牛皮箱跑得满头大汗,上气不接下气,跑

12. "人在底片在"

的速度很慢，他说：沙主任您身体不好，把两箱底片交给我背吧，请您放心，只要我李明活着，保证把底片背出去。他接过两个牛皮箱，还要保护我一块走。我说：为了底片的安全，我命令你不要管我，快走！他迟疑了一下说：沙主任，为了底片的安全，我先走了，请您多保重。说完，他依依不舍地消失在突围的人群中，现在还没有他的消息，令人不安啊。当我谈到亲眼见到孙谦、陆续、韩栓仓的遗体时，他沉痛地说：为掩护我，韩栓仓同志牺牲了，王友和单枪匹马和鬼子展开白刃战，终因寡不敌众，脖子被刺三刀倒在血泊之中，我感到内疚啊。陆续是刚从北平出来参加革命不久的大学生，太可惜了。

当沙主任听到李明牺牲的消息时，他万分悲痛，多次表示：李明是一个好同志，平时积极肯干，不怕吃苦，在最危险的时刻，不顾自己安危，替我背两箱底片突围，不幸牺牲了，如果不替我背两箱底片，可能就不会牺牲了。我说：您不必自责，打仗哪有不死人的，孙谦、陆续没有替您背底片不是也牺牲了吗？

1943年12月12日，从柏崖突围出来的一部分同志集中到沙岗岭村，沙主任决定兵分三路：一路带着沙主任的信回华塔山，向石副主任汇报柏崖情况；二路回柏崖村安葬烈士遗体和取回两箱底片；三路护送伤员到医院治疗。根据伤员伤情，从交通站要了一副担架、三头毛驴。沙主任坐担架，杨瑞生、王友和、赵银德骑毛驴，转移到阜平县仓山村一个小野战医院，由院长亲自主持，给沙主任会诊后说：你的冻伤很严重，有残废的危险，我院条件差，需要转移到大医院治疗。得知军区卫生部和白求恩卫校在阜平县大台村后，先转移到大台村，住在该村河东一户农民家。部领导很重视，亲自组织几位大夫，给沙主任会诊。几位大夫一致认为：双脚已经变质，失去知觉，必须截肢。沙主任听到结论，含泪恳求大夫：我是摄影记者，没有双脚怎么工作？我求求你们想尽一切办法，保住我的双脚吧。他们只说了一句"你好好养伤吧"，沙主任给军区政治部朱良才主任写信，汇报卫生部领导和大夫给他会诊双脚的结论。第二天，我随沙主任转移到距大台村七八里地的碳灰铺村和平医院，当护士解开包扎在沙主任双脚上的纱布时，一双失去知觉、黑紫、腐烂、臭气熏人的双脚，暴露在大夫、护士面前。未等大夫开口，沙主任迫不及待地恳求大夫，想尽一切办法，保住他的双脚。经验丰富的邢竹林大夫认真检查后说：根据我的经验，冻伤没有生命危险，先给您进行保守治疗，如果保守治疗无效，再截肢不迟。沙主任从邢大夫的话语中得到安

我的父亲沙飞
My Father H.Szeto

第二章 洪流

慰，看到希望。每天给他双脚换凡士林药膏，经过一段时间的保守治疗，双脚的皮肤逐渐红润起来，有的伤口处长出了新的肉芽。有一天他欣喜若狂地喊：小赵，你快来看，我脚指头会动了，快给我拿笔、纸来，我给军区首长和石、罗副主任写信，告诉他们，我的脚指头会动了！我说：幸亏您遇到了一个好大夫，保住了双脚，如果遇到一个冒失鬼大夫，不分青红皂白，按照卫生部大夫会诊结论，锯掉双脚，您上哪儿去申冤呀？他说：是啊，我要好好感谢邢大夫，是他保住了我的双脚。

他的双脚基本恢复知觉后，大夫同意他下床慢慢锻炼走路，刚开始他架着双拐站不住、立不稳，我搀扶着他，进行走路锻炼，因为伤口还未痊愈，疼痛难忍、累得满头大汗也不肯多休息一会。我说：您锻炼不能太急，要悠着点，他说：锻炼嘛，脚疼一些、累一些，这比光着脚突围时好受得多了，我要加强锻炼，争取尽早扔掉双拐，回画报社工作。柏崖后，我发现他走路不停地摆手，自言自语。我跟李途说，沙飞有精神病。

（作者附记：1943年12月，赵银德冒着生命危险抢救出来的底片，至今完好无损地保存在《解放军画报》图片资料室。2011年5月，中国人民革命军事博物馆举办纪念《解放军画报》创刊60周年主题展览，时解放军画报社领导专门请在枪林弹雨中抢救军史图片资料的赵银德参观展览，并奖励赵银德人民币三万元整。）

沙飞负伤，在阜平碳灰铺和平医院养伤。1944.2. 赵银德摄

1944年春，邢竹林医生在阜平柏崖村军区政治部召开的晋察冀边区群英会上。沙飞摄

邢竹林。1998

12. "人在底片在"

傅莱（奥地利裔）1987年回忆：沙飞当时是冻伤，斑疹伤寒，高度神经衰弱。

罗光达1980年回忆：沙飞受伤后，我去医院看他，他拉着我，感叹万分。我说想去冀东，他说，派了几个人，还得你去打开局面。他找聂荣臻，同意成立晋察冀画报社冀东分社。我临走前沙飞说，在冀东、山海关内外、长城附近，你存在就是胜利，能做多少工作就做多少工作。他吃饭、睡觉都在动脑子。

章文龙1999年回忆：1946年12月9日，画报社开会悼念三年前牺牲的九位战友。并由沙飞、我、方宏代表全体同志到阜平柏崖村给烈士扫墓。方弘用毛笔写了悼词：烈士们！你们的鲜血没有白流，我们一定要踏着你们的血迹前进！沙飞把悼词和近年来出版的画报、丛刊、画刊放在烈士墓前，我在每个烈士的坟头放了一枚毛主席纪念章。

胡忠：保卫部余光文是团长，我是队长，我们到柏崖，我刚布置完岗哨，要一碗水喝了，要去休息，听到一声枪响，皮鞋声向西北角跑，鬼子占领了制高点。我说，余部长，不好了，敌人上来了。他说，你掩护干部撤出。我到山顶，太阳刚出来，一个机枪班加一个步枪班互相掩护，跑出来好多人。队形掌握不

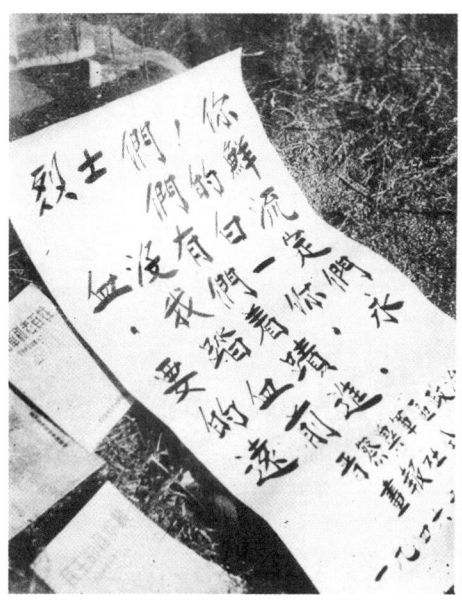

沙飞、章文龙、方宏代表晋察冀画报社到阜平柏崖村给三年前牺牲的烈士扫墓。1946.12.9. 方宏摄

张立烈士（1919~1943）与女儿余泽军（小宝）。1941. 沙飞摄

我的父亲沙飞
My Father H.Szeto

第二章 洪流

余泽军（中）回到终生无法忘怀的河北阜平柏崖村。2009

了，放了羊，走乱了。狭小的街上，画报社的、政治部的，以及老乡，都奔向村西，过小溪，钻山沟。鬼子居高临下，占据主要山头，疯狂扫射。余部长三岁的女儿小宝是炊事班长邵永顺背出来的。当时水刚烧开，小宝的弟弟不足两个月，被鬼子扔进锅里。我跑出来得晚，跑到山头与余光文会合，他拿望远镜看得清楚。我主持善后工作，埋了所有烈士尸体。

2009年"中日寻访沙飞足迹之旅"到河北阜平柏崖村。张立烈士之女余泽军（小宝）在母亲和弟弟被日军杀害的柏崖村，向到访者及村民讲述自己怎样被马夫邵永顺带着逃出，敌人走后回到村里，亲眼见母亲惨死和弟弟被煮死的情景。村民周进国讲述自己的弟弟被日军煮死的经过。当年周的弟弟不到一岁，刚过继给没有儿子的同村村民张德贵不久，便被日军作为威逼张立的筹码投入开水锅煮死。到访的日中友协副理事长、常务委员大村新一郎等日本友人认真听亲历者痛诉日军暴行。日方来住新平主动向村民道歉。一个村民说：这样的事，一百年也不会忘记！

白连生1999年回忆：柏崖惨案后，沙飞精神特别失常，恨日本人。

赵烈烈士墓地在阜平烈士陵园。1998

柏崖惨案牺牲的烈士长眠在阜平赤瓦屋墓地。1998

13."你们的爸爸叫沙飞"

1943年12月,躺在病床上的沙飞突然特别想念王辉及两个孩子。自从他1937年上半年给王辉回了一封同意离婚的信后,就再没有他们的音讯了。如今已经7年了!他们在哪里?他在心中呼唤着他们。他感觉、希望、相信他们在延安。他的感觉是对的。

1944年春沙飞出院。政治部师容之随晋察冀军区主力部队去延安前,专门去画报社驻地洞子沟看望刚出院的沙飞。沙飞交给他一封信、两个胶卷,让他到延安后,去找自己的两个孩子。师容之答应了。

但昔日的王秀荔已改名为王辉,两个孩子司徒飞、司徒鹰改名换姓为王大力(达理)、王小力(笑利)。因此师容之到延安后,无法找到他们。

1944年5月,王辉与张剑虹等一起从重庆到延安。王辉在组织部招待所住了一个多月后,进中央党校三部学习,后来转到六部。她向从晋察冀边区来的同学打听沙飞的情况,当知道"沙飞已经加入了共产党,还没有结婚"时,一向冷静、沉着的王辉沉不住气了。她很快到周恩来、邓颖超那里,跟他们谈了自己和沙飞的关系及他现在的个人情况,并要求转封信给他。邓大姐说,应该恢复关系。王辉马上写了封信给沙飞:"我在延安学习,两个孩子也在延安上学。"周恩来把信交聂荣臻,正好耿飚奉调晋察冀军区,又受命护送美军观察组7人到晋察冀边区,聂荣臻委托他带信。王辉原来从不跟孩子提及他们的父亲,她从周恩来那里回来后,高兴地告诉他们,你们的爸爸叫沙飞,在华北前线晋察冀军区搞摄影,是画报社主任。他们高兴极了。

王达理曾找母亲在党校六分部的同学公木(1910~1998)打听父亲的情况。一次,未满12岁、刚割完扁桃腺的达理带着妹妹及项英的儿子项阿毛等几个孩子去杨家岭周恩来那里玩。在院子里,邓颖超拿出《晋察冀画报》给孩子们看。

我的父亲沙飞
My Father H.Szeto

第二章 洪 流

达理一边翻着画报，数沙飞拍了多少张照片，一边很自豪地对小朋友讲自己的爸爸。阿毛告诉他，晋察冀军区司令员聂荣臻现在就在周恩来办公室。他马上去找，聂荣臻刚出去上厕所，他就在外边等，看见聂荣臻出来，他走上前问，聂司令员，您认识沙飞吗？聂一边回答认识，一边打量眼前这个穿灰布制服的年轻人，发现他长得挺像沙飞，马上问，你是沙飞的弟弟？当听到"我是沙飞的儿子"时，他愣了："什么？沙飞有这么大的儿子？"

耿飚。1995

达理又拉着王笑利说，这是我妹妹。他讲了母亲、自己及妹妹的情况，并询问父亲在晋察冀的一切。聂荣臻又惊讶又高兴，叫他给父亲写信。那天，几个孩子在杨家岭的饭厅吃晚饭，然后乘大卡车去王家坪看演出，周恩来坐在车头。演出时，美军观察组一个大个子抱着达理看节目。

周恩来与聂荣臻商量，他们很慎重，因为在战乱中，各种情况都可能出现。聂荣臻发一封电报到晋察冀，朱良才、潘自力接到后，当天通知沙飞到政治部。

美军观察组与晋察冀军区首长耿飚（后左二）、唐延杰（前左四）、程子华（前左三）合影。1945.2. 沙飞摄

13. "你们的爸爸叫沙飞"

他看了电报,知道王辉曾在重庆八路军办事处跟周恩来、邓颖超一起工作,负责财务,现在延安中央党校学习,两个孩子都在延安读书。他愣了,不知说什么好。朱良才征求他本人对复婚的意见,朱主任说,你的情况由我们电复延安。你本人究竟欢迎不欢迎王辉和孩子,只能你自己答复。他马上明确表态,我愿意与她复婚!他立即亲自复电报。他离开政治部后,高兴地骑着马,飞奔了十几里,他想到一家人将团聚在华北抗战前线,非常兴奋。他知道,在自己内心深处,始终有她、有两个孩子的位置,这也是他们离婚8年、而他仍然独身一人的根本原因。

不久,中央党校办公室通知王辉去杨家岭周恩来那里,她立刻猜到,一定是有了关于他的消息。电报由周恩来秘书转交,她看到了朱良才和沙飞分别拍的两封电报,朱良才代表组织介绍沙飞的情况:政治上是共产党员、工作是晋察冀画报社主任、生活是未成家。沙飞的电报:信收到,即带飞儿来此。王辉悬着的一颗心终于放下了。

她专门去安塞延安保小,把爸爸来电报的好消息告诉两个孩子,他们高兴地跳起来。邓颖超希望她在党校学习完才走。王辉给沙飞回了封电报:我学习完再去。望等我。

1944年初冬,在中央党校三部学习的师容之找到王辉,转给她一封信,是沙飞在4月份托他带给她的。她感到非常奇怪和意外,当时自己还在重庆呢!他怎么知道两个孩子在延安,我很快要到延安呢。缘,这就是缘!每天,她都把信及电报看了再看,思念着远方的亲人,想到很快将与丈夫在一起,她开心极了。

原来,师容之为了不负朋友之托,写信回晋察冀,与王辉联系上的沙飞把老婆的姓名、地址清楚地告诉了他。这封信辗转了很久,从春天到冬天,终于到了王辉手里。师容之还专门去学校看两个孩子,他们都穿着小灰棉衣,见到从父亲身边来

沙飞长子王达理、长女王笑利兄妹在延安。1944

我的父亲沙飞
My **Father** H.Szeto

第二章 洪流

的师叔叔，觉得格外亲切。

王辉去向方方告别，他对她说，你去晋察冀后要在银行工作，将来回广东搞银行工作，沙飞将来回广东还搞电台工作。她又去看了两个孩子，告诉他们，自己先去晋察冀。她给大儿子留了一支派克钢笔，还给他买了一只京胡，她好好抱了抱、亲了亲两个孩子。

张剑虹知道王辉要去前方与丈夫团圆，为她高兴，专门去送行，剑虹开玩笑说，王大姐，我将来一定要写一部小说，写你们夫妻分别8年后又重逢的故事。王辉骑在毛驴上，微笑着向剑虹招手再见。这美好的回忆，一直留在剑虹的脑海中。1955年在河南当新华社记者组长的张剑虹，与来采访的人民日报社摄影组长高粮一起吃饺子。她问他，你的照相技术从哪学的？高粮说，我的老师是沙飞，他可是被咱们自己的人杀了……剑虹很难过，她没想到王大姐由悲剧变为喜剧，又变为了悲剧。

王辉和一位交通员、三个八路军战士一起从延安出发，延安方面立即通知晋察冀军区政治部。石少华先知道消息，但没告诉沙飞，他担心王辉过封锁线出现意外，直到他知道安全了，才告知。知道妻子马上要来的沙飞，又兴奋、又焦急，不知自己该做什么。石少华及指导员张致平忙开了。6月底张致平告诉大家一个喜讯，沙主任的夫人快来了，她正从延安向我们这里走，什么时候到还不知道。7月的一天，沙飞的通讯员白田野到阜平坊里村南边村口的小平房，这里被称为暗房，西屋是洗照片放大用的暗房，中间是宋贝珩、刘克己和顾棣三个人的寝室，东屋放药瓶子和暗室器材。白田野说，沙主任夫人要来了，他们先在这住几天，找到合适的房子再搬。他和另一个通讯员拿来两块床板、四张凳子，支起双人床，又搬来被褥，挂上蚊帐。

王辉一行五人在路上走了一个月，7月到达阜平，先到军区政治部所在地柏崖村，潘自力给画报社打电话。很快，沙飞就骑马赶到了。第一眼见到他，她觉得他老了，但眼睛还是那么明亮。她刚伸出手，已被丈夫拥在了怀里。她跟他骑着一匹马"回家"，一路上，沙飞问妻子的身体、工作，问两个孩子的情况。傍晚他们到了画报社驻地阜平坊里村，探信的人跑回来报告：沙主任和夫人到村口了。石少华、裴植等马上迎出来。他们先到社部——沙飞、石少华的办公室兼宿舍。"沙主任夫人来了！"有人大喊一声，院子里一下子挤满了人，有画报社的，

13. "你们的爸爸叫沙飞"

也有当地老乡,妇女抱着小孩往人群里挤,大孩子从人缝往里钻。

管理员准备了一桌便宴,还有阜平特产枣酒,石少华副主任致欢迎词。晚饭后,白田野陪沙飞夫妇到他们的住处,就告辞了。

他们紧紧地拥在了一起。一切语言都是多余的,一切痛苦都成为过去,他俩都不提起那不愉快的一段,他们的感觉都是分别8年,而不是离婚8年。

顾棣、刘克己住的屋子与沙飞夫妇的房之间只隔着布帘子。晚上睡觉时,他们听到旁边的房间床板响,一会儿,又响了,天亮时,又听到了床板响。几天都如此。刘克己总说,沙主任和他老婆那样了。年龄还小的顾棣不知什么意思。

王辉来的第二天晚上,画报社在村外小河边沙滩开了一个欢迎会,20多人参加。画报社当时40来人,洞子沟、坊里各一半,两地相距8里地。石少华致欢迎词,印刷厂厂长张一川、总务股长裴植、编辑赵启贤讲话,表示欢迎、庆贺他们夫妻团圆。沙飞、王辉都讲了话,表示感激。然后裴植主持,欢迎沙飞夫妇表演节目,他们两人只是大笑,不表演。大家不答应,一次一次地鼓掌欢迎。沙飞只好站起来唱了一两句"战斗生产"歌,就大笑着坐在沙滩上了。大家又欢迎王辉唱歌,她也只唱了一两句。大家非让他们两人表演一个节目,裴植拿出一根细绳,两头分别拴在沙飞、王辉的手腕,让他们转圈。他俩笑得蹲在地上站不起来。小伙子们硬把他们拉起来帮着转,直到两人拥抱在一起为止。不少人乐得前仰后合。其他人表演了些小节目。晚会近12点才尽欢而散。

沙飞、王辉夫妇在抗日战争胜利前夕团聚在河北阜平坊里村。1945.7. 顾棣摄

合影,左起:张致平、王辉、李建玄。1945.7. 河北阜平坊里村

我的父亲沙飞
My **Father** H.Szeto

第二章 洪 流

沙飞、王辉夫妇在河北张家口。1945年冬　　　　　　　　沙飞、王辉夫妇在河北张家口。1946

　　沙飞夫妇在暗房的东屋住了三四天后,搬到了有土炕的社部,这是石少华决定的,他及电话员、通讯员搬走,腾空了那个屋。暗房靠近小河,四周都是树木,环境优美,沙飞夫妇仍然经常去那里。一个礼拜天,他们又来了。沙飞让顾棣给他们拍一个合影。顾棣在门口左侧以树为背景拍了一张,他怕拍一张不保险,想再多拍几张。沙飞马上说,拍一张就够了,再多拍就浪费了。他只好把相机交还给沙飞。1984年顾棣才在蒋齐生处看到此照片,一眼就认出是自己拍摄的。蒋齐生是从王辉处借来翻拍的,他对顾棣说,沙飞夫妇分别8年,在晋冀察抗日根据地团聚,你为他们留下团圆后的第一张合影,太珍贵了。顾棣对自己为沙飞和师母拍下这幅有特殊意义的合影纪念照,感到自豪。

　　那些天,村里的妇女都在谈论着沙主任夫人,双眼皮大眼睛,个子高,身材苗条,非常朴素,穿一身蓝粗布衣服,北方农村布鞋,说话面带笑容,和蔼可亲;那些天,画报社的人和坊里村老乡都关注着他们,沙飞的脸上经常挂着笑容,精神振奋、情绪高涨,大家都受到了感染。晚饭后他俩手拉手地在村外河边散步,看到他们那么亲密、幸福、美满,大家都为他们高兴。

　　沙飞夫妇在抗战胜利前夕终于团圆,并愉快地度过第二个蜜月。王辉在画报社负责财务工作。他们共同战斗,迎接胜利到来。

　　我的生命就是在河北阜平坊里那个小山村孕育的,而且是在父母最浓烈的爱的时刻。

13. "你们的爸爸叫沙飞"

河北阜平坊里村，沙飞夫妇 1945 年度过第二个蜜月的房子。1998

王雁再访坊里——父母孕育王雁生命的小山村。2014.7

王辉《我的自传》（1944）

抗战后，听说他到华北，现在晋察冀，改名沙飞，在画报上常常看见他的摄影；我们过去的离婚，不是为了什么了不起的事，我对于他的爱没有完全消灭，听了他进步，我甚快活安慰，认为我过去没有爱错人，我常常默祝他进步、健康、幸福。

王辉《自传》（1954 年 12 月 19 日填）

在延安从聂荣臻同志那里知道沙飞在抗战初期到敌后，在晋察冀画报社工作，是党员，未再结婚，因此我去信提出愿和他恢复关系，他也表示同意，1945 年 5 月我和几个同志去华北，七月抵阜平，在晋察冀画报社当会计。

王辉《履历表》（1946 年 1 月 12 日填）

是否结婚：已　爱人姓名：沙飞　爱人是否党员：是

他（她）过去负何职务：晋察冀军区政治部摄影科长、画报社主任

他（她）现在何处负何职务：现在任画报社主任

第二章 洪 流

沙飞《干部登记表》（1947）

结婚否：已婚　姓名：王辉

现在何地工作：边区银行　是否党员：是党员

王辉《我的反省》（1947 年 9 月 1 日）

　　来晋察冀后政治部把我分配到画报社工作，我非常不满。我觉得组织对我不够尊重，不找我谈话不了解我的历史与工作能力而是因为沙飞在画报社就要我随夫，随夫这对我这个女英雄主义的人物太不光荣了。我几次表示不满，政治部的同志替我解释说因你俩一别九年而且闹过离婚，这次组织是为了照顾你们，所以把你们分配在一起。过一个时候你们互相了解感情也好了，那时再调工作还不迟。我口里答应心里却在希望那日子快来。

14."他们双手沾满我们的血"

1945 年 8 月 15 日,日本天皇向全国广播了接受波茨坦公告、实行无条件投降的诏书。9 月 2 日上午,在停泊于东京湾的美国战列舰密苏里号上举行了向同盟国投降的签降仪式。日本新任外相重光葵代表日本天皇和政府、陆军参谋长梅津美治郎代表帝国大本营在投降书上签字。9 月 9 日,侵华日军总司令冈村宁次在南京向中华民国政府陆军总司令何应钦呈交投降书。抗日战争及第二次世界大战至此正式结束。

神州大地举国欢腾,普天同庆,全国人民沉浸在胜利的喜悦中。

晋察冀军区按照中共中央指示,各线大军奉命出动,进攻矛头指向北平、天津、张家口、保定等大城市,晋察冀边区行政委员会任命了平、津、保、张等市市长。进攻北平的部队,由刚受命为北平卫戍司令的冀察军区司令员郭天民指挥,8 月 12 日从东、南、西三面包围城市,驻北平日军奉蒋介石给冈村宁次的命令,拒绝向八路军投降。

8 月 23 日八路军解放了伪蒙疆自治政府首府、察哈尔省城张家口。张市是抗日大反攻开始后,中共夺取的第一座较大的城市,即成为晋察冀边区首府。

裴植 2003 年回忆:抗战胜利的消息传到画报社,一片欢腾,杀三头猪庆祝。沙飞、我等几个人骑马,日夜兼程,拼命赶去北京受降,准备拍进北京的镜头。

胡忠:鬼子投降后,我与沙飞等去接收北京,到颐和园,我们和城工部几个人在一起。日本派代表向我们表示,北京交给中央政府,不交给你们。我们很气愤,要求打。军区指示不准打。我们才转向张家口。

白田野 1999 年回忆:抗战胜利,开始我们要占领北京,已到郊区颐和园,知道国民党去了,我们后来去张家口。

杨瑞生 1980 年回忆:我跟裴植、李桂林、沙飞一人一匹骡子去北平,尽下

我的父亲沙飞
My **Father** H.Szeto

第二章 洪流

雨,蹚水到平西,老不走,说等命令。当时聂荣臻发的命令登报:宋劭文为北平市市长、张苏为副市长、郭天民为北京卫戍司令、黄敬为天津市长。我们后来奔张家口。

赵银德:日本投降,沙主任把我叫去说,我们准备进北平,你派人买些木料做成箱子,把贵重的照相制版、印刷器材装箱待命。不久画报社奉命向北平进发,行至紫荆关时得到军区政治部命令,因国民党抢占了北平,要画报社改道向张家口进发。沙主任根据上级命令,调整行军路线,队伍渡过拒马河,向张家口挺进。

顾棣2002年回忆:抗战胜利,通知接收北平。我们画报社暗房、总务、通讯、编辑科先走,工厂待命。我管暗房,我们往北平走,正下雨,第三天到涞源城,住一二天,又往东走。快到紫荆关,通讯员说,北平给国民党占了。我们往北走,与抗敌剧社会合。沙飞始终跟我们在一起。我腿摔了,沙飞叫我到收容队,沙飞骑马,我们走路。路上沙飞决定带底片先走,留我们看物资。他说,他们先去张家口,再派人来接我们。过了10多天,他派一通讯员找我们,给每人一件军大衣。我们后来坐军车,又坐火车到张家口。王辉与我们一起。

石少华1980年、1987年回忆:沙飞来后很高兴,张家口最繁荣街上的三幢楼是我们的,一是画报社,一是印刷厂,一是宿舍,最好的机器设备我们都拿到,其他单位特眼红。好印刷机我们用了一年多,当时罗瑞卿是政委,下命令拿走。沙飞想硬顶,我说不能顶,已下死命令,必须服从。

我们进入张家口后,沙飞主持,把抗日战争的照片,编成四个集子,另外编了一个集子,是毛主席的照片。沙飞不光关心自己的事业,对兄弟地区有求必应,我们支援的干部、器材都是好的。不容易呀,东西很困难。我分析,解放战

张家口大境门。1998

抗战胜利后,大汉奸张家口市伪市长韩广森、伪副市长崔景岚被枪毙。1945. 沙飞摄

我的父亲沙飞
My Father H.Szeto

14. "他们双手沾满我们的血"

秧歌队在张家口和平印书馆前庆祝抗战胜利。1945. 沙飞摄

张家口托儿所小朋友吃午饭。1946. 沙飞摄

我的父亲沙飞
My Father H.Szeto

第二章 洪流

争时期，画报社得到聂荣臻的支持不如抗日战争时期。抗战初晋察冀是模范边区，聂取得些胜利，但画报宣传他多了，回延安受了批评。

解放战争初期，沙飞曾找过我，认真提出来，希望同我一起，从画报社工作人员中挑选几个机智勇敢的青年，组成特工队，到大城市以开照相馆为掩护，对蒋帮进行军事破坏，并设法对蒋介石进行暗杀。经我耐心地说服，他才作罢。他走路时常自言自语，两手做各种姿势，有时突然停步，向远处瞭望，直到通讯员提醒他，才清醒，继续前进。

1946年春，百余位解放区作家、艺术家聚集张垣，以丁玲、艾青、成仿吾、萧三、周巍峙、江丰、邓拓、沙飞等23人为理事的中华全国文艺协会张家口分会成立，会场挂着毛泽东的像及沙飞拍摄的鲁迅像。

白连生1999年回忆：1945年底，艾青从延安来，沙飞请他吃烤鸭、乌龟蛋汤，我参加。

抗战胜利后，延安文化界名流云集新解放城市张家口，在画报社一次聚会后合影留念，左起：力群、徐灵、张望、江丰、古元、周巍峙、沙飞、张庚、周扬、吕骥、石少华、钱筱章

我的父亲沙飞
My Father H.Szeto

14. "他们双手沾满我们的血"

欢聚张家口。后排右起：钱筱璋、徐肖冰、汪洋、石少华、高天辉，二排右起：田华、张建珍、侯波，前排右起：沙飞子女王笑利、王达理。1946.张家口.宋贝珩摄

1946年全国文联张家口分会成立大会。沙飞摄

左起：聂荣臻、周恩来、叶剑英、蔡树藩、贺龙、萧克。1946.3.1. 张家口．沙飞摄

军调处三人小组，左起：国民党代表张治中、美国代表五星上将马歇尔、共产党代表周恩来。1946.3.1. 张家口．沙飞摄

沙飞（右）在张家口机场拍摄军调处三人小组马歇尔、周恩来、张治中前往集宁视察。1946.3.1. 石少华摄

我的父亲沙飞
My **Father** H.Szeto

14. "他们双手沾满我们的血"

1946年3月1日军调处三人小组马歇尔、张治中、周恩来从北平飞抵张家口，午后马歇尔一行飞集宁。沙飞、石少华等拍摄了三人小组在张家口的活动。

但是内战气氛却越来越浓。1946年6月，中国大规模内战揭开了战幕。内战把一些日本人卷进来，他们身不由己地成了两大政治集团中一方的成员。精明的共产党人清楚自己缺少什么，

沙飞在张家口元宝山主持召开晋察冀军区摄影工作会议。1946

在所有需要技术的地方，都离不开昨天的敌人。晋察冀军区招收了3000多日军战俘与技术人员，接收了日蒙疆医院的医护人员，他们在生活上受到优待，在技术上充当教师。国民党为增加反共力量，给留用的日军战俘与技术人员晋升、增薪。

章文龙2002年回忆：张家口形势变化快。日本人投降、国共谈判、毛主席到重庆、执行小组进大城市，延安干部到华北来、到东北去，跟蒋管区打通了，封锁被解除，很明显看出变化。这一年画报没出什么，集中搞丛刊，把几年积累的资料用丛刊形式编印，进行宣传。在张家口开一次摄影工作会议，提出抗战时画报没办法定期，原则是半年出一期，现在条件好，能否定期发刊、印刷、出版，决定三月一期。出了一期后，情况发生变化，没法出第二期。在新形势下，物质条件大改变，机器设备、材料、人员扩大充实，但没继续出画报。沙飞爱结交朋友，慷慨，有人从延安来，跟沙飞谈得投机，他就送好照相机。摄影器材是冒生命危险搞来的，不能想送谁就送谁，不能为搞关系就送人。我不满意。从张家口撤退后，我提出沙飞公私不分，仓库的照相器材随便给人。沙飞在张家口时，与聂荣臻有矛盾。聂荣臻爱才，器重沙飞、邓拓，非党员管事很例外。后来不知为什么有矛盾。一次沙飞找我，说有人去延安，他要带一封信给中央，他认为我可以信任，把信给我看，征求我的意见。内容是告聂的状，列举了晋察冀的主要问题，对留用日本人不满。事关重大，我没表态。信托人带走了。沙飞想东西多，想象力丰富，思维出人意料，思想上自由化，历史复杂，组织搞不清楚，

第二章 洪 流

他一直受审查，要考验。

蔺柳杞 2002 年回忆：我原在《抗敌三日刊》《子弟兵报》工作。抗战时，刘峰、叶昌林都对我说过，谁要给画报社摄影，沙飞都给照相机。我想出去拍，但编报离不开。沙飞在张家口时，如果谁给画报社供照片稿，他就送谁照相机。

顾棣 2002 年回忆：那时民主和平新阶段，大家对和平抱幻想，画报社向何处去，思想很混乱，一下子 150 多人，都不安心工作，也没好好编东西。解放战争一开始，大家很紧张，悲观失望，不知能否胜利，感到很恐怖，一直到撤退。张家口时沙飞与章文龙为了工作，领导被领导有矛盾。沙飞与章文龙选稿，决然分歧，我当时同意章文龙的观点。矛盾是编辑工作上的矛盾。章文龙傲气，沙飞不同意他编的东西，他不高兴，章文龙当时谈恋爱，李素贞是东北人、护士。沙飞刚到张家口时，雄心大志，要大干一场，他认为接收的东西还不够。接收了日本三光照相馆。看到外国画报《奥斯威辛集中营》，很震动，受启发，说日本人比德国鬼子还野蛮，我们编了几本丛刊、旬刊、号外。画报最精华、辉煌的是一至八期。1945 年 12 月画报社出版《毛主席近影集》，十六开本，铜版纸，照片由徐肖冰、钱筱章、郑景康等提供。1946 年晋察冀画报丛刊《八路军和老百姓》《晋察冀的控诉》《民主的晋察冀》《人民战争》相继出版。1946 年 6 月上旬丁玲要到巴黎出席世界妇女大会，画报社选了 120 幅解放区妇女活动照片，我把照片送去，丁玲非常高兴，给沙主任写信表示对画报社十分感激。

沙飞关心职工生活，每月 6 元生活费，画报社开有饭馆，吃得很好，天天白面大米。苏河清从苏联回来，每月 100 元，沙飞、石少华每人每月 5 元，吃小灶，科长以下是大灶。沙飞一人一间办公室，办公楼在解放大街。他喜欢交际，名声大，延安来的都找他。艺术家江丰、张望等经常来画报社。1945 年 11 月初郑景康随胡耀邦由延安到张家口，安排在画报社摄影科当副科长，应该把他安排为副社长，后来知道他是旅级干部，沙飞才是团级，才让郑景康吃小灶。郑景康懂英文，兼交际处军调处第五执行小组记者，他工作严肃认真，很能吃苦。当时张家口交通很不方便，他高大肥胖，又不会骑自行车，外出采访全靠步行，有的采访地点距画报社很远，但他早出晚归，总是圆满完成任务。一次他到边区高级法院采访，因胶卷不够用，打电话要我马上给他送两个去，接电话的没转告我，他一回来就对我发脾气，我很委屈，跑到沙飞、石少华两位主任面前哭，他知道情况

14. "他们双手沾满我们的血"

后,马上向我道歉。他爱培养年轻人,他在延安写的《摄影常识》让章文龙的夫人打印几份,他给我们讲课,很耐心,我每天坚持听,他很高兴。

郑景康与沙飞关系不好。他对我说,山东军区最近来函,要求晋察冀派人去支援办画报,我在晋察冀画报社待不下去了,这里有沙飞、石少华,容不下我,我要到新的地方,开辟新天地。临走时他送《摄影常识》打印稿给我。沙飞、石少华提出让他们和去晋冀鲁豫军区的一样,带上全套器材,去了好马上开展工作。郑景康只要了一小部分摄影器材、一套《晋察冀画报》、几份画刊和一套精选放大的照片,每人带一支手枪。1946年4月画报社在大红楼饭店为他们举行了欢送宴会。几天后他们离开张家口向山东解放区出发。

蒋齐生1982年回忆:我写沙飞是受郑景康影响。他是我们党的统战对象,我们请到延安,他一直和中央首长在一起吃小灶。他临终前,我去看他,他说,如果沙飞在,摄影界不会搞成这样。他让我搞中国摄影史。沙飞档案中,1946年撤离张家口后,大家开会对画报社工作有意见,主要是没很好准备大量器材。沙飞在会上说,他不安心工作,因晋察冀地方太小,希望接触面更广,他想拍四万万同胞向何处去。

裴植1980年回忆:1945年底晋冀鲁豫军区致电晋察冀军区领导,要求派人帮助他们筹建画报,高帆来联系。1946年初经领导研究决定,我带摄影记者袁克忠和制版、暗房技师及两个制版工人去。走前沙飞、石少华找我谈,摄影画报咱们搞得比较早,条件好些,对其他根据地我们应支持,你们协助高帆把摄影工作搞起来。当时晋冀鲁豫有美术科,没摄影科。我们去后,任白戈举行宴会,欢迎我们,说晋冀鲁豫摄影工作搞了一点,但没怎么搞起来,搞画报,有点儿,只是画的,没照片;你们来了,可以搞起来。我们一到那儿就开始工作。

曲治全1980年回忆:高帆到张家口来要人要东西。我、裴植、袁克忠、高帆、李致,走时带一车东西,后换成两大车,主要是照相制版器材、小照相机四五架。沙飞对我说,定了你去,全盘的你能拿下来,你身体又好又没负担。我说,在这儿我老有照相机,可以随便照相,到那儿就没有。他拉开抽屉说,早给你准备好,蔡司4.5八张、十六张、自动对光。

徐肖冰1999年回忆:1937年9月在我太原见过沙飞。1939年我随吴印咸带延安电影团到晋察冀,再次见到沙飞。我与侯波二人1945年底到张家口,留

我的父亲沙飞
My Father H.Szeto

第二章 洪流

王雁、王少军姐妹看望徐肖冰、侯波夫妇。2006

在画报社，1946年3月离开，我在电影科当科长，搞了两部幻灯片，周扬带来延安鲁艺的沃渣、张望画的连环画，我搞成幻灯片。一次沙飞带我去张致祥处，他们关系还可以。

侯波1999年回忆：我在画报社办公室工作三个月。当时沙飞身体不好。三人小组来，沙飞、石少华去拍照，宋贝珩没装好胶卷，沙飞发脾气。他对我俩很热情，我怀孕，他很关心，他夫人也怀孕，他开玩笑说："大力、小力，第三个不用力。"高帆来，见了沙飞敬礼。

2006年侯波回忆：日本投降后，我们11月份跟钱筱章等准备到东北去接收伪满电影厂（东影厂）。在张家口到画报社第一次见到沙飞，他很热情接待我们，我怀孕了不方便，就留了下来，让我在办公室做收发。沙飞很关照我，我非常怀念他。沙飞两口子非常好。三人小组到张家口，沙飞去采访用莱卡照相机，当时徐肖冰没去，去承德了。徐肖冰（在场插话）：三人小组来我没去采访，当时我去承德了。

方宏1999年回忆：1946年初在张家口，我是画报社资料组组长。沙飞交给我两牛皮包底片，说你要丢了，就枪毙你。他脾气不好，经常骂人。他爱抽烟，用报纸卷榆树叶子，吃饭用树枝当筷子。

高粮1987年回忆：1945年底在张家口，我与沙飞共同采访军调部第五执行小组活动时，美国新闻处通过美方记者向画报社买了一套沙飞拍的鲁迅照片，沙飞用所得稿酬在市场上买了一台1.5莱卡相机，这是他的私人照相机，在当时是最好的。沙飞原来保存着他办展览时的画报，我看到画报上有南澳岛。美国新闻处记者杰克逊，据说是联邦调查局特务，这个人滑得很，一拍照就扭头，不留自己影像。我们需要拍下他的照片，我请沙飞出面，带上他的杰作《鲁迅先生逝世前后》向杰克逊请教。沙飞讲英语，他们二人直接会话，谈得很投机。这时我拿一个拧掉镜头中间镜片的相机，请他们看，为何呈影是模糊的，杰克逊看后岔开

14. "他们双手沾满我们的血"

两手说，已不能用了，只好买新的。沙飞也说，根本不能用了。他们继续交谈，我将原镜片拧上并装上胶卷，对着杰克逊照了两张，完成任务。

白田野1999年回忆：王达理、王笑利从延安来张家口，第一天我骑自行车把他们从政治部接到画报社。王雁出生在靠近人民印刷厂、人民剧院的医院，我把王雁送去柴沟堡，又去看过两次。达理、笑利调皮、爱斗，沙飞知道就生气，我带他们玩。我陪沙飞去拍张家口工业建设、托儿所。沙飞两次去医院看许群。画报社搞图片社、照相馆、服装店、徽章局，做毛主席、朱德像章。沙飞脾气好。撤离张家口后，他精神不太正常，脾气不太好。

白田野2006年回忆：我和白均平1944年一起去八路军，我去了以后一直在画报社，接赵银德的班，给沙飞当通讯员。他叫我小白。我叫他首长，也叫主任、沙主任。没有红过一次脸。我和姓黄的人（银行一个人的亲戚）把王雁送去怀安柴沟堡。以后我去看过王雁。第二次去刚好遇上飞机轰炸，刚下火车就从站台滚了下去。那家从车站去不太远。沙飞时常骑着马（骡）看书，在前面走，我在后面跟着，有时马不走了，吃草，他也不管，我赶快赶着走，要去开会的。首长肺不好，老咳嗽，我就买了些营养品给首长吃。我还记得王辉拿个戒指卖了十块钱给沙飞补身体（以前一头骡子卖五块钱）。沙飞喜欢吃小鱼、小虾、鸡，叫食堂做去。印刷画报用人工摇，机器重。沙飞设计图纸，何技师按图纸做出来。机器做好，很轻呀，八开的纸挺解决问题。不是马车拉，而是牲口驮着。我去拿镜头，边区敌占区买回来，我取回来。冬天一身棉衣，夏天一身单衣。后来是李有志跟沙飞。沙飞住院我去看过。我还说：你身体好了我还跟你。沙飞说不行，你好好学习，以后还需要你们这些人才。我对他很留恋的，说你身体好了，以后你到哪我跟你到哪，我在北京等你。在北京听说出事了，我想李有志怎么搞的，住院应该把枪收好，怎能出这事。

李志书1998年回忆：我们印制画报，沙飞在技术上要求高。有一次印毛主席像时，耳朵印得不太好，他要我们返工，我们最怕返工，心里不太乐意。他就很严肃地讲清道理，说领袖像印出来，缺一点、少一点都不好。这样我们又重新制版、印刷。

潘力模1998年回忆：我们搞画报形式多样，他看了，谈对画报版式的看法，有创造性好，不要老样子、墨守成规，画报给战士们看，要考虑他们的喜闻乐

我的父亲沙飞
My Father H.Szeto

第二章 洪流

晋察冀画报社美术编辑许群在医院休养。1946.沙飞摄

沙飞全家团圆照,左起长子王达理、沙飞、王辉、长女王笑利。1946.张家口

见,要注意群众欣赏水平,学习别人东西可以,不要模仿,注意中国民族特点,适合我国的欣赏水平,自己要创新。

胡冰1980年回忆:1946年我在华北联大文工团,我的男朋友许群在画报社搞美术,我想晚些结婚,沙飞给我做工作,我们很快结了婚,不久许群得了奔马型肺结核,很快去世。沙飞亲笔写信给周巍峙,让我好好检查身体,他怕我也得这个病来不及治疗。周巍峙不够重视,没让我检查身体。沙飞知道后,带我到部队检查了身体,让我好好休息,还通过组织,送来10斤鸡蛋,让我好好补养。

王笑利:1945年5月朱良才到延安,他告诉聂荣臻,说沙飞想把两个孩子接回去,8月师容之去找聂荣臻,也谈此事,聂批准了,还批了一个牲口。1945年底我和哥哥随大队人马到张家口。画报社办公室坐满了人,让我们认一认,谁是我们的爸爸。我不知所措,哥哥一眼便认出来了,爸爸可高兴呢,他抱过我们俩,亲了又亲,边说边笑,妈妈当时流了泪。叔叔阿姨们看到我们穿着八路军棉衣,戴着帽子,又是从延安来,都非常新奇。我发现爸爸每天睡得很晚,第二天起得很晚,我当时还以为,八路军有睡懒觉的人,他就是一个。我在爸爸处见过邓颖超给他的信。师容之后来到张家口,爸爸告诉他,孩子已经来了,感谢他。

王达理:爸爸1米75左右。1945年,我、妹妹跟朱良才李开芬夫妇、成仿吾、聂荣臻夫人张瑞华等从延安到张家口,大队人马,坐轿子的、骑马的、骑驴的、走路的,我与妹妹一头驴,我经常与战士一起走路。我们到张家口时,先

14. "他们双手沾满我们的血"

到司令部，萧克夫人叫我们去她家住，好几个首长跟我们开玩笑说是我们的爸爸。后来白田野骑自行车来接我们，到画报社办公室，有一帮人叫我们认哪个是爸爸，我没见过爸爸照片，1936年底爸爸回家给我很深印象，他浓眉大眼，凭记忆、凭感觉，我一下子就把他认出来了。爸爸在画报社有一间屋子，日式的，没床，平时我和爸爸住，妈妈在银行住，周六她回来，我就自己睡在楼上的沙发上。我看见过爸爸小铁盒里的东西，全民通讯社给沙飞开的给八路军总部的记者身份介绍信，有社长李公朴的私人印章；八路军总部给115师的介绍信；爸爸在桂林影展时，徐悲鸿等为影展写的评论文章，用红铅字印的资料。爸爸平时穿军装，整天不停地抽烟，思考问题，他跟我在一起，话还比较多，跟其他人话不太多，他骂起人来，声音很大，我有点怕他。他既不是严父，也不是慈父，他很忙，根本没时间理我们、理妈妈，他不是好丈夫、好父亲，他追求的是摄影、是事业，没儿女情长，家庭观念很淡。1946年初聂荣臻、张瑞华夫妇带聂力到画报社我们家看爸爸妈妈，我也在。聂力个子比我高，不太说话，聂告诉爸爸，这是我女儿丽丽，刚从上海乡下接回来，我们分开14年，一位工人抚养她，她从小就做工了，她讲的是上海土话，我讲的是四川话，都听不懂对方的话，张瑞华当翻译。爸爸说，聂司令员找到女儿了，是大喜事！您高兴得嘴都合不拢！张妈妈说，彼此，彼此。两家人都笑了。爸爸告诉聂荣臻，打算把我送去抗敌剧社，聂说，达理年纪小，应多读书。

爸爸喜欢和日本人交往，反战同盟的宫本哲治是爸爸的朋友，我曾看见过两次。1946年3月爸爸要送我去抗敌剧社，叫警卫员白田野骑自行车送我去，笑利捣乱，非要跟我去，田野很生气，我也没去成。那时我特别调皮，穿着日本大皮靴，扎着皮带，挎着日本指挥刀和战刀，在大街上很得意地走，无法无天。有一次我玩手枪，不知道里面有子弹，一下子枪走火，差点打着人，爸爸气坏了，大声骂我，把我关禁闭，我跳窗户跑了，几天后他见到我，也忘了这件事，他见不着我，就不管我。我喜欢唱歌、拉二胡。有时晚上，我们一家四个人打扑克，妈妈和我一头，爸爸和笑利一头。我们常去聂荣臻家、许建国家。许建国夫人方林对我说，你要叫我姑姑。我问为什么？她叫我回家问爸爸。生王雁后两三个月送到柴沟堡老乡家，奶妈白净胖胖的。

一个照相馆老板找到爸爸，拿来一个当时最新、最好的莱卡照相机，说只

我的父亲沙飞
My Father H.Szeto
第二章 洪流

有您才有资格用这个，我最便宜的价格卖给你。爸爸把他省吃俭用攒的津贴、稿费全部拿来买了这部照相机。他去世后照相机不知下落。在张家口大境门外，有一个别墅，让爸爸去疗养。当时萧三甘露夫妇及丁玲和她的女儿蒋祖慧也在那里住，我也住过，爸爸住的时间很短。撤离张家口，我们与银行一起撤退。

王辉：我开始在画报社工作，沙飞是领导，他吃饭是小灶，两人一个单位不方便。在张家口我找晋察冀边区银行行长关学文调到银行。在画报社穿军装，在银行穿便装。在张家口，聂荣臻全家来画报社看我们，我和沙飞也回拜过两次，聂与沙聊，我与张瑞华聊天。在晋察冀我不愿生那么多孩子，怀孕后想打胎，医生不让，说战争年代死了很多人，鼓励多生。我生了小孩送老乡家。我一星期回沙飞那里一次，画报社有食堂，吃饭方便。我们重逢后很忙，没多谈分别几年中各自的生活。我后来在华北银行石家庄分行当工业组长、人事科长。

1948 年 8 月 7 日邓颖超致王辉函

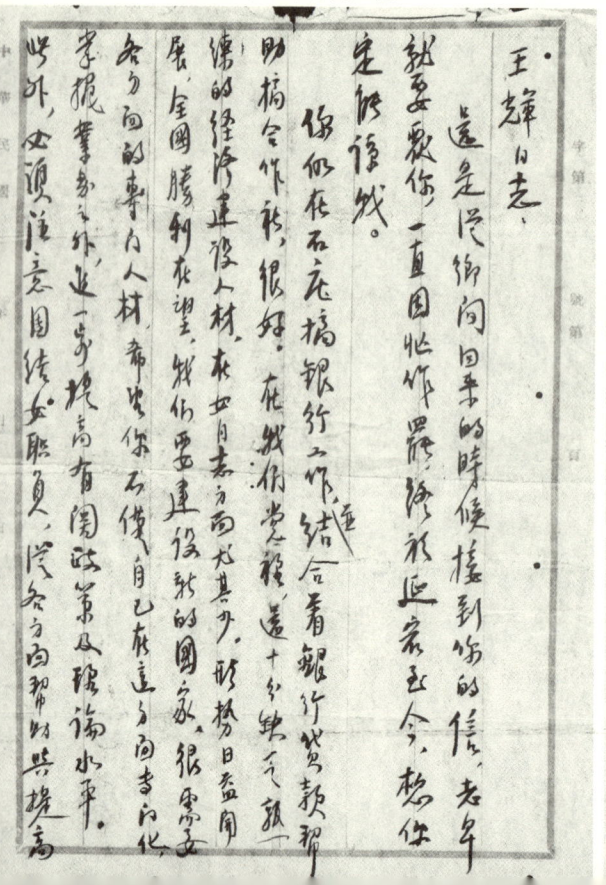

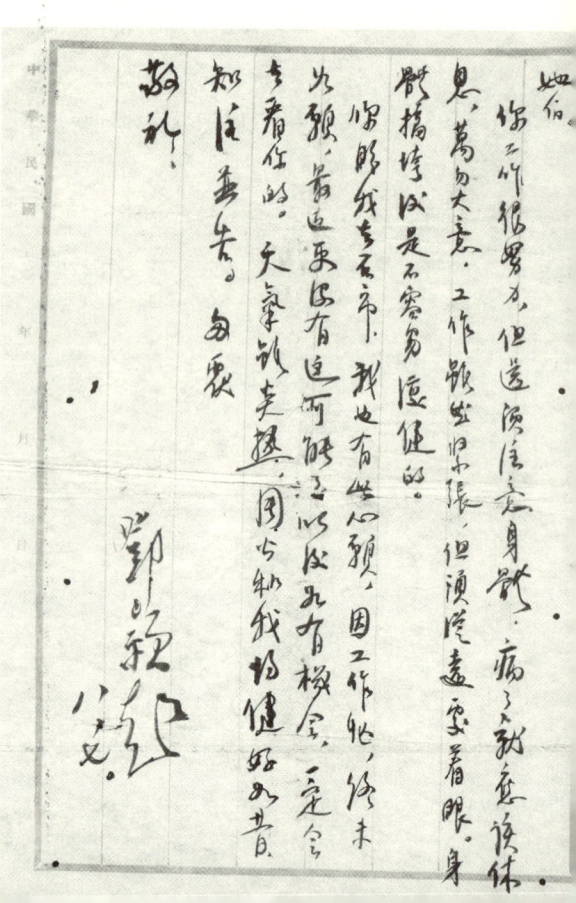

我的父亲沙飞
My Father H.Szeto

14. "他们双手沾满我们的血"

1948年6月28日，邓颖超致函石少华，赞扬晋察冀画报社在对外宣传工作中做出的成绩，并问候病中的沙飞。

1957年王辉参加全国妇女代表大会，毛泽东、周恩来等与全体代表合影留念。一次王辉在中南海怀仁堂听报告时见到邓颖超，交谈了几句话。1985年2月邓颖超在广州南湖宾馆，她请王辉、王勉姐妹去，还询问有关沙飞的事。这是她们最后一次见面。

邓颖超（中）、王辉（左）、王勉在广州。1985

王辉《我的反省》（1947年9月1日）

张家口解放，我想正是我离开画报社的时候。开始我跟画报社副主任谈，他不同意，也不愿做主。我就想办法跟沙飞吵。他说我身体不好到旁的机关他便无法很好照顾。我表示没有什么。其实那时因闹孩子整天头昏，后来他说上级想叫我做总务股长。我更坚决不干。因为一个是主任，一个是总务股长，将来发生问题责任更分不清楚。他给我吵到没办法只好把意见向政治部提出，政治部也就批准呢。前年十月我从画报社到边区银行，开始叫我做人事科工作我就不愿意，我是来学习业务呀，干人事工作什么地方都好干，何必到银行来。回画报社我把事情跟沙飞发牢骚，说死也不干人事工作。他批评我一顿说现在银行思想这样乱，你又要求调工作不是增加领导上的困难？人事工作有什么不好？我听了更生气。说你不了解情况，我不听。

第二章 洪 流

王辉《履历表》　　　1946 年 1 月 12 日填

姓名：王辉　　真名：王秀荔　　性别：女　　年龄：卅四

籍贯：广东省潮安　　文化程度：高小　特长：略懂会计

家庭成分：中层商业资本家　　社会出身：职业妇女　　民族：汉

入伍年月：1937 年参加义勇军

入党年月：1937 年 9 月入党　　转党年月：1937 年 11 月转正

是否结婚：已　　爱人姓名：沙飞　爱人是否党员：是

他（她）过去负何职务：晋察冀军区政治部摄影科长、画报社主任

他（她）现在何处负何职务：现在任画报社主任

在何年何月到何年何月？在何地？在何机关部队学校或团体？（党内及党外）负何职务？此阶段的证明人在何处？作何工作？

一九三七年八月至三九年六月，在汕头，在汕头青抗会、妇抗会、电抗会当常委年余，兼岭东青抗会通讯处妇女部长将一年。在党内任汕头市委妇女部长将一年，兼潮汕中心县委妇女部长数月。最近到东北陈勉同志、延安党校一部苏惠可证明。

三九年秋至四〇年秋，在梅县。任梅县中心县委妇女部长。延安党校方方同志可证明，他是七大代表。

四〇年秋至年底，在桂林，任桂林第十八集团军办事处会计。延安中央组织部夏子胥同志可证明

四一年初至四月，在重庆，任南方局组织部干事兼图书馆工作。

四一年四月至八月，在四川江北桶井镇，在桶井镇中心学校当教员，开辟工作。

四一年九月至四四年三月，重庆，第十八集团军重庆办事处，南方局交通部干事，兼华侨组、经济组、妇女组工作数月，支干九月。周恩来、邓颖超同志可证明。

四四年五月至九月，在延安，入党校三部任支干一月余。徐启君同志证明。

四四年九月至四五年五月，在延安，转中央党校六部，任支干数月。赵仰山（卫戍司令部）、苏世铭同志可证明。

我的父亲沙飞
My Father H.Szeto

14. "他们双手沾满我们的血"

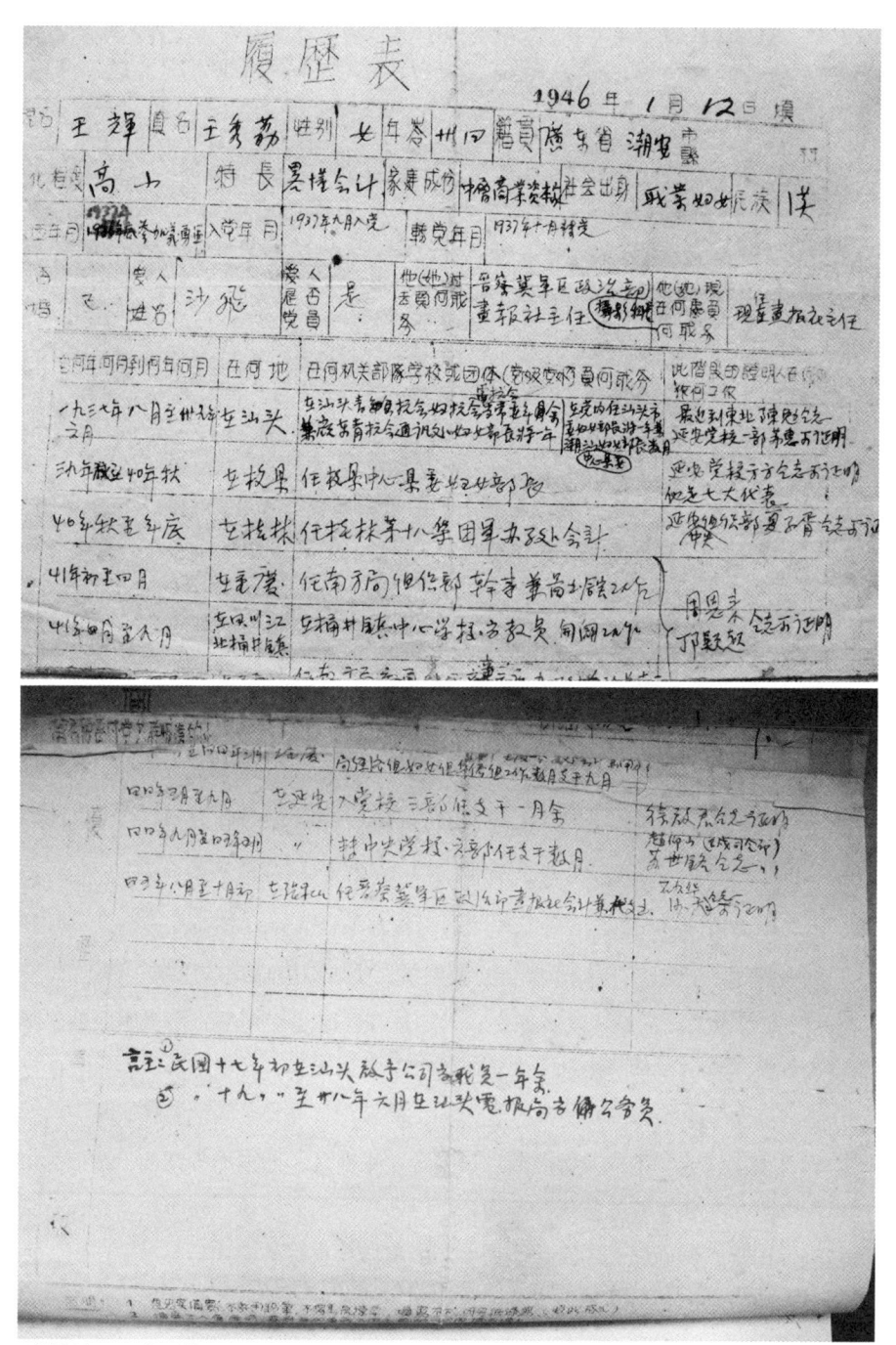

王辉履历表。1946年1月填写

第二章 洪 流

四五年八月至十月初在张家口，任晋察冀军区政治部画报社会计兼代支书。石少华、沙飞同志可证明。

注：①民国十七年初在汕头启予公司当职员一年余。

②民国十九年至二十八年六月在汕头电报局当公务员。

张四1980年回忆：从张家口撤出时，我去领4辆车，给24辆，捎给政府20辆，最后我们全留下，把画报社机器全拉走。

赵银德2002年回忆：1946年9月画报社奉命随军区领导机关迅速撤出，向河北涞源县转移。满载照相制版、印刷材料的20余辆马车先行，沙主任率领画报社、印刷厂所有人员带着满载机器设备的10余辆马车最后撤出。40余辆马车，组成庞大运输队伍，途中不断遭到敌机扫射轰炸，牲口受惊，行军受阻，沙主任当机立断，兵分两路，贵重物资改用牲口驮，走小路，其他车辆昼宿夜行。涞源一带山高地险，人烟稀少，土匪猖獗，队伍行到"十八盘"（从山顶到山脚，要拐十八道弯）时，遭到四架敌机轮流俯冲扫射，队伍翻山越岭，长途跋涉，到达涞源县龙虎村。在龙虎村宣布分家，画报社单独，印刷厂改为军区政治部印刷厂，新时代图片公司改为军区政治部总务处材料科。我到材料科。

高华亭1980年回忆：沙飞在张家口和我换一个相机，我的是六寸干片的，加望远镜，换127照相机，保留用到今天。撤离张家口时，沙飞嫌我带的东西多，说我不愿走，还回到旧社会。后来我去找石少华，才跟着走的。

顾棣2002年回忆：1944年我到画报社，沙飞已经精神不正常，1943年反"扫荡"受刺激大，柏崖沙飞脚冻伤，李桂林在医院当卫生员，负责照顾他，沙飞病没好就出院，李桂林跟他一起到画报社，李对我说，我害怕沙老头子，他是工作狂，经常忘吃饭，长期营养不足。

沙飞是工作迷，不热衷搞政治。聂荣臻、朱良才、潘自力支持他，在很困难的情况下，沙飞要人要钱都给，画报社是以沙飞为首的群体。沙飞只管画报，只要把画报出了，其他什么不管。他最关心的是底片，核心是底片，有工厂时，工厂也很重要。石少华什么都管，组织观念强，无条件执行、千方百计贯彻。沙飞对领导不合自己意见，马上提、吵。张家口放大了四套照片，是抗战精华。在解

我的父亲沙飞
My Father H.Szeto

14. "他们双手沾满我们的血"

放军画报社的照片资料是在花沟掌整理的。我们撤离张家口，沙飞把底片全交给我，都装铁盒，我负责保护底片。他先撤，把印刷机等拉走，石少华最后撤。到涞源，画报社在黑山，印刷厂在东龙虎村，部分在窦君湾，相隔不远。在涞源李途告诉我，沙飞想在涞源出画报，张致祥告诉他，政治部需要印刷厂，决定工厂归政治部，沙飞与张致祥当面大吵一架，不同意这个决定，沙飞从来不哭，这次大吵、大哭。李途亲自看见。分家的事，没召集大家宣布。在涞源住了半个月。从张家口撤退时，政治部什么也没管，几十辆大车，大机器、设备器材，费很大劲才运出。后来从涞源撤退很可怜，只剩十多二十人到阜平坊里。原来，石少华抓记者、暗房，沙飞抓编辑和工厂，现在只剩下摄影、资料组和编辑组，一大摊一下子就没了。政治部决定，宣传部事先也不做工作，到阜平后大家消沉，看不到前途。李遇寅当时说，龙虎村分家时，沙头（即沙飞）软弱无能，连个佟铮（政治部处长）也惹不起，领导就是叫我们画报社自生自灭，政治部不重视，画报社没前途，能走快走。我们才知道画报社分家。后来我们搬到花沟掌，沙飞才来。我没听他讲分家的事。

张致祥1997年、1998年、2000年、2001年回忆：我1942年到《晋察冀日报》，1944年秋冬到宣传部当副部长，管抗敌剧社、画报社，邱岗副部长，管《子弟兵报》。没感到沙飞与我有隔膜。画报社工作没什么问题，因此我与沙飞接触少，工作上没有矛盾，正常的上下级关系。张家口时我夫人怀孕，在画报社工作三个月。画报社与印刷厂分开给沙飞刺激很大，这事我不大清楚，也许我有错误，这不是我个人能决定的。在张家口听沙飞自己讲，要写血书给毛主席。沙飞的抱负太大，他想入非非。张家口撤退后，我才与他有接触。他找我说，日本人杀那么多人，为什么用日俘？我说服他，抗敌剧社有日本人，不是都不好，中央有俘虏政策，不能把俘虏都杀了，不能全遣返，要用其所长。沙飞很有意见，他对日寇深仇大恨，对留用日本人很有意见，他与我辩论。我工作简单，传达命令。他还给我写信，不同意留用日本人，说他们双手沾满我们的血。他心胸狭窄，不应该有不同意见，我认为他的思想是错误的，导致他杀死日本医生。

聂荣臻对知识分子器重，对沙飞非常满意，他贡献大。聂荣臻从来没认为沙飞历史有问题。我对沙飞历史不了解，也从没与他谈过，没想过查他历史。我

我的父亲沙飞
My Father H.Szeto

第二章 洪流

的体会是，长征过来的一部分人，认为老红军出生入死，经过考验，他们瞧不起知识分子，认为知识分子问题多，白区来的没经过考验。我原是地下党员，对我也这样。李荒是大学生，当组织部长，老干部哗然，不服他，他后来去日报当编委、副总编。

李遇寅：在张家口，夏风看沙飞体弱多病，实在支持不下去了，在解放饭店给他订了一个房，让他休息，一次夏风路过沙飞房间，听到他大吵大闹，以为他跟谁吵架，从门缝看，只见他对墙壁叫喊，房间只他一人。夏风告诉我，说他有精神病。

军区保卫部科长胡忠：1946年8月在张家口军区政治部干部会议，潘自力副主任主持，科长以上参加。沙飞提出改行，要求由画报社主任改行研究一种带炸弹的风筝，炸死蒋介石。因他说法离奇，大家大笑，他却板着面孔，怒斥人家笑他。（1980年北京军区军事法院"沙飞案卷"摘抄。）

石少华1980年回忆：在张家口罗瑞卿调走两部好印刷机对沙飞就有刺激，特别是张家口撤退后，张致祥把印刷厂与画报社分家，这都对沙飞是刺激，打击特别大，造成他精神病加重。

2011年9月顾棣在太原接受学者杨健采访：画报社撤出张家口的途中，1946年9月，印刷厂变成晋察冀军区政治部的印刷厂，原来画报社的器材科变成政治部的材料科。沙飞非常不满意，经营这么多年，这么多技术工人，曾经发展到180人。沙飞和领导大吵一场，大哭一场，但还是分开了。画报社剩下记者组、资料组、暗房，加上领导就剩20来人。

画报社战友在阜平花沟掌村合影，后排右至左：沙飞、杨国治、孟昭师、宋贝珩、朱汉；前排右至左：吴群、方宏、李遇寅。1946年冬

14. "他们双手沾满我们的血"

　　胶卷要去政治部领,以前想要什么自己买什么,现在不行了,分家之后给画报社造成巨大损失。比如底板需要排字,得到工厂去,得给政治部打报告,然后拿着政治部的信才能去工厂做。

　　沙飞这时候精神病已经很严重了,画报社的分家是很大的刺激。我认为沙飞的精神病有几个原因,一是生活非常困难,他是工作狂,工作起来不要命,营养不足,积劳成疾;二是反"扫荡"中,画报社两次遭敌人突袭,8人负伤,9人牺牲,还有些人被俘。沙飞也差点牺牲,脚受了重伤,这对他刺激太大了。我到画报社听人说他原来就有精神病,后来再加上画报社分家,又是打击。几次重大打击就把精神弄坏了。

15. "政治运动伤人"

1946年10月，晋察冀中央局和边区党政机关迁回阜平县。

1947年10月11日，晋察冀军区开始清风店战役，11月6日，发起石家庄战役。

1947年7月至9月，中央工委在河北平山西柏坡召开全国土地会议。分得了土地的农民踊跃参军参战，使共产党的军队获得源源不断的人力物力的支持。

共产党第一次整风是在延安时期。第二次整风是在1948年初，在解放区结合土改展开，这对纯洁党组织、保证解放战争胜利起重要作用。

中共1948年5月9日决定，晋察冀与晋冀鲁豫两大区合并，聂荣臻任华北军区司令员，薄一波任政治委员。

章文龙1980年回忆：1947年政治形势发生重大变化。我们画报社工作重点转到前方，摄影记者随军作战，及时报道，出《晋察冀画刊》，10天一期，或一月一期。《子弟兵报》《晋察冀画刊》都跟政治部在一起，几辆大车，走哪出版到哪。抗战时在敌后虽艰苦，相对稳定程度较大。画刊反映运动战特点，大踏步前进，大踏步后退。沙飞、赵启贤等人在前方。

白君平1998年回忆：1947年8月我们在前方野政河北安国县齐村，沙飞设计、画图纸，木匠白秀帮忙，制造了两台手摇轻便印刷机，我们专门到白洋淀买鱼，会餐。印刷机约150斤，印刷《晋察冀画刊》半月刊，当时出了日刊。这个机器进山时用骡子驮，在平原用车拉。画刊编好、照相制版前，沙飞检查、进行校对，他批准后，才能出版。1947年过了八月十五，沙飞一边骑着骡子，一边看《三国》，当时号召师长以上都看。

宋贝珩1980年回忆：沙飞动脑子多，吃饭睡觉都在思考。他有病，夏天还披着大衣。为适应战争需要，他要搞轻便印刷机，别人睡觉了，他还在设计，有人说搞不成，他还坚持。

15."政治运动伤人"

白田野回忆：1947年到1948年我跟他在野政安国、定县。原是手摇胶印机，每人轮流摇，沙飞提出改发电的。有半年，他除了开会就写东西，他骑牲口看书，牲口停下吃草也不知道。撤离张家口后，沙飞精神不太正常，脾气不太好，1948年三整后沙飞吐血。我一个金戒指，王辉卖了10多块给沙飞补养。

石少华：开始《晋察冀画刊》在前方编排，在后方印刷发行，通讯员来回奔跑送稿、取大样，往返费力费时。沙飞革新成功后，军区印刷厂组织了一个只有8人的轻便野战印刷厂，全部机器设备和印刷物资装在两辆大车上，部队到哪里，工厂随野政和画报工作组到哪里，画刊编好，马上制版印刷发到部队。从1947年10月29期起，画刊移到前方随军出版。10月上旬我军在清风店打了胜仗，战士们很快在画刊上看到自己冲锋陷阵立功受奖的照片，情不自禁欢呼起来。

高粮：打清风店时，打下一架从石家庄飞往北平的客机，沙飞说，铅皮可以制版，铝版比铅皮好，你给我弄来。我说不行。他非让我和警卫员走40多里地，从破飞机上弄了两块，因为是合金铝，不能制版，我说你太爱幻想，这只能用来做勺。解放石家庄后，我和沙飞到照相馆买航空胶卷，给了钱，张致祥批评我们。

袁苓回忆：1947年12月摄影工作会议总结，我当时在63军，沙飞说我工作不错，鼓励我们摄影记者好好干，奖给我照相机，我用了三年。这部相机在新华社摄影部保存。

冀连波回忆：1947年3月，我到野战司送稿并汇报工作，再次见到沙飞，他主动抱我，说小冀这次保南战役，你采访搞得不错，奖你几个胶卷。

孟庆彪：解放战争时，我、袁苓记大功一次，刘克己记大功，高粮立功没宣布。打石家庄采访比较成功，沙飞到我们那，对我们满意，把我们的照片都拿走。我给他冲胶卷冲坏了，是他照的人头像。他给我们讲如何采访，他说，要及时掌握情况，抓住中心工作、中心任务，抓住特点、抓住时机。我后来利用这几个方法真起作用。

顾棣：当时大家都想到前方，不愿留后方当看守员，我为此和领导吵翻，最后沙飞命令说，留你在家看管底片，这是党交给你的光荣任务，你是共产党员就得无条件服从！沙飞让赵启贤从前线回来一个月，整理抗战底片，后来再回前线。1947年8月下旬沙飞带我到阜平城采访土改，拍摄斗争恶霸地主和分配胜利果实的活动。沙飞讲，拍群众斗争的照片，最主要就是抓情绪，做好准备，把

第二章 洪 流

光圈、速度、距离都对好，站在旁边仔细观察，等群众情绪达到最高潮，马上冲上去抢拍，这样才能抓到精彩、生动的镜头。还要牢记一条，凡拍新闻照片，一定要现场抓拍，千万不要过后补拍，更不要弄虚作假，否则你就不可能拍出真正有价值的好照片。还要注意用光、构图、背景、气氛，注意主体陪体的相互衬托和画面景物的取舍、角度的变化等。总之要注意提高照片的艺术性，没有艺术性的照片，人家是不爱看的。

1947年8月晋察冀画报社编印的业务刊物《摄影网通讯》创刊，从创刊到1948年2月共出了17期。以后由华北画报社、解放军画报社办，改为《解放军画报通讯》。

章文龙夫人1999年回忆：我原在医院当助产士，到阜平后在画报社工作，沙飞叫我洗照片兼卫生员。1947年5月王辉在阜平生小孩，我怀着孕，给她接生，用开水烫剪子，生得顺利。我白天跟顾瑞兰、顾棣姐弟俩洗照片，晚上照顾王辉坐月子。沙飞回来照顾夫人，他到河里捞小鱼，给王辉煮粥。我问她腥不腥，她说好吃。我每天给孩子洗澡，孩子脑袋中间有点鼓，头发不多，沙飞问我，孩子长得像不像列宁。他们讲广东话，他照顾夫人很好，脾气好，夫人月子里没下过床。王辉对我说，原来对沙飞有意见，邓颖超大姐跟她说，要管大事，不要计较小事。

白万英（时阜平上庄小孩子）：我在河边打猪草时，听见有人说话，看见沙飞夫妇在摸鱼，他们回去后破了鱼肚，煎了煎，给英孩（沙飞小儿子）吃，用米面糊糊喂。

赵银德：1947年11月解放石家庄时，沙飞一直随军进行战地采访，我随军进城搞印刷器材时遇到他，任务紧，无暇畅谈。后来跟随沙主任奉军管会命令，在石家庄查抄敌伪资产欧亚照相馆，我们没收了一批120胶卷、印相纸、放大纸和药品等。

王达理：在张家口看电影《十三勇士》，我也想学英雄，在阜平有一次我把爸爸的马备上鞍，站在石头上，爬到马上，过河时想一下子冲过去，画报社一个勤务员大叫小心，我从马上摔下来，屁股很痛，还要去追马，爸爸骂我无组织无纪律，随便骑他的马，训得狗血淋头。我很生气，打了背包要走，爸爸又哄我，不让我走。我坚决走了，他让人追我回来，好言劝说，我俩才算和解了。1946年

15. "政治运动伤人"

底我刚满13岁,到联中文工团,唱歌演戏、拉胡琴和小提琴。1947年中央开土地会议,我们到军区所在地安国县城,与抗敌剧社一起慰问演出,有田华、孟昭瑞等,台下看戏的人很多,刘少奇、朱德、董必武、叶剑英、邓颖超等被我们认出来,他们坐在第一排帆布躺椅上。我演放羊娃,唱道,小豆豆开花花,山鸡叫妈妈呀噢嘿,豌豆豆开花花,我牧羊娃打木瓜……然后把小鞭子一甩,又响又脆。爸爸也在,演出时他拍照。当晚团长批准,我"回家"看望他,并住了一晚。他很关心我的学习和工作,还问我,听说有个女孩子和你要好,是真的吗?是高粮、李祖慧听到风声告诉他的,我否认,第二天早晨我就回队了。聂荣臻夫人张瑞华专门给我写信,叫我不要演戏,要多读书。

庞嵋1986年、1998年、2002年回忆:我1948年到华北画报,当时沙飞住院。听人说,沙飞与张致祥矛盾很深,他们吵架,沙飞说,你把画报社编辑、美编章文龙、赵启贤、池星、徐灵调走,我怎么出画报。沙飞是对的,把他架空了,画报社什么也出不来了。我听人们议论,沙飞定了的事要快办,不然他就会变,如叫人去采访,他说完你立刻走就行,不然他就不叫你去了。沙飞要求别人一定把底片交给资料室保管,他口袋里有几十张鲁迅底片,只让使用,不肯交出。他有一个特点,他的资料从来不交资料组,为这事石少华还叫我专门到医院找过他要。直到他去世,还有100多张没交出来。

张致祥:土改时边区政府搞王八蛋席,高等法院院长王斐然出身地主,他坐在王八蛋席,笑笑的,政治部副主任蔡树藩的夫人出身地主,也被斗。整风审干,沙飞"左",我没"左"。

邱岗1982年回忆:沙飞不会生活,不讲究生活比我更突出,一抹嘴巴就解决,鼻涕也是一抹就解决,不需要手绢。想问题讲事情,他两手格巴格巴,像是一种帮助配合思考,解决问题。画报,在抗日战争最艰苦时期搞起来,那时我们几乎一切方面都收缩、隐蔽、麻痹敌人,而画报异军突起,起那么大作用、那么大反响。抗战胜利我们进张家口,那么大城市,有便利条件,从平津、张家口搞许多器材,到山沟继续搞画报,应比抗战时规模更大。老沙身临前线,重点为了战争胜利。我回后方看,铺不摊子,生活上有些讲究,画报没出。

胡忠:1948年整风开始,沙飞在电话中说有机密相告,他到组织部和我密谈,说画报社除他和石少华外,都是特务,章文龙是特务头子。我说不可能,他

第二章 洪流

说给我找证据,说从底片、文章中都可以找到证据,以后不了了之。

方宏1999年回忆:1947年底整风三查,揪我七次,有人扒了我的枪、佩章。

2009年,我陪同顾棣到北京给前辈送顾棣新著《中国红色摄影史录》,见到杨振亚时,我问:当年我父亲是不是特别"左"?杨老回答:当时大家都"左"。

章文龙1999年、2002年回忆:1944年晋察冀接受延安整风教训,画报社整风,沙飞主持说,有什么问题讲出来,党员在山坡谈思想,和风细雨。沙飞对我讲过,他参加北伐,做电台报务员,他到太原,阎锡山招兵买马,很多文化人去,他与丁玲等交往。沙飞30年代成名,有雄心壮志、野心,年龄较大,才是画报社主任,邱岗是《大公报》记者,小有名气,当上宣传部副部长,沙飞要强,级别受压,他属于被照顾,生活待遇、服装与邱岗相同。

解放战争期间,画报社分两部分,后方画报、前方画刊,我主要在后方。我与石少华参加土地会议,土改时,说顾棣家是富农,说他摩拳擦掌,他姐姐顾瑞兰、姐夫宋贝珩受牵连,我打抱不平,矛头就指向我,查出身,我是地主出身,精神有压力。1947年底沙飞带赵启贤等人在前方工作组,随军转战,出画刊,边打仗边整风。运动不可避免极"左",没人敢提意见,有文化的、从蒋管区来、沾国民党边的人,都要交代。前方整党分两个小组,邱岗主抓《子弟兵报》、沙飞抓画报社。赵启贤曾在国民党部队连队当文书,我们在延安就认识,后来都到华北联大。赵忠诚、老实、软弱,被逼供信后就瞎编,承认自己是打进来的特务,还发展了我和他一个要好的同学,我是他的领导等。张致祥找我谈话说,前方工作组赵启贤供认他是特务,你是小组长,你要实事求是,对党忠诚,是什么就说什么。沙飞与赵启贤个人没恩怨、矛盾,我与沙飞没摩擦、隔阂、个人恩怨,不是他提出整我。他作为领导,运动要积极,唯恐自己落后,群众争当积极分子,他要支持,查出问题、搞出特务才有成绩。从上到下极"左"。1948年2月前方工作组回来休整。赵启贤回来,我很火,去找他。他说实在没办法,只好胡编一套谎话来对付。我理解,叫他说清楚,如实交代,别自杀,整完没事也就算了。画报社单独整,当时矛盾尖锐,目标对着我。后来支部委员高天辉找我谈话,说此事不成立,组织不保留材料,不要背包袱。运动结束,领导上认为画报社搞不好,会议上发生冲突,把骨干伤害,继续在一起工作,有隔阂。

15. "政治运动伤人"

我没提出坚决离开画报社，正好办一个刊物，就调我去。沙飞没找我谈过，没做善后工作，他弄错人了，又不平反，不能让人心平。按他的经历，他已经受压，不应这样搞。

章文龙夫人：我当时刚生小孩不久，抱孩子参加会议，叫我揭发章文龙。

王笑利：1987年章文龙主动提出给沙飞立碑，他对我说，别的事都办完了，现在该想想给沙飞立碑的事了，应找石少华。我找石少华，他同意，说要想办法找钱，让章文龙写碑文。当时2207厂（原画报社工厂）办50周年厂庆，准备给烈士们立碑。章文龙为沙飞写碑文：壮哉沙飞，投身抗战；火线采访，出入烽烟；创建画报，披肝沥胆；传神写照，永世流传；事业未竟，一去九泉！太行崔巍，滹沱潺湲；呜呼沙飞，于此长眠。

顾棣回忆：为保证战争胜利，部队要参加土改，镇压反攻倒算，查阶级、思想、工作，整顿组织、思想、作风，要查三代、查经济来源，要纯洁队伍，把混入革命队伍的阶级异己分子清除出去，以提高战斗力。前方打老蒋，后方挖蒋根。政治部、宣传部、组织部六七十人，人人过关。我是政治部三个重点之一，我家是中农，当时定富农。

沙飞他们1948年春节前夕回来。整风是宣传部领导，不是沙飞领导，当时没追究他历史问题。赵启贤突然说自己是特务，交代介绍章文龙加入，发展了谷芬和顾棣，矛盾性质起了变化。画报社有特务，沙飞很紧张，不是沙飞整他们是特务。章文龙怀疑沙飞的箱子里有钱，说沙飞有贪污行为，打开来看，没有东西。整风时他们矛盾尖锐。李素贞说，沙飞整了前方整后方，她的气现在还没消。斗争很激烈，分两派，沙飞、刘克己、我一派，刘克己坚决保卫沙飞、石少华，章文龙、赵启贤一派。我以前与章文龙、赵启贤关系很好，高天辉找我谈话，说我当了章文龙的俘虏，被他们利用，要积极跟他们做斗争，后来我积极了，赵启贤翻供后，又说我搞极"左"、投机、跟沙飞跑。刘克己气急了。张致祥会上说，顾棣跟风。沙飞没整人，也没被整，但他是领导，要追查，石少华是领导小组长，张致祥领导整风运动。政治部经过分析，不存在这个问题，不了了之。但沙飞不同意说章文龙不是特务的决定，仍然坚持。宣传部批评了他，说他太固执。说明他病态。沙飞精神不正常，柏崖最重要，分家加重病情。后来是不正常情况下做出不正常的事，有一次沙飞带刘克己和我出去，他说，我现在不理高粮，我迟早要把高粮枪毙了。

整风还没结束，就宣布两大区合并，草草收场。政治部到平山孟岭，两画报社合并，沙飞没去。章文龙、赵启贤坚决要求离开画报社，他们组织关系不在画报社，属政治部编辑科，但仍负责编画报，他们是编画报的主力。合并后，原晋察冀画报社人很少，由于运动，分成两派，人为造成分裂、造成派别，大家关系不好，成了仇人。政治运动伤人，大敌当前，还整人，大家都不愉快。庞崛1948年底到华北画报，不可能看到沙飞、张致祥吵架。

"文革"后我与章文龙交换过意见，他是个很正派的人，对那次整党，我们都理解，每个单位都要整出几个人，尽管沙飞是领导，但不应该他承担责任，当时几乎所有人都极"左"。晚年互相理解。沙飞住院后，再没出来，一天没在华北画报社工作，我们都有意见。

赵军（赵启贤的儿子）2003年12月15日成都通电话：父亲1965年病逝时，我13岁。他是个独子，家庭条件不错，是个很优秀的人。他英年早逝与那次挨整有很大关系，那时他曾几次自杀，幸亏有章文龙。他在世时，曾多次要提他当官，他坚决不干。老同志说他那次挨整后，病态。他本人并没有跟我们讲过什么，我是从母亲、从老同志、从父亲的日记中了解的。那次的结果，对我们后代有实际的影响。我们家对沙飞的态度很明确，没好感。

龙熹祖（原摄影家协会研究室研究员，编著《中国摄影艺术美学文选》）2003年12月在电话里讲：赵启贤生前我采访过他，他的日记本是64开的，约一指半厚，个别段落我看了，会议记录非常详细。我根据他的记录，1963年整理出《1947年1月晋察冀画报社第一次摄影工作者经验交流会记录》。他当时跟我谈到沙主任领导大家创业。

1947年12月10日，沙飞在平汉前线主持召开晋察冀野战军摄影工作会议。十多人参加会议，前方工作组：沙飞、赵启贤、刘克己、安康，2纵队：郭仪、高宏、田明、兰泉、贾立德、徐英，3纵队：袁苓、郝建国、李昭辉，4纵队：冀连波，炮兵旅：赵彦章、红枫、高粮。会期两天，沙飞于12月11日做长篇发言，提出新闻摄影采访工作五个要点：①走群众路线；②抓住中心；③把握特点；④抓紧时机；⑤提高技艺。会议记录赵启贤，原件顾棣珍藏，《中国红色摄影史录》（2009）收录。

15. "政治运动伤人"

（作者附记：1948年春天整党，虽然不是沙飞将战友打成国民党特务，但在赵启贤翻供后，他仍然坚持。也许他以己来推论他人，只有是说不是的，不可能不是的说是；也许他出于自卫，章对他所知较多。赵启贤家人至今仍对沙飞那么怨恨，说明他们受到的伤害是多么深！

但是章文龙、赵启贤等都明白，在抗日战争最艰苦的年代，以沙飞为代表的精英们——罗光达、石少华、赵烈、裴植、章文龙、赵启贤、李遇寅、何重生、刘博芳、王秉中、康健、高华亭、杨瑞生、张一川等，创造了文化奇迹，亲手创办了《晋察冀画报》，这是他们一生中最骄傲、最辉煌的事业，是他们共同为中华民族留下的宝贵财富。然而，在一场时代的风暴中，战友们分裂了，画报社分裂了，沙飞们几乎亲手毁了他们共同奠基、建造的这座大厦。这结局，有沙飞个人的因素，但更重要的是时代！任何人都不可能脱离时代，都会打上时代的烙印。

尽管沙飞当时精神已经不正常，但更重要的原因是，他感到极度恐惧。整党就是要把混入共产党内的异己分子清理出去，他很清楚，自己的早期经历及社会关系一旦挑明，会是什么样的结果。

在艰苦的战争年代，沙飞忘我工作，透支了生命，他的身体及精神几次遭受打击。这次的重创，使他感觉到痛苦与幻灭，他把自己从视之为生命的事业中放逐出去。沙飞的精神崩溃了。）

沙飞《干部履历与鉴定表》（1947年2月15日填表）

姓名：沙飞　　　　　　队别：画报社　　　　　职务：主任

本人大事年表

时间	在何处作何事
1931年12月	在广东汕头无线电台作报务员
1936年9月	在上海美术专门学校学西洋画
1936年12月	在广州开个人摄影展览会
1937年6月	在桂林开个人摄影展览会
1937年9月	在太原参加牺盟在少先队当兵
1937年9月	在保定民训处当二天电台工作

我的父亲沙飞
My Father H.Szeto

第二章 洪流

1947年2月沙飞填写干部履历与鉴定表。蒋齐生翻拍

1937年10月	在太原全民通讯社任摄影记者
1937年12月	在晋察冀军区政治部当编辑科长
1939年2月	在晋察冀军区政治部当摄影科长
1942年5月	在军区政治部当画报社主任

在坦白运动中坦白了些什么主要问题？

个人英雄主义、自由主义、无组织意识、主观主义

沙飞《干部登记表》（1947）

姓名：沙飞　　曾用名：司徒传、司徒怀　　性别：男

年龄：卅五岁　　本人出身：学生　　文化程度：大学

有何爱好：纸烟　　身体健康状况：一般

籍贯：广东省开平县赤坎区司徒村

15. "政治运动伤人"

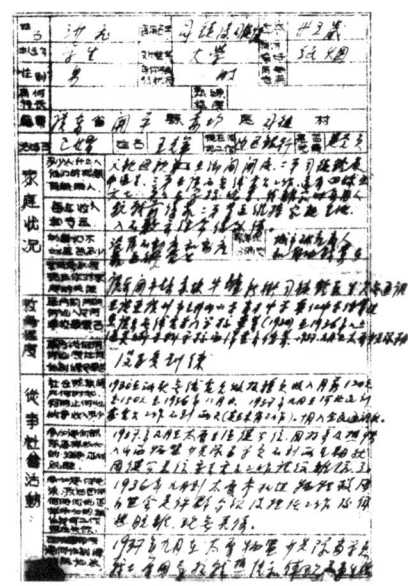

1947年沙飞填写干部登记表。蒋齐生翻拍

结婚否：已婚　　　　　　　　　　　　姓名：王辉

现在何地工作：边区银行　　　　　　　是否党员：是党员

家庭状况：多少人、什么人、他们的职业？有无用人？

父亲母亲在乡间闲居，二弟司徒铃是中医生，三弟在广西无线电台工作，还有四妹、五、六、七、八弟弟在学校念书，我离家时无佣人。

每年收入和支出：抗战前系靠二弟业医维持家庭生活，入不敷出，经常借外债

动产和不动产各多少：没有动产和不动产，靠医术营生

家庭成分确定：城市破产商人和自由职业者

家庭通讯处、现在你对家庭的关系：广东开平县赤坎牛墟新街司徒铃医生，久无通讯。

教育程度

1. 革命前何时入过何学校？毕业否？

在广东广州市立卅四小学、育才中学、华红中学结业过，在广东无线电专门

学校毕业（1930），在1936年入上海美术专科学校西洋画系肄业，1937年9月在太原少先队半月。

2. 革命后何时何地受过何种训练？

没有受训练。

从事社会活动

社会职业简历、何时起？何时止？何地做事、收入多少？

1930年在汕头无线电台做报务员，收入月薪120元至150元至1936年8月止，1937年9月在河北民训处电台工作不到两天（实在未有工作），10月入全民通讯社。

参加过何部队？怎样参加的？经过？怎样脱离？

1937年9月在太原等温健公信，因好奇及热情入山西牺盟少先队当学员，不到两星期就因健公来信要去电台工作，请假离队了。

3. 参加过何党派？政治团体？何时何地？怎样参加的？担任过何工作？现在关系？

1936年9月（实为1937年9月作者注）到太原参加过牺牲救国同盟会，是许群介绍，没担任工作，后自然脱离，现无关系。

4. 在国内有过何种训练？时间、地点？

1937年9月在太原牺盟少先队当学员战士，原因是抗战热情和体现军事生活。

有什么亲密的亲戚在何处工作？什么党派？现在关系？

有些亲戚叔伯弟兄等在广东上海等国民党统治下的无线电台工作，抗战后无关系，是否国民党员不知道。见过一些大学教授，过去不知是何党派。现知有些是民盟负责人。

熟悉何地？何人？何地方言？

熟悉广东广州情形，无线电台，抗战前较了解，能说广州方言，潮州话。

何时何地参加过何种革命团体？担任何种工作？

参加本军情形

何时何地参加本军？怎样参加的？

1937年底在阜平自动参加的，我是全民社记者，聂司令电杨成武将军告我来帮助办抗敌报。

15."政治运动伤人"

在本军中担任过何职务？

1937年底担任抗敌报社副主任，宣传部编辑科科长，1939年摄影科科长。

与本军失过几次联系？怎样回来的？

没有失过联系。

作过战否？受过伤否？残废否？

作过多次战，负过一次伤。一趾半残废。是1943年大"扫荡"时的。

入党情形：

1942年6月入党，候补三个月，1942年10月转正。

介绍人现在何处？任何工作？

潘自力、李荒两同志，前者现在军区政治部任副主任，后者在东北。

在党内任过何工作？

小组长、支委。

同党失去几次联系？何时间、地点、原因？何时重新入党？

没有失过联系。

受过几次奖励（党内外）原因、时间？

受过几次处分（党内外）原因、时间？

（作者附记：1947年表格，与1942年相比，组织提出的问题相当细、相当深。但沙飞在1947年填的表中，关键历史问题仍没有涉及，对组织不忠诚、不老实。）

16. "他机密地告诉我"

—— 顾棣日记摘选

1944年11月7日

今天是苏联十月革命节，放假一天。晚饭后集合到印刷厂院里举行晚会，节目有唱歌的，有说笑话的，都受到大家鼓掌欢迎。最有趣的是大家欢迎沙（飞）、石（少华）两主任合唱《战斗生产进行曲》，他俩推辞不唱，大家坚决不干，最后实在推辞不过只好唱了一句，他们是江南人，调子特别怪，引起全场一阵狂笑，他们两人也笑得再也唱不成了。此时有人提议，如不唱歌，说说广东话也行，他们只笑不说，在大家一再鼓掌欢迎下，最后没办法才说了一句，也是骂人的话，石副主任翻译出来，又惹得大家狂笑起来。

1944年11月13日

沙主任找我谈话，问我，你们学校或你们村附近有没有喜欢而又适合做咱们这工作的人呢？咱们今后要扩大画报社，需要大批人，如有可找他们来，20岁左右，文化程度高中毕业，身体健康。我当时想不出有哪些合适的人，说等我好好想想再向你报告。

最近我的精神非常愉快，因为我走上了最理想最向往的摄影道路。摄影训练队未开学前，沙、石主任安排我先在暗室工作学习，先打基础。

1944年11月14日

早上石副主任找我谈话："咱们这里要扩大（充）人，你能从你们附近的村庄或同学中找到一批人吗？条件是20岁左右，政治坚定，身体健康，愿意参加画报工作，未婚的青年男子。"我心想这和沙主任昨天和我说的是一回事，思考片刻回答说："可以，能找到！"吃过早饭往家里走，一路上想着怎样完成沙、石主任交给我的这一任务，思谋着动员参军的对象。

1944年11月16日　晴

吃过早饭就去北凹柳家沟门村，去找同学王德风。他得知动员他参军到画报社工作，高兴得差点跳起来。后来才知道，他们早就听说一个当大官的（指沙飞）把我带走，干了非常好的摄影工作，他们非常羡慕，也盼望着能遇上这么个好机会。

1944年11月17日

今天我要回画报社了，母亲给我准备了一袋红枣和一袋红薯，让我带回去给沙主任他们吃，要走几十里路，东西太多拿不了，只背了红枣。

下午回到画报社就向石副主任汇报，他听了很高兴。

1944年11月20日　晴

早上正在学习，石副主任叫我谈话，我便高兴地去了。这几天，石副主任对我很关心，经常和我谈些工作和学习方面的问题，沙主任也很爱护我，我对两位领导抱有极端崇敬的心。

1944年11月26日

外宾要来画报社参观，我们扫雪，打扫卫生，雪还在不停地下。伙房炊事员杀鸡宰羊，忙着准备饭菜。

几个高鼻子黄头发蓝眼睛个子高大又粗又胖穿八路军服装的外国人来了，还有军区卫生部江一真政委，这大概就是外国记者参观团了。沙飞、石少华两主任出来迎接他们，并带他们到印刷厂参观，我也跟着过去。沙主任用外语向外宾介绍放在院中的那台木质土造制版机的构造和用途，不清楚的地方由翻译帮助解说，还有一个瘦小的军人给那个又高又胖的外宾做翻译，他们边谈边笑气氛和谐热烈，他们又参观了制版组、石印房和装订室。外宾对铅皮版和轻便印刷机很感兴趣，沙主任向外宾逐一做了介绍。后来那个大胖子外宾提出要求给沙、石主任拍照，沙、石两人立刻站在制版机前摆好姿势让他拍，沙主任要给外宾拍照，他们也高兴地答应。曲治全在旁边又照了沙主任给外宾拍照的照片。接着全体外宾又合拍两张，沙、石主任和外宾合拍了

第二章 洪流

三张。外宾非常称赞我们敌后抗日根据地在这么一个偏僻的小山村里,有这么一个画报社和工厂,这完全出乎他们的意料。他们又大加赞扬中国共产党坚决为国家民族解放而英勇奋斗的精神,他们在自己国内是见不到听不到的。我感到我们一个小小画报社,还远远不能满足外国记者的希望和要求,但我们是在艰苦的战斗环境中,被敌伪顽分割封锁而又得不到中央政府丝毫经济援助的情况下,完全靠自力更生而建设起来的。这不能不说是共产党的伟大,是八路军的骄傲,也是我们晋察冀画报社全体同志的成绩和沙飞、石少华两位好领导的光荣。

1944年12月11日 晴
饭后洗照片。顾荷、赵珠来了,他们是第一次看到洗相,很稀罕。
我刚回到暗室,沙主任又到我们屋内说笑了很久,至夜深才走。

1944年12月13日 礼拜三
晚上沙主任叫我参加会。我不知是什么会,到了石印房,见坐满了人,沙主任正在讲话,是向新来的同志介绍画报社情况和未来发展的光明前景,还向新同志提出要求和注意事项。我正想建议召开这样一个会,不想今日已实现了,我也就此机会讲了些话,对本村新来的人提出希望,鼓励大家积极工作,虚心向老同志学习,服从组织领导,互相帮助学习,共同进步。我的话受到新老同志欢迎,沙主任也笑着为我的话鼓了掌。会未开完,石副主任又找我谈话,先问了我的病情,说要看看我最近的笔记。我刚拿来,梁国才又叫我,说沙主任让你马上过去。石说你先去吧!我又返回石印房。一进门见大家正在吃花生,沙主任叫我坐在他身边,笑着用手摸着我的头和脸,我有些羞怯,不敢大胆地说笑。原来是会已开完,沙主任让我过来吃花生,和大家一起聊天玩。新老同志坐在一起边吃边谈边笑,非常欢乐,非常热闹。我坐在领导旁边,不敢大胆地说笑。沙主任打电话去了,大家又热闹了一阵子就结束了。

夜里我在想,在画报社工作是多么快乐啊!大家都对我非常好,尤其是我给画报社动员了一批人来,大家对我更是另眼看待。我年龄最小,却把我和成年人一样看待,并视为有功之人,我带来的这些人,又把我看成恩人,沙、石主任都喜欢我,宋贝珩、刘克己、杨国治又像大哥一样关心我,生活在这样一个革命大家庭,真是幸福!

16. "他机密地告诉我" —— 顾棣日记摘选

1944年12月15日

中午12点,摄影训练队举行开学典礼,由石副主任主持,他先讲了举办摄影训练班的重大意义、摄影工作的重要性以及对学员的要求和希望等,紧接着沙飞主任讲话,主要是鼓励大家认真学习,将来要做一名优秀的摄影记者,肩负起记录时代的重任。还谈了晋察冀画报社要大发展的情况,准备出月刊,希望大家都成为《晋察冀画报》的通讯员和特邀记者。

晚会也是在大会客室开的,点了一盏明亮的大汽灯,整个屋子照得如同白昼。晚会由摄影训练队主持,开始由沙主任、张一川厂长和编校股长章文龙三人讲话。

文艺节目开始后,会场马上热烈起来。画报社、摄影训练队都演出不少节目,有的唱歌,有的讲故事、说笑话,也有唱京戏的。我和韩景耀按原来计划表演了两个节目,也受到鼓掌欢迎。最逗人的是李建兴出洋相,把沙主任笑得伏在我身上起不来了。晚会一直开到深夜才尽欢而散,而欢乐的心情却在我心中长久留存。参加第一期摄影训练队开学典礼的学员名单如下:高良玉(后改名高粮)、王树仁、宋敏、潘富顺、李力兢、杨森、赵逢春、尚升文、李瑞峰(后改名李峰)、李静鸿、李维珍(后改名黎民)、张占勇、田中、贾健、马化民、李昭辉、陈群、苏绍文、高秉祥、傅万民、廉克、刘士珍、小李、顾棣(共24人)。

1944年12月17日 礼拜天

有了紧急任务,沙主任要我们在今、明两天内突击完成洗印照片500张,给外国人带走。因为急用,就要赶快完成,又因为是国际朋友要的,必须细心,保证洗好。在目前这样工作条件非常艰苦的情况下,我们有决心有信心完成。

吃过早饭马上接着干,宋贝珩曝光,刘克己显影,我定影,边工作边说笑,很快活。今日的成绩共晒底版42张,每底晒5张,总计210张。感光很准确,显影、定影也很充足,照片色调很好,大家都感到满意。

晚上上摄影课,讲照相机构造。上完课听到石副主任要外出的消息,今后的课将由沙主任一人担负。石副主任刚讲了几课就要走,大家都感到留恋。

晚上沙主任到我们房里,和我玩笑了好一会。他告我一个新消息,最近要来一个12岁的小孩,会拉提琴、胡琴。我听了非常高兴,他来了,我们可以一起玩,一起学音乐,我可以向他学拉提琴。我问沙主任,这个小孩从哪里来?何时来?沙主任笑

我的父亲沙飞
My Father H.Szeto

第二章 洪流

而不答。(作者注：这个12岁小孩，就是尚在延安的沙飞长子王达理。)

1944年12月18日

白天洗了一天照片，共计290余张，沙主任交给我们的任务圆满完成了。

晚饭后我们都到门前溜冰，很热闹，来来往往玩得很兴奋。最笑人的是沙、石二主任，因他们是广东人，没有溜过冰，往冰上一站就跌倒，引起大家一阵哄笑，刚爬起来，往前一走又倒了，大家又是一阵大笑，他们两人坐在冰上也大笑不止，后来有人把他们扶起来，两人扶一个慢慢向前滑，来回走了几趟，勉强能站住不倒了。

晚上的摄影课，是沙主任讲的，我听得很有兴趣。特别是沙主任讲到关于摄影记者的修养问题，最使我感动，作为一个摄影记者必须要具备多方面的文化修养条件、政治条件、思想条件、技术条件、身体条件等，必须要在各个方面加强学习，加强锻炼，要经受各种考验，不加强多方面的修养，不具备多方面条件就不会成为一个坚强有为的好干部，不会成为一个优秀的新闻摄影记者。

今后一定要遵照沙主任的教导，努力学习，加强多方面修养，万万不能好高骛远。

沙飞在给摄影训练班学员讲课。1944. 河北阜平洞子沟

白格里欧参观晋察冀画报社，打扑克。沙飞(站立挂相机者)、白格里欧(左)、傅莱(右)、高帆(正面)。1944.7. 河北阜平洞子沟

我的父亲沙飞
My Father H.Szeto

16. "他机密地告诉我"——顾棣日记摘选

晋察冀军区卫生部江一真政委（中）陪同美国朋友到画报社参观，沙飞（左一）介绍情况。 1944.11.河北阜平洞子沟

沙飞（左）向参观晋察冀画报社的美军观察组杜木克少校介绍制版、印刷、出版画报的情况。1944.12.河北阜平洞子沟

民兵英雄李勇到晋察冀画报社参观访问，受到热烈欢迎，右至左：张一川、沙飞、杨瑞生、李勇、李途、石少华、牛宝玉、顾棣、裴植、杨国治、高华亭、梁国才。1944.11.河北阜平洞子沟．白连生摄

第二章 洪流

1944 年 12 月 19 日

　　沙主任又交给我们一个紧急任务，今晚洗印照片 500 张，用汽灯曝光。深夜沙主任给我们送来了两只鸡，是慰劳我们的。不到半小时两只鸡就被我们吃得只剩一堆骨头了，沙主任又让我们每人喝了一碗汤，沙主任说，鸡汤最有营养价值，多喝鸡汤能保证身体健康。大家吃完喝完又说笑了一阵，继续开始工作，一直工作到天明。村中的几只雄鸡高叫起来，苦战一夜，500 张照片的洗印任务胜利完成了。

1944 年 12 月 21 日

　　沙主任今天滑冰已有很大进步，不用别人扶，自己一人弯着腰可以慢慢滑到头。我怕他再跌倒，每一次都跟在他的后边，快到头了，我扶他一下就摔不倒了，有时候我在前边倒滑，他快跌跤的时候抱住我也就没事了。小河的冰很厚，有十来米宽，五六十米长，很平滑。我们来回至少溜 100 来次，沙、石主任不敢快滑，玩一回就站在河边上看大家滑，为大家鼓掌助威。编辑赵启贤今天也来了，他是武汉人，500 度的近视眼，从来没有在冰上玩过，刚走到冰上，还没有往前滑一步，只听扑通一声，一下子跌了个仰面朝天，全场的人都哄然大笑起来，沙、石主任也笑得前仰后合不能自制，我们把他拉起来，搀扶着在滑道上溜了几趟，才算满足他溜冰的兴趣。

1944 年 12 月 22 日

　　昨夜沙主任又交给我一个重大任务，让我再给画报社动员 10 个人来，除去搞制版、印刷工作以外，还要找一个木匠和一个放羊的人，画报社买了一群羊，为的是给大家改善生活，杀了羊吃肉，羊皮给大家做皮袄。

　　早上洗了几张照片，吃过早饭和杨国治一起出发。路上他告我他要和石副主任一起到冀中执行重要任务。杨国治对我说："沙、石两主任都很器重你，你来画报社几个月，做了许多工作，动员这么多人来，对画报社发展起了很大作用。领导和大家都很满意，希望你努力学习，将来能成为一个优秀的摄影记者……"我非常感谢他的鼓励和安慰，一定要刻苦学习，努力进取，决不辜负沙、石主任对我的栽培，也不会辜负同志们对我的期望。

16. "他机密地告诉我" —— 顾棣日记摘选

1944 年 12 月 28 日

早上，王德风来找我，说沙主任叫我到边区政府参加群英大会工作。

在家北村东山 5 号窑洞找到了沙主任、宋贝珩、刘克己、赵启贤。沙主任对我说，边区第二届群英会已开幕了，我们画报社来的主要任务是搞宣传报道、展览画报和印刷设备、放幻灯等，这里工作时间不能定，要根据大会需要，至少要待一个月或更长时间。沙主任又说，少华同志已外出了，很长时间才能回来，摄训队暂时停课了，你要安心在这里工作，边工作边学习，我可以单独教你，你会进步得更快。不等我回答，沙主任紧接又说，社里缺菜，你马上买些运回去，说完把画报社马夫老崔叫来，让他跟我去买菜。

1944 年 12 月 29 日

早上到西凹买菜，不多一会就买下萝卜 1200 斤，没想到任务完成得这么顺利，心里感到很高兴，价钱是每斤 8 元。早饭后带上相机到柳峪村买白菜，很快买到 1500 斤，每斤 13.5 元。沙主任交给我买菜的任务已圆满完成了。

下午一点沙主任才从庙台西沟司令部回来，还没有吃饭，我们还给他留着馒头，又给他打了些肉菜，他一面吃着一面问我这次外出工作的情况，我把已买到萝卜白菜共 3000 斤的情况做了简要汇报。他听完就哈哈大笑起来，并夸奖我说，小鬼真能干，你现在既是摄影员，又是管理员，又是采购员，说完又大笑。晚上和沙主任、赵启贤、宋贝珩、刘克己一起到边府大礼堂试验幻灯。

1945 年元旦　在群英大会上

1945 年的第一个早晨，我起得很早。在沙飞、石少华两位主任的指引教导下，向着我最喜爱的摄影事业发展，摄影成为我一生奋斗的最高目标，我要在这条光明大道上勇敢前进！前进！再前进！

展览会规模很大，展厅里陈列着晋察冀边区抗战 8 年来取得的工农业伟大成绩和军事上的重大胜利。我最感兴趣的是军事馆中展出的在战斗中缴获的各种战利品，有重机枪、轻机枪、歪把子机枪、掷弹筒、三八大盖步枪、小六零炮、防毒面具、望远镜、各式小手枪和钢盔、皮鞋、黄呢子大衣、电话机等。我八路军将士为保卫边区人民和祖国领土而对日寇英勇奋战，所取得的胜利是非常灿烂辉煌的。

第二章 洪流

一出门正遇见沙主任,他问我拍照的情况,我做了简要汇报。沙主任随即领我到各馆,亲手教我怎样选目标,怎样取景、构图,怎样抓时机,很耐心。然后又指导我在文教馆门口的露天馆拍摄群英代表和边区政府领导人围观轻便印刷机和铅皮版的照片。我真高兴极了,沙主任的摄影水平是最高的,在他的亲自培养教育下,我一定能够学好摄影,他也肯定会把他广博的摄影知识和丰富的实际经验传授给我。

拍完照片,沙主任叫我们回去打扑克,有他、曲治全、赵银德我们四个人玩,特别开心,特别热闹,一直玩到下午3点来钟才结束。

1945年1月16日　在群英会

散会后,我回到22号窑洞,见沙主任正在喜笑颜开地摆弄着新从美国送来的幻灯机(美军观察组赠送),真是好啊!看样子重不过三斤,可放出的照片比我们自己由吕东阁技师设计的土幻灯机要好得多呢。

睡觉的时候,沙主任站在同志的立场上尖锐地给我提出了很多意见:

1. 将胶卷随便送人。

2. 听说你不安心工作,想到延安,又想回联大,还想到剧社……不要这山看着那山高,见异思迁,要安心向摄影方向发展。

3. 把少华同志给你保管使用的相机改成幻灯机是工作需要,个人要服从大局、整体,这也是公物,不是私人财产,不能背后发牢骚、讲怪话。

4. 既是一个共产党员就该诚实坦白,思想纯洁,在政治上加强锻炼,文化上努力学习提高,将来才能担负起为人民服务的重担……

1945年1月20日

国际朋友要到画报社参观,沙主任要我们和他回去一趟。赵启贤有事离不开,只我和沙主任两人走,边走边聊,30里的路程,很快就走到了。

1945年1月21日　在神仙山下洞子沟

国际朋友今日要来参观,听说还有白求恩卫校与国际和平医院的几位领导作陪。

16．"他机密地告诉我"——顾棣日记摘选

1945 年 1 月 23 日　返群英会

接待外宾参观任务完成，还得到群英会工作。沙主任有很多事办不完，快 12 点了，还不能动身，再晚了就要冒黑。

我和沙主任在雪花漫天飞舞中大踏步向前迈进，走到大台村时，军区政治部准备好的牲口已在等着我们了。我和沙主任骑上骡子很轻松地回到群英会。

1945 年 2 月 2 日 群英会胜利闭幕

会餐结束后，胡朋到我们窑洞来玩，我买了一斤花生糖欢迎她。我们几个人边吃边聊天，沙主任把他过去搞摄影的斗争历史向我们做了简单介绍。

1945 年 3 月 14 号　微雨　住坊里

昨晚开了个大会，开始是沙主任给指出了今后的努力方向，怎样使生产效率提高……又介绍了个新来的指导员兼秘书张致平，接着就是张致平的讲话。她说沙飞主任是她的"婆母"，因为他用六年时间耐心培养了她丈夫周郁文同志。她在这里工作是极愉快的……

1946 年 3 月 1 日　星期五　欢迎周恩来、张治中、马歇尔

从清早便忙乱起来。贴标语、挂大画、打扫街道。更新奇的是家家高挂国旗，原来是欢迎执行部周、马、张。接着今日报纸上第一个大标题便是《执行部今日乘机莅张》。

12 点的时候来了三架美国新式大型飞机，接着，插着中美旗的汽车由解放饭店出来了，载着军区首长驰向飞机场欢迎。

早 6 点半，我们社沙、石主任，徐肖冰科长，还有宋贝珩，一同到飞机场拍照，还带着小型电影机。

1946 年 3 月 20 日

闻名全国的摄影家吴印咸到了，是昨天由延安飞北平又乘机抵此的。我理想中的吴印咸是和现在亲眼看到的完全不同。不想他还是一位年轻漂亮的男子，留着头发，穿着西服，他和蔼慈祥的面容给我留下很好的印象，我开始学习摄影用

的那本书就是他写的。

1946年4月10日

午后5点,沙主任召集了资料组我们四个人开会。首先指出资料工作的重要,它掌握了画报社命脉,八年抗战的奇迹成果得来不易……征求我们对工作的意见时,指明这是终身事业。

赵启贤提出不为终身事业,沙主任解释可以做编辑工作,但要培养了人,有代理的人了可以出去。我提出能力小,沙主任解释是只要工作态度与精神好即可以。杨森没有意见,徐竞辞提出不这样干,沙主任立刻发了火。

1946年4月12日 礼拜日

资料组开会,讨论工作问题。大家对沙主任所说极表反对,要求马上离开这个岗位,或者再过一个时期坚决改行。

但在还没有调动工作以前,我是安心负责尽量把工作做好。

1946年5月5日

早饭后,画报社及联大文工团代表,在画报社礼堂举行追悼许群大会。许群生于南洋,16岁抛弃了富裕的生活,回祖国参加救亡活动,曾在北平参加"一二·九"学生运动,又到山西太原参加牺盟会。沙主任致悼词,艾青、周巍峙、江丰、古元、张望都讲话。挽联多副,其中江丰、夏风、古元、张望的是:你的肉体留给大地,你的精神留给我们。

1946年6月1日

女作家丁玲要出席巴黎世界妇女大会,需要一部分照片,八年来边区妇女参加抗日工作、生产、选举、参政、参战、劳军……共选了100张。因为底片乱,费了很多时间才选出来。

1946年6月3日

为发稿的事,章文龙、叶曼之争论。章文龙主张不要重复的材料,叶曼之坚

16. "他机密地告诉我" —— 顾棣日记摘选

持沙主任的意见，多选一些，外国人可以选用。整好的照片明早要发走，沙主任说要把标题抄下来，为的是以后再发稿时不要把标题搞错了。

1946 年 6 月 17 日

现在又要向国际上发一部分工厂照片，本社摄影师全体动员，沙主任亲自出马，石副主任、苏河清（苏兆征之子，从苏联回来）、夏风、谷芬等都参加了。他们分工到各工厂、公司，收集了解放区各种工业建设。这个材料收集得实在好，到底还是沙主任行，老将出马一个顶俩，夏风摄得也非常好。我们把精选的 140 多张照片都贴在纸上，编辑室写好标题，明日的飞机就要带走了。另外沙主任又要一部分边区精选的六寸放大照片，我给他挑选了 40 张，3 张无标题的不用了，这也是发往国际的。

1946 年 6 月 28 日

离东北停战期限到 7 月 4 日只剩下 6 天了，沙主任告诉我们要加强准备，全社停止工作，开始整理东西。

1946 年 6 月 30 日

整整忙了一下午，汽车拉了两趟才算搬完了家，从张家口市中心迁到元宝山。

1946 年 7 月 1 日

晚饭时到大境门饭店吃饭，我以无限兴奋和快乐的心情和大家碰杯十数次，又特别和沙主任同饮五杯，沙主任给我倒酒数杯、点烟，谈了我的优点和缺点。忽然杨国治提到华江、田华，我不由得痛哭起来。沙主任马上给我解释说，以前的事对你是误解，请你原谅。我认为他能了解我就行，心得到极大安慰。杨国治我俩带十分的醉意，东摇西摆地回来了。

1946 年 7 月 4 日

沙主任命令两天之内准备出七七抗战九周年在张家口举办展览的照片，大家心中有点不痛快，放假期内老是突击工作，谁不讨厌呢？但我们还是服从命令，紧张工作起来。

1946年7月16日

沙主任把画报社的几万张底片交给我保管，责任重大，不可马虎，一定要认真对待。接受以往教训，底片怕潮湿，要防水，需做几个铁皮盒子，装进去就安全了。元宝山是农村，没有商店做不了，只好到城里去做。在蒙古营找到一家黑白铁小铺，冒着敌机扰乱，做了八个铁盒背回来，备装底片用。

1946年8月3日

萧三和夫人一起到这里，与沙主任商量住房问题，和他一起来的还有丁玲的姑娘蒋祖慧。

1946年9月14日　离开张家口

我们忙碌着整理东西，把重要的东西都装好箱子。大清早我就叫来了焊匠，把底片装入铁盒焊死，又买了四丈油布，整个组里的准备工作都搞好，待命出发。下午两点大车才来，我们很快装好车，叽叽咕咕就离开了元宝山。图片社和和平印书馆的车在解放大街等我们，到齐后一共26辆，经过车站，顺着去北平的铁路一直向南去了。

1946年11月8日　住阜平坊里

秋雨绵绵，和李遇寅秘书闲聊多时。他说："我们如不加强内部组织，提高工作效率，将来画报社的前途是非常渺茫的。这主要是沙主任太软弱，连个佟铮也惹不起，又和军区政治部闹意见……画报社在晋察冀边区不会有什么发展了。听说搬家安定后，画报社还要缩编……"我心想画报社过去欣欣向荣，怎么现在一下子变得衰败了？

（顾棣注：后来才知道，军区机关从张家口撤到涞源之后，画报社印刷厂、材料科、图片公司、联华摄影社，划归政治部管理处领导。画报社只剩下编辑部，连行政人员加一起不足20人，变成宣传部底下的一个科。财权也没了，买瓶墨水也得由政治部管理处佟铮处长批了才能办。后来又听图片公司经理李途

16．"他机密地告诉我"——顾棣日记摘选

说，画报社在涞源分家时，沙主任和宣传部长张致祥大吵一架，又和管理处长佟铮大吵一架，但都无济于事。为此沙飞痛心疾首大哭一场，精神受到重大刺激，为后来精神失常埋下了祸根……从此晋察冀画报社的辉煌阶段已告结束，再未出现新的高峰。）

1946 年 11 月 29 日

方弘去城南庄赶集去了，正赶上飞机扫射，中午就传回了消息，打伤了三个人、一头猪、一头驴。方弘回来了，他正在跟我说敌机扫射的情况，忽然听到嗡嗡的响，我说又是飞机吗？一出门见房东的一大堆柴烧着了，火势很大，我急忙用瓢泼水。老方说，不要救，赶快拿底版吧，我们刚搬完底版，被子刚拿了一床，熊熊大火就扑到我们门口，屋子里满满的烟，好大的火呀，不到三分钟，就烧到屋顶了，这时采访组、编辑组的人都来了，已不能进屋搬东西了。吴群扑过去抢了些东西，我们奋不顾身给房东抬出粮食。这次幸亏没有烧掉底片，运气还算不坏。这次失火的原因是老乡烧火时，他离开了。越想越可怕，方弘若再晚一点回来，我们吃过饭就去打柴了，我们底片就太危险了。

1947 年 3 月 30 日

抗敌剧社的人说他们对张致祥部长有好多意见，我颇感快意，因为我们不是犯了主观主义，一人说他的不是，而是成为公认的了，这种不约而同的观点真正说明了他的官僚作风。现在一切工作的不顺畅，都有他的责任。

1947 年 5 月 15 日

赵大（赵启贤）和通讯员李有志由前方回来了。见面非常高兴，他们介绍了前方的情况，克己同志工作很紧张，表现很好，其他同志也都不错。沙主任正在搞一项研究工作，要创造一种轻便印刷机，专门在前线用，保证画刊及时出版。如能成功，这是一个了不起的贡献，前方的印刷问题就完全解决了。

1947 年 5 月 16 日

启贤同志说他这次回后方的主要任务是整理资料。沙、石主任对此工作极为

重视，这关系到画报社的整个命运。沙、石主任意见，这一工作限在7月底全部完成。

1947年5月24日

一回（会）东一张，一回（会）西一张，一不小心就会弄错，这主要是因为在张家口叶曼之负责整理时，把底片全部弄乱了，简直是不可收拾。若不是赵启贤同志对底片熟悉，真不知道该怎么整理呢！

底片先后顺序紊乱，时间不能按前后分，最先拍摄的也可能放到后边，最近拍摄的也可能放到前边，不能成为系统完整的一套。整理起来问题很多，困难很大。根据目前我们实际情况，也只有这样做，这已是比较科学进步的方法了。整一天的工夫，共整理了300余张，不过以后熟练了，还要加快速度。

1947年6月10日

工作日渐走上正轨，整理底片资料的方法也慢慢熟练了，很顺利愉快。因为我们这艰巨伟大的工作，是大家最迫切要求完成的，在目前整个工作中，也是占着非常重要的地位。

1947年6月11日

与刘廉聊天，他说，美国新闻处有个老资料工作者，亲手做了40年资料工作，几百万张底片，用什么材料，马上即可供给，像一部字典，看了明白方便，可见他熟悉到什么程度，他是全世界最出名的一位专门资料人才。日本也有一位资料工作者，从26岁干到59岁，他从资料的整理统计中，可以研究国际国内形势。资料是编辑的命脉、本钱，编辑工作的成功与否，与资料工作是分不开的。

1947年9月7日　礼拜天　住城南庄小北沟

找到沙主任一个大皮箱，把些重要的画报、美国的放大照片放在里边。

1947年11月30日

曲治全从石家庄回来了，他一进房子，大家就把他围起来了，都想问石家庄

16. "他机密地告诉我" —— 顾棣日记摘选

的情况。他说石家庄秩序还不大好,沙主任住在朝阳路(即中山路,石家庄最大的街道)的大楼上,搞到好多摄影材料。

沙主任是我们的先锋,大队伍不久能到达,那时我们又和张家口一样,独居一所高楼了。

赵启贤来信,全文如下:

小D:你为什么很久不给我来信呢?是工作忙吗?还是忘记了我呢?

我们在前方工作、生活都很好,虽然工作整日忙乱,生活流动特大,但大家情绪是旺盛的,团结得像一个人一样。据了解,这一点恐怕是后方同志所不能及的。

部里正进行评比工作,组里也凑此机会总结四个月来的工作,我们的同志都很高兴,因为检讨起来,我们在本职的工作内,都完成了自己应负的任务,而且为未来的更紧张的更大规模野战环境下的工作打下了必要的基础。你现在生活工作得怎样呢?听说你又有新的所好了,真的吗?盼告我。本来有很多话要说的,特别是想详细一些两次战役中的见闻,但时间不许再谈。握手!赵启贤 11月26日

读完之后,又高兴又难受,前边工作是那么顺利而紧张,特别是团结得那么好,真令我羡慕,这是后方所不能及的。

1947年12月25日

三查提纲、党内文件:三查就是查阶级、查思想、查工作。

查阶级:1.个人家庭经济状况及家庭生活主要来源,是剥削人还是被剥削。(地主成分一般可从上一代查起,一般的应从历史上看家庭生活方式)确定个人阶级成分。2.个人历史与社会关系,确定个人出身。从历史关键问题(革命后)查阶级。如从减租减息、土地改革、复查、一直到平分土地的方针宣布,每一时期群众起来时,个人对群众运动,对家庭的关系与态度、思想、言论、行动等。

查思想:1.根据个人成分出身,对土地改革态度,找出自己思想发展的规律与个人思想演变并找根源。2.检查地主富农思想,在以下几个方面表现:A.入伍动机,B.入党动机,C.群众观念,D.民主精神,E.领导方式、官僚主义、军阀主义,

F. 剥削思想与贪污享乐腐化等，G. 时事观点与右倾表现情绪，H. 个人生活与作风，I. 军民关系、军政关系、上下级关系、平级关系、军队与地方关系。3. 为人民服务的思想与阶级观念及个人主义等。

1948 年 2 月 16 日

战争，我相信在不久的将来就结束了，我们同样会得到和苏联人民一样的生活，中国人民的狂欢日不久就至面前了。

晚饭后开了个社务会，石副主任报告个好消息，接沙主任来信，前方同志都要回来了，发信第二天就动身了，大概一二日内就可到了。听到这消息，我要跳起来了，我们亲爱的哥哥们要回来了，弟兄们不见面一年多了，又要来个团圆，这正是件使人喜极若狂的事，心想他们回来之后，我的工作、我的学习、精神都会有新的鼓舞的，更重要的，今后全社的工作定会有个新的现象。每个人都洋溢春天般愉快的笑容，我的心更是在跳着。

1948 年 2 月 19 日

前方同志来了，老远就嚷名字，笑笑哈哈到一块，握过了手，并肩地惊呼起来，相称兄弟、问长问短，恨不得一下把别后一年的话都说了，克己还是那么活泼富有朝气。大家对这一次的大会合、家庭的团圆都是非常兴奋的。饭后，打牌的打牌，弹的弹，不亦乐乎。晚上特别为欢迎前方工作组归来开了小会，以花生、肉、酒等物招待，大家又是乐了一场。

1948 年 2 月 20 日

我和方弘去城南庄路上聊。谈到前方整党问题，他对沙主任及高粮有些不满，沙主任还曾拍桌子骂过他。

1948 年 2 月 23 日　正月十四

沙主任通知我明天要做一次资料工作报告，把近几个月来的资料稿子内容件数报告一下，供大家参考，也可编画报。我很快就完成了这件工作。

16．"他机密地告诉我"——顾棣日记摘选

1948年2月27日　正月十八

今天是最忙碌的一天，也是我经受了考验的一天。清早，沙主任就带赵启贤同志来和我研究选稿问题，沙主任给我解释："本来编辑组选稿是要在你们整理之后给了他们再选，但现在是个特殊情况，工厂改组了，我们必须及时发稿，不然机器就会停顿的，所以就得灵活运用一下，先在新来的材料里选稿。你可别以为是混乱了你的工作次序而不高兴，今天我特把这一问题和你谈开……"临走时又告诉赵，你们俩研究吧。沙主任真是细心，特来为选稿问题给以解释，其实为了工作完成，我们也决不会只顾及自己的工作制度而不顾全整体。这样谈谈也好，免得以后发生误会纠纷。

1948年2月28日　礼拜日

中午，沙主任召集了各组负责人的会议，研讨了一下编辑问题。

1948年3月7日

晚上开会前有人提出，有人把整党的东西写成日记，这是不应该的。我总认为日记代表着每个人的思想作风立场，他要把他每日印象极深的问题记下来，一方面作为反省参考，另一方面也是自己的历史材料记录，如果再受到内容的限制，那是非常不好的。再说日记是自己作为参考的又不是日报，有什么密可泄呢？这种提法我认为是过敏的，我今后决不因此而把日记写成假的，更不把日记变成流水账，除了吃饭就是睡觉，再不就是同上同上。这是我的自由，我决不肯随意放弃它。

1948年3月11日

张（致祥）部长发表意见：赵启贤曾说，他是CC派，而他的领导人就是章文龙同志。我们对这一问题是非常慎重的。我当时还告诉赵，不要添枝加叶，要老实地说。他当时很坚决说是，现在已不承认了。我们对章并不这样看，主要是应从他报告中去分析，不做坏的估计，至于究竟是与否要靠章文龙自己说了。

听了张部长的发言，我的精神顿时就紧张起来了，险呀！怎么会有这样多的

问题？

　　回来的路上，克己告诉我，赵在前方坦白了，回来后又反口了，总之不是共产党员的气派，在前方时就想自杀，这种人是经不起考验的，动摇的，将来是可以把问题弄清的。

　　这一问题的发生使我有种说不出的感觉，这人太不够党员资格了，是就是，非就非。

1948 年 3 月 14 日

　　石副主任、沙主任都先后发了言，除自我做了检讨外，对章文龙提出不少意见，特别是沙主任对章的揭发是非常深刻的，而且说都是由赵启贤口里说出来的。赵紧接着发言声明，沙主任说的不对，他自己并非这样说的。可是马上遭到高粮的反驳，提出在前方时赵表现很好，回来就变了，这完全是受章的操纵，他们这几天是有活动的，并且还想自杀。全会场马上又紧张起来了。克己发表意见，章文龙来了个原子弹试验，赵启贤放火焰喷射器！不怕，看明天来揭发开这真正的黑幕吧。

　　回来后，章感情非常冲动地说，在这样的会上说什么也是不会使人相信的，高、沙的发言都信，大家和他为难。我本想给他些安慰，可是老潘已在给他解释，我就出来了，在写日记时还隐约听到他不满的声音，说沙主任如何如何！

1948 年 3 月 15 日

　　沙主任发言中提到这样一个问题，这是赵启贤在前边整党中坦白出来的，章文龙是由 CC 派来的长期在革命队伍里隐蔽的特务，画报社第一个俘虏就是顾棣。并提到做俘虏的人和他们是有共同点的。听了这话我马上吓了一跳！大吃一惊，我顾棣竟做了 CC 派特务的俘虏！不，我还不以为他有政治问题。好可怕呀！回忆起从前自己对章、赵的看法和那种亲密的关系。别的别想，主要还是检讨自己的立场吧。

16. "他机密地告诉我" —— 顾棣日记摘选

1948 年 4 月 2 日

今晚的会开得非常好,比前天的情绪又高潮起来了。沙主任是第一个发言的,他首先做了自我检讨:我对章文龙的几次发言和态度是违犯了党的方针和支部的决议的,是从成见出发的,打击、敌对的。两次发言都是以赵启贤的反省为根据的,这完全是错误的,这不是对同志帮助的态度。对顾棣、方弘等也都采取憎恨的态度的,因为他们都做了章文龙的俘虏,对他们不理,这不是对同志的态度,也是错误的,今后要改正。另外有几个问题提出修正。

1948 年 4 月 17 日

沙主任一连找我谈了三次话。第一次是他先叫我在他住院临走前多给组织提意见,他谈:每个人的立场我都明白了,你的态度很坚决,这是一个小胜利,可是要明白,今后的斗争还要尖锐复杂。第二次是在开晚饭前,谈了几个问题:前方整党的情形;Z 的险毒手段;你的立场开始站稳,今后还要继续努力。

第三次是在晚饭后到沙滩玩,他机密地告诉我:A. 现在的斗争是尖锐的,两种立场分明,在整党中一切都显示出来;B. 宣传部的人都要走了,只剩 K 和你,他们是会又猖狂起来的;C. 所以我们就将计就计来搞一下,我给你想个方法是用苦肉计……我提出不同意见,这样太笨也不易做好。讨论结果是看形势。

今天的谈话里得到几点启示:现在组织相信你;斗争的尖锐表现;站稳立场不动摇,真理是会战胜一切的。

1948 年 11 月 15 日 晴

在 11 月 10 日欢迎孟昭瑞、白世藻二同志的小型茶话会上,石副主任的一段话使我很受感动:(一)我们的底片是边区人民八年抗战流血牺牲所创造的历史,是最宝贵的资料。对这一材料的保存,有的同志表现了无比的英勇和很强的责任心,沙主任、赵银德同志在敌人包围了的时候,仍然背着它冲了出来,对人民尽了最大的责任,这是值得尊敬和学习的。还有的同志辛苦保存这些底片,功绩是

第二章 洪流

祕林同志：

你的信使我甚高兴，你在资料工作这几年来工作很大成绩都非很努力。

资料工作、画报工作，你都很重要的一部份，而这些东西也是全体同志十余年来生死换来的结晶品，所以我们都要加以爱护之呢。

恳谈的话，候后以后再谈。

致

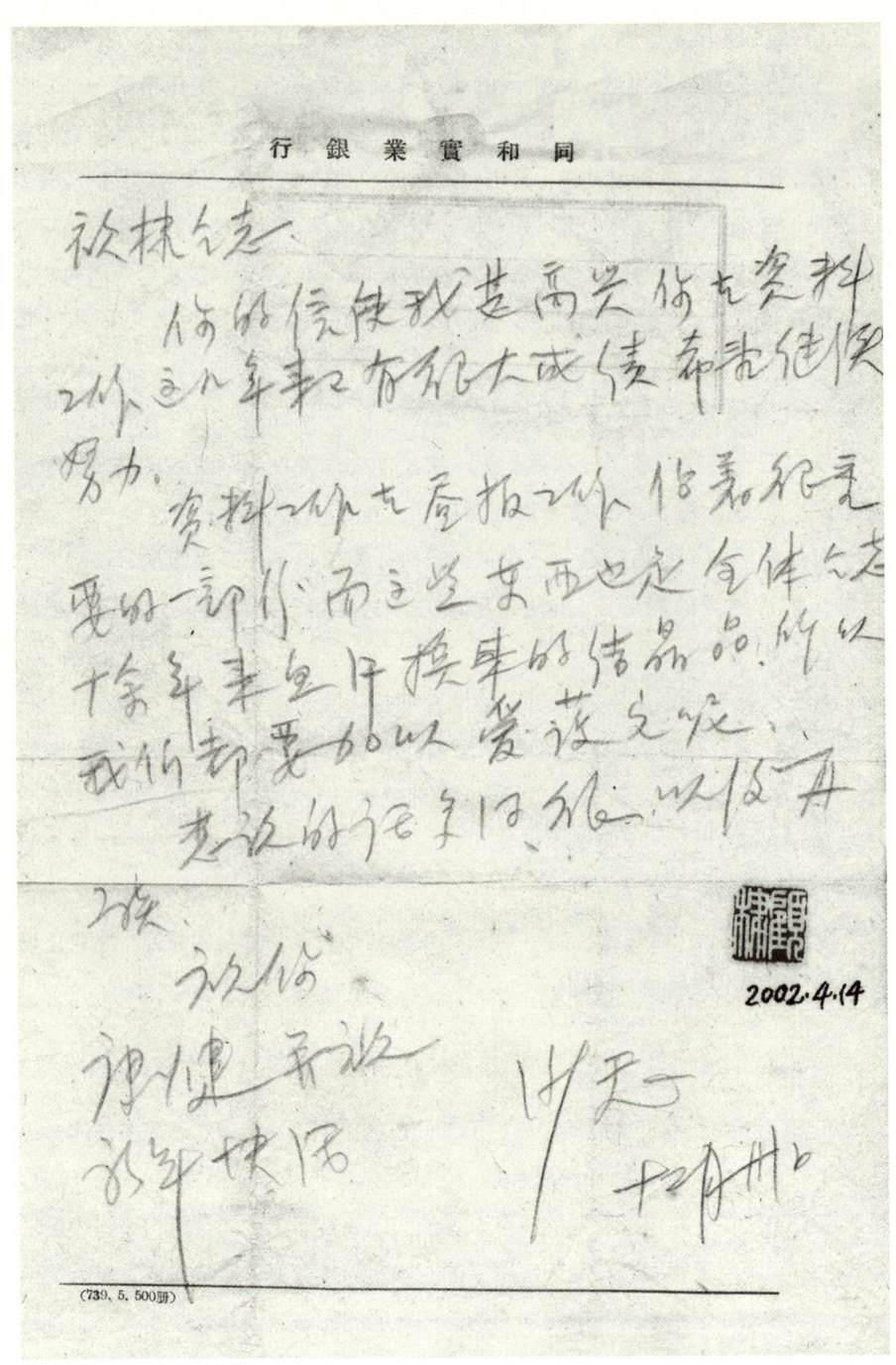

敬礼

身体健康

新年快乐

沙飞
十二月卅十

2002.4.14

沙飞 1948 年 12 月 30 日复函顾棣

16. "他机密地告诉我"——顾棣日记摘选

不可磨灭的。(二)资料工作从1946年下半年才正式开始建设，那时仅顾棣一人，到现在已扩大到五个人。

［作者注：顾棣自20世纪40年代起记日记，工作、日常琐事、学习笔记、会议发言……都记录下来。这些第一手资料成为顾棣研究著述的依据。顾棣单独或与人合著《中国解放区摄影史略》《中国解放区文艺大辞典》《崇高美的历史再现》《中国摄影史（1937~1949年）》《沙飞纪念集》《中国红色摄影史录》等。］

17. "千秋功罪，自有评说"

—— 石少华文章摘选

石少华文章《风雨十年——回忆与沙飞同志共同战斗的日子》

[作者注:《摄影文史》(中国老摄影家协会文史资料委员会编辑)自2002年总第13期始，2003年总第14期，2008年总第15期、16期连载石少华遗稿《风雨十年——回忆与沙飞同志共同战斗的日子》，由于身体原因，该文未写完。原打印稿赠我母亲一份，现由我珍藏。]

1950年3月4日，沙飞那坎坷的一生结束了。这位曾经为我国摄影事业的发展做出过卓越贡献的艺术家和革命者，从此默默地长眠在地下，听凭岁月冲刷着自己的业绩和英名。

然而人民并没有忘记他，历史并没有忘记他；千秋功罪，自有评说。38年来，沙飞的音容笑貌常常浮现在我眼前：此刻他是遗憾期待，还是仍旧怀着一丝淡淡的哀怨呢？沙飞夫人如今已是满头白发，他的儿女也都过了不惑之年。在他们面前我总是感到有一种不容推卸的义务和责任。今天我凭借这支笨拙的笔写出历史的本来，写出我们共同承受或分享过的失败与成功、痛苦与欢乐。这并不仅仅是寄托个人的思念，也是为了把历史的真实留给后人。

1.

我第一次见到沙飞同志是在1940年深冬。当时他担任晋察冀军区政治部摄影科长，而我在冀中军区政治部担任摄影科长。

沙飞听说我来了，立刻从房里迎出来，一把握住我的双手，操着浓重的广东口音说："你总算来了！咱们这两个老乡见面可真不容易啊！"没容我做出反应，他自己倒先放声大笑，而且笑得那么开心，那么爽朗。也许是受了他的感染，我不由也随着他笑了，同时默默地打量着这位很早便崭露头角、名噪一时的摄影艺

17. "千秋功罪，自有评说" —— 石少华文章摘选

术家。他中等身材，黝黑而清癯的面庞上，一双明亮的眼睛显得格外有神，好像有一种穿透人心的力量。此刻，他身着一套略嫌肥大的军装，端端正正地佩着帽徽和八路军臂章，领子上的"风纪扣"也扣得紧紧的；一眼看上去不像个投笔从戎的秀才，倒有几分职业军人的气质。这第一次的印象永久地留在了我的记忆里。此后的十年当中直到他去世，沙飞似乎从来都是这样平易近人、开朗和一丝不苟。

沙飞带我走进他的住房兼办公室。"本来我们去年冬天就能见面的"，他取出一包当地出产的阜平大烟叶，又把一张稿纸撕成小条，用它撮起一点儿烟叶，边卷边说，"可惜晚了一步，吕正操同志先走一步，把你调到冀中去了，他真有办法！"我刚要答话，房门突然被推开了，罗光达和赵烈一边叫着我的名字，一边从外面跑进来。

1938 年初，我和罗光达曾在陕北公学一起学习，毕业后他来到前线，而我进了抗日军政大学。本来我早就听说他在沙飞领导下从事摄影工作，不过直到今天才算有机会见面。赵烈也曾在陕北公学学习，他当时才 17 岁，是从广东到延安同志中最年轻的一个。后来我们又一起进入抗大，我在瓦窑堡，他在延安。从抗大毕业后我被调到抗大的高级军事、政治研究队学习，他则被分配到八路军后勤部。

吃过晚饭，罗光达和赵烈告辞。这时沙飞的通讯员和李正义把我装行李的马

左起：沙飞、赵烈、石少华、罗光达。1943.1. 河北平山碾盘沟村

第二章 洪 流

褥子抱了进来，放在沙飞的睡炕上。我正要询问，沙飞已经笑着把自己的被褥推到一边："别住客房了，我们住在一起好吗？"他不由分说地把我的行李解开，"我这条炕挺宽敞，咱们睡在一起谈话方便，你看怎么样？"我当然同意。

我向沙飞简要地汇报了冀中军区政治部摄影科的组建情况，以及我们开办摄影训练队的目的和打算，当时我们已经举办过两期摄影训练队，学员都是从战斗部队精选出来的骨干，他们有相当的文化，又有战斗经验，年龄在18岁到20岁之间。一、二两期学员毕业后，已经在冀中军区所属的五个军分区建立了摄影组。我们计划通过第三期学员，把团和支队的摄影工作开展起来；而第四期以后不仅要培训部队的摄影干部，还要争取为地方政府和群众团体培养一批摄影人才。

沙飞专心地听着，不时微笑着点点头，或是从那双明亮的眼里投来一丝信任和期待的目光，"这办法好啊！"他的声音是那么诚恳，只有胸怀坦荡的诤友才会给人以如此真挚的赞扬，"你们这个计划想得远、见效快，我看一定能成功！另外，在学员当中强调事业心，强调为战争服务、为人民服务、对历史负责，这种思想也是非常重要的。"沙飞对新鲜事物的敏感和支持，我至今都难以忘怀。我与沙飞彻夜长谈。

认识沙飞的人都知道，他生来就具有某种艺术家的气质：勤奋、自信、富于激情和感染力。同时也不甘于在国家危难、人民痛苦的时刻无所奉献。作为艺术家，沙飞严谨、机敏、一丝不苟；而作为丈夫，他却常常是那么粗心……（1936年底，从香港）返回广州后，沙飞花十元钱在旧货摊上买了一架勉强能用的旧相机。对于沙飞，它便是一切。这架4.5、1/250的破旧相机，在沙飞身边陪伴了整整三年。

（第二天早）大街上传来整齐的跑步声，时远时近，间杂着铿锵顿挫的口令。沙飞告诉我，这是军区直属队和警卫部队在出操，天天如此。早饭后，沙飞和赵烈陪我去摄影科的暗房参观。暗房设在一间老百姓的平房里，几扇窗户都用黑布蒙面的棉被遮掩得严严实实。屋外的院子中央，露天放着一个长方形的木架，架子周围也用黑色的棉被密封，内行的人一眼看上去，便会想到那是放大照片用的简易暗室。但是当时农村没有电，所以这暗室的顶部并不安装电灯泡，而只是留有一个小窗口，让阳光从这里直射进去，作为代替电灯泡的自然光源。暗室正面开有两个洞口，连接着两只黑色的套袖；放大照片时，就是从这里把手伸进去操

17．"千秋功罪，自有评说"——石少华文章摘选

作的。为了在操作时能看见暗室内部的情况，进光的洞口旁边还开着一扇精巧的小窗，上面蒙着红色的玻璃，用起来十分方便。

赵烈说，这暗室的前身是白求恩大夫赠送给摄影科的一架放大机，后来经沙飞悉心设计，改装成现在这个样子。白求恩生前曾来摄影科参观，对摄影科艰苦奋斗的精神非常钦佩；沙飞为他拍过不少精彩的照片。他在临终前把自己的放大机和照相机分赠给摄影科和沙飞。

杨国治正好在放大照片。他把几张刚定过影的照片拿给我看，于是我们一边翻着这些照片，一边交谈。不一会儿，摄影科其他同志听说我来参观，也聚集到院子里。沙飞把大家都召进一间大屋子，热情地为我介绍了一番，然后让我跟大家谈谈冀中军区摄影科及摄影工作在冀中的开展情况。

吃午饭时，政治部来电话通知沙飞去开会。他放下电话后半开玩笑地说："唉，又是开会。今天下午不能陪你了，身不由己啊。"说着又拿出资料员刚送来的一纸袋照片，递给我："一会儿你抽空看看，提点意见，总不能让你白来一趟嘛。"

晋察冀军区在当时是我军摄影工作开展得最广泛、最深入的地方，摄影科的同志们在沙飞培养和帮助下，已经能拍出具有一定水平的照片；但是沙飞从不自高自大，而是谦虚谨慎，随时随地都在征求别人意见，甚至也听取外行批评。对于这一点，我第一次见到沙飞的时候就留下了深刻的印象。他要人家提意见，绝不是什么礼节性客套，是真正出于艺术家的严谨和虚怀若谷。

沙飞烟抽得很凶，开起会来一根接一根。赵烈劝他少抽一点，他就是不听，所以赵烈常拿这个开他的玩笑，还编了个歇后语：科长抽烟——省火儿（一根没抽完又接上一根，不用重新点火儿）。我发现沙飞咳嗽很厉害，觉得不一定仅仅是抽烟问题，建议赵烈督促他检查一下身体，并设法替他加强营养。赵烈说军区组织部也注意到了这事，每月都发给沙飞营养补助费，只是沙飞自己从不在意，工作起来就不要命。

赵烈到摄影科以后，在交谈中常提起我，沙飞心里留下了印象。1939年秋天沙飞听说我随抗大总校来到晋察冀，立刻建议军区把我留下来。可惜他晚了一步，军区政治部派人去抗大商量此事，我已前往冀中。每逢有人从冀中来晋察冀办事，他总爱问我在那里的情况。当他听说冀中摄影工作取得进展时，总是为我

第二章 洪 流

们感到由衷的高兴。这就是沙飞——只要对事业不利,他绝不肯俯首迁就,有时甚至会拍案而起;而只要对事业有益,他又是那么宽厚、热情,从不计较个人的名利。

我们又谈了一个通宵。他从遥远的家乡说到晋察冀根据地,从当年的苦斗说到未来的追求。我记得也正是在这一次,他提出了那个大胆的设想:在晋察冀创办我们自己的画报。在当时艰苦的条件下决心创办画报,是需要多大勇气和智慧啊!后来事实证明,这一大胆的设想终于在中国摄影史上写下了划时代的光辉篇章。

翌日上午,沙飞又陪我看望了军区政治部宣传部的同志们。我们首先见到了宣传部长潘自力。晋察冀军区政治部宣传部集中了一批革命队伍中出类拔萃的秀才,编辑科科长邱岗个子不高,胖胖的,显得很结实,不了解他的人很难想到,这位普普通通的八路军干部曾是《大公报》著名记者,写得一手好文章。他待人热情而谦虚,说起话来有条有理,不紧不慢。他同沙飞很要好,总是"沙飞"长"沙飞"短的,非常亲切。宣传部高天辉、师容之等十几位同志也先后来看我们。经邱岗介绍我才知道,他们原来都是平、津的大学生,七七事变之后,在北平地下党的帮助下陆续加入八路军。这个团结友爱的集体确实人才济济,当时大家又都在20多岁,风华正茂,满腔热情,很是谈得来,这些同志都没有到过冀中,所以对冀中的情况及其游击战非常关心,一时提出了许多问题。沙飞一直陪着我,有时还替我说上几句。直到中午时分,他才开玩笑似地向大家作了个揖,一本正经地说:"少华同志是我的客人,诸位要知后事如何,请听下回分解吧。"说着便不由分说地把我拉过去,同大家握手道别。回到摄影科吃了顿简单午饭,沙飞又要去政治部开会了,赵烈陪我去村外散步。

赵烈性格开朗,兴趣广泛,喜欢美术,爱写白话诗,一有机会还要放开嗓子唱几句。在沙飞身边,他不仅学到了摄影理论和技巧,学到了正直、朴实的为人准则,而且也越来越默契地配合着沙飞的工作,越来越多地分担着沙飞的重任。两年后赵烈担任画报社政治指导员和党支部书记,沙飞在他主持下加入中国共产党。可惜1943年那次大"扫荡",使他过早地离开了我们,使沙飞永远地失去了一个得力的助手。

赵烈对沙飞十分敬佩,也十分了解,滔滔不绝地谈着沙飞的趣事和习性,似乎沙飞的一举一动、一颦一笑对于他都意味着什么。比如,他甚至跟我谈到沙飞

我的父亲沙飞
My Father H.Szeto

17. "千秋功罪，自有评说"——石少华文章摘选

走路的姿态，说是沙飞一出门便健步如飞，常常把通讯员甩得老远；有时候他高高举起一只手，自言自语地像是在讲演，又有的时候，他两手一起一落的，像个乐队指挥……赵烈还告诉我：沙飞走起路来如同他做其他事情一样，只有赶到了目的地才肯停下来。赵烈确实不愧为沙飞的助手，他熟悉沙飞的脾气和秉性，又能从中看到它与事业的某种联系。他敬重沙飞的为人，却并不认为他便是毫无瑕疵；他常常能敏锐地看到沙飞性格中的弱点，同时又给予他深深的谅解和恰当的批评，以及真诚的支持。当时我们大概是谈到了摄影科的工作，赵烈认真地对我说："老沙是我名副其实的老师，可他有时候也会耍小孩子气呢！""你信不信？他要是认定了什么事，你就是说破了嘴皮子也没用。"他说得一点不错，在沙飞的艺术家气质中，天生就有一股孩子气——有时单纯得像个孩子，有时认真得像个孩子，要是争论起来，也倔得像个孩子。他常常坚持自己的意见，甚至近于固执的程度。但是大家都彼此了解，知道他完全是为工作，所以谁也不会计较什么。任何一个集体都需要人们的相互配合和理解，这在战争年代似乎要比和平时期容易一些，因此沙飞毕竟还是幸运的，他生活在同志式的友爱和彼此信任、理解的气氛中。

快到开饭的时候，赵烈兴高采烈地出去了，不一会儿便和白连生、李正义一道，端来一只砂锅和七八个粗瓷大碗。除去伙房的饭、菜，砂锅里装着满满一锅清炖老母鸡，另外还有一碗大葱炒鸡蛋和两碗用枣酿制的酒。我心里明白，这是沙飞用自己的生活费让通讯员特别准备的。当时敌后抗日根据地的生活条件比较艰苦，只有鸡和鸡蛋还可以从老百姓家里买到。沙飞自己相当俭朴，对同志却很大方，他每月的生活费大都这样用在别人身上了。

没容我多想，沙飞已经把枣酒倒了四杯，分给大家。没有虚设的客套，也没有冗长的祝酒词，沙飞只是慢慢地举起杯子，简单地说了一句："为了这次会面，为了我们的事业！"然后便一饮而尽。我知道，由于敌后的情况千变万化，平时大家是极少喝酒的，沙飞的酒量不大，他这样干杯，显然是有些激动了。

第三天吃过早饭，赵烈和罗光达等也前来送行，我跟战友们一一话别。沙飞一直把我送到村外，然后我沿着那铺满残雪的大道继续往前走，李正义牵着两匹马，远远地跟在身后。我没有再回头，然而却分明感觉到，沙飞那倔强的身影仍旧伫立在村口的大树下。

我的父亲沙飞
My **Father** H.Szeto

第二章 洪流

2.

1941年夏天，为了筹集画报所需要的印刷材料，聂荣臻委托吕正操和程子华，由冀中军区设法解决。当时晋察冀边区条件很差，物资奇缺，而冀中军区地处北平、天津、保定之间的三角地带，临近平汉、津浦、北宁等铁路干线，相对来讲要方便一些。沙飞派罗光达随吕正操到冀中。吕正操很快便派侦察员进城联系，在地下党组织协助下购买了一些器材，分几批送到城外，然后又派了一个营的战士轻装行军，把这批器材背回到晋察冀山区。冀中军区卫生部顾部长为人爽快，把全部家底亮出来，他让罗光达参观军区仓库，需要什么就给什么。罗光达不虚此行，满载而归。经过多方努力，画报出版终于有了眉目。

（1943年初）我和通讯员李正义到司令部与吕正操会合。吕正操的夫人刘莎当时在冀中妇女联合会工作，这次也一同前往；再加上几个警卫员，我们一行十来人骑上马出发了。不久以前我们冀中军区已转移到平汉铁路以西，背靠北岳区，与晋察冀军区互为依托，两个军区之间的距离大大缩短了。我们清晨出发，下午便到达目的地。

在司令部门外，远远地就望见聂荣臻司令员和唐延杰参谋长站在那里，等候着我们。沙飞得到消息，也骑着马赶来了。聂司令员迎上来紧紧握住吕正操的手，说是冀中军区搞来的印刷器材已经运到，质量很好，有了这些东西，画报的出版就有保证了。吕正操把我拉到前边，介绍说："这是我们的摄影科长石少华同志。"聂荣臻对我说："早就听沙飞谈起你，只是还没见过面。"聂荣臻对摄影事业非常关心，勉励我们互相帮助，互相学习，把整个边区的摄影事业发展起来。这时，萧克等陆续来到司令部，我知道他们要开会，便和沙飞一起向他们告辞，到摄影科去了。

沙飞要我多住一天，陪他去参议会采访、拍照，我同意了。晋察冀边区参议会会场离军区驻地30多里，由于是第一次召开这样的大会，所以开幕式搞得很隆重，还专门盖了一座简易的礼堂。除去边区和军区的负责同志之外，各个方面都有代表出席这次会议。沙飞不仅要参加会议，还要带领摄影的同志们拍摄照片，报道大会的盛况，简直忙了个四脚朝天。因此开幕式结束以后，我们便匆匆告别。

晋察冀边区第一届参议会会场，前左一为石少华。
1943.1. 沙飞摄

文艺界参议员5人。左起：田间（诗人）、沃渣（木刻家）、沙可夫（华北联合大学文学院院长）、沙飞（摄影家）、周巍峙（作曲家）。1943年1月，晋察冀边区第一届参议会在河北阜平召开。李鸿年摄

3.

1943年，我被调到晋察冀画报社担任副社长（当时叫副主任）。这一年初秋，我和负责暗房工作的宋贝珩去晋察冀军区报到。从此，直到沙飞辞世，我们在一起生活、战斗、工作。

傍晚时分，我们赶到了画报社驻地阜平县上庄村。晚饭后，沙飞召集全社同志开了个简单的欢迎会。就在欢迎会快要结束的时候，军区通讯员突然闯了进来，把军区刚刚下达的一份敌情通报递给沙飞。会场立时安静了，大家都意识到：一定是敌人已经开始行动。沙飞把敌情通报递给我，我匆匆扫了一眼，果然，上级告诉我们：敌人的先头部队距离军区驻地只有三天的路程了。沙飞神情严肃地站起来，看了看大家，谁也没有说话，只是静静地等待着。看得出来，这是一个训练有素的、团结战斗的集体，同志们对沙飞充满了信任。沙飞拿起敌情通报，一字一句地念了一遍，然后看了看表，果断地对大家说："现在是9点50分，40分钟后各就各位，按命令行动。"同志们分头去做准备，赵烈、裴植、张雨川（张一川）和我留在沙飞的房间开会。

军区事先已为北岳区反"扫荡"做了周密布置，为了确保画报社安全，把花塔山一带划为我们的根据地，以便使我们在反"扫荡"中有较大的回旋余地。沙飞希望我带十几个同志先期上山，为大队人马打好前站。他交给我一个火漆封口的绝密文件袋，里面装着军区下达的花塔山地形图和上山路线。沙飞替我挑选的10多个同志都是十八九岁的小伙子，非常精干；从冀中来的流萤和通讯员王清江也随我一同上山。另外为了工作方便，我们决定把画报社管理员也带上，到山里设法筹集粮草。管理员姓程，30多岁，算是画报社的长者了；他在战斗连队以及营、团一级都当过管理员，很有经验。

我的父亲沙飞
My **Father** H.Szeto

第二章 洪 流

马蹄表的指针已经指向深夜12点,我和沙飞到村外去查看坚壁器材的进展情况。万籁俱寂,只有我们的青年突击队和工兵班还在轻手轻脚地搬运机器,偶尔传来几个沉闷的声响。张雨川迎到村口,说是一、二号洞已装运完毕,正在封口。他带我们翻过几个山坡,只见工兵班的战士已在洞口铺平了土,然后又把事先准备好的野草和一丛丛灌木栽上去,不知情的人一看,真是天衣无缝。

我十分关心底片的安危,低声问他:"底片安排得怎么样?"沙飞听完哈哈大笑。他有些得意地告诉我:"这件事我亲自负责,就是掉了脑袋也不能丢底片。"

凌晨4时左右,电话员送来一份电话记录,沙飞看过后又递给我。那是军区司令部电话通知:日军受到我民兵和部队的阻击,前进速度较慢。但这次投入的兵力比以往要大得多,沿途实行杀光、烧光、抢光的三光政策,每晚集结于大村落宿营……这时,赵银德带着军区通讯员走进来,送来潘自力部长的信:日军这次"扫荡"由冈村宁次亲自指挥,投入了十几万人,所以估计反"扫荡"的时间比原来预料的要长,斗争也会更加残酷,一定要做持久的思想准备。军区机关日内就要与主力部队一同转移到外线,留下的同志由临时指挥部负责,分散活动。潘部长对画报社坚壁清野的情况非常关心,沙飞迅速地摊开纸笔,把我们这里的工作进展和下一步安排简要地写上几句,交骑兵通讯员带回去。

沙飞说:"你在冀中参加过'五一'反'扫荡',对日军那一套有所了解,山上的一切就托付给你了。"凌晨5时,程管理员全副武装地走进来报告:"队伍已经集合完毕,什么时间出发?"我和沙飞随他来到院子里,只见十几名先遣队员都已收拾停当,整齐地列成一队。程管理员工作很细心,他让饲养员把所有的马蹄都用破布包扎了起来,以便行军的时候不至于发出声响。一个战士肩上还扛着把大扫帚,准备跟在队伍后面清除可能留下的痕迹。沙飞默默地同大家一一握手,严肃地宣布了行军纪律:1. 不准讲话;2. 不准掉队;3. 不准抽烟;4. 不准丢弃任何物品。随后,他又嘱咐担任向导的赵银德:把队伍带到山口后必须绕道返回,不得再走原路,以免暴露我们的转移方向。

第三天黎明前,沙飞终于平安地上山了。这样,我们就顺利地完成了整个反"扫荡"的第一步计划:沙飞和我在第一营地,裴植、赵烈分别负责第二和第三营地。三个营地互为依托,形成相互呼应的三角之势。我把山上的地形以及宿营地和山头上哨位的情况一一介绍给沙飞,他默默地点着头,久久注视着那晨雾缭

17. "千秋功罪,自有评说" —— 石少华文章摘选

绕的层层山峦。花塔山的清晨是那样宁静,但是隐隐传来的飞机马达声很快便把这宁静划破了。我和沙飞半卧在隐蔽的草丛里,不一会儿就看见两架日军的零式战斗机呼啸而过。敌机向地面扫了机关枪,在上庄村方向盘旋了一阵,又被西面的山峰遮掩住,渐渐消失了。沙飞站起身,微微叹了口气:"要不是跟日本鬼子打仗,这山里真有拍不完的景色!"是啊,山川草木,雾霭星辰,无时不在牵动着这位艺术家的情思,然而前来侦察的那两架敌机已经告诉我们:敌人的部队很快就要到了。几十年后,当人们重新评价一位艺术家的时候,常常不满意于他们的审美眼光和对于形式美的开掘,半是遗憾,半是责难;但是公正的历史总是这样写着:在残酷的战争环境中,正直的艺术家首先是一名战士。不了解这一点,就不能理解许多在烽火中产生的历史作品,也不能理解被时间淹没了的许多前辈。

我们刚刚安排好,赵银德就带来了两位同志:一位是军区政治部锄奸部吴科长,另一位是侦察员。吴科长这次上山,是专门来传达和落实余光文部长指示的。反"扫荡"开始以后,军区主力早已转移到外线作战,留在内线的机关和部队分别由两个临时指挥部统一指挥,其中一个由余光文部长负责,我们画报社就归属于这一部。军区决定:指挥部在反"扫荡"期间仍然沿用军区政治部名义,余光文代号301。为保密起见,军用电话一般只准用于通报敌情,有关部队行动的重要命令和通知则由指挥部派专人传达。

疏散工作安排停当,沙飞又开始考虑反"扫荡"结束以后的种种打算。王炳中(王秉中)40来岁,这次回根据地,一是为了汇报工作,二是打算取一些购买器材的经费。太平洋战争爆发以来,许多物资都日益紧缺,因此购买大批器材常常要付金条或银圆,日伪的金圆券越来越吃不开了。沙飞十分理解他的苦衷,上山前就为他到晋察冀边区银行联系,因此边区银行写了一封信给北平近郊一家半公开、半地下的商行,请他们为王炳中提取一批金条和银圆。

行军路上,听了沙飞的叙述,我才知道他的一生中还曾经有过这样一段鲜为人知的经历:20年代的广东,曾经是中国革命的策源地和中心。国民革命军在1926年7月出师北伐,当时沙飞年方15岁,毅然投笔从戎,参加了国民革命军,担任报务员。国民革命军北伐部队共约十万人,分三路进军:沙飞参加的那支部队究竟属于哪一路,连他自己也说不清楚,那时他还是个孩子。他只记得,自己随部队一起登上海军舰船,从海路到宁波,后来又到过苏州、上海、南京、徐州

第二章 洪 流

等地。推断，他参加的可能正是蒋介石嫡系部队第一军。

自从反"扫荡"以来，晋察冀日报社也像我们一样，把笨重的机器和设备都坚壁起来了，只留下几部轻便的印刷机，继续出版刊登国内、国际电讯稿的小型刊物，供领导机关了解近期的重要情况。他们驻地距我们所在的花塔山口二十几里。我们除通过总机同他们保持电话联系外，每两天还派专人去那里取一次电讯稿。《晋察冀日报》前身是《抗敌报》，沙飞作为《抗敌报》草创时期负责人之一，始终对《晋察冀日报》非常关心，同时他与报社社长兼总编辑邓拓关系很密切。

一天，通讯员把刚刚取回的电讯刊物送到我和沙飞的房间，小声对我们说："报社发行科长告诉我，这两天不要去取电讯了，他们今天晚上就转移。"沙飞点起一支烟，默默地走到军用地图前面，细细地查看着，思索着。我知道，他是在为报社的同志们担心。过了好一会儿，沙飞抬起头来对我说："我在马兰住过，村子旁边是条小山沟，很隐蔽，是个好地方。"话虽这样说，我从他的神色里仍然感到几分不安。当晚九点半钟左右，电话员进来报告说：刚刚接军区电话通报：晋察冀日报社在转移途中与一股日军遭遇，手榴弹和枪声响了二十几分钟，军区要我们加强警戒。沙飞听到这个消息非常着急，命令电话员立刻设法接通晋察冀日报社电话。要在短时间内接通电话几乎是不可能的。根据时间判断，晋察冀日报社肯定是在出发途中与敌人遭遇了，一切都还是未知数，一切都需要等待。对于沙飞来说，这几个小时一定比别人更难捱。他不停地吸着烟，焦急地走动着。大约在凌晨一时，电话终于接通了。沙飞一把抓起听筒，顾不得呼叫对方的代号就大声说："我是沙飞，请老邓听电话。"报社的电话员告诉他：邓拓同志受了伤，正在接受治疗。沙飞又问："丁一岚同志在吗？"对方说："丁一岚现在还没有找到，报社的电话刚刚装好，正在设法联系。"沙飞明白情况比较严重，不宜在电话里多问了，于是便通知对方我们立刻派人去联络，请报社警卫人员做接应准备。沙飞对我说："马兰离花塔山不算远，可以从小路过去。邓拓认识赵烈和赵银德。"整整一夜，沙飞几乎都没有睡，直到第二天赵烈从晋察冀日报社带回了详细的消息，他才松了一口气，知道只是一场虚惊。

长期在深山里坚持反"扫荡"，最大的困难就是解决吃饭问题。花塔山的老百姓生活都很艰难，有时还需要我们从储备的口粮中拿出一些来接济他们。所以

17. "千秋功罪,自有评说"——石少华文章摘选

要在这严寒的冬季继续筹办粮草,是非常困难的,吃菜的问题更是难上加难,由于长期吃不到蔬菜和肉食,许多同志患上了夜盲症,体力也大大下降了。虽然我们采取了不少措施,组织同志们多挖野菜,并且尽量照顾病号,还是无法从根本上解决问题。一天,赵银德和工兵班王英鹤(王友和)班长领来两个身穿八路军军装的人,经询问,才知道他们是抗大分校的侦察员,一位叫萧敬山,一位叫韩伟志。他们原来随部队在河的北岸活动,转移中与大部队失去联络,希望能被暂时收容在画报社,待反"扫荡"结束后再由我们介绍回抗大一分校。我们验证了他们的身份,又考虑到当时正需要有经验的侦察员,于是便留用了他们。萧、韩二位同志上山后,担负了大部分下山侦察和联络工作。据他们报告,由于我们部队和民兵常常在夜间活动,地方政府为了不使我军夜间活动暴露目标,最近正学习冀中的办法,号召老百姓杀狗。当地老乡没有吃狗肉习惯,常常把狗杀掉以后挂在室外冰冻起来。沙飞与我们商量设法买一些狗肉,为同志们补补身体。在我们家乡广东,人们把狗肉叫作"香肉",是过冬的上好补品。沙飞自告奋勇,愿意亲自下厨房烧肉,但商量好,暂时保密,待大家习惯以后,再如实告诉。当晚,管理员随萧、韩下山,买来一些狗肉,随后又给沙飞做帮手,烧了满满两大锅。大家很久不知肉味,每人分到的半碗肉简直胜过了最美的宴席。后来我们才如实告诉大家所食的是狗肉,但早已下肚在胃里消化得一干二净了。不久,同志们也习惯了,尝到了狗肉的香味,以及滋补的好处。过了很久,沙飞亲自烧狗肉的故事仍然在晋察冀画报社传为美谈。

4.

1943年12月7日早晨,军区保卫部吾光文(余光文)部长派人送来一封急信:近来敌军调动频繁,根据各方面情报,敌人扬言要在近期内向花塔山发动"围剿"。为安全起见,军区决定由沙飞率领大部分画报社人员尽快撤离,两天内转移到柏崖村同吾光文会合,随后一起转移到军区驻地,同军区会合。留下的同志继续在花塔山同敌人周旋,保护画报社的印刷机器及器材。

我们认真讨论后决定:沙飞、赵烈率领画报社大部分同志转移去同军区会合,并带上画报社全部底片和资料。为了转移途中的安全,工兵班全体以及青年突击队大部分同志,随沙飞作为负责掩护的战斗力量。为联络方便,电话员带上

第二章 洪 流

电话机随沙飞转移。我和张一川负责留守花塔山，留守人员二十多位，大部分是体力强健的青年同志，还有部分因身体有病，或因有家眷，不便于远距离行军的人员和业务骨干。

那晚，沙飞显得有些伤感，他对我说："困难和危险留给你们了，大队人马转移以后。只剩下你们二十几个同志来对付敌人了，万事都要小心。实在不行时，就尽快与我们联系，军区会想办法支援你们的。"沙飞留下一句让我终生难忘的话："万一我遇到不幸，你一定要坚持下去；如果你遇到不幸，我也会坚持到底的。"

第二天黎明，晋察冀画报社兵分两路，一路跟随沙飞、赵烈向柏崖村转移；我和张一川率领另一路前往第二营地，以便与上庄村地方同志互相接应。

12日天刚蒙蒙亮，王清江领着李志书走进我的房间。李志书是随沙飞一起转移的，我见他呆呆地站在门口，便感到一定出了什么意外，"出了什么事了？沙主任人在哪儿？""他冻伤了脚，被送到主力部队去了。"我连忙接过沙飞写给我的信，匆匆读了一遍。沙飞这封信至今保存在中国摄影家协会。令人遗憾的是后来在"文化大革命"中，不知怎么丢掉了最后一页，那页只有少数几个字和沙飞签名。如果那一页不丢掉，仅因为沙飞的签名也许就会使这封信被烧掉的。也许当时有人出于好心，悄悄把那一页拿走了。这封信原文如下：

1943年12月沙飞写给石少华的信（1~10页）

17. "千秋功罪，自有评说"——石少华文章摘选

石少华同志：

对于在四面敌人包围中的后方工作同志坚决坚持阵地的你们，我谨先致以无限崇高的敬礼和亲切的慰问。我在离别你们之后，时时刻刻记念着你们，并祝你们的胜利。

我们别后即转移到老虎倾山上休息。下午过河西台到柏崖宿营。赵烈当天到下庄到区公所联系搜集材料，黄昏回来，韩侦察上庄马兰以南以西以东情况，晚上回来，亦经河西台。是夜派出萧及史振才去河西台赤马坞侦察。半夜531吾部长他们因白天在华山附近被敌三面包围，乃分二路突围，他自己这部分转到我们驻村。剧社到小水峪沟。不意敌尾追他们至天黎明，四面包围。枪一打大家发觉才突围，队伍不好掌握了。我出村不远鬼子即追上，在我旁边捉去一背枪的战士，我们即乘机飞跑上大山。四箱底片，赵银德背出两箱，经历千辛万险，终能安存。我自己背了两箱，后因我估体力不胜，乃着李明背走，后李明又将之坚壁，现人、物皆未找到。

我是在敌后边追击，二翼侧射飞跃过一个五里多高的雪山，突围出来的。一出门不久，鞋子即脱了脚，落在小溪上，鬼子又追上来，乃光了脚而爬山了。到将要到山顶时，左右二侧追击之敌飞快抢占山头。我见形势太危，乃掌握一班长王英鹤及韩伟昌二人坚决抵抗掩护我越过山那边去，他们即坚决执行命令，打击敌人。我即乘机越山岭。越过后，敌二面侧击，打了几枪，我即滚在雪山的阴坡下的崖边。然后跑十几里路就到了离东西下关南之大慈沟，不远的山上找到我们十几个人。不意下关敌人到大慈沟烧房。晚上我们到田家沟吃饭，离下关之敌三四里，村中恐慌，我乃打发老韩负责，带领十余人到柏崖附近打扫战场，曲治全就把我坚壁在大山上的石洞里。翌日在洞中果见敌来搜此村，相距不过半里，清楚极了，但地形好，敌未发现，下午就走了。以后我又经二夜，人背爬过大雪山，然后又坐担架到四连来休养，因冷了脚，已至第三期，有废残危险，需要一些日子才能恢复，现请院长设法在医药上予以解决。我是相信一定可以克服危机的，一切都是有希望的，我的内心是非常愉快。我们阵亡者计有：陆续、孙湮、张梦华、何重生。赵烈未得消息。萧、韩已再度带队，在战场附近收容，处理善后矣。

我的父亲沙飞
My **Father** H.Szeto

第二章 洪流

  未知是否有些人已回老家，如有是何人，你们后方情形如何？各人平安否？甚念，希是告。

  现吾部长得军区指示敌人已全部退出，我各部已开始集中整理，但需预防敌反回来骚扰一顿，警觉性仍要提高。我看过几天，伤如有好转，能详知治疗办法即回队，一面休养，一面工作了。现在四连休养者计有王英鹤、杨瑞生、赵银德在此，照顾不成问题。大背麦子如敌未搜去，请给我们送些来罢。如有便人送信来时，电话可架起来与各方联系情况。李志书在上庄附近草堆石缝中坚壁了……（此信最后一页遗失，记得只有"此致革命敬礼 沙飞 一九四三年十二月十一日"。）

  同志们在掩埋赵烈的遗体时，从他的衣袋里找到了一个日记本。

  陆续原是北平的大学生，有亲属在海外，日军占领北平以后的几年里，他感受到作为亡国奴的痛苦，决心投身革命。就在这次反"扫荡"前不久，他和未婚妻一起来到了晋察冀，未婚妻被分配到边区政府，他分配到画报社。陆续性格内向，为人热心，但不爱讲话，就连他未婚妻在边区政府工作的事，也只是向赵烈透露了一句，而从未讲过详情。就这样，他自从来画报社报到便始终没有再见过未婚妻的面，以至反"扫荡"结束以后，我们谁也不知道他的未婚妻究竟是哪一位，没能给予她应有的安慰。另外还考虑到，她当时还很年轻，如果通过组织去寻找她，必然惊动很大，这样做不大适宜，所以只在报纸上刊登了陆续牺牲的消息。40年后才听说，陆续的未婚妻得到他已经牺牲的消息时非常难过，几十年来一直怀念着他。直到1987年秋天，我们在阜平为1943年在反"扫荡"斗争中牺牲的同志们竖立纪念碑，她虽然已经到了离休的年龄，仍主动以"陆续亲属"的身份和同志们一道，从北京赶到阜平参加仪式。她真挚的感情和行动，受到同志们无比尊敬。

  军区配备给我们的工兵班，在这次突围战斗中立下了大功，令人永远难忘。起初大家以为工兵班的战士全部牺牲了，后来萧、韩两位侦察员去战场清理同志们的遗物，突然发现满身是血的王英鹤（王友和）班长动了一下，过去一摸，好像还有一丝微弱的呼吸！他们连忙叫来担架，把王班长送回村子里抢救。王班长身体健壮。亲手用刺刀刺倒了好几个日军，后来他被刺倒在地上昏迷过去，敌人还在他身上刺了几刀。尽管这样，经过乡亲们精心照料，他终于苏醒过来，成

17. "千秋功罪，自有评说" —— 石少华文章摘选

为画报社的12位工兵战士中唯一幸存者。（柏崖惨案中，余光文部长的妻子张立牺牲，她几个月的儿子及一个老乡的孩子，被日本鬼子扔到开水锅煮死），在反"扫荡"结束后，沙飞得知这件事，非常感慨地对我说："关于孩子，在抗日战场上有两件类似而又截然相反的事情，一件是在百团大战中，聂荣臻司令员亲自照顾并且送还了被我军救出的日本小女孩。另一件就是这一次，日军凶残可见一斑。这是正义战争和非正义战争的鲜明对照。"

5.

电话员来报告，电话已安装好，曾同指挥部、军区联系过，总机说，各单位都在行军转移之中，没法联系上。我请电话员给我接晋察冀日报社社长邓拓。电话接通后。邓拓非常关心画报社和沙飞负伤后的情况，我一一告诉了他，他很高兴。我问晋察冀日报社和他的情况，他说：他的伤（摔伤）已痊愈，晋察冀日报社在反"扫荡"中也牺牲了几位同志，有的是在上次同敌人遭遇时牺牲的，有的是在反"扫荡"斗争中进行采访时，不幸牺牲。另外还有几位负了伤。所幸的是主力和设备基本上没有重大损失，工作可以照常进行。日内他们也要转移，以便恢复正常工作。我们在电话里相互叮嘱：化悲痛为力量，待转移到新驻地后，再联系。

第二天上午，杨四喜领来军区两位骑兵通讯员，交给我一封军区政治部主任朱良才亲笔急信。通讯员说，这是军区转移前交给他们的信件，要求日夜兼程把信当面交给你。信是密封的，信封盖着"急密件"印记。信大致内容：反"扫荡"已胜利结束，北岳区境内敌人已全部撤退，军区机关将驻扎在城南庄，晋察冀画报社驻地是洞子沟，距城南庄东北方向约十华里。要求我在接信后三天内，率画报社赶到洞子沟，同时要运去主要印刷设备和器材，以便尽快出版下一期画报。信中叮嘱我路过城南庄时，前去见他，有工作和情况待见面时再详细说。

我查看一下军事地图，军区白求恩和平医院新驻地就在洞子沟沟口，离我们新驻地很近，可以说是邻居了。我给大家宣读了朱良才来信，并研究了具体行动方案。我回房间，赶快写两封信，一封给朱良才，一封给沙飞。

程管理员领着先遣小组前来告别，我吩咐他多带些麦子给沙飞，我把信和身上存的零用钱交给他，请他代买几只鸡，交赵银德给沙飞炖鸡汤喝。两位骑兵通讯员前来告别，我请他们把信交朱良才主任。

我的父亲沙飞
My **Father** H.Szeto

第二章 洪 流

　　朱主任的办公室在城南庄中心的一座院子里。朱良才同志看上去有些衰弱。我向他行了军礼，走过去握住他的手。他微笑着问道："画报社突围的同志们都归队了吗？"我说："到昨天下午已经全部归队。这次反'扫荡'画报社牺牲7（9）位同志，工兵班牺牲10（11）位（作者注：当年保护画报社的工兵班11名战士牺牲，仅韩栓仓一人留下了名字）。大队人马可以在今天下午五时前后到达洞子沟，剩下小部分同志和设备大约在后天下午可以前来会合。"朱主任说："画报社的同志们表现得非常出色，在艰苦的战争环境中，牺牲是难免的，但是我们的画报社并没有被摧毁，我们的同志并没有垮！你们现在的任务，就是不辜负牺牲的同志，在最短的时间内恢复画报的出版，给敌人有力的回击，让全国、全世界都看到晋察冀反'扫荡'的真实情况。有困难吗？""没有困难。我们已经在组织力量编印一期反映反'扫荡'胜利的画刊，一定在最短时间内出版。""好！这才是对敌人最有力的回击！"朱主任又同我谈到沙飞的伤势，他已经把一切报告给聂司令员，并通知卫生部千方百计地提供最好的医疗条件和药品，一定想办法把沙飞的脚保存下来。他叮嘱我去和平医院看看沙飞并替他表示问候，让沙飞不要急于出院工作，安心治疗。

　　当天下午，我到白求恩国际和平医院，这距我们画报社未来驻地隔了一座小山，大约有三华里路程。我首先找到殷希明（殷希彭）和黄钢（王钢）两位同志，殷希明是医院院长，黄钢是著名医生，他们说："沙飞入院时冻伤非常严重，军区首长来过电话询问，要求配合最好的技术力量和药品；军区卫生部还专门派人送来急需的特效药。现在，沙飞的脚伤已由黑色渐渐转红，他本人精神状态也很好，非常乐观。但是由于冻伤面积大，而且没能及时得到治疗，所以暂时还不能定最后的结果。"对沙飞这位出色的摄影家来说，谁都可以想象出截肢意味着什么。如果他失去一条腿，就等于让外科医生失去一只手，那就难以再施展自己的本领了。我向殷希明和黄钢同志谈了我的想法，又转达了朱良才主任的话，他们都安慰我说："请你放心，我们一定会尽量想办法的。现在我们成邻居，你可以常来看看他。沙飞很重感情，常常谈及你，只要他心情愉快，不失信心，治疗成功的希望就增加了一半！"他们陪我到沙飞的病房。为了保证沙飞的休息和治疗，医院给他单独安排一间屋子，赵银德在门口临时支起一张床，陪伴和照顾着他。沙飞正半躺在床上看书，见我走进去便一把将书扔到身旁，紧紧抓住我的手，握

我的父亲沙飞
My Father H.Szeto

17. "千秋功罪，自有评说" —— 石少华文章摘选

了很久很久。我向他汇报了画报社的情况，告诉他除伤亡者外全体同志都已归队，机器设备也没有什么损失，很快就能运到新驻地安装。沙飞兴奋地冲赵银德叫了起来："怎么样，小鬼！我全都猜对了吧！"

我把朱良才主任的问候和刚才同两位医生谈到

沙飞在阜平碳灰铺和平医院养伤，石少华（左）、罗光达前来探望。
1944.2. 赵银德摄

的情况都告诉了他。我说，治疗工作还算顺利，我看好好休养一下也是必要的。画报社工作你可以放心，新驻地离这儿只有三里路，万一有事我们随时都可以来联系。沙飞点了点头，"我不是不放心，是想早一点回去工作。反'扫荡'牺牲了那么多同志，我不能对不起他们啊！"听他这么说，我和赵银德都沉默了。这时，黄钢医生推门进来，他是来陪我去看望画报社其他伤员的，我便同沙飞告别。"你等等"，沙飞突然又叫住我，从病床边的小柜子里取出那只马蹄表，"这个你拿去用吧，旧了一点，不过走得还准，反正我现在也用不着。"我知道沙飞也只有这么一块表，而且非常爱惜，说什么也没要；隔了几天，他还是让通讯员把马蹄表给我送到了驻地。

告别了沙飞，黄钢陪我去看望王英鹤和杨瑞生。杨瑞生伤势较轻，子弹只是穿过皮肉，没伤到骨头，再过几天就可以出院归队了。王英鹤身上、面部被刺伤多处，入院时一直昏迷不醒；好在没有伤着要害部位，再加上他身体健壮，伤口恢复得比较快，现在已经脱离危险。

晋察冀军区在各军分区和部分主力团都设立了摄影组和摄影干事，形成了摄影网，所以这一次除去我们派下去采访的记者之外，各军分区和主力团都拍摄了大量照片，派人送来。经过编辑部汇总编选后，章文龙、赵启贤给我送来了以反"扫荡"为主题的画刊和画报的版面。沙飞见我们这么快就送来编好的稿件，喜出望外；沙飞很明白，这件事本身，反映了画报社同志们的精神面貌，在困难面前是勇往直前的。他高兴地细心翻着一页页版面和照片，连连点头说："嗯，好，

我的父亲沙飞
My Father H.Szeto

第二章 洪流

好！"他边说边在几处文字上做了一些改动后说，"编得好，我同意发稿。"潘自力部长、李荒副部长、邱岗科长都看了这期画报的稿件，感到很满意，朱良才看过稿件十分高兴。

反"扫荡"后的第一张画刊、画报终于在敌人撤走不久问世了。画报通过各种渠道发行到延安、重庆、昆明和海外，同时也秘密地送进了北平、天津、保定、石家庄和上海等敌占区，在各个解放区流传得更为广泛。这期画刊、画报的迅速发行，使敌人的种种宣传不攻自破，引起国内外很大反响。

过几天，我再去看望沙飞，军区宣传部李荒副部长正同沙飞闲谈。李荒是东北人，抗战前在北平大学上学，参加过学生运动；他为人正派，文化水平很高，对摄影事业非常关心。

我和沙飞谈起他的伤情，院长和主治医生目前都很乐观，认为你的冻伤正在迅速好转，再经过一段时间的休养和治疗，腿部功能是可以恢复的。沙飞说："这就叫天生我材必有用，要是光能读万卷书不能行万里路，还搞什么摄影？"在他受伤和治疗期间，沙飞始终是这样充满着信心，这对于治疗工作的最终成功，确实起到了相当重要的作用。提到杨瑞生，沙飞说："突围的时候他离何重生只有几步远，亲眼看到何重生倒在敌人的枪弹之下。这些日子他很难过，总是憋着一股劲。我建议他接替何重生的岗位，我相信他一定能干好。"

潘自力部长打来电话，说是沙飞起草的那两份报告都已经看过，并转送朱良才主任。关于画报发行问题，潘部长和朱主任都很重视。他们知道仅靠画报社来发行是十分困难的，所以分别同军区司令部参谋处及城工部、敌工部取得联系，准备分几条渠道同时发行。

程管理员告诉我：因为画报社有许多工作要到外面去跑，军区认为警卫员的装备要好一些，特意发了两支"盒子炮"，让沙飞和你的警卫员使用；另外还送来五支马枪、十支步枪和两箱子弹。管理员还告诉我：管理处为照顾沙飞的伤，准备把他的马换成骡子，骑起来更稳当一些。

经过医生精心治疗，沙飞的伤口最近愈合得很快。黄钢医生请示医院领导，终于允许沙飞在一个星期后出院。但是他一再嘱咐我：出院后暂不能让沙飞随便走动，他定期来画报社给沙飞换药和复查。为了能让沙飞得到比较好的护理，我们决定让画报社卫生员先到和平医院学习几天，待沙飞出院时再一同回来。这个好消息不得不暂时保密,因为万一传到沙飞耳朵里。他恐怕连这最后一个星期也不肯等了。

我到潘自力部长那里汇报工作。首先谈到沙飞近况,他的冻伤目前已基本愈合,只是暂时仍不能走路,他坚持要回到画报社边工作边休养,医院方面也同意了。我们准备最近就接他出院。潘自力赞成这个安排,他说:"沙飞是闲不住的,我了解他,回到画报社对他是个安慰,也许反而会有好处。"他嘱咐我一定安排好沙飞回社后的工作和生活,确保他身体迅速复原。

第二天清晨,我们为沙飞做好安排,把他从医院接回到画报社。医院的木匠专门为沙飞做了一副担架。驻地村公所还派来四个民工,帮着抬担架。沙飞卧在担架上,还像过去那样满不在乎地开着玩笑:"我这腿没冻掉,反倒衣锦还乡了啊!"

程管理员在我们那间屋里为沙飞重搭了一张木板床,担架可以直接放上去,十分方便。画报社的木匠又按照担架的宽度,做了一张小折叠桌,这样沙飞就可以坐在担架上批阅文件了。沙飞见大家都替他忙来忙去的,心里感到很不安,总是有点抱怨地说:"你们要是再这么搞,我可就回医院去啦!"当然,他是不会回医院去的,只要同画报社在一起,他就比什么都高兴。

6.

这段时间,沙飞的个人生活也发生了意想不到的变化。这些事情沙飞不大愿意公开,但是从他那副喜滋滋的神态里,我们已经体会出某种特殊的含义。

沙飞喜欢热闹,自从他回来以后,不断有人来看望他:邱岗、高天辉是头一批客人,接着又来了夏兰、周游……一天,师容之匆匆前来,说是他很快就要随主力部队去延安了。师容之与沙飞很熟,也谈得来,沙飞颇有点神秘地交给师容之一封信,师容之微笑着说:"放心吧,不管多么难,我也会尽力而为的。"说

沙飞、石少华在神仙山脚下。1944年秋

我的父亲沙飞
My **Father** H.Szeto

第二章 洪流

沙飞、石少华在阜平坊里。1945.6. 顾棣摄

左起：沙飞、王辉、石少华、张致平、李建玄。1945.7. 河北阜平坊里。顾棣摄

完还冲我挤了挤眼睛。我没有多问，但是分明已经感觉到，那封信一定是沙飞转给爱人的。我不禁暗暗为他感到高兴。沙飞夫妇的离异，经历过那么多传奇般的曲折；而这封寻求团圆的鸿书，竟也同样是千回百转，直到那一年的秋天，才度尽劫波，换来了回音。

在革命战争年代里，许多夫妇为了党的工作付出过巨大的代价，甚至牺牲他们最珍贵的感情。沙飞与王辉的悲欢离合，就是一个典型的例子。当时同她在重庆八路军办事处一起工作的张剑虹曾应我之邀，写下一些片断的回忆：

"王大姐经管财政会计工作，做得很出色。主要是她有一颗忠诚于党的事业的心，对同志具有深厚的革命感情。为此，她博得了党的领导和年轻同志的信任和爱戴，都称她是一位兢兢业业、吃苦耐劳的优秀党员。她有许多令人难忘的事迹。

"她对财政开支把关甚严。河水、井水，泾渭分明。不该开支的，她绝不通融一文钱。记得我们红岩村的同志每年要发一次服装费，因为我们外出做统战工作，要着装整齐，特别是年轻的女同志，还要穿得颜色鲜艳，样式时髦。有的同志爱漂亮，做的衣服超过了服装费的限额。王大姐就绝不允许报销超支款项。例如：妇女组的一位同志打破了每人两件衣服的规定，做了三件旗袍，她把报销单拿到王大姐面前，王大姐按照规定未予报销。后来周恩来同志批评了那位同志。最后王大姐只按规定给她报销了两件旗袍的费用。还有外事组和军事组的两位同志，领了出差活动费，拖拖沓沓老不报销。王大姐先是劝他们快些结账，当他们不以为然时，便铁面无私地执行财政纪律，不准他们另外借款。最后这两位同志

17. "千秋功罪,自有评说"——石少华文章摘选

只好服从纪律,按月报销自己的活动费。

"那时候,南方局书记周恩来同志和南方局委员邓颖超同志生活非常简朴,真是我们的学习榜样。有一回,邓颖超同志找王大姐要了一块碎布给周恩来同志补西装的裤子。王辉同志对这一件事很动情。后来周恩来同志的副官及周公馆的一些同志也知道了这件事,大家想到周恩来同志工作很辛苦,而且还要和国民党上层人物以及外国客人打交道,如果穿得太寒酸有点说不过去。于是大家偷偷量了周恩来同志那条西装裤的尺寸,重新为他做了一条。裤子做好了,却没有人敢送去。后来周恩同志知道了这件事,把这些同志批评了一顿,要大家在生活上经常和延安的同志们相比,保持艰苦朴素的优良作风。

"王大姐坚持秉公办事有了名,党叫干啥就干啥,从不计较个人的得失。王大姐对革命的忠诚,不仅红岩村的同志一致称赞,就是住在曾家岩的南方局最高领导同志对她也很信任。有一回王大姐生病了,党组织为了她得到治疗的方便,让她住在城内曾家岩50号。这里是周恩来同志的寓所,是他担任国民政府军委政治部副部长,用以开展工作的场所——周公馆。当时周恩来和邓颖超同志常常在红岩村办公,那里对外称第十八集团军办事处,其实也是中共中央南方局的驻地。他们回红岩村的时候,曾家岩的房子就由王大姐看守。并掌管保险柜的钥匙,以防意外。

"王大姐在红岩村,和我们这些小姑娘的关系很密切。我那时十几岁。王大姐年龄居长。她早年参加革命工作,在八路军办事处又是一个方面的负责人,但她没有架子,为人谦虚、诚恳。我是很喜欢她这样的为人的。当然,有这种想法的人并不止我一个。有时她关心我们,说些真情话,例如:找对象要慎重啊,不要光是唱歌唱个没完啊,我的幼稚的回答往往逗得她发笑。她有时也对我谈心。我奇怪她那样大年纪,大约30来岁了,为什么没有丈夫?我不敢问她。有一回她对我讲了她的故事,但她并没说过'沙飞'这个名字。她说:她爱人是在抗战之初同她分别的,说是两人都是为了革命工作才分开的。她承认她对沙飞理解不够,她认为他有摄影才华,但生活太散漫了,和他在一起会影响她担任党的交通站的秘密工作。况且王大姐当时还要搞上层统战工作以及组织女工识字班等等。她承认他俩感情并未破裂,但是分开了,这是充满遗憾的分离。我那时不懂事,总是说:'大姐个性太强了!何苦哩?'王大姐只知道爱人在解放区,在何处则不大清楚。到重庆工作以后,她在《晋察冀画报》上看到沙飞的名字,才完全放心了。

我的父亲沙飞
My Father H.Szeto

第二章 洪 流

"1944年,我们一批青年去延安中央党校三部学习,王大姐也和我们在一道。比起我们这些人,她的心中更多了一层欣喜,因为到了延安就有可能找到沙飞。她是怀着这样的心情前往延安的。"

(在延安)聂司令员也从大力(沙飞长子)口中知道王辉和两个孩子的情况,当然非常高兴。但是为了慎重,还是按照周恩来的意见,立即起草了一封电报,发往晋察冀。

朱良才和潘自力接到电报,都感到非常高兴。他们当天便把沙飞找来,征求他本人的意见。汕头一别,毕竟已经过去了8年;沙飞拿着那薄薄的一纸电文,顿时百感交集,竟不敢相信那是真的。看见他那副样子,朱良才和潘自力都忍不住笑了。朱主任拍了拍沙飞的肩膀,诙谐地说:"这种事情我们不好包办代替。咱们还是分一分工吧?关于你的情况由我们电复延安,不过你本人究竟欢迎不欢迎妻子和孩子,就只能由你来答复了,你看怎么样?过一段时候我也要去延安。"沙飞默默地点点头。随手拿过一张纸,习惯地写下"秀荔"两个字。但是他很快又把这两个字划掉了,略微思索了一下重新写出这样几行字:"王辉:我真心实意地欢迎你和孩子到晋察冀来,诚挚地等候你们。沙飞"朱主任和潘部长看了沙飞写好的电文,微笑着连连称赞:"好啊,到底是不同凡响啊,言简情深。"沙飞平日也是最爱开玩笑的,然而此刻却笨拙得连话也说不出来了。

1945年7月初的一天,潘自力在电话中告诉我,从延安到晋察冀的干部队伍已经顺利地越过同蒲铁路,今晚便可抵达二分区,稍事休整后,将于后天下午到达军区驻地,队伍中有沙飞的妻子王辉。因此我们必须为他们的团圆做好准备。我同潘自力商量了一下,认为沙飞与王辉应当算是久别夫妻的重逢,不存在复婚的问题,所以一切工作应按照这样的精神来安排。潘部长同意这种想法,并且说朱良才也有同样的意思。

潘部长要我最后征求一下沙飞的意见,于是我直截了当地把王辉即将抵达的消息告诉他,并且一本正经地问道:"我们认为你和王辉是夫妻重逢,不属于复婚或者再婚,你同意吗?"沙飞的脸唰地一下红到了脖子根,笑着点了点头。我又说:"接待工作你就不要参与了,利用这两天的时间养养精神,洗洗衣服。再加上理发、刮胡子,你看好不好?"沙飞还是不说话,只是一个劲儿地笑。他这个人,如果谈到工作、谈到别人,总会妙趣横生,而一旦谈到自己的私事,却又腼腆得

17. "千秋功罪，自有评说" —— 石少华文章摘选

像个大姑娘。

我把裴植、张一川、程管理员和新上任的指导员张致平等同志召集到一起，简单商量了一下，决定把社部的房子腾出来。我和电话员、通讯员统统搬到印刷厂拨出的两间房子里去。张致平的丈夫周郁文已调往冀热辽画报社担任摄影记者。由于那里环境比较残酷，所以暂时把她留在晋察冀画报社，负责政治思想工作。这一次我们决定由她负责接待王辉；女同志在一起，总是方便些。

在战争年代，服装、被褥都是由部队统一发放的，大都是单人使用的，所以要完成全部的团圆"仪式"，还必须特制一套双人用的被褥。程管理员找来材料，又物色了几个善做针线的女同志，整个画报社顿时热闹起来。沙飞平时最怕刮胡子，蓄下的胡子又长又硬，但是这一次只好老老实实地坐了下来，听凭画报社的一群小伙子拿他的胡子开心。

第二天上午，军区政治部通知我们：王辉快要到达军区驻地了。当时沙飞已经可以行走，而且在他负伤后我们把他的马换成了一匹健壮的骡子，骑上去非常平稳，所以我们都劝他亲自去迎接，沙飞默默地笑了笑，于是几个年轻人不由分说地将他扶上骡子，由警卫员陪着，到军区去了。

沙飞夫妇抵达画报社后，大家都很高兴。为了庆祝团圆，程管理员准备了一桌简单、实惠的便宴，还弄来一点当地产的枣酒。大家入座以后，又要我致几句欢迎词，我讲得非常简单，在这样一对历经坎坷的革命夫妻面前，任何语言都是微不足道的。

王辉在八路军驻桂林办事处时，就开始搞财务工作，已经有了相当的经验；而我们画报社目前家大业大，正需要这样一个人。因此我们向上级汇报了这一想法，准备在征求王辉本人的意见之后再做最后决定。

第二天中午，我和张致平一起去看望沙飞、王辉夫妇。进门后看见沙飞、王辉情绪都特别好，室内很简朴，但打扫得非常整齐，我心里想，看来一切都顺利了。相互交谈了片刻，我们就告别了。

两天以后，上级批准了我们的建议，正式任命王辉主管画报社的财务工作。在王辉担任这一职务的日子里，她为画报社建立了严格的财务制度，与沙飞共同做出了种种表率，从而受到画报社全体同志的敬重。日本投降以后，王辉同沙飞一起去张家口进行接收工作，后来又调往晋察冀边区银行。

第二章 洪 流

7.

随着抗战形势的发展,中央决定把冀东区扩大为冀热辽抗日根据地。

罗光达从边区出版社调回晋察冀画报社时间不长,他的未婚妻吕红英又在画报社印刷厂工作,沙飞主张让他们完婚之后再去新区。罗光达同意沙飞的想法,拟成婚后先带几位摄影记者、印刷工人和一批器材去冀热辽,待新区巩固以后,再来接吕红英。

罗光达的婚礼举行得很隆重。记得当时沙飞的伤情还未完全恢复,扶着拐杖为他们做主婚人。当晚,管理员安排了一次会餐,让大家放开肚皮吃了一顿。罗光达性情随和,许多年轻人都爱同他开玩笑。婚礼以后,竟有两个印刷厂的小青年,藏在了新房的床底下,天亮前抱走了新婚夫妇的全部衣物,逼得罗光达不得不答应了不少苛刻条件,最后还是裴植出面作保,才为他们解了围。

这对夫妇成家不久,就当上了牛郎织女。罗光达开了一份名单,希望把齐观山、周郁文、张进学、刘博芳带到冀热辽去协助工作,我们都同意了。沙飞还提出:宁愿我们自己暂时困难些,暂时用晋察冀画报社冀热辽分社名义,条件比较成熟时,改为独立的冀热辽画报社。

1944年冬天,孟庆彪从冀中军区来到晋察冀画报社,带来流萤送来的一批底片和黄树才(冀中军区副政委兼政治部主任)的一封信,是写给沙飞和我的,大意是:目前地道战已在冀中平原广泛开展,取得了很大战绩;为了反映和报道根据地抗日军民的这一创举,军区希望画报社能从沙飞和我当中抽出一位,亲自去冀中采访,同时也对冀中摄影人员的有关工作进行指导,以便把这方面的照片拍好。

在我去冀中的这段时间里,晋察冀军区和主力团挑选来参加第五期摄影训练队的同志已经陆续报到。我回画报社后,由于我在冀中办过四期训练班,沙飞要我来负责这一工作,我同意了,但是要求沙飞准备一次讲话,以他的亲身经历来引导和鼓舞学员们。沙飞忍不住笑道:"我放不过你,你也放不过我?好吧,一言为定!"沙飞历来文思敏捷,没写什么讲稿,却能够有声有色,侃侃而谈,他从自己的经历讲到摄影工作对于革命事业的重要意义,从晋察冀画报的宗旨讲到艺术摄影与新闻摄影的关系。学员们立刻被他那独特的讲话吸引

我的父亲 沙飞
My Father H.Szeto

17. "千秋功罪，自有评说"——石少华文章摘选

住了。

在这段时间里，罗光达等已在冀热辽地区初步展开了工作，原晋察冀军区政治部宣传部李荒副部长给了他们很大的支持。6月10日，沙飞写信给罗光达，谈及筹建冀热辽画报社等问题。信写好之后，沙飞请我过目，并要我签字联名发出。战争年代资料极为宝贵，保存不多，现全文附后。（作者注：此信罗光达及家人一直保存。）

  光达同志——亲爱的老战友：

  握别一年了，祝你健康和胜利。

  2月底，接到你们1月14日的来信及关于新闻摄影研究的稿子。当时曾有二信给你，后来天辉同志走时也带了一个短信，谅已收到了吧？

  抱歉的是关于研究摄影的参考材料，一直到今天还没写出来，致使工作受到损失。这一点我已反省到了，并决心在最近写出一些东西来，提供大家参考。

  最近接到来电，我们同意你们改为独立的冀热辽画报社，已回电了。今后仍继续互相援助，无论在稿件上或在器材人员上，我们都可以给你们尽力帮助的。现寄来画报八期三本，月刊二十份、放大照片一份、参考材料一份、重庆联合画报一份，请查收，并希望多提批评意见。

  关于技术人员待遇问题，此间分局正统一规定，重工业最高九十斤，轻工业八十斤小米，这是除了每日粮票、菜金以外的，望注意加强对技术工人的政治教育和团结工作，在生活上予以适当照顾也是需要的。你们应一边办摄影训练班，大批培养摄影员，准备反攻力量。我们去冬曾有电示你们可以单独办，而我们这里则培养冀中、冀察、冀晋的摄影员，每团、支队、区队都必须一个。办时首先应看重政治教育、军事文化，但技术上尤为重要的是距离准确、曝光、暗室工作都必须认真刻苦地每天练习，检查发动大家监督测验教学，可采取群众路线去检讨，以免将来下去工作收不到好成绩，使工作受损失。摄影器材宜大量购买，妥密保存胶卷，尤为重要，东京炸后，胶卷供给将成大问题，这是最主要的工作，切不可放松丝毫。

  其次从城市找暗室制版印刷的技术工人也是非常重要的，器材比较好

我的父亲沙飞
My Father H.Szeto

第二章 洪流

买,但应派出可靠而得力的人与平津联系。据说去一老太婆既无钱又无胆量,使工作受损失是不对的。

去年博方同志提出的制版药方滤清漫淀物是很好用的,我们已不用沃度剂了。

博方同志在途中及到冀东初期因环境艰苦紧张及领导照顾有些不周到之处,提出辞职、闹意见、消极,这都是不对的。在最艰苦环境中可以考验每一个人对工作的忠诚程度。这问题我意见你应把具体情况报告政治部。一方面加强思想领导改造他的思想意识,另一方面可把对技术工人的照顾更多地照顾之,耐心的教育是必要的。

你们如情况紧张可采用地下室工作方法,地道战是必需的,应学习冀中斗争经验。

望经常来信,不多写了。

致

布礼

沙飞　石少华（1945年）6月10日

（第一张信纸顶端注有:制版网目已交交通寄去两块。）

8.

1944年7月,以大卫·巴雷特上校为团长的美军延安观察团从重庆飞抵延安。1944年冬天,大卫·巴雷特派出以杜伦上尉为首的美军观察组,到晋察冀敌后抗日根据地进行调查研究工作。该观察组到不久,便要求去冀中平原。他们认为,冀中平原是重要的战略地区,在那里建立抗日根据地是很难想象的。所以,杜伦上尉准备亲自前往,其他人员则继续留在北岳区考察。军区立即请示延安,中央同意了这一计划,由于我对冀中的情况比较熟悉,军区决定让我陪同去冀中考察。

董越干领导的对外联络办公室属边区政府和晋察冀军区双重领导,兼管着整个晋察冀边区军、政两方面的外事工作。晋察冀画报社距离联络办公室所在地20多里。他召集我和担任翻译的马振武和负责保卫的同志开了个简单的会,对此行做了具体安排。

17. "千秋功罪,自有评说"——石少华文章摘选

开完会回到画报社时,已是深夜,沙飞仍在等我。他询问有关情况,同我交换了意见,然后取出一个布包放在我手上。那是一件黑色的毛衣,在当时是相当稀罕的。"你这次任务艰巨,少不了吃些苦头。"沙飞认真地说,"带着路上穿吧。""这么好的毛衣,从哪儿弄来的?""和平医院续大夫织的,本来要送给她丈夫唐延杰,我向她说明了情况,她就干脆送给了我。"我很感动,心里非常清楚,在敌人后方,这件毛衣所包含的价值和战友之间的深情厚谊。何况这次出去,免不了摸爬滚打,钻地洞,也许还会遇到意外。我实在不能接受这件厚礼,可是望见沙飞那庄重的神情,又不忍拒绝他。沙飞看出我的意思,转而一笑说:"接待外国人嘛,也别穿得太寒酸了。回头我托王秉中在北平买一件。还给续大夫就是了。"

我从冀中回来后,沙飞对我说:"你五下白洋淀,又钻了那么多地道,但是能拍回这些照片,所有的艰难困苦都值得了。"他认真地挑出一张我为杜伦在地道中抢拍的照片,后来又对在白洋淀拍摄的一组照片,从用光、构图、层次和人物神态等各方面评论起来。

提起到基层拍照,沙飞还有过一个令人笑破肚皮的故事。在一次战斗胜利后,他亲自跑到作战部队去拍摄庆功大会的场面。当时天色已晚,要用闪光灯才行。闪光灯非常简陋,镁光粉被点燃的瞬间"嚓"的一声,周围突然一亮,接着便烟气弥漫。当时的农村老百姓从未见过。结果,沙飞刚拍了一张照片,便有一位民兵以为是敌人搞破坏,立刻高喊"抓特务",其他人也跟着喊起来。沙飞没有经历过这种事,眼看民兵和群众向自己冲来,一着急竟背起相机就跑。他知道,只靠自己的一张嘴是无论如何也解释不清的,唯一的办法就是先把照相机保护好。可惜他一个人势单力薄,终于被人们追到一条道沟里抓住。就在这时,部队保卫干事也赶到了,他一见是沙飞,连忙大喊:"快放手,这是军区的沙科长!"后来沙飞曾对画报社的同志谈及此事,一阵大笑,并嘱咐大家每到一处都要做好群众工作,免得由于意外事故而误事。

我同沙飞一起结束了摄影训练队的工作以后,不久便接到了新的任务:延安要求我们拍摄一些天津近郊,特别是渤海地区的照片,反映我抗日军民在那里的活动。最后决定还是由我去完成任务。沙飞亲自从印刷厂挑选了纪志成担任我的警卫员,还让赵银德和白连生天天教他枪法和警卫员条例,以备万一。

我的父亲**沙飞**
My Father H.Szeto

第二章 洪流

9.

1945年8月14日中午，突然听见爆竹声四起。"日本无条件投降啦！"

沙飞刚刚接到军区电话：我军正向张家口挺进，军区要我立刻赶上部队，去拍摄解放张家口的场面。沙飞还嘱咐我一定尽快征得进驻部队支持，迅速接管张家口适合印刷画报的印刷厂及有关设备。

郭天民司令员看到解放张家口的照片以后，专门让我到他的办公室，谈晋察冀画报社工作、需要和今后的打算。他非常希望我们的画报能够尽快在张家口继续出版。大约是在张家口解放的第三天，张副主任用车把我接到张家口最繁华大街的一座二层楼房前，问我能否以这座楼房作为画报社办公地点。他见我没有答话，连忙又说："旁边那座三层的楼房地基很结实，大概可以安排你们的印刷厂，后边还有一大排房子，以后可以当作宿舍。怎么样，我还不算小气吧？""当然不算小气，"我忍不住笑了，"不过光有房子我可印不出画报啊。""实话告诉你吧，郭司令员早有交代，张家口的敌伪物资任你挑，只要画报社用得着，保证优先调拨。"张家口作为日伪的蒙疆自治区首府，日军在这里的物资积存很丰富，印刷器材也是如此。其中还有两部印刷钞票的高级印刷机，这种机器印刷画报是极好的了。

又过了两天，接到沙飞来电，他正率领晋察冀画报社的同志们，日内启程到张家口。我们算了一下路程，他们明天傍晚即可到达。（全文完）

军调处三人小组马歇尔、周恩来、张治中要乘飞机前往集宁视察。飞机前拍摄者为沙飞。1946.3.1. 石少华摄

左起：叶昌林、沙飞、吴印咸、石少华。1946.3. 张家口。顾棣摄

第三章 绝 响

1. "我要干一件惊天动地的大事"

1948年5月沙飞因肺结核住石家庄白求恩国际和平医院。他住在郊区留营村农民的房子，1949年春他随大部分病人迁到医院现址，部分病人住在离医院不远的城角庄。

时和平医院医生李蕴兰2003年回忆：我在张家口医科大学毕业，到医院时19岁。医院是1942年日本人盖的，抗战胜利后，国民党3军接管；石家庄解放后，我军接管医院及医护人员。日本人津泽胜是内科主任，王玉景是总住院医生，林兆信是主治医生。有的医生是满洲医大毕业的，华西医大刚毕业的崔吉君在传染科，奥地利人傅莱在传染科兼医科大学教员，姚远方的爱人刘志是实习大夫，张荣志在妇产科，李富锁当护士。医院不少日本人，白求恩医科大学也好多日本人，他们都住在和平医院宿舍，裨田宪太郎是医科大学病理专家，他们是反战同盟的，单独一个支部。津泽技术好，工作负责，对我们这些土八路的孩子要求严、教得细心，我们对他很敬佩，他手把手教我们学看显微镜，他要求医生必须亲自给自己病人化验，他很敬业，很善良。

传染科在城角庄，离医院很近。我是蔺柳杞的经治医生，他是结核病，还严重失眠，十天十夜不睡觉，给他用最厉害的麻醉药，他只打哈欠，仍睡不着。当时药少，后来才有链霉素，结核病死亡率高，有一晚死了七个人，大家都很紧张。高干们大多在农村城角庄住院，带炊事员、马、马夫、警卫员、老婆、孩子。他们不愿搬到高干病房，不方便。

我们医生三个月一轮换到高干病房，我们年龄小，一到高干病房就紧张，老红军居功，他们脾气不好，我们常被病人打、骂、罚立正，或被踢一脚，很受气。首长们带枪，我们都害怕，有一人拿枪把姜杰副院长吓得从窗口跑掉。当时是解放战争，战争很残酷，受伤人多，很重的伤员要到院子自己打饭吃，从战

我的父亲沙飞
My Father H.Szeto

第三章 绝响

场上下来的伤员情绪特激烈、不稳定，抬来的伤员看见穿白大褂的人就骂，老子在前线打仗，你们在后方吃小米。我当时觉得自己都要不正常了。一次有个团长一把抓住我，揪下我的口罩说，你长这么漂亮，让我娱乐一下。我说，你讲什么，老革命？有的病人战争歇斯底里，冬天晚上光着身子到处跑，有个女指导员跳井，没死，有个精神病人，天天要吃两个麻雀，两个精神病人住内科，如果犯病厉害，就捆在礼堂。医务人员与病人（休养员）矛盾大。华北军区专门来人给休养员做工作。

沙飞不是我的病人，他住内科高干病房，在二排东头。内科八个医生轮流值夜班，有一次，我值夜班，沙飞失眠，睡不着，叫我去。我们经常跟津泽一起去各病房查房，沙飞说话随和，有礼貌，给人印象很好。我不觉得他怪，挺尊重他的。大家都知道他是艺术家，他从没有纠缠姑娘。他的病房墙上挂着枪，放在木头壳里，床头柜上放着杯子、药瓶，输药液瓶放几支野花。

2007年李蕴兰回忆：津泽胜这家人给我们印象是很好很善良的，我们是小八路，他们对我们挺尊重的。那时刚接管这医院，成员比较复杂，有日本人、国民党、共产党，我在白求恩医大上学，留在医院，我们跟他们学技术，他们是高级知识分子，我们是党员，他们不是。我当时19岁，病人是老革命、战斗英雄，也有刚解放过来的国民党军队的，那时病人睡觉都喊冲呀杀呀。日本教员多，临床也不少，内科、小儿科、口腔科都有，他们岁数大，经历多，技术好，该严格就严格，该批评就批评。津泽胜夫人挺和气的，我们相处挺好，我们医训班每个星期开会，很融洽，有什么就说什么。她大女儿田子和回家也穿和服，她经常背弟弟妹妹。津泽脾气好，讲话不着急，有不对的耐心地告诉你。他与奥地利医生傅莱学术观点不一样，我们不知道，他们有争吵的，都坚持自己观点，津泽胜很少跟人争吵的。当时供给制，津泽胜孩子多顾不过来，让我们捐款帮助。沙飞认为崔吉君是国统区过来的，不信任她。

崔吉君（时和平医院传染科医生）2007年回忆：我是传染病房的，我们刚毕业，是奥地利大夫傅莱带我们，内科病房在最前排，我们在最后一排，当时传染科主要是治伤寒等病。沙飞我见过，属干部，可以带随员，出事后才听说的，很震动。沙飞不属我的病人，不在一个科，白天还是晚上查房见过，不记得了，传染科也算大内科里一个科，津泽是我们上级领导，没什么交往，当时住院的还

我的父亲沙飞

My **Father** H.Szeto

1. "我要干一件惊天动地的大事"

有贺绿汀，有个拉大提琴搞文化的。（作者附记：我告诉崔医生，父亲怀疑她与日本人勾结害他。崔医生说："第一次听说，与沙飞没接触，不可能。"）

沙飞经治医生张富云 1998 年、2001 年、2003 年回忆：我在北方大学医学院毕业，当时 19 岁。沙飞因肺结核住院，我们都知道他是画报社主任，高干、有名，很照顾他，伙房专门煮饭。他与贺绿汀、蔺柳杞、汪克明、曹中南等人先住农村留营农民房，贺绿汀也患肺结核，我是他和沙飞的经治医生，贺绿汀自己做棒子面糊糊，他较早出院。首长们是一家一家住，他们互相串门、打扑克，沙飞会打桥牌。钟元昌团长是长征干部，强渡大渡河时是机枪排长，他肝脓肿。有十几个高干，后来陆续出院，剩不多了。有个穿小花褂子的小姑娘来看沙飞，我正好在，他说这是我姑娘。

崔吉君医生。2007

后来搬到现在的医院，沙飞一人住一间大房，他走后住六至八人，他的病房在第二排中间，房子向阳、落地玻璃，阳光充沛。警卫员白天陪他，晚上在招待所住。干部有病都是津泽主任亲自看，出院也要主任批准。为了让首长多休养，他们自己不要求出院，我们不会提出。沙飞幽默逗乐，叫服药就服药。

医生管的病人都要自己亲自透视，二至四周一次，津泽给沙飞透视，我都跟去。沙飞的肺已钙化，结核治好了，他心脏没杂音，胃有时不舒服。他病好了，特别高兴，有两次说要出院，我给他办手续，他都说叫津泽来。津泽中国话讲得不太好，我怕主任说话不清，病人难以理解，主任去沙飞那，我都跟着去，在旁边。沙飞说我的病好了，能出院吗？主任说能出院了。接着就没话说了，主任就走了。过了几天，沙飞又说要主任来一下，津泽拿了拍的胸透的片子给沙飞看，他也没说什么，主任又走了。

张富云 2007 年回忆：津泽胜给人第一印象很和蔼，对我们很亲切态度挺好的，没有感到日本人怎样的。那时跟他查房，我们称国际友人，傅莱也在，也没感觉特别。医院越来越正规，那时透视的多，胶片少，每两礼拜透视一次，每次津泽胜都亲自看，看到沙飞病灶越来越小，吸收不错，经过一年多治疗，北京解放了，他也想出去工作，说可以出院了。津泽胜一般的中文也不是很流畅，生活

第三章 绝响

上的可以，说得慢些。津泽胜温柔有知识，威信很高，夫人也威信高，技术好，平时穿军衣，回家穿和服，长得很漂亮，几个孩子都漂亮，小孩那时很小，在北京八一学校，放假回来。我与她不在一个科，开大会在一起。我们有时到津泽胜家玩，她很热情，叫我们去玩，做小点心给我们吃。

原医院护士李富锁：一般来的首长都是我们护理。沙飞患肺结核，病较重，卧床不起，他住单间，津泽亲自给他看病。那时九个较重的肺结核病号，大部分都死了，就沙飞的病治好了，对他的治疗和护理都是比较精心的。搬到医院后，他的病情好多了，能起床出来转了。（1981年7月 北京军区军事法院"沙飞案卷"摘抄）

刘志1980年回忆：一次我随津泽胜查房，见到沙飞，他当时表情抑郁、沉闷，眉头紧锁，不讲话，对查房的人冷淡。我们离开病房后，主任介绍说，这个病人神经衰弱很厉害。

冀连波1981年回忆：1948年夏，抽战争空隙，我去医院看沙飞，很突出的感觉就是，他瘦了很多，幽默、风趣的风度不见了，两个多小时见面，除谈前线作战采访情况，他还谈他的肺病，缺少必要的药物治疗，短时间内治不好。我发现他眼神有时呆痴，临走时，我安慰他几句，并把我的一支派克笔送给他。

李遇寅1981年回忆：1948年夏我去医院看沙飞，拿去几本《晋察冀画报》，他给我看，说画报有政治问题，文字说明都有政治问题，他一页一页给我分析，说明问题严重性，说了很长时间，他说章文龙、赵启贤二人都有政治问题。画报编辑出版，首先经沙飞审，再经宣传部审。1948年冬我去看他，他面色憔悴，呼吸短促，说话上气不接下气，问他为什么不走，他说要在这里吃一顿饭。看样子他很困。

胡忠1981年回忆：1948年我和沙飞都住医院。他看英文杂志，说得肺病的人露宿可以吸收新鲜空气，对肺有好处，冬天下大雪，他在院子里睡觉，把头藏在被窝里。院长、政委劝他回屋，他不理睬，他们让我劝，说他冻坏了我们受不了。我去找他，他说我估计你会来，你是混蛋。我说你顽固，是混蛋。好几次，都是我叫我的和他的警卫员，把他抬进屋。他告诉我的警卫员，医院政治情况复杂，你要提高警惕，保卫好首长的安全。一天沙飞告诉我，日本人开会说了，要杀我和你。我问你从哪里获得的情报？他哈哈大笑，可惜你还是做保卫工作出身

我的父亲沙飞
My Father H.Szeto

1. "我要干一件惊天动地的大事"

的，真是个混蛋。他说完，挥着棍子大笑而去。一次他到我病房看我，说你还敢吃日本人开的药？我问为什么不敢？他说日本人开的药我不敢吃。我去问司药，她说，不论中国医生或日本医生开药，一般不会有问题，有问题的药、用量过度的药，我们就不拿，你们放心吃我们的药。我告诉沙飞放心，他表示仍不敢吃。后来我从他床铺底下翻出不少药。当时缴获了一台X光机，我们透了两次视，他对我说，津泽借透视之名，实为对我们的杀害。我出院后，在北京跟领导说好，在颐和园找房子，让沙飞来休养。我写信给他，说有治病的好药链霉素，不管多贵，一定要治好你的病。

晋察冀日报记者姚远方：抗战时沙飞当了参议员后，经常闭门苦思苦想，如何打破敌人的经济封锁，献计献策。他有时钻到房子里不出来，最后想了个办法，他对我说，为了给抗日多做贡献，我想用印刷画报的机器印制敌人的钞票，搞乱敌人的经济，你看如何？我说，这不行，我们的技术有限，根本印刷不了敌人的钞票，不可能。（1980年，北京军区军事法院"沙飞案卷"摘抄）

姚远方1999年回忆：1948年初冬，我与沙飞同住一个村疗养，一向热情、健谈的他变得沉默寡言，有时问一句，答一句，整天耷拉着脑袋，像得了忧郁症，天很冷时他还睡在院子里。我向他讲四野进关、平津解放、全国即将胜利、形势大好，这也是大家谈论的中心话题，他木然、没反应、一言不发、无动于衷，无任何表示。他过去一贯政治热情很高，但对新的革命高潮的到来，却如此沉默，使我感到非常反常。我出院时向他告别，他连送都不送。

罗光达：沙飞考虑问题，经常好钻牛角尖，想入非非，常常一个人在房间，我进去，他很久没发现，他精神过于集中。他对某些与他工作无关，却使他有兴趣的事，也可以想个没完没了，甚至躺在床上也长期想。我跟他住在一屋好多年，他的思想问题、神态我最了解，他经常小声自言自语，手在不停地动作，他在生活上不拘小节，头晚跟马夫说好第二天早出发，第二天起来也不跟马夫说是否有变动，就干自己的，马夫喂马一遍又一遍，他也不理人家，直到下午3点后才走。他多疑，看问题好钻牛角尖。他看到地方民兵制作草人，穿上衣帽以吸引子弹。他想这种草人可以大大推广，大批制扎，甚至想到使这些草人活动起来，以便更多吸引迷惑敌人、消灭敌人。他看到游击区民兵利用风筝向敌占区散发宣传品，他就想利用带炸弹，轰炸敌占区，甚至轰炸敌人的重要城市等奇怪想法。

我的父亲沙飞
My Father H.Szeto

第三章 绝 响

他多疑，一次军区政治部破获了一个敌人派送我区的特务后，他就怀疑敌占区来的都有问题。他健忘。（1980年，北京军区军事法院"沙飞案卷"摘抄）

和平医院医生张荣志1981年回忆：我常去看沙飞，他有时也找人叫我去看他，谈抗日战争他很健谈，一谈到他的病不重，他就带怒气，尤其是劝他下地稍稍活动一下，他就大发脾气，护士说他体温正常，他非说他体温高。1949年3月沙飞的妻子在妇产科生孩子，他的病已好，能活动，但不去看妻子。王辉心里很苦闷，说他过去不这样，她常让我们去劝劝他来看她，不要那么冷漠。全国解放，按沙飞原来对工作的热情，应主动要求出院，但他老说自己病不好。

白田野1999年回忆：沙飞住院我常去看他，他叫我好好学习，以后干事业。1949年我们到北京后，上面给他发的东西带去，他就送给医院其他病人吃。

画报社记者林扬1980年回忆：1949年北平解放前，我们去看沙飞，他摆弄相机，说相机早就准备好了，希望拍解放北平的照片。我走前，跟他要鲁迅的底片，说拿来放大，好办展览。他不同意，说等自己去了再说。他拿出白求恩送他的相册给我看，第一页是白求恩用英文写的，沙飞给我翻译出来，是白求恩写明给他的。里面有一张是聂荣臻、白求恩及翻译的合影，是沙飞照的。这相册好像也随遗物到了画报社。我最后一次去看他，他说话颠三倒四，一会说我马上走，去拍北平解放的照片，一会说我不走了，好好住院治病。

杨瑞生1980年回忆：1949年5月我去看沙飞，他拿出一本第一期《华北画报》，指着封底深墨绿色的画，直着眼睛对我说，你看这些人都没有脑袋，画画的人有问题，是特务。我们当场看，都有头，这是画家徐灵画的解放军攻城的画。他又说，你在石家庄给我找间房，我去那养病，我不在这住了。我给他找好了房子，去信叫他来。他说不来了，军区要来人接他去北平养病。

赵银德1981年、1999年回忆：1949年9月初我和爱人到北平前最后一次去探望沙飞，他愁眉苦脸、沉默寡言，对我十分冷淡，他在走廊搭的一块门板上躺着，我问他为什么，他说这空气好。我问您的病好些吗？他摇摇头不说话。我说我的事办完了，准备到北平去，您有什么事要办吗？一会他低声说，医院住不了，有特务，给我治病的大夫是日本人，他经常换医生给我检查，换一个，一个说法，有的说病已经基本好了，可以下床到户外活动，有的却说病情还不稳定，没有脱离危险期，必须卧床休息。我不知道他为什么这样折腾我，这不是要

我的父亲沙飞
My **Father** H.Szeto

1. "我要干一件惊天动地的大事"

整死我吗？你们到北平后，立即找到我大儿子，告诉石副主任，让画报社赶紧来接我，到白洋淀找个医院休养，那里空气好，不然11天后我就要死了。我和他待了一个多小时，他车轱辘话没完没了地说。当时是供给制，什么都发，他对我说，小鬼有钱吗？我说有，就给了他。

赵银德2006年回忆：9月份我一到北京马上找石少华把情况汇报了，谁去接我不清楚。沙飞出事了要我划清界限，我不表态，就是工作关系。1951年出差去石家庄，我说去郊区看一个老战友，就去找，找了半天，一看一个小木牌，沙飞之墓。后来几次迁移就不知道了。这事我有压力，跟谁都不敢说。我对张致祥没有好感。张致祥原来是日报的，后来提副部长。有一次我走错门敲了他的门，他很横，说："你是谁？出去！"我对张的印象相当坏，很反感，我想我又不是刺杀你。我虽然是警卫员，见到潘自力、邱岗都很亲热。

蔺柳杞2002年回忆：1949年春以后，我与沙飞一起住院，在城角庄天主教堂，我俩都是师级干部，后来他搬到医院本部住，他丢下一张X光胸透诊断书，写明肺结核已全部钙化，即他的肺病已治好了。当时和医生病友谈及此事，认为他害了结核恐惧症。汪克明1949年春住院，他三岁的双胞胎女儿兴华、建华得肺结核住小儿科，两女孩打链霉素又哭又闹。我

蔺柳杞。2002

沙飞的小病友——汪克明将军之双胞胎女儿汪建华、汪兴华。1949

汪建华、汪兴华——沙飞的小病友长大了。2012

我的父亲沙飞
My Father H.Szeto

第三章 绝 响

与沙飞都属内二科,二科办公室在小儿科东边,是干部病房,一个大走廊,20多间房,南北向都有。沙飞对我说,他不能到外面,出去就病。他命令警卫员密闭门窗,说不能见天,否则就感冒,肺结核不能感冒。我的警卫员李洛琪说,沙飞两个警卫员对他很有意见,沙飞说,喝鸡汤治疗肺结核,但要求煮一周的鸡不许散架等。我时常当作笑话听,以解病房寂寞。1949年初秋我远方亲友寄来一信,误送到沙飞手中,李洛琪从他处取回信件,信封上写着,里边有只小白兔。我不理解这种玩笑,很不高兴。一天上午,我躺在帆布椅上,例行室外大气疗法,沙飞走来,我好久没见他了,他胖了,他见到我,在10步以外停下,用手指口、摆手,一句话未说,扭头而去。他曾给毛主席写信,说津泽给他透视,损害他的生理机能,信转到军区卫生部,大家认为是笑话。津泽胜也是我的主治医生,经常去城角庄给我检查,两个中国医生给他记录,护士端个大盘子,给我注射葡萄糖钙,他一米七左右,壮实,待人和气,工作认真,对中国人友好。

李洛琪2002年在保定回忆:我曾在画报社工作,听说沙主任住院,我去看他,他躺在床上,我问他,沙主任好些了吗?他说好些了。在路上遇到他,我问他,沙主任转转?他说转转。我与奚文斌、李有志熟,他们说沙主任很怪,认为他住的房子不好,想换个房子,给他找好了,他去看过,开始同意,后来又说,这个房子绝对不能住。

沙飞通讯员奚文斌(原山西运城地区发电厂行政科长):结核难治,沙飞思想比较紧张。开始我就觉得他的脾气挺怪,每天要我们(一警卫员、一通讯员)给他买鸡炖鸡汤,喝汤,不加作料,肉也不吃,光喝汤,一天要给他买一只鸡,做不好,他就不吃了。他白天、晚上吐痰,要我们给他接痰,他翻身,我们抬着翻身。在留营时他住里外间,我们两人住外边铺草,他在里面住钢丝床。他看了外国书后,大冬天把窗户打开。1948年12月下大雪,他要我们把他抬到院内,说冻着,病好得快。买鸡吃没钱了,后来叫我们逮蛤蟆吃,有时他还打野兔子吃。他脾气不好,没人敢接触他,他不高兴就说要枪毙你们,我俩吓得不行。我找他老婆商量把枪收回保存,王辉把他的枪保存起来。后来他要,他说不安全,一个多月后,他又把枪要过来。还有件事,就是查体温、切脉、过大秤,体温要高点,他就不动了,要低,还出来活动活动,脉快慢也有影响,不定时地让我们从农村借大秤称他有多重,少了,就躺着不动,翻身要我们帮,重了,他就高兴

我的父亲沙飞
My Father H.Szeto

1. "我要干一件惊天动地的大事"

起来活动。后来他病好了,我回北京东四六条陆军医院联系北京治疗,一个礼拜就办好手续,回石家庄后给他收拾好,准备回北京。那时他已搬到医院病房,我们住招待所。他脾气比较暴,要提些什么我们赶紧办,有办不了的,就赶紧去市里找他老婆。(1981年7月28日,北京军区军事法院"沙飞案卷"摘抄)

石少华:1949年11月我接他的信,这是沙飞写给毛主席和聂司令员的:和平医院有很多特务,给我看病的津泽胜就是一个日本特务,他要害我……我一看不对头,就派人接他出院。可他在出院前,亲自和警卫员擦三次枪。(1981年,北京军区军事法院"沙飞案卷"摘抄)

孟昭瑞2002年回忆:我第一次见沙飞是1946年底联中和抗敌剧社联欢会上,沙飞挎个照相机,个子比较高、魁梧,给我印象平易近人、开朗、能说。我很羡慕他的工作。我搞摄影同见他第一面有关系,我喜欢这个工作。我到《华北画报》时,他已住院。1949年12月初石少华派我去石家庄接沙飞出院,这是第二次见他,我当时不到20岁。医院对面是炮校、医学院,我与奚文斌、李

孟昭瑞。1998

有志一起吃、住在医院后的农村,离沙飞住处几里路。沙飞与石少华一样高,1米8左右,沙飞没架子,开朗、健谈,说话很痛快,直爽、随便,什么都敢说,不隐瞒观点,不装腔作势,好接触。他不像一般当官的说话谨慎、注意影响,他性格跟别人不一样,属于见面就熟,他跟我什么都聊,从生活到各方面,一谈就投机,还问我有对象没有,说医院护士多,给我在这里找一个。北平解放,每个人都着急快点去,他不肯去,他对北京淡漠,不向往、不羡慕、不感兴趣,没急迫的要求,没问开国大典的情况。他问画报社情况,我不理解,他事业心强,可不着急回画报社,他病好了,还不出院。我说北京条件好,石少华在协和医院已安排好他住院。他恨日本帝国主义,恨日本医生害他。我看见他擦枪,他说,枪还能用,我已试好枪,打死他,反正也死不了。这时津泽胜进来,沙飞对我说,就是他,我要打死他,他差点没把我害死,我肺病最严重的时候,他不给我吃药,叫我每天走10里路,运动疗法,我没听他的,要不早死了,我按我的方法

我的父亲 沙飞
My Father H.Szeto
第三章 绝 响

治。我怕完不成任务，每天劝他走，他说我还有事，你先走。他从没拿出照相机。我在石家庄一星期，没给他照相，很遗憾。我回京向石少华汇报，他说过一段再说。没几天就出事了，我不敢跟人说，沙飞曾提出要打死日本医生。

陈正湘将军1983年回忆：沙飞在石家庄住院时，我和爱人走了8里路，专程去医院看望他。

方林1999年回忆：沙飞住院常写信给我，说他病长期不见疗效，心情焦急、极端苦闷，认为日本大夫不好好给他治病，对他有恶意，要害他。我托人从敌占区买些营养食品、药品给他送去，常写信安慰他。

王达理：1949年5月至8月，我多次去医院看爸爸。第一次我去看他时，他精神还好，他和一个病友一起下象棋。第二次去时爸爸告诉我，那个病友已经死了，死得很突然。爸爸很难过，这事对他有刺激，他叫我给他拉小提琴听，我拉了几首曲子，中外的都有。后来再去看他，感觉他精神越来越不正常，他说鲁迅是日本医生害死的，现在日本医生又要害他。医生开药，他不吃，让下床活动，他说有意害他。他花钱自己增加营养，钱不够，他就卖掉一些衣服，甚至打算卖照相机。他整天躺在床上，经常两手比比画画，做各种姿势，有时自言自语，我也懒得跟他搭话，我一直未见他起来活动过。他常让警卫员把他从屋里抬到院子，从里屋抬到外屋，有时到深夜，才让把他抬进屋里，我也一起抬过。他整天疑神疑鬼，搞得两个警卫员没办法。组织照顾他，专门批雷米封给他吃。他当时有两支枪。

9月初我从石家庄到北京前，妈妈跟我说，司徒美堂从美国回来了，你们跟他是一个家族的，他跟你祖父认识，你爸爸也一直非常想见他，如果有机会的话，你去看看他老人家。我去北京饭店看望美堂公，他的秘书司徒丙鹤也在，我说是沙飞的儿子，并详细介绍了爸爸的情况，抗战时到华北前线搞摄影，现在身体不好住院等。美堂公请我吃了一顿饭。

王笑利：1949年春学校放寒假，妈妈来信叫我去看有病住院的爸爸。我带了些好吃的到石家庄留营和平医院，爸爸躺在老乡的炕上，对好久没见面的我，不像过去那么热情，甚至好像不认识我，过了好一会，他才让我坐到他身边，摸摸我的脸，拉着我的手说，小力，我很想你们呀。他还让我从缸里拿梨吃，他很疲倦，我坐了一个多小时，就告辞了。我回家告诉妈妈，她说他劳累过度，心情

我的父亲沙飞
My Father H.Szeto

1. "我要干一件惊天动地的大事"

不好，休息一段时间，就会好起来。

王辉：有一个星期天我去看沙飞，他告诉我日本大夫要他照 X 光。我说可以去照，看看病情如何，我在重庆工作时，患过肺病，也是透视才发现的。他听了大发脾气，人家要害你老公，你还相信他，那个日本大夫是特务，他要用 X 光消灭我的细胞，使我慢慢死去，鲁迅就是被日本医生害死的，现在又来害我。有一次护士送来口服药，护士一走，他就把药摔在地下。我问为什么，他向我发脾气，药里有毒，你是不是要我死？弄得我不知如何是好，以后因吃药问题又对我发过几次脾气，而且对我越来越不满。我也越来越觉得不对头，开始怀疑他精神是否正常，怕长此下去，会不会怀疑我也害他。1949 年底人民银行调我到总行工作，临走前我抱着小女儿去看他，帮他整理东西，他的衣物破破烂烂的，他也随随便便，不怎么整理，他原来非常爱干净整洁，现在完全变了一个人。我要他好好养病，准备到北京去。他眼睛老是直直地瞪着我，什么表情都没有。过去他很喜欢孩子，可是这次我要他抱抱亲亲孩子，他不理睬。到北京后我找石少华，要他向政治部反映，我觉得沙飞各方面都很反常，希望把他转到北京医治，改变一个环境可能会对他好些，而且我在北京照顾他也方便。

汪克明将军 1981 年回忆：我住院时与沙飞隔壁，我的双胞胎女儿也得肺结核住儿科，我爱人陪住。沙飞很喜欢小孩，两个小孩也特别爱去他那里玩，孩子哪天不去看他，他就生气。临出事前他擦枪，他对我说，我要干一件惊天动地的大事。我当时就认为他精神不太正常。

2. "日本法西斯曾杀害多少中国人"

1949年12月15日，悲剧发生了。

奚文斌：出事那天，我们准备走。沙飞让李有志叫津泽来，问他路上要带什么药，注意事项，如何安全。津泽给他开了两种药，说其他药不要吃，要养。津泽要出门时，我们二人在边上不注意，医生走了不到二三步，沙飞开了一枪，后又开了一枪。我出去叫人，李有志在房里照顾，叫人来看，李有志和沙飞都在。后来石家庄法院就把我们三人一块弄到法院。以后就不知道怎么回事了。沙飞认为，他在抗战中脚被冻伤，现在想报仇。小日本欺负咱们多年，想报仇。那时和平医院日本人多，他对日本人有仇。（北京军区军事法院"沙飞案卷"摘抄）

原和平医院副院长姜杰2001年回忆：刚出事时，我在走廊看见沙飞，他好像没事一样，对我说，我打死的。满不在乎。开始他关在小礼堂后的化妆室。

张富云：出事那天，查房时，沙飞告诉主任：查完房，津主任你来一下。出事后，我推不开门，在门缝处看见津泽躺着，我用劲推开门，沙飞又从床那绕到津泽那又开了一枪，他跳窗户出去了。我赶紧抢救。以后沙飞被管起来了。听说沙飞态度挺自然的。当时管放射的就津泽一个人。在我经治沙飞期间，我对他的印象很好，待人和气有礼貌，没架子，容易接近，也能服从治疗。津泽工作勤恳，大家议论，他性情善良，不像日本军人。（1981年7月，北京军区军事法院"沙飞案卷"摘抄）

张富云回忆：出事前一天，沙飞叫警卫员擦枪，朝井里打了一枪。那天津泽主任带我们查房，还有林兆信等人，我们查完房，回办公室，我写医嘱，津泽洗完手，立即去沙飞那里。我刚写两行，就马上跟去，中间隔着两个病房，有十几米，沙飞的病房靠南边，我还没到拐弯的地方，就听到砰的一声，我也没想到是枪声，一直到沙飞病房，津泽横躺着，挡住了门，他个子不高，但很胖。沙飞第一枪伤了

我的父亲沙飞
My Father H.Szeto

2. "日本法西斯曾杀害多少中国人"

津泽胳膊的皮肉。我看见沙飞坐在床上，吃吃冷笑，他站起来，从床边走到津泽跟前，拿着枪对着津泽脑门又开了一枪，第二枪近距离打中脑门正中。我就说你干什么？沙飞当时表情无异常现象，他说他是日本人，日本法西斯曾杀害多少中国人？我喊来人抢救津泽，抬担架去手术室时，他很清醒，他说慢一点，轻一点。子弹取不出来，往里滑，子弹越陷越深。赶快报告北京。第二天北京医院外科专家周泽召来，给津泽做手术，取出子弹，津泽脑水肿、昏迷，几天后正式死亡。津泽死后火化，非常隆重，在太平房外挖一个大坑，用很多柴，浇了煤油。津泽人不错，比较进步，靠近中国，老实、胆小、仁慈，没武士道精神。他医术好，诊断细，对医生、护士好，有威信，新来的大学生都佩服他。我当时不害怕，我知道沙飞不会打我，他恨日本人。出事后保卫部门马上就把他关禁闭了。日本人闹，他们说"共产党光明正大，看你们如何处理"。曹中南政委马上给日本人开会，叫他们相信，共产党一定会处理好的，安抚他们，日本人平静下来，该干什么干什么，卫校、医院的日本人没再闹事，津泽的老婆没有闹。大家都佩服曹中南处理得好。

张富云2007年回忆：那天出事后在病房沙飞笑了几声，笑得不太自然，后来就出去了。现在想起来精神不正常。这事发生后科里收集资料。开大会小会，日本人反应激烈些。有些个别人不上班，意思就是罢工。第二天就正常工作了。该干什么就干什么。那时抢救技术水平不行，外科主任就是拿不出子弹，越拿越进去，军区派外科专家来，一看就说不行了，已经昏迷了，最后肺炎并发死亡了。在树林里搭了个柴堆，遗体放上去火化，晚上火化。几乎全院的人都去了。日本人很多。骨灰收集起来放家里，回日本时带走了。这是很遗憾的事情，我当时也没有经验。这件事曹中南政委处理得很好，日本人说：中国共产党伟大。

"文革"后有一年津泽胜女儿田子和作为日本医学专家（日中医学协会理事）到和平医院访问，我作为副院长接待，都没提这件事。她作为学术访问，中文讲得很好，普通话一点没忘记，喜欢吃烙饼，马上给她做，她记得住过的房子，但是已经拆了，洗澡的澡堂没拆，她记得很清楚，印象很深。

张葆樽（原和平医院内科医生）2006年、2007年回忆：津泽是大内科主任，一二三四科都管，很和蔼。有时科里填表，记得他填南满医大7年，临床工作17年，他普通话很好，中文都懂，对我们都好。我曾在协和医院，下级医生见上级医生很紧张的，我有个同学不敢回宿舍睡觉，晚上困了就在医院沙发上休息。在

我的父亲沙飞
My **Father** H.Szeto

第三章 绝 响

和平医院没那么紧张，我们如果有错就会好好地说我们，没有很严肃地批评过，有什么问题就查原因，很友好地对待病人医生，比如说病历表达得不清楚，应当如何如何写，我就把病历修改。津泽心情还是有点压抑，知道我们是八路打日本。津泽主任天天来，每星期带医生查几次病房。他有经验，能做正确的诊断，没有出现临床诊断错误，他处理的病人没误诊、误治，内科没出过医疗事故，他是踏踏实实的好医生。稗田宪太郎是华北医大教授，我们称他田仁教授，在医学院解剖尸体，他不看显微镜，已可以做病理诊断。津泽胜对稗田宪太郎非常恭敬，每次都说，田仁教授给我们很大帮助。

津泽出事后科里马上就乱了，我们对沙飞有意见，我们科室的人都说你凭什么打死我们科主任，不经过组织自己决定？凭什么可以带枪？我们科室很激动，包括中国人，也有日本人，要跟沙飞讲理。当时有人让老红军张克俭带我们找沙飞，要跟沙飞讲理。他先关在医院一个小房间，我们问他为什么打死我们主任？沙飞谁都不理，表情很严肃，躺在那里。后来领导批评我们，你们不要闹，你们不能解决问题。津泽夫人劝我们年轻医生说，你们不要这样激动，津泽到中国来，老八路恨日本人是可以理解的。日本习俗没有停灵，医院有太平间，津泽胜第二天就火化，在苹果园边上举行火葬，去了不少人，很多人哭鼻子，买了棺材一起烧，津

张富云医生。2007

张葆榑医生。2004

我的父亲沙飞
My **Father** H.Szeto

2. "日本法西斯曾杀害多少中国人"

泽夫人点的第一把火,留下一些骨灰,那时中国不火葬,兴土葬。后来有人说如果是现在就不会死了。日本的战争带给中国人多少伤害;日本无资源,老惦记中国。津泽胜是我的老师,他的女儿来中国,我愿意见她。

原内科实习医生武先民:当时结核病死亡率高,人都有恐怖感。当时听人们说,沙飞怀疑津泽害他的理由是,我在战场上没有被日本人打死,你想用 X 光照射,慢慢把我杀死。出事后他十分镇静,一点也不害怕。那时影响很大,大家议论纷纷,津泽主任不是战俘,医术高明,日本人多,如果不杀沙飞,国际舆论也不允许,反应强烈。津泽主任对下属、病人态度好,威信高,作风正派,技术全面,疑难病都找他治疗。他是日本医科大学毕业,老婆是小儿科医生。(1981 年 7 月,北京军区军事法院"沙飞案卷"摘抄)

原高干病房医生李蕴兰:和平医院和华北医大有 100 多日本人。津泽夫人后改嫁稗田宪太郎,是国际上有名的病理教授。出事后,人们议论,沙飞住院时间长了,不学习,不了解党的政策,所以才发生,感到惋惜。有人说他有狭隘的民族主义,他看见日本人就觉得不顺眼,觉得日本人都是特务。(1981 年 7 月,北京军区军事法院"沙飞案卷"摘抄)

3. "一定要替老沙鸣不平"

韩彬。家人提供

时任华北军大行政处长韩彬（1920~1995，原太原市园林局局长）1987年回忆：提起1949年12月沙飞在军法处关着的情形我就流泪。当时我和华北军大副校长打架，被关进军大军法处。沙飞一进我牢房，我说你怎么来了？他说打死日本鬼子了。我和他关在一起。后来因我和他研究对策，如何养病不着急，安慰他，人家发现后，把我分配到三号，他在二号房，但窗子还能看见，白天我给他们读报纸才见到他。他一会笑，一会不说话，但用手指他们，又用手指头，意思指他们要打死我。他失眠厉害，通夜不睡觉，天天看外面，站在窗前能看三小时，也不坐，双手拉窗，笑一笑，吹泡，吐舌头。连鞋也不穿，胡子很长，整天拔胡子，翻白眼，有时凝视一个东西长达30分钟，我们穿公家发的布袜、拖鞋，不让系裤腰带，扣子扭下，不让用筷子。他有病不能吃小米饭，我把我的大米饭给他，他喜欢吃鱼、狗肉，给了他一个锅，让他自己做，他几次自己做鱼，有人提意见，怎么他可以随便吃鱼。站岗的说，聂荣臻给军大打电报，沙飞虽然犯了法，但他有病，要好好照顾他，想吃什么就给他买什么吃，他要吃鱼就给他买。他生活待遇与一般人不一样，吃大米饭、小米饭、面条。沙飞与我说话，看守小刘同情他，扭头，不干涉我们。他多次用手比着拿照相机，让我拍他在窗前，站岗的不让，我也没拍。有一次他上厕所，我正好在，问照相什么意思，他说，这种生活我是第一次，希望拍下铁窗生活。他懂道理、潇洒。保卫部苟（纪明）部长、宋干事、王少斌常去禁闭室看他，山西人严大

3. "一定要替老沙鸣不平"

夫、张冲大夫去监房替他看过病。他走前二三天看到我,用手指指自己的头,不说话,头歪,意即没多少天。

我跟沙飞很熟。我俩1939年在易县认识,他到我部队采访、拍照片,我送他日本帽子、大衣、靴子、烟。我这里还有张家口时我与石少华、沙飞的合影,当时他给过我一部德国蔡司130照相机。1948年我们在军区政治部一块整党学习。

我1920年生,河北人,1931年8月刚11岁,我就跟着在湖北铁路当工人的父亲参加红军。抗战初我在129师385旅9团3营当排长,参加了1937年10月攻打阳明堡机场的战斗。当晚赵崇德营长率部队进入敌人机场,把哨兵搞掉了,我们有手榴弹、步枪,就用五个手榴弹一捆,放进飞机肚子里,飞机爆炸,火光冲天,我烧了四架飞机,打坏一架。敌人从梦中惊醒,双方进行面对面白刃格斗,激战一小时左右,敌人的24架飞机全部被炸毁,营长和30名战士英勇牺牲。我在百团大战负伤,是一等残废。我不喜欢学习,就喜欢上前线打仗。曾参加打张家口、清风店、石家庄,负伤多次,受奖多次。

北京军区法院有三人找我写证明,以庭长赵保杰为首,他们听了我说的之后说,只有你的证明是你亲眼所见,更可靠。我一直跟石少华说,沙飞是错案。他说,你是真正坚持沙飞一案是错案的人。

韩彬1987年1月托王笑利带给石少华信:除了和沙飞好,就是你一人了。咱们一天比一天离马克思近了,所以时间是宝贵,不白费光阴了,你问问笑利,我天天在想念我们按时完成,我对沙飞欠债,那就是老沙的归宿问题,一定要替老沙鸣不平。

石少华说:韩彬是冀中军区主力团团长、老红军,很能打仗,性格直爽,天不怕、地不怕,勇敢、重义气,但文化低,解放后很坎坷。我俩是在冀中认识的。

原华北军大卫生所医生张冲2003年太原回忆:监狱就在军政大学内,全校就我一个党员医生,给犯人看病多是我去,他们穿的是军装。沙飞严重神经衰弱,经常开的药是氯丙嗪。

张冲。2003. 太原

4. "挥泪斩'马谡'"

李文图 2002 年回忆：我当时在华北军区政治部秘书处当文书股长，后来在北京军区组织部。1949 年 12 月一天中午我值班，石家庄和平医院来电话，这里出事了，画报社社长沙飞打伤一个日本医生，要求军区派飞机把日本医生接去北京治。我问为什么打？他说，沙飞怀疑日本医生害他，日本医生态度不好，好像武士道精神。我赶快报告秘书科科长黄澍霖，他上报主任蔡树藩。我们在定府大街辅仁大学旁边的庆王府，军区司令部、政治部在一起。

沙飞事件办案人员徐桐岗：我任保卫部二科（侦察科）副科长。1949 年 12 月 15 日下午政治部主任朱良才、保卫部长叶运高派我去石家庄。我们星夜兼程，16 号早天刚亮到。医院医生报告，津泽胜心脏停止跳动。我们将其翻身下趴，从脑门中央弹空处掉出一粒手枪弹头，记得是德国勃朗宁手枪。我调查一周，原因：沙飞认为津泽胜经常用 X 光，是杀人不用刀；他对日本人有刻骨的民族仇恨；他精神不太正常，有时一个人哈哈大笑。津泽胜在医务人员中、休养员中，有较高的威信，无故被杀，当时全体工作人员都不干了，说我们医务人员为伤病员服务，但是生命却没有安全保证，一致要求对沙飞严办。我调查回京后，立即向朱良才、张南生、张致祥、叶运高做了口头汇报，并有一份文字报告，汇报了沙枪杀津泽胜的原因、和平医院人员的反应及要求；也说明沙确实有些精神不正常。后经保卫部三科预审沙飞杀人属实，政治部做了研究（我未参加），报告聂司令员，经聂荣臻直接批准，对沙飞立即枪决。我认为枪毙沙飞原因：1. 对沙飞的精神病未引起重视，那时也无精神病院，未做科学鉴定，总认为他虽精神有点不正常，但基本上正常。因此他要对杀人负责。2. 更主要原因，津泽胜不是战俘，而是国际友人，表现一直很好，加上医院工作人员都一致要求对沙飞要严办。当时医院有 30 多位日本医护人员。领导考虑为了保证搞好工、休人员的关系，保障

我的父亲沙飞
My Father H.Szeto
4."挥泪斩'马谡'"

医务人员的生命安全,为了挽回对日本人的不良影响,决定对沙飞处以极刑。(1981 年北京军区军事法院"沙飞案卷"摘抄)

徐桐岗 1986 年、1998 年、2000 年、2001 年回忆:张致祥派我去调查,还带个专家去抢救,他是聂荣臻的同学。当夜我们开着吉普车,路很难走,半路车又坏了,第二天早上到。刚坐下,听说津泽不行了,昏迷了,瞳孔扩大,这完全是死亡症状,专家便回北京了。沙飞出事前,我不认识他,当时没逮捕,他被关禁闭,是保护性的,还在医院,另找一间屋子,不能随便行动,是为了保证他不出事,后来他被关在华北军政大学。不久前发生冀中军区参谋长黄寿发与保姆好、开枪打死妻子的事件。(作者注:黄寿发的女儿与我是八一学校同班同学,她十几岁从农村接来。)我接触沙飞三四次,原来不知道他带枪住院。我问他为什么打死日本医生?他不承认犯法,认为日本鬼子杀了不少中国人,他称呼津泽时不叫主任,叫日本鬼子,他强调津泽害他,很气愤,日本鬼子杀人不见血,枪毙一个日本鬼子是对的,他害我,我就报仇。每次谈话都这些,他讲话清楚正常,不是疯疯癫癫的。我没听说用 X 光杀人,我认为有些反常。我开了个病人座谈会,病人大部分同情他,小部分说不应该带枪,个别人反映他精神不正常。他们说沙飞人不错,病情有好转,准备出院,他出事,大家觉得很奇怪。他们还说,沙飞经常一个人在房间转圈,走来走去,哈哈大笑,觉得他莫名其妙。

我找了院长、经治医生、护士,还开了座谈会。院长张之及、政委曹中南,他们介绍情况,出事影响很坏,日中医护人员反应强烈,觉得生命没保证,都很生气,要求严肃处理。他们认为沙飞有贡献,但杀人不应该,他没精神病,很正常。以院长为首的,不承认沙飞精神不正常,认为他故意打的。那时刚解放,华北地区和平医院和北戴河疗养院日本人比较多。当时工作人员与休养员(病人)关系相当紧张。

我在医院待了一周。回来向领导汇报,领导让再调查。我又回和平医院,还是这个情况。第三次有另一任务并有此事。虽然汇报了,但当时没办法,领导不

徐桐岗。1998

我的父亲沙飞
My Father H.Szeto

第三章 绝 响

重视。和平医院连续出三件事：沙飞打死医生、院长的老婆被打死、X光机房失火。三次都是我去调查。

我很尊敬沙飞。我回来后写了个报告，写经过、分析原因，实事求是地说明，这个人由于精神不正常出事。当时我的报告提出"沙飞有精神病"。朱良才接的报告。

医院另外有报告给军区，很关键，医生与病人的矛盾，对案子起作用。听说，聂荣臻很生气，说影响中日关系，考虑与日本关系，坚决主张严肃处理。津泽胜入了中国共产党，是国际友人。最后处决是聂荣臻批的。聂荣臻还下令，以后不许带枪住院。沙飞的遗物放画报社，没给家属，东西都扔、烧了，清单放档案里。80年代初法院找我调查时，还带了聂荣臻当时的批件给我看，意即为维护中日人民关系，为工作人员安全，必须这样处理。

时任政治部副主任、军法处代处长张致祥：当时我给聂总汇报怎么办，因为沙飞有功，创办第一家画报，但杀了人，有很强烈的反响。我当时打了招呼，要医院证明他有无精神病，承办的是后勤卫生部。当时群情激愤，加上没有精神病科。沙飞对医院起用日本人一直不满意。聂荣臻对沙飞很器重，当时我们为了开脱他，是注意了沙飞有没有精神病这点的，我是记忆很深刻的。沙飞杀人时是不是精神病发作的时候。当时我给聂荣臻汇报过，医院说沙飞无精神病（曲华明插话：间歇性没法证实，因为是缺席鉴定）。沙飞对我们用日本俘虏工作不满，是在他和平医院住院前就有。（1981年北京军区军事法院"沙飞案卷"摘抄，曲华明院长亲自调查。）

张致祥1997年、1998年、2000年、2001年回忆：沙飞出事后，我与聂荣臻谈到他的功劳，他带许多摄影器材来抗日前线，办画报，的确是数一数二的特殊贡献。即使对他有成见也不能抹杀。我们想给他解脱，我让保卫部专门到石家庄和平医院调查，交代徐桐岗问主治医生，沙飞精神是否正常、神经有没有毛病。我希望大夫说他有毛病，就可以为他开脱，当时要有死缓就好了。和平医院的人愤愤不平，影响太坏。医院根据主治医生的意见写的报告，说沙飞精神正常。如果说有精神病，绝对不

张致祥。1997

4. "挥泪斩'马谡'"

会执行死刑。保卫部长叶运高拿医院报告给我,没有给我看徐桐岗的报告,如果有两份报告,我不能藏起来。我拿医院报告到聂荣臻处请示处理意见。聂荣臻亲自说了一句"挥泪斩马谡,厚葬沙飞,他贡献大"。说给他买楠木棺材,是否照办不清楚。当时大军区领导有权判沙飞(师级)的死刑。扪心而论,不是非要处死沙飞。我派保卫部部长叶运高去石家庄执行。我们也反思,病人不能带枪住院就好了。

曹中南将军2001年回忆:我与沙飞是病友,还有蔺柳杞、汪克明、姚远方,经常在一起,谈得来。我1949年8月被就地任命为和平医院政委。休养员大部分是红军干部、抗战干部。医生一部分是城市来的学生,二三十岁,大部分医生是日本人,主要科室主任都是日本人。12月我刚上任,第二三天沙飞就出事,影响很大。津泽技术好,服务态度好,是医院主要人员。当时日本人不上班了,城市来的人也不上班了。我们每天开早会,稳定人心,讲事情发生经过、情况。卫校、和平医院共两百来日本人,怕引起他们动乱,开了很多早会,以后思想稳定,照常上班了。我的工作主要是稳定医院。沙飞刚出事,我见过他,以后没见过。后来说毛主席参加会议,决定了。当时医院也有两种看法,有的认为沙飞是个好同志,但民族意识很厉害,另一些人认为他是否有精神病。但主要偏向民族意识这点,认为是不是日本人服务上有什么问题,引起沙飞的民族意识。休养员对这样处理有意见,中方医生有意见,汪克明有意见,我不知道在他档案中记下来了,说明当时对不同意见是很严肃的。(1997年4月汪克明将军的儿子汪国华接到北京军区政治部赵干事电话,问"沙飞是谁?"。小赵受命为汪老写传,他翻阅档案时,发现几个字"同情沙飞",他不知沙飞何许人。汪克明在沙飞出事后向上级反映,沙飞精神不正常。他不知道自己档案里有这么一条历史记录。)

原华北军区保卫部科长胡忠1981年回忆:徐

曹中南。1998

胡忠。1985

我的父亲沙飞
My Father H.Szeto
第三章 绝 响

桐岗汇报调查沙飞的案子，政治部朱良才主持，有张致祥、卫生部叶青山、殷希彭参加。徐桐岗说，沙飞说日本人谋杀我已久，用X光杀我。朱良才问殷希彭，X光能杀人吗？沙飞说日本人给我吃药害我，我不吃，你回去问问胡忠去。我当时说，他是跟我这么说。徐桐岗讲沙飞的历史。朱良才说，这些你别讲。徐桐岗提出沙飞精神不正常，朱良才说沙飞精神正常。正在讨论时，王辉去了。张致祥对她说，王辉，你要做好精神准备，共产党领导的国家，杀人要偿命。朱良才没主意。张致祥向中央写报告，让朱良才签字，他没签。张致祥签了字。上面批下来，处以极刑。聂荣臻当场哭，我在场，马上坐下动不了，不说话。沙飞死了立碑是我在会上提出，朱良才问有文件吗。我说有，犯错误的可买棺材、立碑。黄寿发打死老婆被枪毙，埋在阜平并立碑，只不过碑上未刻同志二字。朱良才说，就给沙飞买个好棺材吧。

李开芬（朱良才夫人）1997年回忆：沙飞平反，肯定他的功劳，大家都很高兴。但有人说，枪毙沙飞是朱良才下的命令，我正式告诉你，这完全是聂荣臻的意见。当然，聂荣臻对沙飞出事是很痛心的，但他当时考虑到与日本的关系。

周游1980年回忆：沙飞出事时，聂荣臻在北京当市长，我在新闻处，我到他那里，他说，沙飞在医院检查神经健全，否则可不偿命，没办法，只好挥泪斩马谡。

顾棣1949年12月16日日记：石少华副主任召集我们开会。他告诉我们一件惊人的消息：沙主任用枪把白求恩和平医院里的主任医生津泽胜打伤了，头、左臂、右腰部中弹三枪，伤势严重，危在旦夕。当听到沙主任开枪打人的话，我几乎不相信自己的耳朵，这事会是真的吗？石主任继续说下去，军区聂司令、朱主任、张部长等一致认为沙飞同志几年来为摄影工作不懈地奋斗，开创了解放区的画报工作，对革命是有贡献的。同时养病期间，上级对他物质上的照顾、精神上的安慰是不够的。但是今天一切都走上了正轨，有了政府，一个革命军人拿枪打人，这是军纪所不允许的。不管他如何的有功劳，也决不能为此而姑息。如果采取宽恕、包庇的态度，马虎处理，这对我们人民解放军是一种侮辱。他现在已被押往石家庄华北军大军法处，最后处理的办法尚未决定。按政府法令办事，打死人是应当偿命的。这点我们是应该有充分精神准备

4. "挥泪斩'马谡'"

的。这一些动人魂魄的话,每一个字就像一粒粒的子弹射在我的心头上。啊!亲爱的沙主任啊!有什么恶魔在支使你吗?现在后悔是太晚了。可恶的肺菌(沙飞因肺结核病住院),让我们两年没有见面了,难道1948年5月我们在阜平南湾的分手就是最后的诀别吗?我不敢再想下去,也不敢再听下去了,我手中的报纸不知怎么掉到地上去了,泪水模糊了我的眼睛,不由自主地哭起来,画报社同志也都哭了。

章文龙1980年回忆:事情出来后,邱岗曾写申述给聂荣臻,聂说,杀人要偿命。(作者附记:章文龙是晋察冀画报社老编辑,一直保存着沙飞拍摄的几张鲁迅照片,2000年赠送给王雁。)

张富云:我们刚来医院时,领导给我们做工作,这些日本人不是鬼子、不是敌人。日本医护人员在和平医院及医大有七八十人,连家属200人左右,他们服务好。我对日本人仇恨,不跟他们学日语。但我们知道,日本帝国主义不好,日本人民好。说沙飞狭隘民族主义,我们不明白他,我们小兵都理解党的政策,他为什么不能理解。当时医疗水平低,不注意人的心理状态,津泽也没感到沙飞有精神病,按结核治疗。沙飞出事后,没有任何人找我,问他有没有精神病。当时没精神病科,对不明显的精神病不懂,后来经验多了,他精神是不正常。

原和平医院检验科化验员王庭贵2001年回忆:审判沙飞时,军区来一个科长还带一个人,在军大小礼堂开庭,法官穿军装,当时每科抽一人去参加。在法庭上,沙飞穿军装,不戴胸章,没有戴手铐。沙飞说津泽害他,老叫他脱衣服透视,让他感冒,他承认是有准备杀津泽的,好像杀一个日本人没什么。审判会时,沙飞满不在乎。

李洛琪:沙飞出事后开大会,曹中南政委说,沙飞出事前,叫通讯员擦枪,还试枪。我们请示军区,发生这么大事,我们院长、政委有责任,我们请求处分。大家议论,日本人给中国人做事,就是友人。沙飞这么做很愚蠢,大家很奇怪、很气愤。沙飞被押在华北军大保卫处。李有志、奚文斌也被关在医院的一个房子。我问其他人,当时为什么不把沙飞的枪夺了?听人说,沙飞说,李有志,你不许动,你动,我打死你。沙飞处决后,在和平医院礼堂由北京来的军法处的人宣布。

第三章 绝 响

石少华 1981 年回忆：沙飞出问题，我们没预料。出事后，画报社向政治部提了很多意见，政治部也向上提了。有两种意见，大部分同志不同意执行极刑。后来上级决定，秘密处决。处决之后才通知我们，并通知他爱人。当时决定他的五个孩子，全由军队抚养成人。

高粮 1980 年回忆：我们最近找了聂荣臻，跟他谈沙飞当时神经不正常，却硬要按蓄谋杀人处理，这主要是张致祥写的报告，朱德又不了解情况，只好批示挥泪斩马谡。军区给团以上干部传达，会场布置得很严肃，铺的白桌布有悼念之意。沙飞有病时，一封信一封信写给军区，大家说别理他，他神经病，到处理时就不按神经病处理了。

殷子烈（华北军区后勤部卫生部长殷希彭将军之子）2003 年回忆：当年我已经十几岁，懂事了。沙飞出事后，父亲赶去石家庄，安抚日本人，采取措施。父亲回来后说起此事，不可思议，太可惜了。津泽胜的女儿田子和与我是八一的同学，她常来中国，但我们见面从不谈此事。（作者附记：沙飞枪杀泽津胜，并为之偿命，这是战争的悲剧，中日两个家庭的悲剧。）

从小就知道，父亲的死与张致祥（1909~2009）有关。1997 年 3 月初次拜访他，当感觉到站在大院门口的老人就是他时，心痛极恨极；然而当面对着两位白发苍苍的老人，看到他们在整理、手抄《晋察冀日报》社论时，仇与恨在胸中一点点融化。张夫人伊之告知，80 年代末我们把《晋察冀日报史》写好后，拿去给聂帅看，在代笔的前言中，聂帅当面亲自用铅笔加写了几个字"沙飞、洪水、邓拓等同志先后领导过这份报纸的编辑出版工作"。聂帅记着沙飞。后来又几次采访 90 多岁的张老，他思维敏捷，记忆力很好。我早已理解、谅解了他，不，应该说是对他们那一代人！但一谈到历史，双方都很冲动，谈一半，他都先离去。张夫人善解人意，两次主动谈起自己的丈夫：他工作有能力，大刀阔斧干事，他要速度、效率，急，不能与他共事，他"左"得很，不讲情面，不做思想工作，他的位置、暴躁的脾气、简单的工作方法容易伤人，他整人、伤人不知道，他不圆滑，心里有话全吐出来，没坏心，刀子手、豆腐心，智商高、情商低，在社会上不好混，他内心软，我内心刚强，他不记往事，不想将来，只想今天、此时此刻，他经常检查自己。夫人对他知得很深。

2000 年 8 月与住在沈阳的李荒通电话，他感到意外又高兴。他是沙飞的入

4. "挥泪斩'马谡'"

党介绍人。他说,张致祥是章太炎的大弟子国学大师吴承仕的得意门生,是有名的才子,很正派。

再见到张老,就会平静了。祝愿他健康、长寿!(作者附记:2007年12月11日,北京举办"纪念晋察冀日报创刊70周年"活动,我最后一次见到张致祥;张致祥2009年离世后,我到京时专程看望伊之阿姨,我问:这些年有关沙飞的报道很多,是否给张伯伯太大压力?伊之平静地回答:经历了这么多,这事算什么?我连连点头。伊之签名送我纪念册。)

2010年秋,北京八一学校小校友孙宝军(孙子建之子)告诉我:沙飞离世前一天,即1950年3月3日,有关领导委托时在华北军大工作的沙飞熟悉的老战友孙子建(原晋察冀军区敌工部),请他陪沙飞吃了最后一顿晚餐。

小时候一直听说父亲的死是朱德签的字,后来才知道是聂荣臻拍的板。事件一发生,聂荣臻立即提出"沙飞精神是否正常",当张致祥汇报"沙飞在医院检查神经健全"时,他决然"挥泪斩马谡",同时,铁血将军为爱将洒泪。在沙飞平反过程中,聂荣臻亲自批示:"沙飞已经处刑。当时我不理解他有精神病,如果确有精神病,应予以平反,请总政办。"一个既有极强法律意识又重感情的领导人!聂荣臻对父亲有知遇之恩,没有他,父亲只是个优秀的摄影师而已,不可能创办《晋察冀画报》,建立一支摄影队伍……无法干出这么辉煌的事业。我们全家对聂荣臻有一种特殊的深厚感情。

聂荣臻之女聂力大姐,是我八一学校的学长。2004年4月在北京,我第一次到聂力家,请她参加5月20日石家庄沙飞塑像揭幕式,之后随意聊起往事,她问:你父亲最后是谁签字?我脱口而出:是你爸爸签的。聂力大姐的眼泪一下子流出来,我马上说:大姐,我们全家都明白,当时谁签字,也只能如此……我不知道说什么好,责怪自己说话太随意。5月19日晚在石家庄,我们五兄弟姐妹及叔叔司徒彤一起去看望聂力大姐,5月20日石家庄双凤山陵园沙飞塑像揭幕,最大的花篮是"聂荣臻及夫人张瑞华携后代聂力敬献"。2005年7月初,我与妹妹少军及解放军画报社副社长李培义到聂力家送新书《沙飞摄影全集》《我的父亲沙飞》,大姐立即表示参加两本书发布会,我开玩笑"没人保证首长的安全";7月9日聂力到王府井涵芬楼参加发布会。2009年11月,在重庆江津举办"中国江津·日本都城缔结友好城市10周年纪念暨聂荣臻元帅人道主义研讨会",我

我的父亲沙飞
My Father H.Szeto

第三章 绝响

聂荣臻之女聂力（中）与沙飞的七弟司徒彤（右二），及五子女合影。2004.5.19 石家庄

发言题目为"聂荣臻与中国革命摄影"，摘选如下：2008年3月，沙飞抗战摄影作品展览首次走出国门，在美国休斯敦国际摄影节展出；4月开始，在日本东京、都城、熊本、大阪、福冈、鹿儿岛等地巡展。沙飞摄影展览在日本反响很大。最令日本民众感动的照片是《聂荣臻将军与日本小姑娘美穗子》。东京沙飞摄影展览五天中，有200多人留言。美日摄影界、学术界开始对沙飞摄影作品、摄影理论、摄影团队进行研究，他们关注到聂荣臻对沙飞摄影事业的支持。日本学者姬田光义提出，"1980年聂荣臻与美穗子见面是一大新闻，组照成为中日交流的机会；因为有聂荣臻的支持，才能成就沙飞；沙飞与聂荣臻有缘分"。沙飞和他的战友们在抗日战争中创造的文化奇迹，与晋察冀军区司令员兼政委聂荣臻的鼎力支持密不可分。极富远见卓识的聂荣臻大胆起用刚参加八路军、非共产党员的摄影师沙飞。因此，沙飞们用照相机记录下聂荣臻们创造的晋察冀抗日根据地的辉煌历史。比如，没有百团大战中八路军将士人道主义的大爱，沙飞怎么可能拍摄流传于世的不朽佳作《将军与孤女》？也因此，沙飞们为后人留住了二战时期中国晋察冀抗日根据地的影像资料。这是人类宝贵的精神、文化财富。

4. "挥泪斩'马谡'"

2012年5月4日，丁衡高聂力夫妇出席国家博物馆"百年沙飞——纪念沙飞诞辰100周年摄影作品捐赠展览"开幕式。聂力大姐多次努力做工作，希望我与津泽胜之女田子和握手言和，一笑泯恩仇。张鼎中文章《送沙飞远行》，记录了沙飞离世前流露出对聂荣臻的真情。

对朱良才上将，应该说几句。父亲死后，他的老上级中，我们只与朱良才伯伯有联系。我还在上小学时，好几次跟着到北京开会的妈妈去看望他。朱良才是继舒同之后父亲的顶头上司，《晋察冀画报》是在他直接领导支持下创办的。父亲出事后，徐桐岗开会讲沙飞的历史，朱良才说，这些你别讲；徐桐岗提出沙飞精神不正常，朱良才说沙飞精神正常。但是当副主任张致祥把以政治部名义写好的处决沙飞的报告给主任朱良才签字时，他拒签。没人知道，更没人相信朱良才在有关报告上没签字。20世纪80年代在为沙飞平反的过程中，曾有人，包括耿直的孙毅将军为沙飞的死责怪他，他没有向任何人解释，而且他仍然认为"沙飞精神正常"。但他在家里说："精神正常也可以死缓！当时不就是一个人一句话嘛！"一个在高层里少有的不随波逐流的人！

父辈们生活在那个年代，他们属于一代有自己原则的共产党人。

5."执行时不下跪"

王笑利、王雁看望张鼎中。2001

华北军区政治部保卫部张鼎中1986年、2001年回忆：我当时是保卫部三科科长兼管军法处工作。关于沙飞犯错被判执行我知道一些，事件发生不知道。石家庄华北军大报到华北军区军法处，处长是张致祥，他负责，我是科长。二科管案件预审，领导批了以后，派人把档案送来，我们以军法处名义写判决书、盖章，我们去宣布。当时让一个副科长去，他认识沙飞，他说工作忙，走不开，我和刘德惠是由张致祥派去，执行命令。1950年3月3日我坐大车到石家庄，当晚到华北军大保卫部门。他们把情况介绍了一下，如何布置警戒，安排对沙飞本人做思想工作，让他有准备。我是在3月4日上午，把沙飞叫出来到办公室。我第一次见沙飞，他穿军装、戴帽子、有手铐。当时屋里有十多人，都是军大警卫部队战士。我说你是沙飞同志吗？他说是。我说你犯的错误很严重，要处理，问他有没有准备，他说有。我接着就念判决书，念完后，他什么话也没讲。我说判决后立即执行，他就点点头。当时他就出去，上车去了，我没去。当时拿衣服当枕头，拿了被子去，这是应该的，很好的安排。上午执行完很顺利，我下午回去了。我只是向他宣布，随即执行宣判，至于遗物、埋葬，我都没参加，是军大办的。我们三科就是军法处，五六个人，负责两千多犯人，重大案件都得我亲自审讯，我主审孙殿英、黄维等几十名国民党高级战犯。我这一辈子就执行了沙飞一个老同志，还是错的。

我的父亲沙飞
My Father H.Szeto

5. "执行时不下跪"

如果当时沙飞由我们关押,看出他不正常,我们向上反映,可能会好一些。平反我完全赞同,很高兴。沙飞对革命贡献大,是功臣。

当时人们认为政治部有富贵贫贱之分:保卫部富,组织部贵,宣传部贫,敌工部贱。张致祥这人"左"得很。

韩彬1987年回忆:3月4日早上8点多吃饭,饭放在院子里,每人拿碗分菜,沙飞吃得慢。袁干事叫他走,他走时挺胸,反复看我,意思叫我没好事,用手比比头。他又回来了,我看到他刮了胡子,就知道他回不来了。他关了两三个月,没有理发,胡子很长,最后宣判前才刮胡子。他穿毛袜、棉鞋,把自己的衣服全套上,裤带还给了他,他系裤带时对我笑,咱们永不再见了,你对我最了解,将来替我说话。小刘问你替他说什么?我说,让我给他老婆孩子说说。那天是我给他穿的鞋,人家不让他穿皮鞋,他非穿,要不就不走。他走时对我哈哈笑,仰头、闭眼,表示回不来。挨着纱窗的湖南人说,今天看来凶多吉少。沙飞走时,他想捅小条过来未捅,他向我招手说再见再见。我说慷慨就义去吧!上午10点他出去,再也没回来了,从此就和我永别了。我只能流泪同情。12点多看守所的警卫小战士回来说,沙飞执行了。我问在哪?他说了地点。怎么执行?很威风!坐小卧车去。一出去就打。沙飞死的情况,小刘告诉我的,他戴脚镣,下车后,有人从头上打,苟部长、小个子四川人小陶、谢连长打的,打完马上擦干净头部血,用毯子包上。小鬼说,军区来个官是参谋长,在大会上宣布处决沙飞,有干部、和平医院代表。听说沙飞走前提出要求:1.刮胡子。2.换上夫人织的毛袜子、毛裤。3.立个碑,搞个记号,将来叫孩子弄回家去。4.执行时不下跪,他是共产党员,不是犯人、敌人,犯了谁的法。我出狱后,去看过几次墓。碑一尺多高,广东开平人,沙飞之墓,一九五〇年立。墓在烈士陵园外东南角,最多200米。我问警卫连的,沙飞枪毙时恐惧吗?他说很自然,上车下车很自然,没后悔、没顾虑、没难过、没掉泪。他走后,很多人说,沙飞很有骨头,很有军人气派,不是拽、拉、拖。军大负责人李钟奇等认为关关就算了,没想到是处决,大家想不通。

张富云:3月4日公审大会我参加了。阴天,灰蒙蒙的,上午在和平医院小操场宣判,沙飞站在临时搭的台上,穿着军衣,不戴胸章,他很帅,很精神,很整洁,整整齐齐的。他脸苍白,但没有害怕,对着台下看东看西,视死如归。大

我的父亲沙飞
My Father H.Szeto

第三章 绝响

家议论，他什么都不在乎。日本人参加了会，军区来人宣判，大会时间不长，当场宣布极刑，马上拉去执行。葬在烈士陵园东墙外。沙飞死后，日本人佩服，说中国共产党真伟大！

审判过程我不知道，不知道有审判会。当时传说，这么大干部，非要毛主席从苏联回来定，是毛主席批的"杀人偿命，照顾国际影响"。我们都没想到是死刑。津泽有四个孩子，小的三四岁。沙飞很有才华，他有好几个孩子，小的还很小，一转眼，两家都没爸爸了。我们感到真可怜，挺惋惜的。

姜杰2001年回忆：在医院操场，我在下面坐着，来人宣布，沙飞在台上，一点不害怕，像在病房时一样。大家在下面议论，沙飞是不是有病？杀人犯法，他是知道的。

和平医院司机焦恩1997年、2001年、2002年、2003年回忆：沙飞出事后，华北军大来一个人，我开车把沙飞和他从医院送去军大，当时不知沙飞的名字，他穿棉衣，带着大衣，他下车时对那个人说，拿大衣来，别把我冻着。满不在乎。冬天送去，关了几个月，春天执行。没有开审判会，上午10点多，我开车把沙飞从军法处送到刑场，这次我才知道他叫沙飞。我当时开的是一辆军用中吉普，美国救护车，军大军法处去了两个人，没有其他人，车是两排座，中间可以放担架，他们三人坐着，没说什么。沙飞穿的是新军装，他没有恐惧，没有戴手铐，到刑场也没有戴。下车后他对执刑的人说，我的事情，希望组织考虑考虑。人家说，你的问题早经过讨论了，毛主席都参加会议了。刑场很近，没二里地，破破烂烂的，挖了一个坑，位置在烈士陵园后面。我没等他们，马上开车走了。

王朝秀1995年、2001年回忆：当时我从华北军大毕业分配到军大保育院，在石家庄市西郊的一座黄楼。1950年3月4日，天阴沉沉、灰蒙

焦恩。2001

王朝秀。1950

我的父亲沙飞
My Father H.Szeto

5."执行时不下跪"

蒙的。7时许，我们正在吃早饭，有的在门前蹲着、站着吃。我们看见从围墙外进来一辆马车拉着一口棺材，没上漆，白白的，车拉到传达室后边，好像不愿让别人看见，但我们都看见了，都笑，我们围上去问拉车的老头，干吗拉棺材？这个50多岁的穿一身农服的老人说要枪毙人。是什么人？听说是个当兵的，打死了个日本大夫。老人语调沉重，很是不平。大家愤慨地议论纷纷。不久听到围墙外汽车打鸣笛，赶车的老人跑到门口，又急匆匆返回，将拉棺木的马车赶了出去，紧跟在那辆军用绿色小吉普后面。我们觉得这车里就是那个人，我们20多人就跟着跑，出了围墙往左，再往上有一片荒地，离黄楼有几百米，车停住了。车门开了，下来三个穿军装的人，还拿出一块绿军毯。两人持步枪，另一人中等身材，脸色白净，似乎还有些红润，少年英俊，神态自然，穿军装，没胸章与帽徽，低着头背着手，没捆绑，步履坚定。开始三人并排向前走，走出二三百米，一人站住了，两个人继续往前走，又走了百米左右，两人也站住了，其中一人向旁边走了几步，回头向站在后面的那个举了举手。后面的人突然打了个立正，并敬了举手礼，我觉得是给要被打死的人敬的礼，然后他就朝那个背着的人举起了枪，那个人也不紧张，也不动。吓得我们有的堵住了耳朵，有的背转了脸，有的用手蒙住眼睛，露着指缝还想看。我瞪着双眼，站在那里，脑中一片空白。枪声响了，他倒下了。惊恐的人群突然清醒了似的，跑向他倒下的地方。后面的军人跟步向前，两个军人将他慢慢地翻过了身，正了正军帽，拉平整个军服，用纱布轻轻擦去他脸上的黄土与血渍。我们许多人都哭了。那辆马车过来了，两个军人和赶车的老人抬下了棺木，旁边有个已挖好的坑，两个军人拿绿色军毯，铺在棺木内，将他轻轻地抬起来安放其中，动作缓缓的，他们谁也没说一句话，好像怕惊醒正在熟睡的人似的，很安静，静得能听到每个人轻微的呼吸和喘息声。这时传来了8点上班的军号声，当时还没有盖上棺材盖，我们就都跑回了黄楼。早饭都没吃成，我连午饭、晚饭也咽不下去，眼前总浮现着那紧闭双眼的安详的面孔、殷红的鲜血，耳际总响着那刺耳的枪声。熄灯号响了，我躺在床上，黑暗中又看到了那恐怖的一幕。我难以理解与接受枪击了一个日本人就必须偿命的残酷现实。日本帝国主义杀害了我们几千万中国人，他们谁偿命了？！第二天早操后，我悄悄地向他倒下的地方跑去，那里已无一人，一片荒凉的地上，隆起了一座黄土新坟。墓前插着一块约三尺高、四寸宽的粗料木牌，上面用墨写着"沙飞之墓"四个字。这时我才知道亡人名叫沙飞。从此我每天早晨出完操就去看沙飞，在他的墓地磕几个头，静静地陪伴他十几分钟，默默地背我为他写的一首小诗。

我的父亲沙飞
My Father H.Szeto

第三章 绝 响

献给沙飞

每天清晨，我站在您的墓前，
默默地向您诵颂我的诗篇。
尽管我们并不相识，
我却沉痛地将您思念。
您是那样地年轻，不过二十多岁，
飒爽英姿、红光满面。
对革命却已做出了光辉的贡献，
否则您怎么会有"持枪权"？
这支枪是您的自卫武器，
为您治疗的日本大夫遭到了枪击。
是什么原因使您失去理智？失去控制？
您付出了昂贵的代价——
美好的生命再也不属于您……
我为您遗憾，遗憾您无谓的牺牲。
我为您惋惜，惋惜您青春的短暂。
我为您悲愤，悲愤您生命的坎坷。
然而我能献给您的仅仅是：
真挚深沉的悼念和
纯洁幼稚的眼泪。
安息吧早逝的英灵！
安息吧年轻的沙飞！
在人世间除了您的亲人、好友，
还有一个更年轻的小兵，
真诚地将您怀念。
我愿它成为对您的一丝安慰。

小兵　王朝秀 1950 年 3 月 5 日于石家庄

我的父亲沙飞
My Father H.Szeto

5. "执行时不下跪"

1950年4月我调离石家庄，不能去看沙飞了，但我永远记住这幕——我人生遇到的第一个壮烈的悲剧，我永远缅怀那年轻美好的生命——沙飞。1953年我出差去石家庄，再次去看沙飞，墓地找不着了，黄楼还在。

1990年战友于绣萍送给我一本画册《难忘的瞬间》，是她爱人葛立群编的，有沙飞的作品《战斗在古长城》，名字有个黑框，并附介绍沙飞的文章，他于1950年3月4日去世。我很快与沙飞的家人取得联系。1995年8月我应邀到广州、深圳参加沙飞摄影展览，在留言簿上我写了一首诗《忆沙飞》：

血泊奇缘"四五"春，

魂牵梦绕悼英灵。

前辈创业垂青史，

更慰小兵一片情。

当年的小兵王朝秀

2013年张鼎中著《开国秘密战——我在军法处八年》出版，其中文章《送沙飞远行》，真实记录了接受任务到送沙飞远行的全过程。

送沙飞远行（节选）
张鼎中

二、接受执刑任务

我接到张致祥副主任电话，要我尽快到他办公室接受任务。

张致祥说："今天正式向你交代任务，以军法处名义起草判决书。"随手将步校的审理档案、报告和首长批示交给我。

交代我说："做好执行死刑的一切准备工作。这事由你亲自办理，由你赴石家庄宣判、监督执行。你要尽快地认真地把这件事办好。"

三、见到沙飞

按要求，我起草了判决书。经上级审批，在执行沙飞死刑的前一天，3月3日，我带警卫连副连长吕万来和看守员王习味一起赶赴石家庄。

到石家庄后，首先向高级步校（即华北军大）领导传达军区党委关于判决沙飞死刑的决定，而后与步校保卫部唐部长商量如何向沙飞宣判和执行死刑问题。

当天，我提审沙飞。沙飞说："打死日本特务，我不是一时冲动，是早有思想

张鼎中。2012

准备的,是为了报仇。"他表示:"这件事,军区首长,聂司令员,肯定会知道的,他会公正处理的。"我以沉默相对。沙飞说:"聂总的决定,我一定服从。"

四、刑场一再延缓

1950年3月4日上午,在高级步校一个较大的会议室正式宣判杀人犯沙飞死刑。

沙飞到庭后,全体站立,我宣读判决书。

原文如下:

华北军区军法处判决书

法字第六号

罪犯沙飞,男,现年38岁,出生在广东一个商人世家,1937年12月参加八路军,历任《晋察冀画报》摄影记者、主任等职。

1948年5月因患肺结核病,入石家庄白求恩和平医院治疗。经一年多诊疗,病情不见好转,沙飞即怀疑为他治病的日本籍大夫津泽胜是潜伏在中国的特务,故在津泽胜为他治病时,开枪打死津泽胜,事发后将沙飞逮捕审讯,因人证、物证、事证清楚,罪犯沙飞供认不讳。

经华北军区党委批准,军法处判处杀人犯沙飞死刑,立即执行枪决,以正国法。以儆效尤,切切此判。

兼军法处处长　张致祥

1950年2月24日

宣读完判决书,我问沙飞:"你听清楚了吗?"

沙飞停顿一会儿,说:"听清了。"

我又问:"你服罪吗?"

这时,沙飞指着判决书,问:"能让我看一下吗?"

5. "执行时不下跪"

我说："可以。"当场交他看。

沙飞仔细地看完后问："聂荣臻司令员知道吗？"

沙飞确实不甘心就这样呀，他实在不理解杀日本特务的人怎么会被处以极刑。而这样的决定，一定没经过聂司令员。

我有准备，双手将步校呈送的报告及聂司令员亲自批准判决沙飞死刑的文件一并交与他。

沙飞对聂司令员的字迹非常熟悉。他仔细看罢聂司令员亲笔签字，再无他念。对着文件，沙飞见字如面，叫一声："聂总！"哽咽掉泪了。沙飞停止了哭泣，眼神投向我。

我再次询问："你服罪吗？"沙飞沉思了一下，回答："服罪。"接着他又说："现在就执刑吗？"

我说："是的。"沙飞又停顿了一会儿说："可不可以让我换换衣服？"我说："可以。"

依沙飞吩咐，看守战士从监房取来一个布包袱，内有沙飞的衣服。沙飞把包袱放在椅子上打开，一件一件地换，脱下旧的，换上比较干净的。我们静静地坐着，看他的一举一动。沙飞非常镇定，从容。大约半个小时过去了，他收拾停当。现场没有人催促，时间完全由沙飞自己掌握。

我问："还有什么要说的？"沙飞："没有要说的了。"

沙飞押赴刑场，其实根本没有押解。我和唐部长随在左右，其他人员跟随其后，就像平时散步一样，由沙飞带路，大家一步一步向石家庄北郊刑场走去。行走中我们无话。

走着说着，一副棺木摆在前面。糟！俗话说："不见棺材不落泪。"根据我们商定的安排，棺木置放于隐蔽处，避免给沙飞以刺激。不想他们给落实成这样了。沙飞倒没什么意外，很坦然地步向棺材。

我们一齐在棺木旁站定。这是一口很好的棺木，沙飞的归宿绝不能等同其他罪犯。我问："你看还需要什么？"沙飞看了看棺内已铺好他的被褥，指了指前面部位，意思是那儿还有问题。我明白了，低声说："枕头马上就有。"

战士跑步去取回一个真正的枕头。沙飞平时所枕，是他那个衣服包袱，从战场到病房再到监房，皆如此。枕头摆放好，我仍然不发话。我是急性子、暴性子，但这一天，我确实愿意为沙飞多做些什么。

沙飞换衣服的每一个动作都在感动着我。我与沙飞素昧平生，可我与他的情感交流，恰是从他换衣服开始的。更多的死刑犯，到这时早已崩溃，身体瘫软，乃至屎尿俱下。可我看到，眼前的每一秒，对沙飞都那么美好。那是因为沙飞有一个美好的心灵，并且以此装点生命尽头的每一分每一秒。他那么热爱生活，热爱这个国家，热爱这个国家的人民。为抒发这个热爱，艺术上他追求极致。为捍卫这个热爱，他不惜采取极端。

沙飞向四周看了看，问："还要我跪下吗？"

他的冷静，他的安详，以及他的高傲，都在最后这一问中。

我温和地说："不用。"

沙飞肯定准备了充分的理由争取站立。当他临刑前的所有愿望都无障碍地得到实现时，他反而茫然了。他望着我，不知道该怎么站，不知道该迎着枪口还是背着枪口。

我说："你就站着，朝北看。"

沙飞伫立北望。"砰"一声枪响，沙飞永远走了。

中国人民解放军华北军区政治部军法处判决书

一九五〇年二月二十四日于本处

法字第九号

为判处沙飞枪杀津泽胜致死处以极刑事

一、罪犯简历

罪犯沙飞，原名司徒传，广东开平人，现年三十八岁。一九三七年入伍，一九四二年入党。历任晋察冀军区政治部抗敌报社副主任、编辑科长、摄影科长、画报社主任及华北军区政治部画报社主任等职。于一九四八年十月，因肺病入军区干部疗养院休养，同年十二月转入石家庄和平医院治疗。

二、犯罪事实

该犯自入院后，肺病逐渐好转，去年冬，基本上已停止发展，本部决定令其出院来京休养，十二月初并派专人去接。同月十五日下午一时，该犯以出院前征询医生意见为借口，派其通讯员，将该院日籍内科主任医生津泽胜诱到他房内，

5. "执行时不下跪"

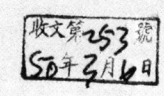

華北軍區政治部關於開除沙飛黨籍的決定

本部畫報社主任沙飛,在和平醫院槍殺內科主任津澤勝(日籍),嚴重的違背了黨的紀律,這一犯罪事件本身,即已宣告沙飛完全失去一個共產黨員的資格。因為黨的紀律的基本精神,在於維護黨的行動——黨的組織與每個黨員的行動,符合於人民利益、人民國家的法律,是為了鞏固和保障人民利益而製訂的,因此黨員應依照守人民國家法律的模範,而不能有任何特權。沙飛卻完全藐視人民國家的法律,擅自以革命的武器,殺害人命,這是國法和黨紀所絕不容許的。

沙飛出身自由職業者,一九三七年參加革命,一九四二年入黨,歷任晉察冀軍區政治部宣傳部攝影科長、晉察冀軍區及華北軍區政治部畫報社主任等職,對華北的攝影和畫報工作是做得有成績的。但由於始終不愛學習,在思想上長期存在著嚴重的個人主義,政治上極不開展,常依恃『聰明』,自以為是,雖經黨屢次給以教育,但均未引起沙飛的覺悟。此次槍殺津澤勝,即基本上從狹隘的民族主義思想情緒出發,認為一切日本人都是『民族敵人』,因而毫無根據地懷疑津澤勝在給他治療中謀害他,在思想上、政治上已墮落到不可救藥的地步。黨對於沙飛這樣一個參加革命十幾年的幹部,竟至違法犯紀葬送了自己的光榮歷史,是非常痛心的,但卻決不能因為沙飛曾經對革命有過貢獻,而對他的嚴重違犯黨的紀律行為,對他思想上、政治上的墮落有絲毫寬恕,因此請准軍委總政及華北局開除他的黨籍,並予以公佈,以教育全體黨員。

一九五○年一月十日

华北军区政治部关于开除沙飞党籍的决定。1950.1.10

我的父亲沙飞
My Father H.Szeto

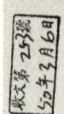

第三章 绝 唱

中国人民解放军华北军区政治部军法处判决书。1950.2.24

5. "执行时不下跪"

正谈话间，该犯突由床上立起，在裤兜内掏出手枪，对准津泽胜连发两弹：一中额部，一由左臂擦过，津泽胜立即倒地；当时有该犯之两个通讯员在场，一个事件发生后去院部报讯，沙飞乘另一通讯员不备之际，又向津泽胜额部正中射击一弹，因伤中要害医治无效，延至十七日毙命。

三、检查经过

（一）该案发生后，本部立即下令将该犯逮捕，并立派本部徐桐岗科长赶赴肇事地点检查，情况与上述相符。经审讯该犯，直供蓄意枪杀津泽胜不讳。复因该犯供称怀疑津泽胜在诊疗中有意谋害他（提出：1.津泽胜给他打针促进了他的发烧；2.告他起床活动，对他的病情不利；3.实行X光透视，损害他的生理机能；4.给他内服樟脑酸，对他有生命危险等），是引起枪杀津泽胜的动机。为郑重起见，本部特责成军区卫生部、医大及和平医院负责同志组织医学专家及有关治疗医生，根据所供怀疑四点，进行对该犯全部治疗经过的检查，经做出结论，认为：津泽胜对沙飞之治疗与用药均为合理，最明显之事实，是沙飞入院时病情严重，不能起床、头痛、吐血、出盗汗；去年十二月出院前检查：血沉每小时三 M、M，平均数为六 M、M，体温正常，体重增加，肺结核停止发展。从以上证明，该犯对津泽胜之怀疑，毫无根据。

（二）津泽胜情况：津泽胜，日本熊本县人，四十三岁，伪满医科大学毕业，曾在察南医院做医生四年，一九四二年在北京开私人医院，四四年应日军征募入伍，当陆军军医。日本投降后退伍住北京西观音寺。四五年十月，经日本解放联盟介绍，到张家口参加我军医务工作。历任医学院内科教授、和平医院内科医生及内科主任医生。工作一贯认真负责，对病伤员治疗态度诚恳亲切。在工作人员与休养人员中威信较好。

（三）该犯行凶前后情况

该犯由于平素不关心政治学习，思想上长期存在着严重的个人主义，自恃"聪明"，自以为是，政治上极为落后。对我军雇用日籍医务人员，向抱反对态度；对给他治疗的日籍医生，则极端仇视，认为都是"民族敌人"。此种极端有害的狭隘民族主义思想与政治上极端落后，是造成枪杀津泽胜的基本原因。行凶前该犯曾向人借过枪（未借给他），擦过枪并试过枪，向人暗示出院前要做一件"惊人"的事。行凶后，态度镇静，以为杀了一个"日本人"，可以不抵命。

四、判决

综合全案检查结果，该犯枪杀津泽胜致死，确系蓄意谋害的犯罪行为。依法，应处以极刑。该犯所供对津泽胜在治疗中的怀疑，事实证明，毫无根据，完全出自武断臆测。即使津泽胜有问题亦应依法律手续处理，不容任何个人擅自杀人，沙飞此种目无国法的犯罪行为，决不能宽贷。

该犯曾在犯罪之前试过枪，并设法将被害者诱至室内，突然予以连击三枪，必欲置之死地而后已，此种侵犯人权罪行，实属凶残已极。这严重地违犯了国家法律、党的政策与军队纪律，经呈请中央人民革命军事委员会、总政治部批准，特判处罪犯沙飞以极刑，以严肃法纪，而保障人权。

此判！

兼军法处长　张南生（章）

中国人民解放军华北军区训令

一九五○年二月二十七日于本军区
政字第二号

华北军区政治部画报社主任沙飞，因肺结核病在和平医院疗养，当他行将出院之前，枪杀了该院内科主任医生津泽胜（日籍），严重地违犯了人民国家的法律和人民解放军的纪律，经军法处判决，并呈准军委总政，处以极刑。

沙飞的犯罪事件，是令人愤激的。沙飞身为革命军人且系相当负责干部，竟擅自以革命的武器，杀害人命，这种无法无天的罪行，为我人民解放军建军以来所罕闻罕见，严重地玷辱了我军的传统荣誉。我们必须认识，人民解放军是人民民主国家的组织部分之一，我们每个革命军人，无论干部战士，均应无条件地遵守人民民主国家的法律和人民政治协商会议的共同纲领，同时这种国家法律和政治纲领，正是人民长期牺牲奋斗的成果，用法律和纲领的明文，将它巩固起来的。只有人人遵守，才能使人民已得利益，得到切实的保障。我人民解放军自建军以来，即恪遵全心全意为人民服务的宗旨，因此我们不仅要从组织上遵守国家法律与人民政治协商会议的政治纲领，并且要从思想上自觉地遵守它。沙飞仅凭武断臆测，诬津泽胜为特务，又不经任何司法程序，依恃武器在手，残害人命，显然是极端恶劣的军阀行为。这种目无法纪的罪行，招致严重不良影响，为革命

5. "执行时不下跪"

中国人民解放军华北军区训令。1950.2.27

军纪所决不容许。为了维护人民民主秩序,保障人权,是必须依法制裁的。

沙飞的犯罪事件,是令人痛心的。沙飞参加人民解放军有十三年的历史,对军事摄影工作与画报工作,有过不小的贡献。但他却没有正确地认识,所以能够做出这样的成绩,主要由于有党的领导,和集体的组织力量;离开了这些,就将一无作为。他错误地夸大了自己的"才能",因而存在着"居功"骄傲的情绪,自恃"聪明",不爱学习,虽屡经教育,仍口是心非,自以为是。这成为沙飞目无组织纪律、行凶犯法的主要思想根源。直至犯罪之后,尚执迷不悟,认为杀了一个日本人算不了什么。由于他思想上、政治上日渐堕落的结果,终至葬送了自己十几年的革命光荣历史,这一血的教训,是必须牢牢记取的。

各级领导应将沙飞犯罪事件及其教训,在全体人员中进行深入教育,要求我们的干部战士,明确树立人民祖国的国家观念,成为恪遵国家法律的模范;并反对居功骄傲,努力学习进步,人人珍爱自己的光荣历史,永远谦逊地保持光荣,发扬光荣。

此令!

司令员　　聂荣臻

政治委员　　薄一波

副司令员　　徐向前

政治部主任　　朱良才

政治部副主任　　张南生　张致祥

王辉《自传》(1954年12月19日填)

1949年12月调北京人民银行总行人事处工作,科长待遇,在我到北京不过十来天的光景,突然晋察冀华北画报社副主任石少华同志来找我,他告诉我沙飞在石家庄和平医院枪杀了一个日本医生,因为他说那个医生是特务要害他,并说华北军区政治部副主任张致祥同志很想找我谈,我立刻和他一道去见张副主任,他告诉我大家听了这个消息一方面愤恨,另方面痛心,并说聂司令员的意见,如那个日本医生挽救不了,沙飞就要填命,如果能挽回来也得坐牢;我当时无话可说,只表示沙飞违反国法,受国法制裁是应该

5. "执行时不下跪"

的。回来后好几个晚上睡不着，愤恨痛心交织着，一方面愤恨他无法无天随便伤害人命，不顾党的影响，不为我和孩子打算，另方面痛心他十余年的光荣历史就此葬送。

第二日，我接到石少华同志的电话，说那个日本医生已死，我痛苦万分，精神很不安，少华同志经常找我谈，我为了克服内心的痛苦，天天上班，多找工作，我曾写过二封信给聂司令员和朱良才、张致祥主任，一方面表示对沙飞违法受法律制

1950年3月8日《华北解放军》（原《抗敌报》分支《抗敌三日刊》）刊登有关沙飞文件

裁我无意见，但要求能否念他十余年来对革命有点贡献也曾负伤，能否法外开恩给予宽大，不要把他处死，另方面对军区处理沙飞问题提了一些意见，就是他要枪杀那个日本医生前早已给毛主席写信，为何迟迟不把他调开那个医院接回北京。后来张主任找我谈，说这件事主要应该由沙飞负责，军区对他的事迟迟不处理是不对，并做了一些自我批评，当然我同意他的意见，并认为自己也得负责，因和沙飞不在一个部门，对他不了解，警惕性不够，连他写信给毛主席也不知。

组织对这件事很慎重，调了一些同志到石家庄调查，了解日本医生到底是不是特务，研究给沙飞用的药方有无问题，经过三个多月的调查。终于找不到可疑的地方，药方也未发现不妥之处，经军委批准，处沙飞极刑。在他临刑前二天，由军区政治部主任、副主任名义给我写了一封信，要我坚持原则立场，并表示沙飞从事革命十余年，犯法依法处理是一回事，对其子女

第三章 绝 响

组织仍应照顾，要我不要顾虑，另外写了一封信给总行南行长要银行多照顾我。这二封信来到，恰巧我去天津开会，等我回北京时，沙飞已经处理了，我回来知道就写了一封信给聂司令员、朱张主任，表示对组织的处理拥护，并要求批准我和他脱离夫妇关系，张找我谈，并给我安慰鼓励，后来对我写的信给予批准，我和他脱离夫妇关系。

跟着政治部派人去把我寄在老百姓家里的二个小孩接回来，并安置在北京八一小学读书到现在。

组织对我的关心爱护，我还有什么话说，唯有把往事抛掉，好好地干工作，来报答组织。

（作者附记：我曾多次设想，假如父亲当时没出事，或出了事没被处以极刑，他的结局会怎样？性格即命运！他的经历，他的性格，注定后面的日子会非常痛苦！他根本无法逃脱命运。

我越来越感觉到，父亲来到这个世界，就是为了完成他的使命——用照相机记录中华民族一段最悲壮的历史。当他的使命完成时，他选择了一种异于他人的方式，向世人告别。他当时不痛苦，视死如归。）

6. 她始终深深地爱着自己生命中唯一的男人

1950年3月6日　顾棣日记

张致祥副主任报告记录：沙飞是抗战初期参加革命工作的，他在解放区画报和摄影工作中是有很大贡献的。东北画报社、二野画报的建立都是晋察冀画报社派出去的。沙飞把这些成绩看成是自己的，有骄傲居功的情绪。在张家口时他曾写血书，要和毛主席谈重大的战略问题，他一贯看不起领导，他的思想和党是有距离的。他想到广州搞空军工作，他想以个人的才能做出惊天动地的事。张家口市撤退后，他想以照相制版的方法印钞票解决我们的财政困难，并扰乱敌人的金融。抗战中他就想用放风筝的方法轰炸北平。这说明他的思想路线是很错误的。想以小的技巧做出一鸣惊人的事情来。他长期不爱学习，不看报纸，看侦探小说。政治上、思想上腐化堕落。他抱着狭隘的民族主义观点，把很好的内科医生打死。我们每一个同志应当很好的警惕。特别是老同志，应当清楚认识自己是没有什么了不起的，没有多大能力的。除了党、除了组织，是一无所为的。不要以为自己有点光荣历史，可以骄傲居功，不学习就要落后堕落。很多同志他不学习，成天把个人的问题占满了脑子，这样就潜在着危机，即使不犯杀人案，也会发生同样严重的错误。我们应看一看自己是不是在往下坠，赶紧洗个冷水澡，苏醒过来吧！振奋起来吧！别再想个人问题了！法律是用来巩固胜利果实的。我们要破坏旧社会的法律，因为它是用来统治人民的。今天人民有了自己的政府，为了保护人民的法律，犯了法就要依法惩办。沙飞杀了人，就要按法律制裁。沙飞的错误，他自己负全部责任，领导是没有责任的。他的功劳不能免去他的死刑。我们不能为了他个人的一点功劳，而放弃人民全面的利益。如果不杀死他，必会招致严重的政治上的损失。共产党不是高于人民的阶级，不能不处理。全党应很好地维护这一决定。沙飞杀死和平医院内科主任医生日本人津泽胜，已于1950

第三章 绝响

年3月4日在石家庄处决。

1950年3月8日　和谷芬（1925~1971）日记

下午获悉两件事，这两事使我惊心动魄，惶惶不安。其一就是沙飞，我的老上级，据说昨天在石家庄判了极刑而且已执刑了。我18岁时他就开始培养我，总计陆陆续续有八九年的光景。这个时期我们一起度过了最艰难的年月，同时，他待我像小弟弟，而且也常常这么称呼我。感情这东西自然而然也就在彼此间存在下来。今天突然听到这消息，很自然地发生了些难过，这当然只是从论情方面着眼的，从论理讲，那就是他应负的责任。

1950年3月12日　和谷芬日记

中午看到了判决沙飞死刑的判决书，及一月十日华北军区政治部开除他党籍的决定，我心中发生了难以抑制的跳动。他这样的死，我感到万分痛心、难过，但他教育了我，清楚认识了他落的下场是因"自恃聪明""不爱学习"，使之"政治落后"而造成。沙，永诀了，你是这么不光荣。

杨克（原华北军大学员，后曾经担任朱良才将军秘书）2008年回忆：我当时在华北军大，沙飞走后，领导让我在一个木板上写"沙飞之墓"，然后立在了沙飞墓地。

（作者注：朱良才将军之女朱筱秋告诉我，是杨克写的"沙飞之墓"，并带我去看望杨克。致谢！）

王雁看望杨克。2008

6. 她始终深深地爱着自己生命中唯一的男人

石少华：王辉当时与沙飞离了婚。为了同沙飞划清界限，她提出离，当时组织就批准离了。把沙飞杀后，我们对他的爱人、子女一直当作烈属看待、照顾，没任何歧视。（1981年，北京军区军事法院"沙飞案卷"摘抄）

石少华1981年回忆：处理沙飞时，组织明确表态，不株连家属。解放后沙飞的照片没有用他的名字发表，

沙飞印（石少华一直保存，1966年交给沙飞长子王达理，2008年捐石家庄双凤山陵园沙飞纪念馆）

有两个原因，一是他与司徒美堂有关系，司徒美堂回国后要见沙飞，我们说沙飞病死了，怕他追根问底；二是他被枪毙了，当时经法医检查过，没有精神病。发表他的作品时都用他的笔名孔望。"文革"中我的罪名之一，是包庇沙飞。

孟昭瑞1981年回忆：前不久总政副主任史进前来解放军画报社时说，以后可以用沙飞的名发表作品。

王辉：1949年人民银行成立后，我调北京当人事科长，住前门银行宿舍，当时画报社在西四。沙飞出事后，画报社与银行领导一起找我谈话。我写一封信给聂荣臻、朱良才、张致祥，希望考虑沙飞的贡献，对他从宽处理。我提出多少战争罪犯，只要他们转过头来，就给予自新机会，沙飞的罪恶和他们比较，是不是可以从宽处理，他身上存有鲁迅的底片，应该拿出来，以免损害。不久张致祥找我谈话，传达处决沙飞的文件，还传达了组织三条决定：1.沙飞不是反革命，2.不牵连妻子，3.不歧视子女，组织负责抚养沙飞的孩子。我当时认为他的问题没搞清楚，他与津泽胜无冤无仇，为什么要害他，为什么会干出这种完全失去理智的事？我认为对他处理太急促、太轻率，根本没找我了解有关他的情况。我一气之下，立即给军区政治部打报告，提出和他离婚。领导对我说，他的问题不株连我和子女。

我不知道那段日子是怎样度过的，几乎崩溃了。沙飞死的时候，我38岁，5个孩子，大儿子不满17岁，小女儿刚满1岁。今后的日子多么漫长！老领导方方对我说，你是共产党员，要终身为共产主义事业而奋斗。我强迫自己想开，既然已成事实，只有想通、只能面对，坚强地往前走。我两次去石家庄出差，都去

找他的墓地，但未找到。

1950年下半年，人民银行要派懂广州话的人去广东接收银行。我懂潮州话、广州话，又出生在香港，总行派我去接收香港中国银行。香港中行负责人郑铁如是潮汕人，以前就认识，南洋商业银行董事长兼总经理庄世平也是老乡，接收很顺利。我后来调回广州，先后任中国银行广东省分行经理、人民银行广东省分行副行长等职。我没有与沙飞的父母亲联系，我无法面对他们。

开始华北军区政治部批示：沙飞从事革命十几年，犯法依法处理，对子女，组织应该照顾。几年后政治部批示：子女由母亲负担。我咬牙把孩子们都抚养大了。1950年冬大儿子参军，他尽到长子的义务。本来我保存了沙飞的一些遗物：他写了一半的自传、他年轻时的相片、广州桂林影展的专刊……"文革"中全毁了，当时有人贴大字报说我是反革命家属，我很气愤。我一生只爱沙飞，从没想过我的生活中会有第二个男人，多年来，我的感情，我的痛苦，只能深埋在心底，我拼命地工作，把时间占得满满的，没时间去多想。

任命书。1954

任命书。1960

王达理：1949年底妈妈刚到北京不久，一天她很晚回来，告诉我，你爸爸出事了，他打死人了。爸爸被处决后，妈妈一周没上班，在家整天哭，我安慰她，她上班后，再不提这件事了。政治部朱良才、张南生给妈妈写了一封信：沙飞革命十

6. 她始终深深地爱着自己生命中唯一的男人

几年,是有贡献的,他的子女全部由公家来抚养。这封信"文革"中我烧掉了。我当时在101中学读书,1950年12月报名参军填表时,只填妈妈情况,很快入伍,入伍后审查爸爸的事,没问题。爸爸有一件日本军大衣,毛领,里面是皮毛,很漂亮,我参军后放一个阿姨处,多年后我问她,她说改成她的衣服了。爸爸有两个小皮包,一个是他当报务员时用的,后来专门放底片,装鲁迅底片的小铁盒有时也放进去;另外一个挎包是文件包,后来放爸爸的遗物,在妈妈处。两个包(经妹妹王笑利)都捐给了中国人民抗日战争纪念馆。爸爸死后,白求恩赠送的照相机,是方林交给我的,我用了近10年,1959年给中国摄影家协会;爸爸在张家口买的莱卡1.5照相机,他住院时,还挂在墙上,在遗物单中有,但未交家属;爸爸的半个金戒指,是在妈妈追问下,又重新要回来的。

爸爸去世的消息,没有人告诉我的祖父祖母。1955年二叔司徒铃给爸爸的老朋友李桦写信,询问沙飞的消息。石少华把信转给我。1956年我回广州看母亲时,去看望了祖父祖母及叔叔姑姑们,我不敢告诉他们父亲死的原因,只说是病死的。直到60年代祖父母先后去世,他们也不知道他们的大儿子到底是怎么死的。

沙飞长子王达理(后右二)到广州看望祖父母(前右一、二),二叔(前左一),姑姑(后右一)等。1956

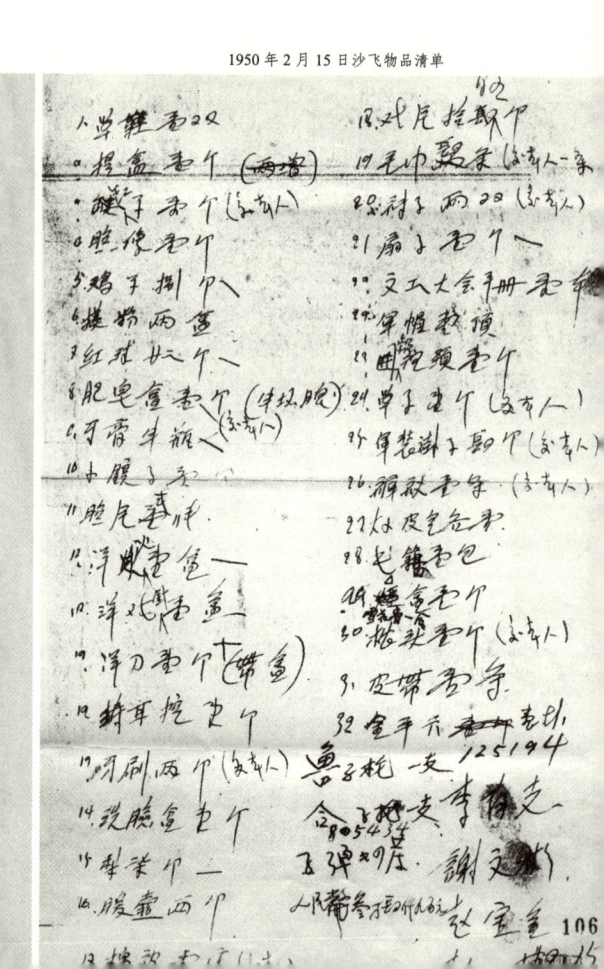

我的父亲沙飞
My Father H.Szeto

第三章 绝响

王笑利：我当时住西四大红锣厂画报社，一天石少华告诉我，你爸爸出事了，打死一个日本医生。

伊之（张致祥夫人）：沙飞处决后，我与王辉见过面，跟她聊一聊，她很镇定平静。

孟昭瑞1998年回忆：沙飞死后，石少华派我到张家口接王雁，说再不接就怕失去联系。我第一次接不来，人家不愿给，第二次才接来，那是一般人家。王雁那时很小，土里土气。

王辉致函长女王笑利：希望法院复印沙飞遗物清单。

1950年3月22日沙飞战友吴群、李遇寅追找鲁迅底片信。

"此外有沙生前摄制之鲁迅先生底片20余张，除一张外，皆遗失，望设法追查。"此信另有人写："在何处遗失的？"

1986年王辉致长女王笑利信（有关沙飞遗物、抚恤金）

1950年2月15日沙飞物品清单

6. 她始终深深地爱着自己生命中唯一的男人

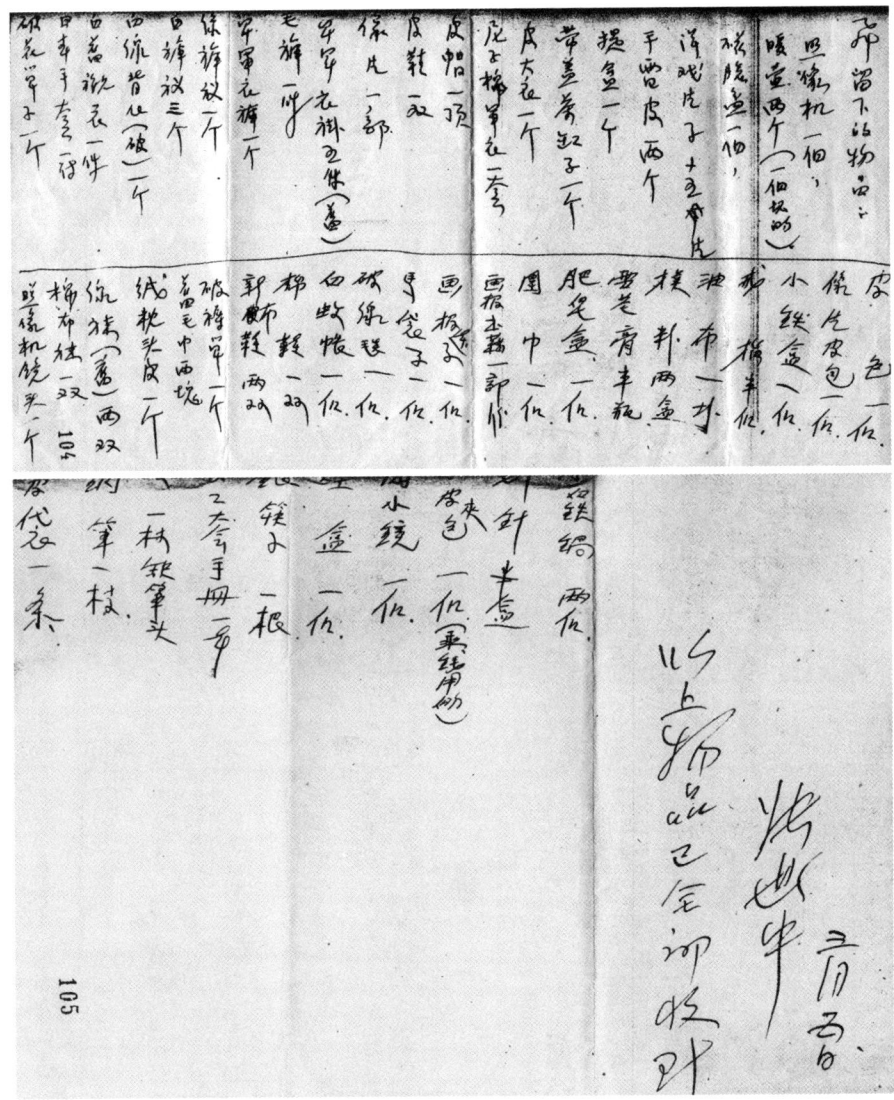

1950年3月5日沙飞遗物清单2页。1950.3.5. 张鼎中签收

　　1950年4月5日负责关押沙飞并执刑的华北军政大学政治部保卫部就鲁迅底片回函："关于沙飞所摄制之鲁迅先生的底片，来时他要求自己保存，怕给他遗失。当时负责检查的同志认为那是和他的案情无关的东西，为了照顾他的情绪，就交给他了。但最后处决他的时候，由于工作上的疏忽，已忘了这回事，没有给他要过来。可能是在他身上放着埋葬起来了。"

我的父亲沙飞
My Father H.Szeto

第三章 绝 响

1950年3月22日沙飞战友吴群、李遇寅致函华北军区保卫部李、蓝副部长，追找鲁迅底片

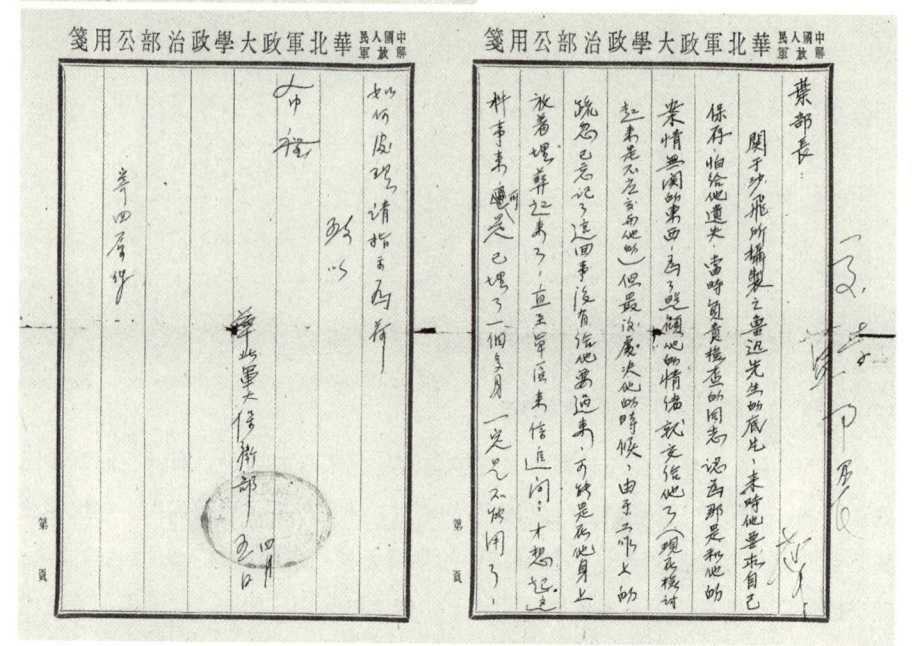

1950年4月5日华北军大保卫部就鲁迅底片复函华北军区保卫部叶运高部长

我的父亲 沙飞
My Father H.Szeto

6. 她始终深深地爱着自己生命中唯一的男人

沙飞战友庞崛证明信。1987

证言

一九五〇年三月初，华北画报社副主任石少华同志派我去华北军区政治部保卫部，取回沙飞主任遗物中的鲁迅先生生前的底片（这部份底片有几十张放在一个小铁盒内）。当时遗物在德胜门外监狱的一个库房里，堆放在地上。我只见到一个布粉包，有几件旧衣服，日用器皿等用品。没有找到那些底片和小铁盒，也没有见到照像机等物，所以空手而归。以上情况立即向石少华同志作了汇报。特此证明。

证言人 庞崛
一九八七年三月九日

（盖章：庞崛同志系我兵站党员 现离休在我站离休干部 情况属实 1987.3.9）

沙飞战友李遇寅证明信。1987

证明

一九五〇年三月左右，华北画报社社副主任石少华派我和庞崛二人去华北军区政治部保卫部，取回沙飞主任遗物。去少林监狱院内放着沙飞主任遗物，大都破烂不堪，有一个鸦片烟篓火碰...烟...还有些日用品及私人信件。家属主席用如来在信在少华，任属有个重成瑞（心要押三〇之一）得以见到了，我再次方信上了有写出来。

这些东西都...按丹丛信石少华。
特此证明。

遗物中未见鲁迅底片及照相机，故未取回。

证明人 李遇寅
1987.三月四日

沙飞战友高粮证明信。1987

人民日报社公用信笺

証明

一九四五年夜在张家口，我与当時任晋察冀画报社主任的沙飞同志关闻采访华调卸第五航行小组治功情况時，美国新闻处通过美方記者向画报社聘买了一套沙飞拍摄的鲁迅先生照片。沙飞用所得稿酬在市场上买了一台1.5镜头莱卡相机，这台沙泥同志的私人相机，在当時的画报社是最好的相机。不知后来沙飞出事后这台相机流落在那里。

特此証明

人民日报記者 高粮
1987年10月十二日

我的父亲沙飞
My Father H.Szeto

第三章 绝 响

李遇寅 1987 年回忆：1950 年 3 月，石少华派我和顾棣去华北军区保卫部取回沙飞的遗物，在功德林监狱放着。遗物没给清单，不能一件件清点，大多破烂不堪，有一个鸭绒睡袋也破破烂烂，还有些日用品及私人信件。王辉来信给石少华，提到半个金戒指不见，另一半已卖掉。我们再去要，一位长相不好看的女同志说，要就给，我们也不会要的。沙飞在张家口自己买的照相机，没去要便不给了。

顾棣 1950 年 3 月 10 日日记：和李副主任（李遇寅）一同到北京和平门外华北军区第二模范监狱取沙主任的遗物，科长没有在家，和保管员接洽。这几个小卒子架子很大，令人生气。他们把公家的东西都扣下，只剩下一些破烂的私人用品。面对着这些东西，心中想着死去的人，百感交集，说不出的悲伤。我们收拾起沙飞生前所用的小洋铁锅、暖壶、茶缸、小镜子、穿的衣服（衣服都非常破烂）、看的书和保存的一部分《晋察冀画报》，还有他的珍宝——从广州带来的 13 年从未离开过身子的那个小铁盒子，6 年前他曾叫我看过一次，当时里边放着他在广州开展览会时报纸上刊登的消息及王辉给他写的信，还装着他给鲁迅拍摄的底片、八路军总部发的记者证，还有他当参议员的聘书等，这些重要材料现在都不见了。这是我第二次看到小铁盒，可是人已死了，这些珍贵的东西将交给何人？我们一件件点检清楚之后，给他们开了个收条，怀着莫大的悲伤走出了监狱的门。

一路上回忆起 3 月 6 日在司令部大礼堂干部会上张致祥副主任正式宣布开除沙飞同志党籍的决定及沙飞犯罪经过的情形，经军法处审判，处以极刑，并于 3 月 4 日在石家庄执行。这些话像一把钢刀刺入我的心中，这样一个久经锻炼的老干部，会落到这个下场。他的 13 年的光荣历史，就此全部葬送了！

顾棣 1999 年回忆：我介绍到画报社参加工作的顾跃卿，他放羊时，沙飞把大衣给他穿。判决书由沙飞创办的 2207 厂印刷，张一川厂长分配顾跃卿印，他一看就哭，不肯印，又找另外一个党员来印。我在阜平花沟掌送给沙飞一个小搪瓷碗，一对象牙筷子，我听说能试毒，沙飞的遗物拿回来，碗被踩坏了。牛皮包一直在画报社。我看到小铁盒，但里面没任何东西。

庞啸 1980 年、1987 年、2000 年、2002 年回忆：沙飞死后，华北军区政治部在党内营以上干部分别传达。宣传部由张致祥传达，他开会时说"挥泪斩马谡"。沙飞事件与冀中军区黄寿发杀妻案同时公布。石少华叫我一人通过保卫部，骑自行车去德胜门外的监狱，取沙飞的遗物，遗物在监狱的一个库房里，堆

6. 她始终深深地爱着自己生命中唯一的男人

放在地上，我只拿到一个挎包、一把牙刷、一个杯子、几双袜子、一件衬衣、一个小包袱，没有底片、小铁盒、照相机。我问照相机呢？那些人说不知道。我带回交给石少华并向他汇报。石少华派我专程去石家庄取鲁迅的底片。我主要找小铁盒。保卫部干事说，处决沙飞时，小铁盒掉出来，执刑的人把它又放进沙飞的衣袋。我问能否打开墓？他们说，棺材外面已打上洋灰，不可能打开。请示保卫部，不让重新打开。我请示石少华，是否打开？他说，不要打开。沙飞那套鲁迅底片的确在棺材里。王笑利平时住校，每星期六回画报社住，穿个军装小大衣。

林扬1980年回忆：沙飞死后，我通过原和平医院住院部的老头了解到，他出事后，并没戴手铐脚镣，还住在医院，当然外面保卫起来。他的遗嘱要求给他立个碑，写上何年死。我们知道他被埋在哪里，与河北军区几个同志去扫了一次墓，还压上白纸，这事我们从来没敢说。出事前我去联系北京协和医院，接他来住院检查。他的遗物带到画报社，开始放在外面，后来拿进屋里，我打开沙飞随身带的那个皮包，看到至少有三铁盒底片，我看到有鲁迅的底片，好像有鲁迅和一个大胡子，是不是萧伯纳？这部分是他最珍贵的，一直放在左上兜，兜都磨破了。白求恩的相册好像也随遗物带到画报社。1950年后我给聂荣臻照相时，两次提出来，现在这么需要人，沙飞要不死该有多好！

赵银德1980年回忆：1950年我到石家庄出差时，用了好几个小时跑遍了军区保卫部旧址周围的每个角落，才在一个小树林柳树下，找到一块写有"沙飞之墓"的普通木牌，离烈士陵园不远。我总念叨沙飞真惨，工作那么好，贡献那么大，落这么个下场。

林韦1998年回忆：1950年我们抗敌剧社几个同志去石家庄完成演出任务后，专程去看沙飞墓，回北京后不敢告诉别人。

罗光达1980年回忆：一听说沙飞出事，我马上提笔为他写申诉，但还没写完，处决命令就下来了，没想到这么快。1956年我任中央戏剧学院副院长时，聂荣臻来看戏，中间休息我陪他散步，又跟他提出来，我了解沙飞，当时他精神不正常。

张四1980年回忆：1950年我从杨瑞生处看到关于沙飞的通报，杨瑞生老哭，说沙飞可能是精神毛病，功劳这么大，这么个后果，恨日本谁不恨，但敌人已为我们服务，沙飞不是那么狭隘的人，对形势观察不会比我们低。

我的父亲沙飞
My **Father** H.Szeto

第三章 绝 响

杨亚山 1980 年回忆：沙飞的处理在画报社会议室宣布时，大家都哭了，当时坐在我身边的李遇寅哭得很厉害。不久，我、庞嵋、顾棣、白世藻等看到沙飞参加革命前拍的十几张小照片，我们以前没见过，认为水平很高，给人印象很深。

冀连波 1982 年回忆：解放初，解放军画报社田野社长虽然不认识沙飞，但他不止一次对全体干部说，沙飞的女儿小力经常来画报社，她是咱们的亲戚，来了要热情接待关怀。（王笑利当天日记：我有病住院是田野社长打报告送我去的，他还坐车去通县医院看望过我。）

白世藻 1980 年回忆："文革"中我的罪状有一条是为沙飞翻案。林彪事件后徐灵说，沙飞问题该解决了。白求恩给沙飞四件东西，一是照相机，一是钢笔，一是小本，小本在抗战中丢了，一是相册，相册原是缴获日本人的。

吴群 1980 年回忆：我 1966 年 1 月写的《接受鲁迅教诲的摄影家沙飞》一文，当时不给登，"文革"中被抄走了，为此还是我的一条罪状，为叛徒翻案。"文革"后才还给我。

江一真 1983 年回忆：我后来到新四军。1956 年我见到殷希彭，问老沙情况，才知此事。

胡忠 1980 年回忆：1950 年华东局任第三书记的舒同，来京时几个战友吃饭，有兰矛、王平、唐延杰、杨成武等，舒同向朱良才问沙飞情况。朱良才说，沙飞杀了日本人，被处死。舒同表示惋惜。

穆欣 1980 年回忆：我与沙飞是只通信、没见过面的朋友。解放初我到华北军区有事，我打听他，想见个面。但人家含糊告诉我，他已不在了，什么原因没说。

和平医院行政科干事周保山 1997 年、2001 年、2003 年回忆：1951 年我到和平医院。原来医院的病人、烈士都埋在烈士陵园外边，从那挪墓到药厂不是我经手的。第一次迁墓后，交给我管。我见到沙飞墓有块木牌子，写了名字，看不清是哪个飞字。我写报告说，以后家属来人找不到坟怎么办，上级批了，给沙飞定了个二三十

周保山。2004. 石家庄

6. 她始终深深地爱着自己生命中唯一的男人

厘米宽、一米高的石碑。从药厂再挪墓是我经手，找人刨开土后，我一看沙飞的棺材烂了，我到南马路棺材铺，有十多顶棺材，我给沙飞买了一个最好的、五寸半厚、四块整板的松木棺材，是个订给老人上了油还没拉走的寿木，很贵，相当于当时价格130多元，我给拉走了，我让人把沙飞的原来整个棺材连人一起装进新棺材里，和平医院的人都是振头村那个人埋的。医院常在那买棺材，一般规定，棺材规格板厚二寸半，其他人都是原来一般的对半、六块板的松木棺材，与沙飞的棺材大小一样，质量不一样。我是临时抓的，不是谁叫我这么干的，组织上说过，沙飞是老革命，要照顾，大家对沙飞都很尊敬。以前说沙飞的是楠木棺材，不可能，石家庄那时哪有楠木棺材，院长的老婆死了，想买个好棺材也没有。把沙飞挖出来再埋，我在场监督，指挥其他人干，我代表家属方。埋好后把以前的碑拿过去立上。以后地平了，我就不清楚了。第三次往动物园挪，非正常死亡的几个人没再动，留在那了。移墓是1958年以前的事。迁墓时我画了准确的图，交给了行政科盛少候，他后来交给刘富堂，另一份交给组织部门，图纸是两份。

焦恩2003年回忆：与沙飞埋在一起的几个人情况，黄玉胜在收发室当通讯员，弟弟在总务科，他家乡来举报信，说他们是还乡团，他夺了站岗战士的枪，开枪打死张之及院长的老婆。一个志愿军连长强奸女人未遂，把人家扔井里淹死，三天破了案。他俩的审判大会在大操场，宣判后马上执行，两人一个车，也是我开车送去刑场，黄玉胜走不动，两个人拉着他上车。肃反运动开动员大会叫有问题的人交代，晚上小儿科主任赵力跳井了，七八天后找到，我和周保山捞起他，已经腐烂（作者附记：赵力的儿子是我八一学校的同班同学）。另一人是冤案。

王笑利1985年8月3日日记：到阜平上庄看望乡亲们。在李玉忠夫妇家，大家都来了。他们说，沙飞的警卫员李有志来接沙飞的儿子时告诉我们，他得了精神病，他住院时，不让我们跟他一屋，有事没事都摇铃，闹得我们不能睡觉，他让老婆做衣服，要求白天穿是衣服，有袖子、有腿，晚上是被子。他打死日本医生，保不住，死了。我们大家都哭了。他的病把他的功劳都抹了，人们心疼他，好人落到这个地步，我们好几天睡不着，三人一群、两人一伙议论分析，有人说他死了，有人说他没死，他有大功劳，毛主席舍不得枪毙他，把他藏起来了。他的老婆王辉说要把孩子聚到一起到南方，当时可能杀了个替身，让他到南方去了。我们一直打听他到底还在不在。抗战时画报社在我们村，他们节约粮食

第三章 绝 响

救济我们。一个老乡讲，我头上长牛皮癣，石家庄解放后，沙飞买了药给我送来，他对我说，你以后有什么困难来找我。王毅强的干爹耿同金说，1949年春天我到石家庄卖猪棕，还去看王辉。大家都说，沙飞要是活着，就不会忘记我们上庄。

父亲的战友、学生们在新中国重要新闻摄影机构担任领导及业务骨干。战争年代父及战友们拍摄的几万幅原版底片在解放军画报社，那是他和战友们付出鲜血和生命的代价保存下来的。

父亲与石少华，是老乡、战友、影友、兄弟、知己；父亲走后，我们两家始终来往密切；小时候我在感受到石叔叔关心与温暖的同时，不觉会掀起对已逝父亲感情的波澜。1995年我策划在广州、深圳、汕头举办《沙飞、石少华摄影展览》，就是回报石叔叔对我们全家多年来始终如一的关怀。

罗光达是父亲的第一任助手、亲密战友。他在离休后，主编出版了《老战士摄影》《沙飞摄影集》《人民战争必胜》《巾帼英豪》《延安精神》《冀热辽烽火》《东北解放战争》《华北解放战争》《晋察冀画报影印集》等大型画册；而《罗光达摄影作品、论文选集》直到1995年8月才出版。

顾棣是父亲的学生，名副其实。顾棣忠诚，对事业矢志不渝地热爱，不负沙飞重托，为中国摄影史研究留下无比丰富、无比珍贵的财富。

2009年12月，我和司苏实在北京陪同顾棣看望前辈，赠送顾棣著作《中国红色摄影史录》，并采访、收集资料。我们看望了摄影师和谷芬的遗孀魏君霞，和谷芬去世近40年，魏君霞仍然保存着谷芬当年珍藏的宝贵资料，她将保存了60多年的沙飞于1945年8月给和谷芬写的采访介绍信，及10份《晋察冀画报》《晋察冀画刊》《华北画报》赠送给我，我们还翻拍了谷芬1950年3月沙飞被处极刑后的有关日记。和谷芬、魏君霞夫妇真令我感动！

沙飞的老朋友何铁华在抗战爆发前夕明确提出，摄影家肩负援助被压迫的民众而达到人类自由平等的绝对重大的使命。他与沙飞相通。抗战期间，何铁华拍摄了大量远征军照片，1946年孙克刚、何铁华合作出版《缅甸荡寇志》，之后去了美国；20世纪80年代初何铁华带美国学生来中国参观，并在广州及北京搞铁花禅美术展览。

1949年9月，美洲爱国侨领、致公党主席司徒美堂从美国到北京，参加中国人民政治协商会议，当选为全国政协委员、中央人民政府委员会委员，兼任中

我的父亲沙飞
My Father H.Szeto

6. 她始终深深地爱着自己生命中唯一的男人

1949年7月中华全国文学艺术工作者代表大会在北平召开,摄影界代表:石少华、高帆、吴群(右起)

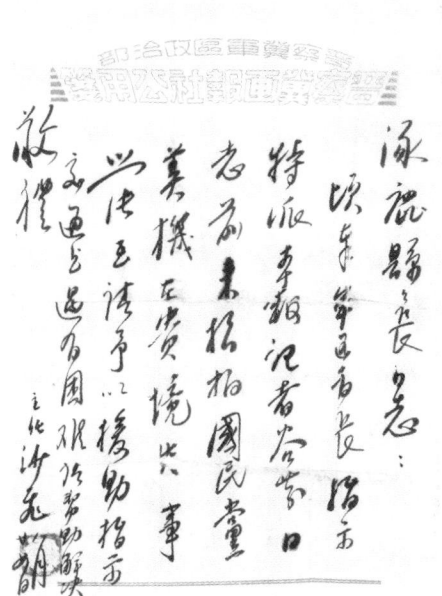

1945年8月沙飞为摄影记者谷芬写的采访介绍信

1946年孙克刚、何铁华合作出版《缅甸荡寇志》

我的父亲沙飞
My Father H.Szeto

第三章 绝响

司徒慧敏看《沙飞摄影集》。1987. 司徒兆光摄

王雁看望宗亲司徒汉。2003. 上海. 曹红摄

央华侨事务委员会委员。在国共两党中，他选择了共产党。晚年他居住在北京，府上经常高朋满座：章士钊、梅兰芳、蔡廷锴、何香凝等。司徒乔、司徒慧敏及方林等司徒家族的晚辈常去看望他。1950年美堂对土改没收华侨地主的土地、房屋，提出不同意见，他说这些是华侨们在海外用血汗赚来的，应区别对待。1951年3月他到广东考察土改时，接待规格高，但他每天的言行都有人上报有关部门。1955年5月8日，美堂在京病逝，周恩来、林伯渠等扶灵，安葬在八宝山。

2008年11月，司徒美堂先生诞辰140周年纪念大会在开平举行。来自美国、加拿大、澳大利亚、巴西等国家和地区的多个侨团、多名代表、美堂的孙子孙女及司徒氏海内外宗亲代表参加了大会。

司徒奇旅居加拿大，1982年，两幅作品《雪松》《晴雪》入选联合国国际儿童基金会，各印两亿份明信片、圣诞卡，获得中国画家少有的光荣。1997年去世。

司徒慧敏1980年回忆：我1952年从国外回来，在满洲里时陈叔亮（曾任罗马尼亚大使）跟我谈到沙飞后来的情况，许多人都跟我提到沙飞。

司徒乔于1950年从美国回到北京，创作不少作品，为鲁迅小说《故乡》等画过插图。在他去世前一夜，即1958年春节前夕，他还在画他的家乡《潭江夕照》。

司徒慧敏抗战胜利后，去美国学习电影，6年后回国，担任电影局局长、文化部副部长等职。1987年去世。

我的父亲沙飞
My Father H.Szeto

6. 她始终深深地爱着自己生命中唯一的男人

司徒慧敏之子司徒兆光、司徒乔的弟弟司徒杰都成为一代雕塑大师。旧版百元人民币票面上毛、刘、周、朱的浮雕是兆光的作品；石家庄白求恩国际和平医院、加拿大蒙特利尔市白求恩雕像及安大略省格雷文赫斯特镇白求恩纪念馆白求恩浮雕，是司徒杰雕塑的。司徒杰20世纪80年代初回故乡遇到王达理，才知道在创作白求恩雕像过程中，参考多幅照片的作者沙飞就是司徒传，是自己早年认识的"传哥"。在白求恩和沙飞去世后，白求恩雕像由司徒家族的人来完成，是冥冥之中的天意。

司徒汉2000年回忆：沙飞、司徒美堂、司徒乔先后去世，司徒奇出国了。50年代末，有一次我到北京，司徒慧敏、司徒杰和我三个人在一起时，慧敏说，他们都走了，就剩我们几个人了。

司徒乔的弟弟司徒汉是著名指挥家、作曲家，1995年纪念抗日战争胜利50周年之际，他应邀赴美国芝加哥，指挥当地华人合唱团联合演唱《黄河大合唱》，被誉为盛况一时的历史性演出。2004年去世。

司徒梦岩家一门四子，曾于1949年在上海举行司徒家庭音乐会。儿子司徒华城是中央乐团小提琴独奏家兼乐队首席，中央音乐学院教授；女儿司徒志文，是世界大提琴大会名誉会员，北京爱乐女乐团团长。

2005年10月司徒氏图书馆成立80周年之际，我们及二叔、六叔家人回家乡参加活动，捐款、捐书，还拜祭始迁祖新唐公墓地。

2006年春，我和妹妹去北京看望宗亲司徒慧敏之子兆敦（北京电影学院教授）、兆光；我委托兆光做沙飞小雕像，一来赠送给沙飞摄影奖获奖者、重要研究者、机构，二来我们五子女、叔叔、姑姑及后人都留作纪念。

2008年11月，第七届世界薛·司徒凤伦联谊大会在广东开平市召开，我们亦回家乡。2012年5月，中国国家博物馆举办《百年沙飞——纪念沙飞诞辰百年摄影作品捐赠展》。司徒志文（司徒梦岩之女）、司徒月桂（司徒美堂孙女）、司徒新蕾（司徒慧敏之女）、司徒双（司徒杰之女）、司徒蒙（雕塑家司徒杰之女）等都来了，欢聚一堂。

2014年10月21日上午，北京中国华侨历史博物馆开馆之际，著名的华侨家族，"艺海求索·薪火相传——司徒家族艺术展"作为中国华侨历史博物馆的开馆之礼向众人展示。

王雁、王少军姐妹去北京看望宗亲司徒慧敏之子兆敦、兆光。2006. 金婷婷摄

中国国家博物馆举办"百年沙飞——纪念沙飞诞辰百年摄影作品捐赠展",司徒家族在京人士欢聚一堂(坐轮椅老人是张业胜,白求恩小战友、研究者)。2012.5.4

藝海求索　薪火相傳
司徒家族艺术展

司徒族后代与先人合影——在自己前辈肖像下,左起:司徒月桂(司徒美堂孙女),司徒双(司徒乔之女),王雁(司徒传之女),司徒蒙(司徒杰之女),司徒勇(司徒汉之子),司徒乃钟(司徒奇之子、参展画家)。2014.10.21

20世纪50年代沙飞之父母及二、五、六、七弟、四妹及家人。

6. 她始终深深地爱着自己生命中唯一的男人

我祖父在 1950 年后经营百龄药房，划成分为工商业者。祖母李慕颜卒于 1963 年 4 月，祖父司徒俊勋卒于 1967 年 2 月。

二叔司徒铃，广州中医学院针灸教授，全国中医协会理事，省政协委员，市人大代表。1993 年病故。

三叔司徒强，抗战胜利后是国民政府国防部中校电台台长，后来随国军到台湾，与家人一直没有联系，1987 年在台湾去世，终身未婚；海协会将他的骨灰及几万美元遗产转给广州家人，部分钱捐给家乡开平司徒氏图书馆，余款给兄弟妹妹们及其后人，三叔的亲人子侄把他的骨灰安葬在父母身旁，魂归故里、不再寂寞；六叔、姑姑相继安葬在南海同一墓地，清明之际，后人相伴去扫墓，拜祭天国亲人。

2000 年我到北京军区军事法院查阅 "沙飞案卷"，从石少华的谈话记录中才知道，母亲要求与父亲离婚的报告 "当时就已批准了"。回广州问母亲，她说，交离婚报告时，组织对她说，沙飞的问题不株连妻子儿女，最好不要离。她似乎不知道离婚报告已批准。

2003 年底看到一份母亲于 1980 年填写的《干部履历表》原稿。关于 "爱人情况" 一栏 "姓名：沙飞，又名司徒传，已离婚。有何政治历史问题、结论如何：1949 年因长期患肺病，住医院神经不正常，打死了一个日本医生，华北军区处以极刑"。她亲笔填写的这份表说明，她从来就非常清楚：1. 沙飞当时神经不正常；2. 他们已离婚。我再次问母亲，她头脑很清醒，承认当时知道组织批了离婚；我再问大哥，他说只知道母亲写了报告，不知道批了。分析的结论是，当时母亲怕自己和孩子们受牵连，提出离婚，领导做工作后，她不想离了，但并未想到要撤回报告，当她被告知，离婚报告已批准时，再次无奈地接受了这个事实。这是她心中永远的伤痛！可是她的心、她的感情，仍然与第一次 "离婚" 一样，从未真正认为自己与沙飞已经离婚。沙飞走后，她几次去石家庄找他的墓；这么多年来，五个子女都不知道他们离了婚；为争取为沙飞平反，当时已 70 多岁的母亲，多次写证明材料，亲自去北京军区法院。她始终深深地爱着自己生命中唯一的男人。母亲是强者，她没有被命运击垮，孤独地、勇敢地继续前行。

《陈平九十自述》（陈平 1922~　，原广州市第一中学校长，王雁高二、高三 1963 年 9 月至 1965 年 7 月在广州一中读书）关于王雁高考政审：那时候按全

我的父亲沙飞
My Father H.Szeto

第三章 绝 响

国招生委员会的规定，所有高三毕业生都要进行"政审鉴定"。这是一项唯成分论的极"左"政策，要求学校在学生报考大学申请表的"录取意见"栏中，根据学生的家庭成分情况，分别填写"可录取机密专业""可录取一般专业"或"不宜录取"的建议，供高校招生参考。

处理王雁（原名王小会）同学的"政审鉴定"最为特别，给我印象很深。一天，梁淑芙（校办）拿着材料来问我：王雁的母亲是广东省人民银行的领导干部、老党员，可父亲一栏却是空白。这显然是个疑点，该如何写录取意见？我觉得应该找家长了解情况，万不可轻率下结论。王雁母亲的回应颇有神秘感：这个问题只能约我在她选定的地方单独会面相谈，不得有其他人参加。

我按约来到沙面东桥附近的一座住宅与她见面。谈话中我才知道，原来王雁的父亲是解放前鼎鼎有名的红色摄影家沙飞，我14岁时，阿哥带我参观过他的个人摄影展，沙飞曾经为鲁迅先生、白求恩大夫拍摄了宝贵的留影，在延安及解放区更是创作了大量极具历史价值的珍贵影像。王雁母亲告诉我，沙飞在20世纪50年代初因病错杀日本军医，被处极刑，这个处理一直要求保密，而且组织上明确说明，沙飞家属的工作与学习是不受其影响牵连的。听了王雁母亲的说明，我暗自庆幸：幸好我们没有在王雁入学的问题上简单行事。王雁同学后来考上了中山大学。经过家属努力，沙飞在1986年得以平反，当时仍有不得登报、广播、开追悼会的要求。1995年以来，王雁和她的兄妹努力为她的父亲筹办了巡展，出画册等纪念活动，沉寂了40多年的沙飞功绩才得到宣扬。王雁还特意送了一本《沙飞纪念集》给我留作纪念。

（作者附记：20世纪90年代，偶然机会我看了自己的档案，高中毕业政审：该生可录取机密专业。2013年陈平校长委托也是广州一中毕业的妹妹少军送我《陈平九十自述》，看到书中关于我高中毕业考大学的政审过程，体会到母亲当年所承受的压力。）

我从小不在母亲身边，长大后，反叛的我与正统的"马列主义老太太"格格不入。1995年知天命之年我开始做父亲的事，逐渐与母亲亲近，母亲看到了我做的一件件事，知道我在写父亲的书，她越来越开心，有时会主动跟我谈起父亲及自己。她不再回避了，她希望孩子们了解她、理解她！遗憾的是，妈妈没有看到她期待的书，就离开了我们。

我的父亲沙飞
My Father H.Szeto

6. 她始终深深地爱着自己生命中唯一的男人

随着时间的推移，我对父亲、母亲感悟得越来越深。我爱爸爸，他给了我生命。我爱妈妈，她那么坚强、深沉，那么始终不渝。她为自己一生中的至爱，付出得太多了；何况，没有她的努力，就没有我们全家的今天。我爱爸爸和妈妈，而且，越来越爱！

王辉93岁生日。2004.11.15. 长孙王平摄

王辉及五子女（母亲生前最后一次与五个孩子合影）。2004.10.1. 广州新机场. 长孙王平摄

第四章　回声

艰难的纠正错案之路
——王笑利日记摘选（1980~1988）

王雁整理

1979年底中国摄影家协会陈淑芬打电话找我，说很多人怀念沙飞，她想从我这儿搜集一些有关沙飞的材料。我很吃惊，多少年来第一次有人对我谈起父亲，然后又产生顾虑，想到父亲的死，不知道能不能接受采访。我去找罗光达，他表示支持。我又与自己工作的中学党支部书记谈，得到了允许。

我和到京出差的妹妹王雁一起接待了陈淑芬。我印象最深的是她最后一句话："'文革'中冤假错案很多，很多人现在都正在搞平反，组织上有没有重新考虑解决你父亲的问题？"我们还从没有想过。给父亲争取平反，就是从这一句话开始的。

不久新华社蒋齐生来信要给沙飞写传记，希望我给予支持。我很高兴。我找石少华，他认为关于沙飞的文章，由蒋齐生来写最合适，他没有见过沙飞，是研究者，他比战友、家人这些当事人更客观，写出来的文章更有力。石少华提出了解决沙飞问题的三步骤：一是写文章，通过文章使人们知道、认识沙飞；二是办影展，使人们在知道沙飞的名字后，进一步对其作品有一个感性了解；最后一步才涉及案子——一定要平反，只是时间问题。

我们全家——我，还有在广州的母亲、哥哥、弟弟及妹妹们开始打持久战。我也开始记录长达八年的全过程。

1980年3月3日
到李桦家。他说，与沙飞关系淡，没深交。

1980年3月10日
王雁来信，她和王达理3月初去拜访广东美术家协会主席黄新波（黄几天后病逝）。父亲拍摄《鲁迅与青年木刻家》的照片就有他。他记得沙飞，但不熟，当年沙飞去上海找他，就是拿着李桦的信去的。

1980 年 3 月 12 日

见到周海婴的夫人马新云老师。她说，大儿子周令飞正在解放军画报社学习，我们一提起沙飞，他说是我们画报社第一任社长。

1980 年 6 月 7 日

周巍峙同意我们为解决沙飞问题写申述，并表示愿帮助做张致祥的工作。如我们写申述，可交他转胡耀邦。

1980 年 8 月 29 日

在帮助蒋齐生搜集材料的过程中，被采访的老同志主动谈起父亲的病情。我在了解、记录父亲历史的同时，也对这方面做了笔录。

石少华说，接受黄新波死的教训，我们都是 60 开外的人，说死也是很快的，那时就取不到组织材料了。你赶紧通过你校党支部给我们发函，我们写证明。

我按他的建议找到学校党支部。人事干部很配合，迅速发函，请老同志们写证明，由单位加盖公章，寄回学校。我申请发函时，党支部书记去了北戴河，她回来后见这事没经过她，将加盖公章的证明材料全扣下，人事干部和我无法拿到。

我调到市 80 中学。军区总院精神科大夫赵春平给我出主意：你自己搞外调，只是少了公章，如果证明人去世了，公安局可以进行笔迹鉴定嘛。我想这的确是个办法，于是按他的意见请了解父亲病情的老同志亲笔写证明。

1980 年 9 月 5 日

王雁带着王钢大夫（曾当过聂荣臻保健医生）给和平医院领导的信去石家庄。她见到了董院长、刘福利政委、李蕴兰等人。董国华院长看了我们整理的材料后说，看来沙飞当时精神不正常。王雁见到当时的一位女大夫张富云，她说她给沙飞看病时，没发现异常；出事后没任何人向她了解沙飞病情。

我的父亲沙飞
My Father H.Szeto

艰难的纠正错案之路 —— 王笑利日记摘选（1980~1988）

1980 年 10 月 20 日

为确定父亲病情，军区总院崔吉君主任向我建议找三家权威医院：北京 261 医院、北京安定医院、北医三院精神病研究所。

上午去安定医院找田祖恩主任，谈沙飞出事前病情，给他看胡忠、杨瑞生、张荣志、姚远方、王辉、王达理六人证明材料。他说，证明人足够。沙飞打死日本人，如果出于民族仇恨，这用不着他处理，是组织的事。而他个人与日本大夫又没有私人仇恨。据我个人看，这是精神病，是很典型的怀疑症。本来这么一位老同志得了病，应得到组织上很好的关怀、照顾、治疗。这样病可能治好，但是却……我对田主任说，我找 261 医院科主任王亦鲁说父亲的病状，他立即表示，可以打报告给中央，这问题能解决。怎么我接触的精神病科大夫一听沙飞病情介绍，都说是精神病，支持我向组织提出申述呢？田主任说，我借给你一本精神病学看看，你就明白了。

1981 年 3 月 3 日

争取为父亲平反，首先要递交一份有理有据的申诉书。何惠华老师向我推荐了本校语文老师李正心。他全力以赴帮助我，终于写出了我非常满意的申诉书。呈交中国人民解放军最高军事法院、北京军区军事法院各一份。

1981 年 7 月 17 日

下午应邀到北京军区军事法院曲华明院长办公室，在座的还有赵保杰庭长、康文审判员及文书（记录），家属：王笑利。

曲院长说，4 月 28 日袁升平政委批示后，我们法院开始办案。我们认真查阅沙飞的法院档案，看了你们家属的申述，我们认为沙飞是精神病。将材料送 261 医院，医生诊断主要根据原始档案：沙飞出事后写的材料《血的控诉》《给邓颖超的信》，看押人员的记录，办案人员徐桐岗的即时笔录等。不是依据你们的证明材料。沙飞没说明为什么要打死日本大夫，只是翻来覆去说他害我，怀疑他是特务。从文字看，语言零乱、语无伦次。一般案件当院长的不会亲自看材料，这是重大历史事件呀！这个案子，院长、副院长都很关心。我亲自跑了石少华、高帆、张致祥处。

第四章 回声

曲院长要求我用钢笔抄一份申诉书送上。他又说，要相信我们和家属心情一样，是要解决问题的。我们打算三个月结束这个案子。你应把你手中全部材料交给我们。

1981 年 7 月 18 日

上午与顾棣一起去军区法院找康文审判员。当顾棣把他 1950 年 3 月 6 日张致祥在处理沙飞问题的干部会上发言记录念给他们听后，他们要求将这份日记翻拍作证明材料。他还让我看昨天跟曲院长谈话记录并签名。还向我说明，当年没有完整的办案材料。一般一个案结束，起码应是一寸厚档案，沙飞档案不到一指厚，很薄。里面有沙飞本人写的《给邓颖超的信》《血的控诉》。康文当场又让我看了 261 医院诊断：6 月 19 日材料送 261 医院，经内三科五名军医根据沙飞本人字据，确定出事时，沙飞患有妄想型精神分裂症。事情均为精神病表现，不负法律责任。他又说，看来当时给邓颖超的信没交上去。他看了我带去的父亲拍的照片后说，做这个工作是很有意义的。

1981 年 7 月 31 日

到军区刘佳、陈群（原抗敌剧社）夫妇家。陈群说法院找张致祥，他提出，当时出事时是否犯精神病？陈群与胡朋研究，胡朋说，咱们给聂帅写信集体签名，要求解决沙飞问题。

1982 年 1 月 5 日

去胡忠家。我告诉他，法院原来说三个月结案，快到三个月时我到北京军区。在传达室打电话，有关人说，今天我们不见你。我明白他们有苦衷，但我大老远来一无所获，不甘心。我给陈群打电话，电话刚一通，门卫就接过去说，她进去，出了事你负责！当时我差点要掉眼泪。陈群说，让她进来，出了事我负责！去她家后，她给我出主意，让我在下班时截住有关领导。快下班时我就到路口等，真等到了法院两位领导，然而都是一脸的无奈，一个说凶多吉少，一个说今天我不和你谈。后来得知，由于发生了"日本教科书事件"，有关部门改变了态度。还听说 261 医院精神科将诊断写好后，按程序送到医院政治处，政治处加

我的父亲沙飞
My Father H.Szeto

艰难的纠正错案之路 —— 王笑利日记摘选（1980~1988）

上一句"以上仅供参考"，使诊断证明无法律效力，成了一张废纸。盼了三个月，眼看将有结果，却节外生枝。我很失望。

（作者附记：2001年9月30日采访原261精神病院精神科主任黄振委，他告诉我，"文化大革命"后部队成立了精神病鉴定组。261医院属北京军区，但担任全军的精神病鉴定。黄主任说，沙飞是缺席鉴定，国家规定最少三人小组，我们是五人小组鉴定。搞司法鉴定要多方调查。北京军区法院找我们医院，我们按妄想精神病鉴定，我留了底稿。专案组换了人再来找我们，我们拿出原稿，发现他们修改了我们的鉴定。我们根据沙飞档案原有的材料做的鉴定。）

胡忠说，总政副主任、保卫部长史进前说：沙飞的问题现已发给外交部，让中国驻日大使馆做日本政府和津泽亲属的工作。我们要向他们说明，按照中国法律，精神病犯罪不负法律责任，不处死刑；以免我们宣布时，他们提出抗议。相信他们不会干涉我们的法律、干涉我们的内政。

1982年2月13日

胡忠说，在史进前处看到聂荣臻亲自批示，记忆如下：沙飞已经处刑。当时我不理解他有精神病，如果确有精神病，应予以平反，请总政办。

史进前批：秦、袁：责成北京军区复查，复查结果报总政。

1982年2月18日

父亲的平反遇到难题：这是有重大政治影响的涉外案件，受伤害的日方家属态度很重要。有关方希望日方家属对沙飞平反不持反对态度。尽管我们很生气，但也不得不想办法。

天无绝人之路。上午去王钢家，正好他女儿王小燕在。她说，3月1日八一学校校庆，津泽胜的大女儿田子和（池谷田鹤子）来参加校庆。周垣、林天民负责接待。希望王雁从广州也来，机会难得，争取接触。我立即写信给王雁。

我家住陆军总院。为父亲平反奔波，经常去同院的原和平医院王钢大夫、台湾籍林思平大夫家。他们的孩子周垣、王小燕及林天民等原来都在八一学校，与王雁是同学。

第四章 回声

1982年2月27日

王雁来北京。我们给田子和写了一封信。

晚上,我俩去王钢家。方知从日本来的三个八一校友田子和、安达勇、安达孟及子和当年的同窗好友王好为(北京电影制片厂导演)都正在他家吃饭。我们与田子和见了面,林天民介绍这是沙飞的女儿王雁、王笑利,双方握了手。王雁把带的西红柿请他们吃,并拿彩卷给他们照了相。

天民告诉我们,在和平宾馆已向田子和提到沙飞当时是精神病;后来全家孩子受牵连。子和表示不应这样。

1982年2月28日

王雁参加八一校庆。她看到田子和,还为她和安达孟、安达勇照了相。

1982年3月2日

林天民告诉我们,早上与子和通了电话,说沙飞的女儿还想见她。她说不想见了,这是你们的事,与我们无关,你们怎么处理我们不管。这次来只谈友谊,不谈其他。

1982年3月3日

周垣告诉我们,他父亲对田子和说,沙飞当时精神不正常,他全家都受到牵连。历史的事,过去就算了,和为贵。子和哭了,她说,我能理解她们,但我心里不平衡。

王小燕告诉我们:我对田子和说,沙飞的女儿有封信托我转交你。子和本不想看,我一再相劝,终于看了,但是看到"我们俩都失去了可爱的父亲"时,她哭了,再也不看了。她终于说出了多年没说的话:你只知道他们苦,你就不知道我们更苦吗?你们还有共产党管,我们有谁管呢?我们回到日本,为了我们四个孩子,妈妈要工作,还要背着弟弟去上学。你为什么不替我想想?我说,我正是替你想,你来中国后,才一直没跟你谈,好跟你高高兴兴参加校庆。现在你要走了,我才跟你谈。我们两个儿时的朋友,一边谈,一边很伤心地哭。子和表示:"这件事,当时我们虽在中国,但是你们中国处理的,我们没参加意见。现在你们中国怎么处理,我们仍不参加

我的父亲沙飞
My Father H.Szeto
艰难的纠正错案之路 —— 王笑利日记摘选（1980~1988）

意见。也不要再找我们了，我们日本政府不会找我们的。中日战争死了那么多人。你们处理与我们无关。"子和没有看完信，也没带走信。

看来我们这封信使她的感情难以平静，勾起了对津泽胜大夫的思念之情。

这是一件令人伤心的往事。

（作者附记：2003年7月29日与林天民通电话，他说：沙飞出事时，我父亲是和平医院外科主任。父母1981年去了日本。王笑利后来委托他们转交写给田子和一家的信。子和开始很生气，说父亲就这么死了，她不想把信给母亲。我的父母做了很多调解工作。）

1982年3月6日

我与曾任最高军事法院院长的刘瑞祥通了电话，他认为沙飞一案是明显错案，用日本人同意否作为解决问题的依据是完全错误的。希望我继续申述，问题迟早会解决的。名人还这样难，其他人就更不用提了。

到王钢家。他说法院打电话要找小燕了解田子和态度。

1982年12月18日

上午陈群来家，她说，刘佳见聂荣臻时说，沙飞的问题解决了。聂说，解决了好嘛。沙飞是好同志，做了大量的工作，是有贡献的。

1982年12月28日

中国人民解放军总政治部关于沙飞案处理意见的批复（1982）政法字第11号

北京军区政治部：（1982年）政法字第173号报告悉。根据你们的复查和原判案卷材料，可看出沙飞是在精神不正常的情况下枪杀津泽胜的。原判蓄意谋害根据不足。但考虑该案是一起有重大政治影响的涉外案件，又事过三十余年，现在对沙飞当时是否患有精神病再做科学的、有法律效力的鉴定，比较困难。而且判决时也没有精神病患者杀人不负刑事责任的政策规定。因此，不宜作为错案平反。其家属子女如有受株连的，应妥善解决，生活如有困难，应酌情予以救济。

此复

总政治部　1982年9月20日

第四章 回声

附：中国人民解放军北京军区政治部（报告）

（1982）政法字第173号　　杨白冰签发

对沙飞枪杀津泽胜被判死刑的复查处理报告

总政治部：

原审被告人沙飞，原名司徒怀，又名司徒传，男，一九一二年生，汉族，广东开平县人。自由职业者出身，学生成分，大学文化。一九三七年十二月入伍，一九四二年六月入党。历任晋察冀军区政治部《抗敌报》社副主任、编辑科长、摄影科长、《晋察冀画报》社主任等职。原为华北军区政治部《华北画报》社主任。

原审被告人沙飞，一九四九年十二月十五日从和平医院出院时，因枪杀津泽胜（该院内科主任，日籍国际友人）一案，原华北军区政治部军法处于一九五零年二月二十四日以法字第九号判决书判处其死刑，同年三月四日在河北省石家庄市处决。其子女王达理、王笑利对原判不服，以"（沙飞枪杀津泽胜）系神经病人的危害结果，不是基于狭隘民族主义的蓄意谋杀"为理由，于一九八一年四月提出申诉。经军区袁政委和总政史副主任批示，我部派法院院长曲华明和庭长赵保杰及审判员康文等七人对此案进行了全面复查。先后派人在北京、河北、山西、广东等地找原办案人和见证人进行内查外调；由二六一医院对沙飞作案行为进行医学鉴定，其枪杀津泽胜是因患精神分裂症所致；并就有关此案的涉外事宜分别向外交部亚洲司和最高人民法院刑二庭东北组进行了汇报请示。

此案经再审查明：

原审被告人沙飞，一九四八年因患肺结核病入和平医院治疗，经该院内科主任军医津泽胜（日本熊本县人，伪满医科大学毕业，原在北京行医，后于一九四五年十月经日本解放联盟介绍，与爱人津泽喜代子一同参加我军，历任医学院内科教授等职，一贯表现较好）精心诊治，至一九四九年冬逐渐好转，基本痊愈。但对其精神分裂症疾病却没有发现诊治；对其反常表现也没有引起注意。如其入院前经常"自言自语"，有时一人"面对墙壁大吵大闹"，在政治部部务会上，"要求改行，给他时间研究一种风筝，由风筝带上炸弹，可轰炸蒋介石"，还"想带几个很精干的人到南京开照相馆"以便"开枪暗杀""蒋介石"，并告发"画报社除他外都是特务""并亲自开会追查"，入院后"好冷笑"，"六月下

我的父亲沙飞
My Father H.Szeto

艰难的纠正错案之路 —— 王笑利日记摘选（1980~1988）

大雨没有停非叫公务员跟他钓鱼"，十二月一天下大雪，硬叫公务员"把床给他抬到屋外边南墙底下去睡"等反常表现，当笑话流传，津泽胜也误认为是"小孩脾气"，均莫认为是病态反映。直至一九四九年十一月，当沙飞给毛主席和聂荣臻司令员写信说："和平医院有很多特务，给我看病的津泽胜就是一个日本特务，他要害我"，领导才发现其精神反常，遂于同年十二月十三日派人接沙飞出院，但沙飞于十五日十三时即将出院在与津泽胜谈话时，其当着公务员李有志、奚文斌的面突然从裤兜里掏出手枪朝津泽胜无端地连续射击两发子弹（一发击中额部，一发由左臂擦过），津泽胜立即倒地；当李、奚过来夺枪时，沙还高嚷："他暗杀我我就要打死他！"并又向津额部正中射击一发子弹，然后立在门口不动，等领导来后才说："送我军法处吧，他暗杀我，我有证明"；津泽胜经抢救无效，于十七日死亡。沙飞被捕后由原华北军大军法处负责关押。根据该处一九五零年三月四日所写的《关于沙飞的情况》材料记载："（沙飞）自四九年十二月十五日关在这里起至执行的这天止整个时间里他的表现是沉默的不爱讲话，每天吃了就躺，也表现了恐惧的样子，他没做检讨自己的错误的反省，只是写了几份所谓《控诉书》（已送军区保卫部），见到报纸上登载着惩办日本细菌战犯他就写惩办日本大夫的控诉书，说日本大夫用细菌害他""他在白天或晚上往往自己冷笑起来"。另据警卫排值班日记记载："（沙飞）自入禁闭室以来……每天晚上和白天自己来冷笑，给他送饭或送水时点火柴个人先作揖"，二月十三日并明确记载沙飞"神经病前几天较重，自己说话，哈哈大笑！"等也证明其有精神病。特别是沙飞亲笔写的第一至五号《血的控诉书》中，第一号《血的控诉书》只"控告和平医院崔大夫（女的，重庆西南医大——现在军区总院工作的崔吉君主任——军区法院注）与日本人津泽水野等合流共同谋杀沙飞"，并"请组织上主持公道，将上列人证物证找出来，立即对杀害我的崔大夫以纪律制裁，我建议应让她服台湾药一百片（每天一片）以其人之道还治其人之身"，第二号《血的控诉书》才"控告和平医院内科主任津泽以化学药物剧烈运动等毒物毒计来谋杀沙飞"，第三、四、五号《血的控诉书》"控诉日本细菌战犯高永信以化学药品剧烈运动等方面使肺结核病菌在人身上迅速繁殖伤害许多病员生命""控诉裕仁等以细菌化学战严重伤害华北人民生命""控诉和平医院干部病房主治大夫日本人华田，用重打诊（扣诊）及X光长时间透视以及化学药品杀伤沙飞"亦完全是

我的父亲沙飞
My Father H.Szeto
第四章 回 声

病态反映。更为离奇的是沙飞于一九五零年二月二十五日（处决前七天）在写给"邓颖超同志"并"问候周恩来同志好"（沙飞与爱人王辉于一九三三年结婚。王一九三六年因做我党地下工作与沙离婚。王一九四零年至一九四四年在我党驻重庆八路军办事处工作期间，从《晋察冀画报》上看到沙飞的摄影作品才知道沙参加革命，经周副主席和邓颖超同志亲自关照，王与沙于一九四五年复婚，且夫妇感情较好，故沙飞对周总理和邓颖超同志有较深的阶级感情）的一封信中，竟胡说什么"近二年来我在养病中，王辉同志坚决支持了津泽、高永信、崔大夫等对我的健康不断地严重伤害""她完全是津泽杀害我的帮凶""我决定要和她永远脱离关系""如果她坚决不答应离婚的话，就请她接受下列二个条件中之一。A. 到和平医院传染科当两年护士，去为兵服务为病员服务不要当官。B. 把我吃过的毒药及X光试试看。三月八日作十分钟X光透视，八日开始服樟脑面每天三包，一个月。四月八日…… 五月八日…… 六月八日…… 如接受此条件，执行中死了，我也爱她，给她买副好棺材，天天去哭坟送花"，并写了与王"永远脱离夫妇关系"的离婚《报告》"请求组织批准"等语无伦次的话，更清楚地表明是病态反映。因此，二六一医院鉴定："根据沙飞杀人后亲笔写的第一至五号《血的控诉书》和给邓颖超同志的信，以及证明沙飞不正常的材料，我们一致认为沙飞行凶前即有精神失常，枪杀该主任医生（津泽胜）是被害妄想支配下作案；并有自笑，逐渐变得孤僻、离群等，因此我们诊断为妄想型精神分裂症"。

　　此案经军区法院审判委员会研究并报军区常委审查，一致认为沙飞枪杀津泽胜是在被害妄想支配下作案，属于精神病患者杀人，其行为不能自控，不应负法律责任。当时之所以追究其刑事责任，主要是我军医疗技术有限，对精神病没研究不认识，故把沙飞因精神病枪杀津泽胜误认为"极端有害的狭隘民族主义思想与政治上极端落后"引起的。根据中央复查冤假错案应"全错全平、部分错部分平、不错不平"的政策精神，沙飞枪杀津泽胜被判死刑属于错判、错杀，应撤销原判，予以平反。经请示聂荣臻元帅，他口头指示："沙飞因患精神病枪杀津泽胜应当平反。北京军区党委怎么定就怎么执行。"但此案是一重大涉外案件，不仅原审被告人沙飞在中国摄影界很有影响，其妻王辉和子女在"文化大革命"中为此案深受株连，而且被害人津泽胜在参加我军工作的国际友人中也有较大影响，

我的父亲沙飞
My Father H.Szeto

艰难的纠正错案之路 —— 王笑利日记摘选（1980~1988）

其妻津泽喜代子（现为稗田喜代子）一九五三年带四个孩子回国后，日本政府对她当作"叛国者"看待，直至中日建交后才有好转，不过从其一九七八年带长女池谷田鹤子应邀来华访问中不愿重访和平医院来看，对丈夫被杀深感遗憾，故此案平反后对原审被告人和被害人两家的善后工作都必须认真、慎重、妥善处理。为此，就有关涉外事宜，我们经派人向外交部亚洲司和最高人民法院刑二庭东北组汇报请示，他们认为如一般涉外案件只向外交部、公安部、最高人民检察院、最高人民法院报告批准即可进行处理，但沙飞这样的重大涉外案件，必须逐级上报中央批准，然后向外交部、公安部、最高人民检察院、最高人民法院分报备案，以防万一引起外事纠纷各有关部门能预有准备妥善处理。经军区常委研究决定，特提出如下处理意见：

一、决定由军区法院撤销原华北军区政治部军法处一九五零年二月二十四日法字第九号"判处沙飞枪杀津泽胜致死处以极刑"的《判决书》，给沙飞平反，恢复军籍。

二、决定由军区政治部撤销原"华北军区政治部关于开除沙飞党籍的决定"，给沙飞恢复党籍。

三、沙飞枪杀津泽胜一案，从事实上属于精神病患者犯罪，在处理上属于错判、错杀，故只能着重从政治上在军队内部进行平反。为此，对沙飞被判处死刑问题可按病故对待，按正师职干部抚恤、救济；特别是为了不致引起外事纠纷，可不登报，不广播，不移葬，不开追悼会。对其爱人子女提出要追认沙飞为烈士、要登报恢复名誉、要把尸骨移葬在石家庄烈士陵园、要开追悼会等要求应说服劝止。但对其子女在"文化大革命"中因受株连被送农村插队至今未归的，可以派人去地方帮助商请落实政策，妥善安置。

四、沙飞因精神病杀人一案的平反，对被害人津泽胜爱人子女的善后工作更要认真、慎重、妥善处理。鉴于津泽喜代子一九五三年回国后的艰难处境，和原在和平医院工作的三十多名日籍医务人员回国后分成亲华反华两派的复杂情况，因此，在给沙飞平反的再审判决下达前，主动找津泽喜代子（其今年六十九岁，现在是日本东京都小石川保健所的嘱托医）征求意见。具体方案是请解放军法院领导，以中日友好协会名义邀请津泽喜代子及长女池谷田鹤子（其今年四十四岁，现在为日本东京顺天堂大学医学部讲师）来华访问，由军区法院派人参与具体交谈，详细阐明给沙飞因精神病枪杀津泽胜一案平反的法律依据，切实做好她们的工作。根据我们最近了解：津泽喜代子带长女池谷田鹤子一九七八年来华访问时思想较进步，她很珍视一九四五年至一九五三年在我军和平医院工作的光荣革命历史，对我军怀有深厚的情谊，一再称中国是她的"第二祖国"；池谷田鹤子一九八零年第二次访华和今年二月二十六日至三月二日第三次来华参加八一学校成立三十五周年校庆（其与沙飞的女儿王雁都是八一学校的同学）也表现很友好，估计津泽喜代子不会刁难阻挠对沙飞枪杀津泽胜一案的平反。我们一定要做好工作，防止引起外事纠纷。并力争通过平反处理此案，进一步增进中日人民之间的友谊。

以上报告妥否，请审查批示。

北京军区政治部
一九八二年六月二十一日

（作者注：此报告是北京军区军事法院院长曲华明，军事法院二庭庭长、纠正沙飞错案的经办人赵保杰在职时写。曲华明院长、赵保杰庭长于1982年底被免职。）

1983年1月31日

下午2点半，北京军区政治部307室（军区法院现任院长章洪珊办公室）。

参加者：章院长、牟庭长、王辉、王毅强、王笑利。记录：小严。

院　长：我们原是保卫部，整编到法院。法院大事都要请示政治部领导。领导请你们来商量看怎么样。事过30多年，看你们有什么想法。

王　辉：法院经过一年多调查。我这次来，想看法院有什么意见。我已72岁，希望在死前问题能解决。

院　长：都是老同志，直来直去，实事求是，交流思想。这不是开庭，不要那么严肃。

王　辉：事情发生在石家庄。我当时在北京，石家庄银行打电话给我。我去画报社问什么情况，处理以后才通知我。我的意见也写信给聂荣臻。1945年我从延安到晋察冀与沙飞在一起。以后工作忙，经常不在一起。石家庄解放，他进和平医院，我工作很忙。好几次接触，都感到他越来越不正常。这些问题我都已

我的父亲沙飞
My Father H.Szeto

艰难的纠正错案之路 —— 王笑利日记摘选（1980~1988）

写了。如去看他，他说日本医生让照 X 光，我说该照。他大发脾气，说日本大夫通过照 X 光要杀他；你是不是要我死。吃药问题也如此。……1950 年我南下调到香港。但我背思想包袱，我是负责人，人家问我爱人叫什么，我不好回答。沙飞去世后，军区写信给我，沙飞虽有此事，但组织还要照顾其子女在八一学校，不久又通知我，子女的经济由母亲负担。五个孩子都由我负担，我一直没请求组织负担。总行对我很信任，我一直做人事工作。"文化大革命"中有人贴大字报说我是反革命家属，我很气愤。说他狭隘的民族主义，当时他拍了反战同盟、聂荣臻将军与日本小姑娘的照片，在世界都影响很大。说他政治落后……他是第一个到敌后的摄影记者，他牺牲家庭、个人事业，不要命地工作。对判决我想不通，很多老同志不满当时的处理。三中全会后，老同志们认为对沙飞处理不实事求是，他们写证明。精神病杀人在国际都不负刑事责任。我认为他应平反。他平反不仅在他个人，我和几个孩子，他的弟弟妹妹都受牵连。我国是独立自主的国家，如果是错误的，不能因涉外，怕影响就不平反，还坚持错误。方式方法可考虑。我一个孩子积极要求入党，因父亲问题审查，孩子伤心不入了。神经病犯罪，当时这样处理，没法制没办法。怎么还继续坚持，难道我们死了还要背这个包袱？

院　　长：你们的心情可以理解，问题比较复杂，如果行，早解决了。你们有些看法有道理，沙飞有精神病表现，从你们调查、我们调查的情况都有不正常。发生问题的前后都有，时好时坏，应该承认。客观看，说沙飞有意蓄谋杀人，根据不足，说早有计划，根据不足。沙飞发生问题当时是否在精神不正常时发生，妄想症支配下，问当时领导人，为什么沙飞问题这么处理。他们说当时处理比较慎重，医院里查此问题，医生说，没有明显表现，也有反映，如奚文斌说有。我在某种程度上也同情。缺席诊断平反，根据不足。我们不怕涉外，根据是缺席诊断不能在法律上起作用。

王　辉：枪杀里根总统的也是事后检查，当时也没诊断。

牟庭长：是间歇性的还是长期性的？

院　　长：当时上到聂荣臻下至军法处长都强调，认真查沙飞是否有精神病。现在不能确认沙飞是否有精神病。

牟庭长：他给邓颖超写的信我看了，他对日本大夫不满，说你配合医生害他，还有崔医生也要害他。

王　辉：他与医生无冤无仇，说明他精神有病。

牟庭长：奚文斌说，1948年6月一天下雨，沙飞叫钓鱼，腊月把床搬到外面睡，有时自言自语。居押期间也有不正常反应。

王　辉：奚文斌中间离开过。李有志是主要照顾他的，经常跟我哭鼻子。

牟庭长：从原始材料看，出事前两天正常，出事后他写的交代材料正常。医生没反映他有精神病。

王　辉：医生不是老跟他在一起的。医院没有精神科，不正常认为正常。

牟庭长：沙飞出事后写的材料《血的控诉》一至五，从文字上看没有问题，时间认得清，不能说明他是精神病状态，故不能说明出事时精神不正常。我们找了当时领导张致祥，他说当时很认真研究，是负责任的。精神病人有间歇性和不间歇性。他和津泽有无怨仇。沙飞对日本人的仇恨是一步一步发展的。枪杀日本大夫时是否有精神病，你能证明是在精神病发作时作案的？

王　辉：你有什么办法证实他不是在精神病发作时作案的？

牟庭长：出事前两天都正常，不是看不出。奚文斌说，沙飞出事后情绪镇定，他说警卫员你不要怕，我今天报仇了。

王　辉：我接触期间他不正常。中央精神宜宽不宜细。

牟庭长：医院说他没精神病。杀人时不正常无根据。

王　辉：我认为他有精神病。

院　长：你们的情况我们同情。你我都没有科学根据。聂荣臻当时说，有无精神病要查一查。张致祥专门查了。

王　辉：当时没找我调查。

院　长：张致祥专门查了。我们下不了决心。我们要跟上面商量，但还未定，要经受住历史的考验，要慎重。能办的我们办，不会不办。如果能证明是精神病，不管是美国人、日本人，还是皇帝天老子，我们都敢翻此案。

谈话结束时4点50分。

（作者附记：1981年美国里根总统遇刺。1982年凶手欣克利因精神不正常被判无罪，送精神病院。2003年9月国内外媒体都报道一条消息："22年

我的父亲沙飞
My Father H.Szeto

艰难的纠正错案之路 —— 王笑利日记摘选（1980~1988）

前刺杀里根的凶手，如今作为'精神病人'要出院探亲——美国政府、里根家人强烈反对。"这令笔者更理解在沙飞平反过程中，津泽胜夫人及其孩子们的感情与态度。不管由于什么原因，直接受到伤害的一方要从理智、感情上接受并原谅，都绝非易事。当然，法律毕竟是法律。）

1983年2月1日
王钢家。王钢夫妇及小梅在。他们意见，找法律顾问，找解决沙飞一案的法律根据。

1983年2月2日
田祖恩主任借我的《精神病学讲义》一书中说，精神分裂症妄想型是最常见的类型，发病年龄较晚，多在30岁左右，起病较缓慢，病人变得敏感多疑，逐渐发展成妄想。妄想的原因可渐扩大，有扩张趋势，可片断或成系统，有时可见得明显的幻觉或感觉综合障碍，形成幻觉妄想型。幻觉和妄想内容多较荒谬。可表现疑惧、愤怒、激动，因而有时甚至伤人、自伤等危险行动。自发缓解者较少，但病程的发展较其他类型缓慢，早期患者的人格变化一般均不明显，内向性症状。除表现为病人常不愿意暴露自己的幻觉及妄想内容外，在精神活动的其他方面改变不大。因此，在发病数年后，在相当长的一阶段内，病人的工作能力尚能保存，人格变化较仔细。往往不易被早期发现，治疗可获得较深的缓解。

1983年3月15日
晚上到中组部方朗家。他说，在法院未研究好、总政未重新表态前，抓紧写信给负责人，使他们态度明朗，下面才敢于平反，不然等总政重新表了态，再申诉，时机就丢掉了。这不是申诉，是通过各种渠道尽快解决问题。

1983年4月4日
王达理来信说，他和厉男趁史进前到广州之机，在汽车里追问他总政批示是如何产生的。史说，总政党委讨论两次，依照科学鉴定根据不足和中日教科书问

我的父亲沙飞
My Father H.Szeto
第四章 回声

题做出的批示。

晚上访江一真。他说，这些年一直以为沙飞的事当时处理正确，今天看材料，听介绍，感到应平反。他问了进行程度、史进前态度、田祖恩情况，问需要什么帮助。最后他说，你以家属个人名义写信给我，要求我帮助解决沙飞问题；我再给胡耀邦总书记写信，附上你给我的信。

1983年6月9日

王达理来京。他写给胡耀邦的信，由习仲勋夫人叫秘书送去的。

1983年7月3日

王达理告诉我，胡耀邦看他信后，批示是给余秋里：秋里同志，此案请您指定人考虑，要不要适当处理一下并请办理人酌情回复。耀邦 1983年4月27日。秋里批：请杨副主任遵照耀邦同志批示办理。

达理说，习仲勋夫人齐心带他去杨尚昆家，当时只有杨的儿子杨绍明在，说起沙飞的事，杨绍明说，沙飞在摄影界是无可非议的。

《光明日报》1983年11月26日报道"胡耀邦总书记会见稗田教授的亲属"：25日胡耀邦总书记在日本东京会见老朋友、已故著名病理学家稗田宪太郎教授的夫人稗田喜代子和两位女儿。胡耀邦说：稗田先生是在中国革

《光明日报》1983年11月26日2版

我的父亲沙飞
My **Father** H.Szeto

艰难的纠正错案之路 —— 王笑利日记摘选（1980~1988）

1984年10月1日胡耀邦在中南海接见日本稗田夫人及家人：前排左一田子和、左四胡耀邦、左五稗田夫人、左六王震；后排右一胡锦涛。（照片由田子和赠送给来住新平）

命处于困难时期做出过贡献的人。胡耀邦问站在旁边的池谷田鹤子，你出生在哪？她回答：我出生在中国，是在八一小学毕业的。她在会见前，对记者较详细介绍了养父的情况。胡耀邦邀请夫人及孩子到中国。

> （作者附记：1983年11月在东京，1984年10月1日在北京，胡耀邦接见的稗田喜代子就是原津泽胜夫人，女儿池谷田鹤子就是田子和；津泽胜去世后，其夫人改嫁稗田。2003年7月我联系到当年写报道的光明日报社记者蒋道鼎，他不知道沙飞，在东京会见未涉及此内容。沙飞错案纠正，胡耀邦批示起了重要作用。这是缘分。）

1983年7月4日

下午去北京军区军事法院。牟庭长接待，在座的只有我和王达理、陈群。牟庭长说，沙飞的事我们正积极办理，看到你们给胡耀邦的信，王笑利给江一真的信，江给胡的信，是总政打电话把我们叫去看的。沙飞是有影响的人物，胡耀邦又批了，我们要尽快办理。现在主要等北医三院精神病研究所诊断，钱信忠的夫人沈渔邨是研究所主任、精神病专家。现在可以肯定，蓄意谋杀根据不足。

晚上去江一真家，表明我们希望尽快见到沈渔邨，江立即写一信给沈，请她接待我们。

1983年7月5日

晚上七点我和王达理去钱信忠部长家找沈渔邨主任。我们问，是否所有精神病诊断都需通过您？她说，他们诊断出来、不需要研究的，就不一定通知我。我们这个三人小组有个好处，与当事人没任何联系。需要的材料找受理单位要，必要时直接找家属。如果对我们的诊断有意见，家属可向受理单位提出要求，我们再研究。沈主任最后说，如果沙飞的材料送到我们这里，我可以过问一下。

1983年7月6日

我和王达理到邱岗家。他说，你们的责任是使决定问题的人了解沙飞当时的确有精神病。他们会按法律重新判决。要知道，许多老同志不会愿意把错误的决定永远落在自己头上。

1983年7月13日

下午五点多给沈主任打电话，她说，沙飞出事时的确有病，精神不正常，但当时是聂荣臻批的，现在日本人子女还来。

1983年7月27日

挫折、不顺利、打击，我已经从爸爸平反一事，从多人的态度体会到了，有时真使人受不了，想甩手消沉下去，但责任心又不允许，还要打起精神，勉励自己，继续努力。

1984年2月7日

罗光达说，春节期间他与裴植二人去看望张致祥。张说沙飞问题不好办，第一，当时和平医院大夫都说没发现沙飞有精神病，没发现不正常。第二，沙飞曾

我的父亲沙飞
My Father H.Szeto

艰难的纠正错案之路 —— 王笑利日记摘选（1980~1988）

给军区写信说日本人杀了很多中国人，意即杀一个日本人算什么。罗、裴举例说明沙飞原来对日俘并不仇恨，拍的作品包括聂荣臻与日本小姑娘，沙飞早就有许多精神不正常的表现。张最后表示，沙飞在晋察冀摄影上有贡献、立了功，问题应解决。他答应写信给北京军区。

1984年4月15日

高粮说，杨成武亲自问聂荣臻有关沙飞的问题。聂说，四个事实，沙飞杀了日本人是事实，我们杀了他也是事实，他有精神病是事实，事隔30多年也是事实。

1984年7月7日

到罗光达家。舒同已为影集题了字。一是沙飞摄影集，一是沙飞摄影艺术展览，后面都签名、盖了章。

1984年8月10日

在北京军区法院章洪珊院长家，谈话者有我、陈群、章院长。

章说，沙飞问题，如果光是国内问题好解决。主要是涉外，问题就复杂了，何况时间长，人已死，诊断只能说明不正常。但这种病有间歇性，出事时是否犯病，得不出结论。

我说，病是科学问题，应依法办事，不管涉外涉内，长期拖延是不对的，你上任已一年半多，准备还拖多长时间？难道要等明年暑假来找您吗？难道这问题不应在我母亲生前解决吗？难道非拖到她死后解决吗？我母亲究竟还能活多久，这样拖对干部负责吗？陈群说，科学解决这一问题，是不会损害两国利益的，我们是主权国家，用我国的法，解决我国的问题。

到前院长曲华明家。他说，我的观点很明确，我认为是精神病犯罪。沙飞留下的笔体、文字很混乱，这不是正常人写出来的。当时办案人徐桐岗也说，当时就有精神不正常的表现。为此事我打电话给魏巍，他陪聂荣臻在北戴河写回忆录，让他了解聂荣臻的意见。他打电话回来说，聂荣臻让北京军区法院处理。曲院长说，我有一条，宁可不做官，也要说实话。

（作者附记：1998年5月采访魏巍，他说，我跟聂荣臻谈起沙飞的问题和法院的调查。聂说可以重新考虑，以前以为沙飞是一怒之下干的事。他口头指示："沙飞因患精神病枪杀津泽胜，应当平反。北京军区党委怎么定就怎么执行。"我转告北京军区法院曲华明院长。）

1984年10月9日

中国图片社会议室。吴印咸主持会议，研究如何把沙飞影展搞好。沙飞在摄影史上有功，在革命摄影事业上有功。

石少华：进城35年没办过沙飞摄影展，因历史限制，现在条件成熟。还准备出摄影集。沙飞原来搞无线电，后爱好摄影，他认为当时摄影脱离政治，他要把摄影与国家、人民结合。他是新中国摄影事业开拓者，当之无愧。他的功绩很大，把摄影艺术与时代结合起来。从他作品看到时代气息。沙飞作品始终使用，只是从不署名。当年轰动中日的聂荣臻将军与日本小姑娘是他拍的，变成中日友谊的佳话。我们在做大家希望我们做的事。我们摄影界要饮水思源。对沙飞的头衔是"著名摄影家、革命新闻摄影事业的开拓者、著名摄影记者"。

罗光达：我与沙飞相处多年，我有责任。今天讨论展出内容、展出时间、展出地点、宣传问题、谁负责、经费问题。

蒋齐生：郑景康去世前反复告诉我，要搞摄影史，说病好后一起干。他走后我抓这事。

冀连波：我是沙飞不争气的学生，举办沙飞影展我非常高兴。沙飞是我党新闻摄影事业开拓者，到解放区拍照片的人不少，但成为摄影事业，沙飞首屈一指，没第二个人，他是桃李满天下，沙飞作品是抗日战争根据地的缩影。沙飞1937年、1938年作品，我们现在一些人赶不上。他到解放区就是有名望的摄影家，他的作品鼓舞了人民。

高粮：使人感到历史不饶人。沙飞以摄影家身份到前线来，他功绩不仅是摄影开拓人，也是新闻开拓者。《人民日报》前身是《晋察冀日报》，《晋察冀日报》前身是《抗敌报》，沙飞是创始人，当时他一支笔一个人，是编辑科长；又办抗敌三日刊——《子弟兵报》——现在是北京军区《战友报》。摄影家协会不要搞平衡，要超过活人。

裴植：沙飞是摄影界的特殊人物，宣传规模要定一下，规模要大些，影响要

我的父亲沙飞
My Father H.Szeto

艰难的纠正错案之路 —— 王笑利日记摘选（1980~1988）

大些。

会议几乎开了 2 小时，结束时我代表全家向大家表示感谢。

参加会议的还有高帆、袁毅平、苍石、辽宁美术出版社的金岩等。

1984 年 11 月 4 日

罗光达说，工程兵副政委唐凯前两周给我打电话，说津泽胜的孩子来中国去看他，孩子在东北曾被唐凯救过。孩子说父亲是被沙飞打死的。

1984 年 11 月 5 日

去萧军家，他记忆力很好，也很健谈。萧军说，你如要忍气吞声就算了，不然就干到底。他建议应多给管法制的彭真和搞纪检的陈云写信。一次引不起重视，一定要多写，只有这样才能解决问题。他祝我成功。

1985 年 3 月 15 日

老谢说，他星期一去安定医院看金大夫，在场的还有陈学诗院长。院长说，沙飞的确是有精神病，不然，像他那样的干部，怎么会出现这种事呢。不过还要等一等，要请示卫生部，看看打算如何处理。

1985 年 4 月 10 日

上午到安定医院。田祖恩主任告诉我，开会研究了，沙飞当时是有病，这事要平反。诊断很快能写出来，寄到法院。你应去法院看诊断。我说，精神病研究所的诊断我们未看到。田主任说，诉讼法明文规定诊断必须给家属看。不让看，你可告他们。

1985 年 6 月 7 日

去安定医院找田主任。陈学思院长、田主任和金大夫组成的三人司法鉴定小组做出了诊断。在门诊第三诊室我抄下司法鉴定书。

附：北京市精神病医学鉴定小组北京安定医院精神病法医学鉴定书

鉴定号 850043

第四章 回声

被鉴定人一般材料

沙飞 男 1912年生 1950年被处决 生前为原华北军区政治部画报社主任

委托鉴定单位

北京军区法院

鉴定日期

1985年2月8日

主要案情及鉴定原因

被鉴定人沙飞于1949年12月15日在石家庄和平医院枪杀了日籍医生津泽胜，1950年2月24日被华北军区政治部军法处判处死刑，3月4日执行。沙的子女于1981年4月以沙作案当时精神失常为理由，向北京军区法院提出申诉。法院经过多方调查后委托我院进行鉴定，判定当时责任能力。

调查材料

被鉴定人沙飞的鉴定资料均来自沙的《案犯卷宗》，鉴定书中注有卷宗的页数以备查阅。沙飞1937年入伍，1942年入党，历任晋察冀军区政治部抗敌报社副主任、编辑科长、摄影科长、画报社主任及华北军区政治部画报社主任等职，对军事摄影工作与画报工作有过不小的贡献。据卷宗材料记载，进张家口不久，沙给毛主席写一血书，（要）找毛主席亲自谈话，说晋察冀战略方针有错误，并要求回广东瓦解敌航空部队。说他打算拿手枪逼航空员驾上飞机到南京丢两个炸弹，然后飞到解放区来。1948年12月沙因肺病由军区干部疗养院转入石家庄和平医院治疗。住院期间沙表现孤僻，很少与人说话，很熟识的人进他房间他也不理，常因一些生活琐事发脾气、骂人："官僚，贪污，土匪。枪毙了你们！"无故冷笑，推开其他休养员的房门冷笑一声就走了。一月份天气寒冷，他叫人把床抬到外边去睡，后经劝解才把床又抬了回来。负责给沙看病的是日籍医生津泽胜，系经日本解放联盟介绍参加我军医务工作，一贯认真负责，对病人诚恳亲切，威信较高。经津的治疗后，沙的肺病逐渐好转，至1949年冬季基本已经停止发展。但沙怀疑津泽胜在诊疗中有意谋害他，打诊（针）促进了他的发烧，照X光杀了他的细胞，吃樟脑面损伤（他的）心脏，打击（叩诊）胸部使肺病加重，并给军区写报告说日本人陷害他，要求（把）所有的日本人交人民法庭审判，执行枪决。由于沙的肺结核已经停止发展，军区政治部决定出院来京休养，1949年12

我的父亲沙飞
My Father H.Szeto

艰难的纠正错案之路 —— 王笑利日记摘选（1980~1988）

月初派专人去接，同月 15 日下午 1 时，沙以出院前征询医生意见为借口，派其通讯员将津泽胜诱到他房内，正谈话间沙突然掏出手枪连击津泽胜三弹，因伤中要害医治无效，延至 17 日毙命。作案后沙供称"今天我要出院，我认为是对我生命的危害……我为多数人除害，我要打死他"。反复上书控诉津泽胜等日本医生对他的迫害，控诉中国医生参与阴谋，控诉他爱人是津的帮凶，要求严惩日本医生，要求对（给）中国医生和他爱人作（以）报复性制裁。此外，沙还要求离婚另娶。在监狱中沙自语、自笑，始终不知认罪，对其处境根本不能理解。1950 年 2 月 24 日华北军区政治部军法处判处沙飞极刑，3 月 4 日下午执行枪决，临刑前沙仍要求继续申诉。

分析意见

1. 被鉴定人沙飞自 1948 年即 36 岁时开始精神不正常，病情进行性加重，至 1949 年底即枪杀日籍医生津泽胜时精神症状已相当明显，主导的精神症状是被害妄想，坚信津以医疗手段谋害他的生命，某些中国医生及妻子也参与谋害，反复提出控告并要求予以严厉制裁。沙被捕乃至被判以极刑之后拒不认罪，临刑前还要求继续申诉以期澄清事实真相，可见沙对其病理性信念坚信不疑，毫无自知之明，临床诊断精神分裂症偏执型。

2. 事实上，沙与津没有个人恩怨，医疗措施均属合理，决无杀身之仇，因此沙枪杀津没有合理的原因，即没有正常的原因，沙当时正处于疾病期，正由被害妄想所支配，妄想迫使他歪曲地认识津泽胜，把合理的医疗措施认为是谋害手段，危害了他的生命。他杀死津不仅是为了报复，而是"为多数人除害"，所以不是犯罪。

鉴定结论

被鉴定人沙飞自 1948 年开始精神不正常，主导的精神症状是被害妄想，临床诊断精神分裂症偏执型。沙枪杀日籍医生津泽胜时正处于疾病期，有牢固而明确的被害妄想，认为津通过医疗措施对他进行迫害，危害他的生命。他枪杀津是受被害妄想的支配，并无现实动机。在精神病的影响下，沙不能辨认其妄想的病理性与杀人行为的违法性，属于辨认障碍，应判定无责任能力。

鉴定小组　一九八五年六月八日

我的父亲沙飞
My Father H.Szeto
第四章 回声

（作者注：姐姐当年只抄了鉴定结论。2003年已退休仍在北京安定医院工作的国际知名专家田祖恩应王雁要求，把文件复印寄来。）

1985年8月13日

到军区法院，牟庭长已被免职，留下帮助工作。今天他接待我，谈了如下问题：

1. 沙飞档案现在总政法院。

2. 三家全国最有权威的精神病院都证明沙飞有精神病，这是科学依据。最高军事法院、北京军区法院均同意平反。

3. 因涉外，故案子由1980年拖到现在。如果是国内的人，我们中级法院都可批，早就解决了。但这次不仅仅是政治处理，因为有了两个依据。要不要考虑政治因素？要。津泽是日本反战同盟知名人士，沙飞是咱们国家知名人士。打死人总是不对的。反战同盟回日本后已分化成好几派。他们有些人可能会借此挑衅。做好各方面工作，公开平反，这是一条路；如果不行，不公开平反，内部采用什么方式。

4. 我们都是中国人，我们要解决问题的心情与你们是一致的，但我们没有决定权，仅有执行权。

5. 决定权在总政，甚至中央。案子凡是师级的，均应报总政。

1985年9月21日

妈妈来信说，今年74岁，希望在见马克思前解决好爸爸问题。

1985年9月30日

到罗光达家。他说，摄影家协会把举办沙飞影展的报告送到中宣部，批示大意是，沙飞问题一直是总政处理，请报总政。他把呈报中宣部的材料及中宣部批示复印下来，打电话给魏巍，请他帮助把信、材料尽快转交总政有关人员，魏答应。罗便写了一封信并附材料送交魏巍，魏又写信给总政周克己，表示沙飞问题应平反，应同意举办沙飞影展。魏巍告诉他，总政已批了：沙飞的问题已经平反，举办沙飞同志影展一事，请你们（摄影家协会）决定。罗立即打电话给石少华、蒋齐生、袁毅平，大家都非常高兴。罗又说，你可写信告诉你妈妈，沙飞问题一定能在她见马克思前圆满解决，使她能更长寿。

我的父亲沙飞
My Father H.Szeto

艰难的纠正错案之路 —— 王笑利日记摘选（1980~1988）

1985年11月14日

上午到老年摄影学会。李联英说，丁一岚来电话，说她女儿在安定医院，田主任收到请柬，大家高兴，司法鉴定小组要求再寄十几份去。他还告诉我，昨天上午法院来两人，要求展览延期，说沙飞问题未结案未平反，现在展出，不利于问题解决，沙飞不存在平反，只是存在改判问题。陈勃对他们说，这不是平反会，这是摄影艺术展览。他们说，到底出事时，沙飞是否是精神病尚未弄清。他们留下院长电话。蒋齐生坚决主张不改期。最后决定下周一，石少华、陈勃、罗光达、蒋齐生、袁毅平开会。如果能顶过去，就不要把事情告诉你妈妈。

都怪我多事。我本以为，影展能使前来观展的法院办案领导对父亲加深了解，便于平反问题的解决，所以向法院有关人士发了请柬。没想到这下可闯了大祸。

1985年11月17日

和妈妈去蒋齐生家。蒋对法院态度很气愤，要了院长的名字，准备写信批评他们不按法办事，干涉群众团体进行学术研究。妈妈与蒋的夫人郑德芳是重庆八路军办事处的老战友。

1985年11月18日

和妈妈去石少华家。他说，昨天总政宣传部文化部周副主任的秘书找我，希望延期。我表示，搞摄影展是群众组织的事，法院无权干涉；出了问题我们负责。何况医院已写出鉴定很长时间，早应解决。对不幸事件已处理偿了命。只考虑日方家属，我方家属受压30多年为何不考虑。停展延展是下策；让展览，你们不用负责是上策。影展与平反是两回事。新院长不了解情况，到处乱表态。你们一定要停展，我们九个筹备单位一起开会通过。请你们研究我们的意见。如不同意上策再来电话，我们等着。石少华夫人连斐娥说，这是刑事案，未说剥夺政治权利终身，就不能干涉。沙飞影展我可能去不了，去了，我会哭的。

1985年11月19日

罗光达来电话高兴地说，昨晚总政来电话，问题解决了。他们开了中联部、外交部联席会，大家同意按我们的意见办。我问，魏巍知道此事结果吗？他说，

我的父亲沙飞
My **Father** H.Szeto

第四章 回声

原中国新闻摄影学会主席蒋齐生及夫人郑德芳。1995

罗光达向聂荣臻汇报筹备沙飞影展事。1985

魏巍让周主任同意石少华的意见。他又说，今天我把给聂荣臻的请柬亲自送到他家，他去不了。告诉你妈妈，安心休息，看来不会再有大的波折。我高兴地对妈妈和六姨说，我们胜利了。

1985年11月21日

晚上在四川饭店，老年摄影学会请沙飞家属吃饭。参加者有石少华、罗光达、吴印咸、吴群、陈勃、苍石、李联英、曹兴华、冀连波、我们全家及二叔、七叔、姑姑、六姨。

1985年11月22日

这是我们全家久已盼望的日子。

父亲的老战友、摄影界的同道数百人参加了沙飞摄影艺术展览开幕式。

有的人坐着轮椅看展览，不少老同志边看影展边流泪，许多人伸出拇指赞扬妈妈活到今天不容易、够坚强的。

胡忠和夫人一起去的，他见到师容之，师问他有何感想，他说没别的，只有流泪。高粮告诉我，刚才看见张致祥，谈起沙飞的病，开始张致祥还说没有，张杰部长当场说明沙飞有精神病，其夫人张荣志说自己是和平医院大夫，看出沙飞精神不正常。张致祥说，那我给北京军区写信。

全国政协副主席杨成武、刘澜涛、李葆华、最高法院院长郑天翔等很多领导来了。但就是这样的规格媒体都没有报道，原因是父亲没平反。

我的父亲沙飞
My Father H.Szeto

艰难的纠正错案之路 —— 王笑利日记摘选（1980~1988）

1985年11月23日

王雁到家说，这次不搞宣传是极大损失。她通过楚图南儿媳谷玉梅找到《北京晚报》新闻组沙青、香港《大公报》刘诚等记者。

石少华和沙飞五子女及长孙。1985

1985年11月25日

张望到我家。妈妈很高兴，50年共同战斗的老朋友在京相逢，有说不完的话。张望写一首悼沙飞的诗：沙漠变林丛，飞来雁栖中，千秋开拓者，古无今朝雄。第一个字连起来是"沙飞千古"。张望是沙飞影展开幕式第二天去的，他看到杨成武夫妇、周海婴、李桦。有的是第二次去看展览。

王雁到家说，《北京晚报》的沙青看完影展回报社准备发消息，看到电传"沙飞是解放后我们处决的，历史情况复杂，新闻单位不要报道"，落款是"中共中央办公厅主任"。因此影展消息未发出去。大家进一步研究，要通过记者站发请柬及影展说明，这任务由王雁承担。

晚上7点，我、妈妈、王达理、王雁、张晓明一起去最高法院院长郑天翔家，见到他夫人宋汀。她说，曾在《晋察冀日报》当编辑，与沙飞熟。不能因涉外就不解决问题，我们是主权国家，我们必须独立解决问题。现在影展办完了，为争取问题最后解决，应继续努力。要经常给最高法院、最高军事法院、胡耀邦、邓小平写信催办。可寄到机关，或叫她转交。

1985年11月26日

《人民日报》第三版发了一条"沙飞影展在北京美术馆举行"的近200字的消息。父亲的战友和学生、《人民日报》记者高粮直接将稿子交给了未接到通知的版面，消息刊出。老战友们知道后奔走相告。罗光达拿报纸让大家看，都很高兴。他还说，在东北看到李荒，他说我们做了件大好事。

我的父亲沙飞
My Father H.Szeto

第四章 回声

1985 年 12 月 15 日

耿同金回阜平上庄后来信,他来京看沙飞展览非常高兴,他说这次是为沙飞平反的大会,人民怀念他。

1986 年 4 月 4 日

军区法院牟庭长办公室。他说,沙飞案子拖的时间很长,组织上始终抱着慎重的态度。终于在外交部、中联部、卫生部、最高法院同意后,总政于 2 月 8 日批下来,同意纠正这一错案。沙飞问题不属于冤案、假案,只因当时历史条件,未诊断出精神病。现在三个医院诊断一致公认是精神病,提法不完全一样,有的写"妄想症",有的写"偏执型",实际都是妄想症。1982 年总政批件说 30 多年,时间长,又缺席诊断,不予平反,这显然有失客观,家属不服,又重新申请。胡耀邦两次批示给余秋里"酌处"。我们通过总政、驻日武官做了津泽胜家属稗田喜代子及其子女的工作,她们态度很好,一是表示由你们政府按照你们的法律处理,二是不要株连家属。他又说,总政 2 月 8 日批下来后,我们一直很忙,没时间找你们,直到昨天,我才写好判决书及给政治部的报告,要给主任、副主任及政委看。报告主要内容说明沙飞当时因"狭隘民族主义","蓄意谋杀"杀津泽胜,现查明是精神病犯法,不应负法律责任。关于善后处理,一是当时华北画报社是师级单位,沙飞是正师级待遇,二是以病故论处,故按正师级优抚。但要向你们做四不工作,一,不登报;二,不广播;三,不开追悼会;四,不移葬。准备把判决书给你们每个亲属单位一份入档,多印一些给最了解沙飞的人。我说,按照党的政策,在什么范围内处理错的,在什么范围内纠正。当时沙飞问题的处理是在华北解放军报和党内刊物登出,仅在家属单位落实政策,不符合这一精神。牟说,是否发一份党内文件发到师级,团级干部都是青年人,根本不了解。

牟说,我们下定解决问题的决心是三个医院的诊断,特别是安定医院,我们两次去找田祖恩主任,他 50 多岁,是精神病专家,懂得很多,特别是国际法。我们问如果国际上提出异议,怎么办。他说,我们是在院长亲自领导下,经过三次认真讨论,大家意见一致。如果国际上有人提出质问,我有国家发的证书,我可出席国际法庭作证,我以党籍作证。这些证明让谁都能诊断出是精神病。

我问他影展时是否接到请柬。牟说,我、院长、曲院长、康文、赵保杰均

我的父亲沙飞
My Father H.Szeto

艰难的纠正错案之路 —— 王笑利日记摘选（1980~1988）

收到请柬，最高军事法院比我们先收到两天。我们遵守纪律均未去。不知那天如何，很热闹吧。乐审判到老年摄影学会，说明案未结。副会长说我们请柬已发出，下午还要开会研究影展的最后问题，并拿出宣传部写的平反证明。乐审判回单位说，我们内部不一致，宣传部在三楼，法院在一楼，通个电话也好。我们知道制止不了影展，但尽到责任。注意到电视未播，后来可能登报了。我问，你们找了老年摄影学会后紧张吗？他说，我们不紧张，我们已尽责任了。他哪里知道我们有多紧张。我又问，影展后，日本有何反映。他说未听到反映。他说，你可写信将我说的全告诉你母亲。

去罗光达家，告诉他好消息，他很高兴。

1986年4月7日
胡忠说，既然是错案，以病故论处，就应进华北烈士陵园，应提出立碑。

1986年4月14日
收到妈妈、少军来信，希望开追悼会，立碑，墓移到广州。

1986年5月12日
到军区法院交了家属意见。牟庭长说，别的好说，主要是恢复碑，以及登《战友报》难办。我与牟讨论"权大还是法大"，他说，沙飞问题按法早应解决。如果日本家属工作难做，他们思想不通，问题难解决。

1986年5月24日
上午八点多在中联部小礼堂原晋察冀军区政治部老同志聚会。集体合影后我找张致祥，告诉他我是沙飞的女儿，父亲问题解决了。王宗槐主持会议。我找罗光达，希望趁此机会讲父亲问题已解决。会议最后王宗槐宣布，沙飞同志问题已得到平反，沙飞影集即将出版。李志民在主席台上马上说好啊！便鼓掌，大家报之以热烈掌声。当李志民讲到沙飞创办了《晋察冀画报》时，张致祥说是全国各解放区第一份。

1950年3月6日张致祥在干部会上宣布处决沙飞。今天这200人的聚会上，张致祥在场，大多数人当年也参加了报告会，今天宣布沙飞问题解决，效果极

我的父亲沙飞
My Father H.Szeto
第四章 回 声

好。散会后李遇寅说，今天最高兴的是听到了沙飞问题解决。抗敌剧社的、画报社的、所有关心沙飞问题的人，都为此高兴。

1945年10月初朱良才主任派人把我和哥哥由安塞保小接到延安，随他、余部长、张瑞华、李开芬等一起从延安到张家口找爸爸。从此我便与晋察冀军区政治部关系密切。

1986年6月2日

上午去北京军区法院找牟庭长拿到了盖法院公章的判决书。他一再说明，按照总政最高法院的批件，宣传四不，所以碑不能恢复，不能登《战友报》。当初没组织结论，现在也不会写。判决书印100份。他拿出沙飞卷宗，在我要求之下，翻看了《案犯卷宗》。有判决书、开除党籍决定、训令；办案人徐桐岗调查沙飞一案报告，提到沙飞精神不正常；看押人日记，提到精神不正常；有沙飞写的1~5号《血的控诉》，给邓颖超的一封信，字迹整齐，文字流畅，标题之下是要点，如没精神病常识，不会认为是精神病人所写；石少华给沙飞的信，谈派人去接他出院，未接到；沙飞写的离婚报告；沙飞遗物清单，提到一个小铁盒、画报等。

中国人民解放军北京军区军事法院判决书

（1986）京军法刑再字第1号

原审被告人沙飞，原名司徒怀，又名司徒传，男，汉族，一九一二年生，广东省开平县人，自由职业者出身，学生成份，大学文化程度。一九三七年二月入伍，一九四二年六月入党。所任晋察冀军区政治部《抗敌报》社副主任、编辑科长、摄影科长、《晋察冀画报》社主任等职。原为华北军区政治部《华北画报》社主任。

原审被告人沙飞，因一九四九年十二月十五日枪杀和平医院内科主任、日籍国际友人津泽胜一案，原华北军区政治部军法处于一九五〇年二月二十四日以法字第九号判决判处其死刑，同年三月四日处决。其子女对原判不服，以沙飞枪杀津泽胜"系神经病人的危害结果，不是基于狭隘民族主义的蓄意谋杀"为理由，从一九八一年以来多次申诉。

此案经再审查明，沙飞枪杀津泽胜是在患有精神病的情况下作案的，其行为不能自控，不应负刑事责任。原判认定沙飞有狭隘的民族主义思想，政治上根源落后，并以"蓄意谋杀"判处其死刑是错误的，应予纠正。为此，判决如下：

撤销原华北军区政治部军法处一九五〇年二月二十四日法字第9号判决，给沙飞恢复军籍。

一九八六年五月十九日

1986年5月19日中国人民解放军北京军区军事法院判决书

我的父亲沙飞
My Father H.Szeto

艰难的纠正错案之路 ——— 王笑利日记摘选（1980~1988）

1986年6月11日中共北京军区纪律检查委员会决定

1986年6月4日

石少华说，要尽快办理完恢复党籍的决定。判决书写得很好，承认是错案。有了判决书，其他文章由别人做。他口头提的要求是官样文章，外交辞令。你听，不告诉别人，别人该怎么办不受限制。我们在北京听，在广州就不听，也向国外宣传了。如果他有文字的规定，就对我们不利。我把拟好的寄沙飞平反文件的名单给他看时，他加上了邓颖超、吕正操、彭真。

1986年6月23日

早上去军区法院。找到薛同志，他拿出恢复党籍的决定，并说按我的意见，由对华北军事摄影改为对军事摄影的贡献。我要求将影展说明装入沙飞档案。

到牟庭长处，了解发判决书情况。我才明白，印了100份，发出二三十份，只发给军区有关单位和为沙飞一案写证明的人和家属。最后他说，你们家是通情达理的。你回广州看还有什么政策需落实，回来告诉我们。如无，我们就该给总书记胡耀邦写汇报了。我要求从档案中抄下父亲遗物清单。他说，如需要，请打报告，批准即可复印一份。

我的父亲沙飞
My Father H.Szeto

第四章 回 声

1986年6月30日

罗光达家。他说,前几天和5月24日聚会的组织者高明基、王宗槐、张致祥去看聂帅,告诉他,沙飞问题得到解决。他说,好嘛。罗还说,张致祥由不同意平反,到写信催平反,到影展题词,这是我们做的工作。

1986年7月9日

到摄影家协会见到陈淑芬,我们很激动地握了手,她说知道了沙飞平反的好消息,这是大喜事。在摄影界,沙飞的平反是个大新闻,是大好消息,人们都高兴。我一听到这消息,比别人更激动,别人是不理解的。

我告诉她,我来三次都未见到您,我是专门来看您的,并对她表示感谢。

1986年8月20日

去庞崛家。他说,沙主任问题解决,在老同志心上的石头去掉了,尽管人已不能活了。

下午到蒋齐生家,他说,我们如果有钱,要为沙飞立雕像。

1986年8月25日

下午到石少华家。他告诉我,上个月张致祥打电话约他到家里坐,主要是谈沙飞错案解决了,当时的处理张是有责任的,当时如不这样处理,和平医院日本人反应很强烈。张说,他和聂荣臻是打算拖一些时间处理,但是不可能。张说,一个人一辈子总要犯错误。石少华对他说,认识到错误就好。

1986年9月13日

去李桦家,他向爱人介绍说我是他老朋友的女儿。

1986年9月14日

女附中同学聚会。王好为对我说,去日本见到田子和,她说,1982年我不好说,事情发生时我才小学四年级,不了解情况,要谈找我母亲谈,何况这事是你们中国自己的事,由你们处理。

艰难的纠正错案之路 —— 王笑利日记摘选（1980~1988）

1986年9月19日

晚上去冀连波家。他说，沙飞是我的老师。要争取使沙飞成为世界文化名人。他说起《解放军画报》不承认《晋察冀画报》是其前身，感到气愤。

1986年11月17日

下午到安定医院，见到田祖恩主任和上海精神病专家贾老。我看到我送给他们的《沙飞影集》第一页上有红印油印的四个字"司法鉴定"，并在右下角用深绿色的墨迹写的七八行字，是田主任写明将此书转送司法鉴定小组，大意是沙飞同志患有精神病，在未做司法鉴定的情况下，于1950年判处死刑。经该院诊断，为偏执型精神病。贾老听此情况，立即伸出大拇指说，田主任你做了件大好事，立了大功。田主任又说，法院找过他们好几次，法院说，怕日本人闹事，重新处理，总好像对不起人家的家属，津泽夫人是日中友好理事，经常来中国，但都不愿走石家庄一线。他对法院的人说，我们认为，精神病出事，古今中外任何一国均不负刑事责任，我们不是对不起他，当时我们已经加倍惩罚了我们的同志，不应判刑却判了死刑，如要不解决，永远被动，只有承认错误、解决，才能变被动为主动。

1986年11月26日

上午收到妈妈来信，说接到爸爸病故证明书和给开平民政局的通知书，即和达理、少军专程去开平。空跑一趟，因为证明书，第一没写明级别，第二，时间写的是5月13日。今年民政局有新规定：七一前领抚恤金是半年，七一后领十个月。一下差几百元，更何况这笔钱要用作立碑，当然要争。

1986年11月28日

我上午去法院找到牟庭长，把妈妈的信拿给他看，他感到问题的严重性。他说，我们再考虑研究。

我去找原庭长赵保杰，他说，4月份我在张家口住院，他们打电话来，问我沙飞的级别怎么会定成正师级。我说打报告，军区首长同意的，有批件。他们说，是否应定副师。我坚持说是军区首长批的，怎么能又随便定呢。

第四章 回 声

［作者附记：1998年5月采访原北京军区军事法院二庭庭长、纠正沙飞错案的经办人赵保杰，他说：沙飞这个案子属错案。当时不知道错。因为当时法律上没有规定精神病不负法律责任这一条。这主要是法律不健全，法官当时只能那么判。材料看了很多遍，我们研究认为属错案，不属冤案、假案。错了就要平反。这个问题我们非常慎重，因为是涉外问题。平反的根据就是当时的记载。在关押中关押人员记载非常清楚"此人今天精神不正常"。我们又找了专家和权威部门鉴定，确是精神病。军区首长也很支持我们，常委专门讨论研究我们的报告，到了总政军事法院，总政批复下来让我们复查。复查后报告上去了，不同意。我们是根据他们的批示，有根有据上报的。我们不满意，动脑子，采取一个办法，就是这个报告写得特别详细，这个报告是个奇文。不管以后我们在与不在，任何一个人都推翻不了，否定不了。我们把他的档案全部打印，准备报到高级法院。以后，这个刁难，那个阻拦，四年后终于平反。沙飞的精神病是恐惧型、进攻型，他怀疑谁害他，就要杀对方。沙飞刑事档案里有审判记录。

曲华明院长和赵保杰庭长知道沙飞平反后非常高兴。赵保杰立即写了一首诗，七绝《祝沙飞冤案平反》：

明镜高悬几千年，天涯何处有青天？谁知华杰多壮志，敢教冤魂笑九泉。1986年5月。

曲华明院长将第三句改为"唯有我党多壮志"。还是不改为好。"华杰"为此案付出多少心血！1998年5月赵保杰庭长参加了在石家庄举行的"沙飞摄影展"开幕式。

2012年父亲沙飞百年诞辰之际，我看望了为纠正沙飞错案尽了最大努力的法律工作者——北京军区军事法院原院长曲华明（住苏州某部队干休所）、原主管沙飞案赵保杰庭长（住北京军区干休所），我告诉他们，2000年我到北京军区军事法院查资料，看到他们20世纪80年代初为纠正沙飞错案调查的整整一大厚本材料。他们都为自己曾经的努力而自豪，尽管他们为此及其他原因被免职，受到不公平待遇。他们为《百年沙飞》有关纪念活动感到由衷的高兴。］

我的父亲沙飞
My Father H.Szeto

艰难的纠正错案之路 ——— 王笑利日记摘选（1980~1988）

曲华明。2012.6

原北京军区军事法院赵保杰庭长赠送曲华明当年得知沙飞平反之际写的诗。2012.5

原北京军区军事法院院长曲华明应王雁要求将沙飞案件复查情况简报原稿签字转交王雁。2012.6

第四章 回声

1986年12月12日

下午军区法院牟庭长告诉我,给胡耀邦总书记的报告,总书记看后,在1986年10月4日批了几个字,大意是"各方面工作都做得比较周到圆满"。报告中说,优抚工作正在进行中。因此,我们便以总书记批字为领抚恤金的时间,名正言顺,合情合理,应在七一以后。

1986年10月26日中国人民解放军总政治部革命军人病故证明书(正面)

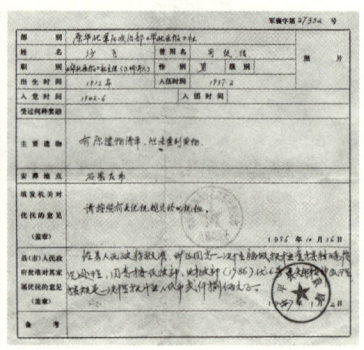

1986年10月26日中国人民解放军总政治部革命军人病故证明书(背面)

1986年12月29日

上午到原晋察冀军区作战科长唐永健家。他说,那天是巧妙而隆重地给沙飞平了反。他1925年与张致祥是同学。张致祥在1950年告诉他,沙飞是精神病,按国际法、古今中外法律都不能判死刑,但是判了。张当时是军事法院执行法官。

1987年2月20日

去聂荣臻家,见到聂夫人张瑞华。张妈妈说还认识我,她问起我和王达理在哪工作,妈妈的情况,身体好吗?我送给她《沙飞摄影集》,她看后很高兴。

1月上旬军区法院派人到广州,将开平民政局给爸爸的2800元抚恤金亲自交给妈妈。广州家庭会议决定将钱寄老年摄影学会,用作为爸爸建碑。

1987年3月19日

去友谊医院看望司徒慧敏叔公,送他一本《沙飞摄影集》和法院判决书,他非常高兴。儿子兆光在他身边。

艰难的纠正错案之路

1987 年 3 月 22 日

凌晨一点多从梦中醒来。我做了个梦,2207 厂李树清政委、李志书等从阜平回来。我走在崎岖的道路上,从杂乱的房中找到李志书。他告诉我,去阜平商谈,因为沙飞不是烈士,不能葬入烈士陵园。看来我担心的事终于验证了。极"左"路线对已纠正了错案的死人也不放过,有何办法。再也睡不着了。

这几天我掐着手指头暗暗算着,2207 厂去阜平的同志该回来了。

1987 年 3 月 26 日

晚上到李志书家。他告诉我,走前想得太简单。去阜平,一个副县长陪同,我们提出要求,说问题不大。但还是沙飞的事找了麻烦,他发现问题严重,他们请示地委,地委再请示省里,说沙飞不是烈士,不能入烈士陵园。后来省里说由县里处理。我们提出给沙飞立碑,他们不同意。我们几个人每天晚上冥思苦想,怎么处理好,既不是烈士墓,又要立碑,最后决定不移葬、不修坟、集体在烈士陵园立一个碑:为在 1943 年 12 月 9 日在阜平柏崖村牺牲的《晋察冀画报》的八位烈士(共九烈士,赵烈的遗骨已移葬于阜平烈士陵园)与沙飞合立一个碑,叫英魂碑。我们做了许多工作,阜平终于同意了。

我心满意足,高兴极了。

1987 年 4 月 11 日

接司徒兆光电话,他父亲司徒慧敏去世。兆光说我送去影集后,叔公曾坐在沙发上看了十几分钟,兆光拍下照片。兆光知其父亲 30 年代在上海与我父亲有过交往,又在重庆看到沙飞在前线拍的照片展览。

1987 年 6 月 29 日

与罗光达去舒同家,在座的有解放军卫生部的张处长。张说,沙飞事件在军队卫生部很有影响,我听很多人说到此事,现在看来是精神病,应让卫生部的人知道这是错案。张处长希望我寄两份沙飞纠正错案的材料,一份由他交卫生部,一份他可拿给医务界的朋友看,进行广泛宣传。

第四章 回 声

1987年9月11日

下午打电话告诉刘诚，说收到她的来信和寄来的报纸。她说，她7月6日参加"抗日战争中的晋察冀摄影展"记者招待会，立即发消息给香港《文汇报》，并写有关沙飞的文章《新中国摄影事业开拓者沙飞案最近重审撤销原判》。沙飞这么个好同志，应该写文章帮助澄清问题，这是王雁的嘱托。1985年影展那次写好文章寄去香港没有发表。后来找不到合适的机会。这次机会太好了，总算我了却了一桩心愿。你妈妈年纪大了，看到这篇文章，该多高兴呀，所以我赶紧寄给她和王雁一张报纸。

河北阜平烈士陵园英魂碑。2014

1987年10月2日

阜平，九点半，英魂碑揭幕式开始。裴植主持。

英魂碑由原晋察冀画报社幸存战友、北京军区2207工厂（前身是晋察冀画报社印刷厂）、中国老年摄影学会、中国摄影家协会、中国新闻摄影学会立。

李树清告诉我，我们去年去阜平访问，看了赤瓦屋和马兰的烈士墓地。张一川厂长痛哭流涕地说，我没别的要求，用500元立个碑，这个任务我不交给别人，就交给你树清来完成吧。老厂长的重托信任，我无论如何要完成。碑一立，何重生的儿子何森在碑前坐了一上午。陆桐年在陆续碑前说了许多遍，哥哥安息吧。上次，何瑞兄妹来阜平，想将父亲照片放进灵堂。人家问，什么级别？他们说不出，心酸。这次冯副局长主动让拿照片放在灵堂。

［附：北京军区政治部印刷厂（2207厂，即原抗敌报印刷厂）、中国照片档案馆、原晋察冀画报社战友，于1987年在河北阜平烈士陵园为晋察冀画报社1943年12月牺牲的烈士及沙飞立碑，因沙飞不是烈士，故冠以"英魂碑"。

艰难的纠正错案之路

英魂碑正面碑文：

献给晋察冀画报社牺牲战友

呜呼战友

民族精英

转战太行

功绩殊荣

为国捐躯

傲骨青松

心香共祭

千古垂名

北京军区政治部印刷厂　中国照片档案馆　原晋察冀画报社战友

一九八七年七月七日

英魂碑祭文：一九四三年秋，晋察冀抗日根据地的军民，在聂荣臻司令员的指挥下，展开了艰苦激烈的反"扫荡"斗争，晋察冀画报社全体同志，为保卫抗日战争中的摄影文献和照相制版印刷器材，转战在阜平县花塔山周围，日夜与敌人周旋。十二月八日晚，晋察冀画报社主任沙飞、政治指导员赵烈率领一个小分队进驻柏崖村，九日清晨遭受日本侵略部队合击，在敌众我寡的情况下，画报社人员奋战突围，指导员赵烈，工务长何重生，编辑陆续，印刷战士李明、石振才、孙谦、张梦华、李文治，工兵战士韩栓仓等九同志，在战斗中英勇牺牲。烈士们曾为晋察冀画报的出版事业，尽心尽力，团结战斗，流血流汗，劳绩卓著，最后献出了年轻宝贵的生命。

著名摄影艺术家沙飞同志，生于一九一二年，卒于一九五〇年。广东省开平县人，原名司徒传。少年时代毕业于广州市无线电技术学校，北伐战争时，曾任国民革命军无线电报务员。三十年代选择摄影事业作为暴露社会现实、反映民族危机、呼唤救亡图存的战斗武器，开始从事新闻摄影工作。一九三六年进上海美术专科学校学习，积极从事摄影创作，拍摄鲁迅先生一系列珍贵照片，给中国新文化历史留下了永久的画幅。"七七"事变后，沙飞同志赴华北，参加了八路军，先后任八路军总政治部摄影记者、晋察冀军区司令部摄影记者兼军区抗敌报社副主任、政治部新闻摄影科科长及晋察冀画报社、华北画报社主任等职。一九四二年底，参加中国共产党。从抗日战争到解放战争的伟大历史时期，沙飞同志拍摄了数以千计的各种题材的照片，为我党我军摄影和画报事业做出了卓越的贡献。]

1987年11月11日

到石少华家。我们谈到爸爸北伐问题。石说，沙飞跟他谈过参加国民党军队北伐，是坐轮船由广州到上海再北伐，但在简历中未写。

1987年12月2日

周一晚中央台新闻报道《沙飞摄影集》出版，《晋察冀影集》将出版。

1988年11月7日

一早到人大会堂参加《人民战争必胜——抗日战争中的晋察冀摄影集》一书的发行大会。聂荣臻、彭真、萧克、程子华、刘澜涛、杨成武、郑天翔等参加。

该画册收录500幅照片，沙飞作品150余幅。

附 录

人物介绍

黄新波（1916~1980）：广东台山人。画家。广东美术家协会主席，中国美术家协会副主席。

江丰（1910~1982）：上海人。版画家。左联美联党组书记，延安鲁艺美术系主任，中央美术学院院长，中国美术馆研究员，中国美术家协会主席。

李桦（1907~1994）：广东番禺人。版画家。中央美术学院版画系主任，中国版画家协会主席。

洪雪村（1911~1988）：福建同安人。《厦门日报》《桂林日报》编辑，新四军《抗敌报》总编辑，文化部办公厅副主任，云南省文化局副局长。

邓初民（1889~1981）：湖北石首人。社会科学家、教育家。毕业于日本东京政法大学。中山大学、广西大学、香港达德学院教授，山西省副省长兼山西大学校长。

千家驹（1909~2002）：浙江武义人。经济学家。广西大学、中山大学、北京大学教授，全国政协委员。

陈望道（1890~1977）：浙江义乌人。语言学家、教育家。留学日本。广西大学教授，复旦大学教授、校长。

马宗融（1892~1949）：四川成都人。作家、学者。先后留学日本、法国。复旦大学、广西大学、台湾大学教授。

祝秀侠（1907~1986）：广东番禺人。复旦大学毕业，广西大学教授，广州教育局局长。1949年赴台湾。

廖苾光（1902~1993）：广东梅县人。留学日本。广西大学、华南师范学院教授。

陈此生（1900~1981）：广西贵县人。中山大学、广西大学、香港达德学院教授，广西省政府副主席，光明日报社副社长兼总编辑，民革中央副主席。

方方（1904~1971）：广东普宁人。中共南方工委书记，广东省政府副主席，中央统战部副部长，国家侨委副主任，全国侨联副主席。

李公朴（1902~1946）：江苏扬州人。1926年参加国民革命军北伐，1928年留学美国，1933年创办《申报》流通图书馆，1934年创办《读书生活》杂志、读书生活出版社。1935年参与组织全国各界救国会，是著名的"七君子"之一。1946年7月在昆明被国民党杀害。

邓拓（1912~1966）：福建福州人。1930年加入中国左翼社会科学家联盟。《抗敌报》（后改为《晋察冀日报》）总编辑兼社长，《人民日报》总编辑兼社长，北京市委书记。

潘自力（1904~1972）：陕西华县人。宁夏自治区书记，陕西省委书记、省长，驻朝鲜、苏联大使。

许建国（1903~1977）：湖北黄陂人。上海副市长，公安部副部长，驻外大使。

罗光达（1919~1997）：浙江吴兴人。摄影家，曾拍摄珍贵历史照片。创办《晋察冀画报》《冀热辽画报》《东北画报》。中央戏剧学院、中央美术学院、北京电影学院副院长，中国老年摄影学会副会长。编辑出版《沙飞摄影集》《人民战争必胜——抗日战争中的晋察冀摄影集》《巾帼英豪——抗日战争中的晋察冀妇女儿童摄影集》《晋察冀画报影印集》《延安精神》《冀热辽风火》《东北解放战争》《华北解放战争》《丁玲》等大型摄影集。1995年8月《罗光达摄影作品、论文选集》出版。

石少华（1918~1998）：广东番禺人。摄影家，曾拍摄许多珍贵历史照片。冀中军区摄影科长，晋察冀画报社、华北画报社副社长，新华社摄影部主任，新华社副社长，中国摄影家协会主席，中国老年摄影学会会长。

吴印咸（1900~1994）：江苏沭阳人。摄影家。拍摄《马路天使》等电影，拍摄纪录片《延安与八路军》《白求恩大夫》。北京电影学院副院长兼摄影系主任，中国摄影家协会副主席。

赵烈（1920~1943）：广东中山人。《晋察冀画报》社指导员。曾拍摄珍贵历史照片。

赵启贤（1922~1965）：湖北武昌人。《晋察冀画报》编辑、摄影科长，《晋察冀画刊》主编，《战友报》副总编辑。

吴群（1923～1996）：广东顺德人。《晋察冀画报》摄影记者，《华北画报》副主任，《解放军画报》副总编，中国摄影学会秘书长，《大众摄影》主编，新华社摄影部副主任。

高帆（1922～2004）：浙江萧山人。晋冀鲁豫军区《人民画报》主编，解放军画报社社长，中国摄影家协会主席。

郑景康（1904～1978）：广东中山人。中国近代思想家、实业家郑观应之子。早年就读于上海美术专科学校，二三十年代活跃在北平、上海及香港摄影界，抗日战争中赴台儿庄等地战地采访，1941年由重庆到延安，在八路军总政宣传部任摄影记者。新中国成立后，在新华社摄影部工作。

蒋齐生（1917～1997）：陕西户县人。新华社记者、摄影部副主任、研究员，中国新闻摄影学会会长。著作有《新闻摄影140年》《摄影史记》等。

章文龙（1917～　）：安徽萧县人。《晋察冀画报》编辑组长，战友杂志社副社长，《解放军报》文艺副刊主编。

力群（1912～2012）：山西灵石人。版画家。中国美协书记处书记，《美术》杂志副主编，《版画》杂志主编。

周巍峙（1916～2014）：江苏东台人。中国音乐家协会主席，文化部代部长，全国文联主席。

孟昭瑞（1930～2014）：河北唐山人，著名摄影家。先后在人民解放军华北画报社、解放军画报社任摄影记者、研究员。

顾棣（1929～　）：河北阜平人。晋察冀画报社资料组长，解放军画报社资料、编辑组长，《山西画报》总编辑，山西摄影家协会副主席。著作有《中国解放区摄影史略》《崇高美的历史再现》《晋察冀画报的诞生与发展》《中国红色摄影史录》等。

主要参考文献

1. 教伦月报／开平赤坎司徒氏图书馆／季刊，1995~2015
2. 鲁迅回忆录／鲁迅博物馆／北京出版社，1999
3. 桂林日报、广西日报 1937 年 1 月～1937 年 8 月
4. 中共汕头市区地方史／中共汕头市委党史研究室／汕头大学出版社，2003
5. 回忆南方局／中共重庆市委党史工作委员会／重庆出版社，2004
6. 回忆在南方局直接领导下，转入地下工作的一些情况／廖似光　王辉　王勉／1984
7. 宋维静传／黄穗生　杨苗丽　廖惠霞／广州出版社，2001
8. 民主斗士李公朴／张则孙／中央文献出版社，2002
9. 八路军新四军驻各地办事结构／中国人民解放军历史资料丛书编审委员会／解放军出版社，2001
10. 鲁迅研究／上海鲁迅纪念馆／上海社会科学院出版社（季刊，1996~2015）
11. 聂荣臻传／聂荣臻传编写组／当代中国出版社，1994
12. 晋察冀日报史／晋察冀日报史研究会／人民出版社，1993
13. 中国人民解放军第 2207 工厂建厂五十周年纪念册（1937~1987）／长城出版社，1987
14. 新文化史料／新文化史料编辑部／2008 年 1、2、3 期
15. 抗日烽火中的中国报业／穆欣／重庆出版社，1992
16. 罗光达摄影作品、论文选集／靳福堂／辽宁美术出版社，1995
17. 历史的脚印／高粮回忆录／人民日报总编室编，1993
18. 摄影文史／中国老摄影家协会文史委员会，1995~2010

19. 中国之友卡尔逊——纪念埃文思·福·卡尔逊诞辰一百周年 / 中国国际友人研究会 / 辽宁人民出版社，1996

20. 沙飞纪念集 / 王雁 / 海天出版社、山西人民出版社，1996

21. 中国解放区文艺大辞典 / 钱丹辉 / 安徽文艺出版社，1992

22. 崇高美的历史再现 / 蔡子谔 顾棣 / 山西人民出版社，1995

23. 中国抗日战争图志 / 杨克林 曹红 / 广东旅游出版社，1995

24. 中国摄影史 1937~1949 / 蒋齐生 舒宗侨 顾棣 / 中国摄影出版社，1998

25. 沙飞研究中心论文集 / 2008

26. 中国红色摄影史录 / 顾棣 / 山西人民出版社，2009

27. 沙飞和他的战友们 / 司苏实 / 新华出版社，2012

28. 开国秘密战——我在军法处八年 / 张鼎中 / 解放军文艺出版社，2013

29. 吹响民族的号筒——《晋察冀日报》的追忆与纪念 / 陈春森 白贵 / 人民日报出版社，2013

30. 政治、宣传与摄影：以《晋察冀画报》为中心的考察 / 杨健（博士学位论文），2014

31. 沙飞档案（1942、1947 填表、履历）

32. 王辉档案（1944、1947、1954 填表、自传），"文革"交代材料（1968、1969）

33. 上海美术专科学校档案史料丛书 1912.11~1952.9 / 上海刘海粟美术馆、上海档案馆 / 上海书画出版社，2011

我接过来的历史担子如此沉重

—— 2005 年版后记

20世纪80年代初,我们全家开始为纠正父亲的错案奔波。70岁高龄的母亲,积极写有关材料,她在弟弟王毅强陪同下,亲自到北京,面见北京军区军事法院院长;大哥王达理给胡耀邦总书记写信,在广州各图书馆查阅有关资料,在报刊上写文章,介绍几乎无人知晓的沙飞;特别是在北京当教师的姐姐王笑利,整整七年,奔走于法院、医院、父亲的战友、亲友之间。那些相识或不相识的人,帮助我们努力一步步向前走。

1981年初,《中国摄影》杂志发表中国新闻摄影学会会长蒋齐生的文章《沙飞——开创中国人民革命摄影事业的摄影革命家》。这是摄影界首次公开评价沙飞。

1985年11月,在北京中国美术馆,中国摄影家协会、中国老年摄影学会、中国新闻摄影学会联合举办《沙飞摄影艺术展览》。

1986年5月,沙飞错案正式纠正。辽宁美术出版社出版罗光达主编的《沙飞摄影集》。

1987年10月,在河北省阜平县烈士陵园,为纪念沙飞及缅怀在抗日战争中晋察冀画报社牺牲的九位烈士而建立的"英魂碑"落成。

1991年4月,《晋察冀画报影印集》出版座谈会举行。

1992年5月5日,在北京,中国新闻摄影学会、新华社摄影部、晋察冀文艺研究会等单位联合举办沙飞诞辰80周年纪念活动。

这十几年,我为父亲做的事很少。我在寻找着自己的出路。

1994年底,我心血来潮想搞《沙飞摄影展》。朋友说,搞展览要有由头。我立刻想到,1995年是世界反法西斯战争暨中国抗日战争胜利50周年,这就是最好的由头。在父亲去世后,石少华始终关心我们全家。我要回报他。因此,我开始策划、筹备《沙飞·石少华摄影(巡回)展》。

我的父亲沙飞
My Father H.Szeto

我接过来的历史担子如此沉重 ——— 2005年版后记

1995年初，蒋齐生问我姐姐，听说有个叫王雁的要搞沙飞展览。回答是：她是我妹妹。他惊讶地问，沙飞什么时候有这么一个女儿？

为搞好影展宣传，我想去北京看望跟父亲有关的前辈。6月下旬，提前买好了去北京的飞机票。一天吃午饭时，看见公司所属广告公司搞摄像的刘驰峰，突然想到，如果他能去就好了。我努力说服了他。带了专业摄像的人和机器去，就不是单纯地看望老人们了。我动员女儿一起去北京，她对抗日战争一无所知，我叫她别担心，到时候会告诉她讲什么。那几天买了一些关于抗战的书，其中最厚重的就是杨克林、曹红主编的《中国抗日战争图志》，我被书、被作者深深地打动，他们是当代的民族英雄。走前两天，见到摄影师左力，我们要去北京采访老将军，他很感兴趣，我又买了第四张机票。

6月30日，临时拼成的四人采访团登上飞机。我拿出厚厚的几本书给女儿补课。"平型关""黄土岭""晋察冀"……让22岁的她头晕。

到底能进谁家门，我心中完全没有底——从来没见过，事先也没联系；何况那一年，他们都是新闻采访的热门人物。后来听说，最多一次有八家电视台同时采访杨成武。

1985年11月22日在北京中国美术馆举办沙飞摄影展览，罗光达主持

1991年4月26日《晋察冀画报影印集》出版座谈会在人民大会堂举行

1992年5月4日北京举办纪念摄影150周年、沙飞诞辰80周年、晋察冀画报社成立50周年大会

我的父亲沙飞
My Father H.Szeto

附 录

北京的朋友吴冬娜、姚普明、汪兴华等，给我提供了车，提供了首长们秘书的电话。为了安全，秘书们会把不了解的来访者拒之门外。但是，当我给秘书、参谋打电话，说明是沙飞的女儿，想看望、采访首长时，所有的大门都向我们敞开了。

在京仅两周，我们看望、采访了杨成武、吕正操、萧克、王平、陈锡联、刘澜涛、马文瑞、叶飞、张宗逊、耿飚、李默庵、吴岱、刘志坚、黄新廷、苏静、孙毅、周巍峙、熊向晖、王政柱、潘焱、纪亭榭、曾克林、卢仁灿、宋玉林、王树声夫人杨炬、陈赓夫人付涯等前辈，并全部拍照、摄像。有的人，跟沙飞无关系。那么顺利，是父亲在天之灵保佑。

我与广东电视台合作了五集专题片《浴血抗战》，与深圳电视台合作《历史的证言》《照片中的历史》，并与刘驰峰编辑了专题片《血与火的见证——沙飞、石少华摄影作品展》。

1995年8～9月，《沙飞·石少华摄影展》在广州、深圳、汕头巡回展出，引起轰动。之后，《沙飞摄影展》又在上海、绍兴、杭州、金华、石家庄、西安、北京等地巡展。

1995年8月28日晚，专程来深圳的日本朋友三山陵女士、父亲的学生顾棣、王朝秀及我的兄弟姐妹在我家欢聚，庆祝影展开幕。我说，我要出一本沙飞画册。

我从来没编过书，想请父亲的老战友罗光达当主编。1996年春天到北京看望他时，他头脑还清醒，但步态蹒跚。我明白只能靠自己了。

我一边上班，一边编书，为这本书付出了太多的心血，几个月，体重减了10斤。

为出版这本书，我和亲友凑了20多万元。1996年冬，在深圳举办的全国书市上，同是海天出版社出版的《花季、雨季》排在销售榜首，而《沙飞纪念集》无人问津。几年以后与北京鲁迅博物馆孙郁馆长聊天，谈及此事，他说，你这20多万花得很值。我想了想，点点头——赚和赔，钱不是唯一的标准。

1996年9月，我请父亲在京的战友们参加《沙飞纪念集》出版座谈会，他们都非常高兴。这是父亲去世后，他们第一次以晋察冀画报社老同志的身份欢聚在解放军画报社。他们激动地回忆起当年与父亲在一起的日子。遗憾的是，没有把当时的场景摄录下来。

10月19日，到上海参加鲁迅逝世60周年纪念大会。大会一结束，我冲上

我的父亲沙飞
My **Father** H.Szeto

我接过来的历史担子如此沉重 —— 2005年版后记

主席台，对周海婴说："我是沙飞的女儿。"我们的手紧紧地握在一起。我送给参加鲁迅研讨会的学者每人一本书。从那次起，我才知道，在中国有一批知识分子，他们甘于寂寞、甘于清贫地研究着自己喜欢的学问。上海文化圈的朋友真诚地帮助我，他们是杨克林、曹红、孙金媛、常春、丁景堂、张小红、丁言昭、沈建中、王寅、萧关鸿、孟涛、陆哨林、父亲老战友邱岗的侄子卢怡和等。

《沙飞纪念集》出版后，不少报纸、杂志免费刊登启事：赠送全国各大中城市图书馆、大学图书馆、摄影家协会、新闻传媒等文化单位、部队及父亲的老战友。我还想办法找到父亲照片中人物的后代，如张治中将军的女儿张素我、章乃器先生的儿子章立凡等，他们都感到意外与高兴。有一段时间，几乎每天都收到全国各地的来信。读者对沙飞的兴趣、对这本书的认可，令我高兴。

在北京，我给现代文学馆周明副馆长打电话，想向文学馆赠书，正打算介绍父亲的情况，周明打断我的话，沙飞拍摄了鲁迅先生，他跟我们文学界有很大的关系。欢迎你来！我高兴地赶过去。巧的是，邓壮也在，有一小段时间，房间里只有舒乙、邓壮和我，我突然感觉到窒息：我们三个人的父亲——老舍、邓拓、沙飞，都……我立即走到院子里，深深地吸了一口气。那一瞬间的感觉，刻印在我的心中。

周明给我很大的帮助，他说，我被沙飞感动，被沙飞的女儿感动。

在商海近20年，已感到厌倦，我想给自己留点时间，干自己爱干的事。1997年初，我彻底离开生意场。

我对自己感兴趣的人或事有热情，而且执着。我感觉应该把父亲的事做下去，但不知道该做什么、该怎样做。妹妹少军常说我有福气，每当我需要帮助的时候，就会有人出现，及时伸出援手。的确如此。

为争取中央电视台拍摄沙飞的纪录片，用了近两年的时间。1998年4~5月，我跟该片的史学增编导、顾棣等到父亲当年战斗过的河北、山西。过程中，我用傻瓜相机拍了一些黑白照片，这还是广州的柳明大姐提醒，用黑白胶卷会好一些。深圳商报摄影部主任陈伟说，"拍得不错，拍出了感情"。知道他是鼓励，但仍然很开心。

以前没见过面的朋友、河北平山温塘的阎东生，在拍摄纪录片的过程中热心相助，令我们感动。他的父亲当年是杨成武的老房东，在他们盖了大瓦房的院子里，至今仍保留着杨成武夫妇住过的小泥屋，老人家清楚地记得沙飞来过他家找杨司令。

1997~1998年，罗光达、蒋齐生、石少华先后去世。我意识到，要赶快抢救材

我的父亲沙飞
My Father H.Szeto
附 录

料。在丁允衍、朱丹、杨克林、顾小㭎、王晓旭、白虹等朋友帮助下，先后到北京、上海、南京、河北、山西，摄像采访了数十位父亲的老战友、有关的人及遗址等。

人民日报社的李辉是我非常喜欢的一位作家。1998年4月底初次见面，我告诉他，刚与摄制组从"晋察冀"回来。他说你应该写篇文章。我说，我既不是作家，又不是记者，根本不会写。他说，你就把看到的、感觉到的写出来。我找不出拒绝的理由。

回深圳后，我开始拿起笔。幸运的是，我的处女作——《寻访白求恩与沙飞的足迹》与《晋察冀行——寻找父亲沙飞的足迹》于1998年7月、8月先后发表在《人民日报》及上海《文汇报》上。我有了自信心。后来又写了《白求恩与沙飞——两个异国影友》《父亲沙飞之死及身后事》《沙飞夫人的回忆》《走近父亲沙飞》及《在上海追寻沙飞》等文章，发表在《人物》《海上文坛》《纵横》《羊城晚报》等报刊上。

1998年认识安哥，他给我的帮助难以尽数。他说，你要把沙飞的全部作品整理出来，要坚持把沙飞的事做下去。2002年，鲍昆也建议我整理沙飞的底片。

我不懂摄影，不太明白为什么要这样做，但还是努力去做了。在解放军画报社的资料室，在李贤光编辑的配合下，前后两次，共一个月的时间，总算把全部有关资料翻阅了两遍，整理出父亲在抗日战争中拍摄的1000余幅原版（少数复制）底片，那是他和战友们付出鲜血和生命的代价保存下来的。

李媚主编的小黑书《沙飞》中的几十幅作品，就是从这上千幅照片中选出来的。封面照片及书中部分照片，是我这个外行人无论如何不会看上的。

2002年，安哥叫我把沙飞的摄影作品拿去平遥国际摄影节展览。我不愿意去，我不是搞摄影的，以沙飞女儿的身份参加摄影界活动，几十岁的人，整天自我介绍是沙飞的女儿，实在难堪；况且，不知道现在国内外专业搞摄影的人如何看沙飞的作品，我认为他大部分的照片只记录历史，没太多的艺术性。安哥努力说服我，并帮助我选了几十幅照片。

9月，在第二届平遥国际摄影节，颜长江、曾忆城、亚牛这些年轻的摄影师对我说："沙飞是真正的艺术家""我们能跟沙飞的作品一起展览，感到非常荣幸"。意大利著名摄影家卢卡斯告诉我，他很敬佩沙飞。拍摄了《中国1966》的法国女摄影家索朗日·布朗女士一见面就紧紧地抱住了我。她看到摄影节组委

我的父亲沙飞
My Father H.Szeto

我接过来的历史担子如此沉重 —— 2005年版后记

会编辑的参展摄影师代表作,其中有沙飞两幅作品,没想到中国20世纪30年代有这么好的摄影师,决定来看看;她说,中国的变化太大了!这次摄影节收获太大了!安哥提议,将来有可能,在中国搞个沙飞(抗日战争)、布朗(中国1966)、安哥(邓小平时代)的联展。布朗女士补充,还要加上亚牛!我们开心地大笑。美国的马芝安女士是北京四合苑画廊总监,她陪纽约摄影中心(ICP)艺术总监菲利普先生来参观沙飞影展,她一边看沙飞的作品,一边说"beautiful! beautiful!"懂英语的平遥姑娘李新颜要向她介绍,她用中文说,不用介绍,我们知道沙飞。她问我,照片是谁选的,我说是安哥。她马上去看安哥的展览。我才知道选照片的人原来这么重要。

2003年9月,我和大哥及其儿子、小妹、顾棣等欢聚在平遥,参加第三届平遥国际摄影节沙飞雕像揭幕及沙飞影展开幕式。离开前的那晚,许多中外摄影师聚在广东参展团的大宅门,当美国联系图片社总裁罗伯特·普雷基知道我是沙飞的女儿时,很高兴,他表示,愿意将沙飞的作品介绍到国外。

2005年1月在广州,广东美术馆举办摄影双年展时,我再次见到纽约摄影中心的菲利普先生,他说,沙飞是非常优秀的摄影师。

对于沙飞,人们是陌生的。有的从来没听过他的名字,但提起代表作,总还见过几幅;有的知道他的作品、他的死;有的认为他是"御用"摄影师;有的认为他是英雄;有的说他是"中国革命摄影的奠基人"。

2000年初,吴少秋对我说,一般摄影家,人们只对作品感兴趣,而对沙飞,人们既对他的作品,也对他的人生感兴趣;你应该写你父亲的书。

我想了很久。1997年7月在上海搞沙飞影展时,徐大刚告知蒋齐生去世的消息,我赶去北京参加他的遗体告别会。姐姐把一个纸箱交给我,说这是蒋老委托转交给你的,在6月举行他的研讨会前,他把收集、采访到的有关沙飞的照片、资料全部整理好,写明交王雁。1999年,姐姐把她从1980年到1988年写的采访笔记、平反过程的日记全部给了我,我都收了。当时,我不明白这意味着什么。此时我才醒悟,蒋老无遗憾地走了,姐姐也轻松了,而我却接过来一个历史的担子,太沉重了!要完成这么大、这么艰巨的工程,必须投入热忱、时间、精力和金钱。我明白,自己不可能再有其他的选择。

我到广州中山图书馆、桂林图书馆、北京国家图书馆、上海档案馆,到北

我的父亲沙飞
My Father H.Szeto

附 录

京的书市、京沪旧书市场、各地书店寻找；妹妹少军帮我把广州母亲家中有关资料、信件找出来，甚至包括"文革"中母亲的"交代"材料；桂林文史资料委员会主任魏华龄，太原、张家口等地搞文史资料的朋友提供有关资料；顾棣的日记及整理的资料……我边寻找、边整理。

我迟迟没有动笔，不知道该怎么写。复旦大学新闻学院的顾铮博士说，将来会有人研究沙飞的。你的工作就是收集、整理沙飞的资料，尽量全。我说，有的事有不同的版本。他说，那你就应该拿出所有的版本。他的建议与我的思路相符。

20世纪80年代，蒋齐生采访了石少华、章文龙、张进学、罗光达、王辉等人，王笑利采访了家人，并与顾棣共同采访在京的老同志。"沙飞案卷"部分，是1981年曲华明院长、赵保杰庭长等人的调查记录，我于2000年到北京军区军事法院摘抄。把采访笔记、资料整理出来，应该更真实，更有价值。

2002年底，我开始动笔。让世人了解一个真实的沙飞，这就是我的想法，尽管不可能做到完全、彻底。这是对父亲的交代、对历史的交代。

1946年初在张家口，父亲开玩笑地对侯波讲到还在母亲肚子里的我："大力（大哥王达理）、小力（大姐王笑利），第三个不用力。"尽管从"文化大革命"开始，我是五个孩子中最反叛、最令母亲头疼的一个，但始终认为"天生我材必有用"。

朋友们都知道，我是个开拓型的、有激情的狂人。他们绝不会相信，在相当一段时间里，我除了偶尔电话与外界联系外，每天一个人在家中，翻看着书籍、资料，对着电脑，一个字一个字地敲着。有人说，除了要自杀的人，写作过程中的人，是最孤独的。我沉浸在"沙飞"的世界里。我感谢家人及朋友们的宽容、理解与支持。最要感谢的是我儿时的朋友、郭天民上将的女儿郭丽芬。这几年为父亲的事，我年年去北京，每次都住她家，从她家到解放军画报社只需要几分钟；常常在一两个月里，她要为我这个早出晚归的人买菜、做饭；我回到她家，不是讲沙飞，就是打电话，她受够了折磨。

一个人在家不停地写，常会感到没有自信心。从写出初稿的第一章节开始，我就传给北京的王好立看，他是我小学同班同学中作文最好的，这本书从始至终，他都给予了最大的鼓励与支持，没有他的鼎力帮助，无法预料这本书会如何。吴少秋、颜亮亨也看过书稿，给予鼓励，并提出意见。

近几年来，在完成这本书的过程中，我对沙飞的感觉逐渐起了变化。我面对

我的父亲沙飞
My **Father** H.Szeto

我接过来的历史担子如此沉重 —— 2005年版后记

的不仅仅是与自己有血缘关系的父亲，而且是一个让我感兴趣的历史人物。一个人与一个时代，他的家族，他的心路历程，他的爱与恨、欢乐与痛苦、选择与抛弃、理智与疯狂，他们那一代人、那一段历史，都吸引打动我。

我感觉自己是幸运的。在知天命之年，不再为生存名利搏杀、退出江湖时，遇到一件与自己有密切关系，有社会意义，又有兴趣做的事。我忙碌，但很充实。

2000年3月4日，是父亲去世50周年的日子。深圳摄影圈杨延康、陈远忠、周展、张新民、肖全、余海波、劳革强、左力等几个年轻人聚集在我家，与我及女儿共同悼念沙飞。

2002年9月，北京的一个夜晚，安哥、我及我儿时的朋友张晓明、汪兴华在麦当劳聊天。他问她们，原来知道王雁的父亲吗？她们说，从小就知道，她爸爸因为打死一个日本人，被枪毙了。但我们都认为她爸爸是英雄，很棒；共产党为了国际主义，大义灭亲，很棒。

2003年11月30日，在北京国务院二招参加阜平县召开的"晋察冀旧址展览文物资料征集座谈会"。我坐下后才看到，前排是聂荣臻元帅的女儿聂力，左边是朱良才上将的女儿朱筱秋，来开会的还有王平、李志民、孙毅、刘显宜、刘彬、耿飚、王宗槐、殷希彭、罗文坊、余光文、耿飚等将军的子女们，几乎都是我八一学校的同学，这真是缘分！有的是初次见面，有的同班或认识。他们见了我很高兴，他们都知道，在抗日战争中，我父亲曾用照相机记录了他们的父辈。聂力大姐见我拍照，笑着说，你跟你爸一样。我感到一切都是那么自然、亲切、美好，因为我们的父辈都曾经在晋察冀这块热土上，为民族的独立、为祖国的解放奋斗过。

石家庄——令我们全家魂牵梦萦的遥远的他乡，是父亲生命旅程的最后一站。几十年了，父亲寂寞地、孤独地长眠在那里。他究竟埋在什么地方，我们不知道；我们一直在苦苦地寻觅着。

1997年3月，我和姐姐及顾棣去石家庄。每次到石市，我都能感觉到强烈的冲击，血缘的力量太强大了。我们去看望了当年开车送父亲去刑场的焦恩师傅及最后一次给父亲移墓的周保山师傅等人。我们再次去寻找父亲的墓地，找到了大概的地方：市殡仪馆后院围墙脚下。我仰望着高大的杨树，凭吊着既无墓也无碑的一片地，心中充满了哀思。

2003年初，我接到石家庄日报社王战军的电话。几年前，我曾在她主编的

我的父亲沙飞
My Father H.Szeto

附 录

周末版发过有关沙飞的文章，与她是没见过面的老朋友。她告诉我，石家庄日报社与河北省双凤山陵园愿意为沙飞建墓碑、立雕像，希望家属支持，希望有关单位参与……我一边听着，一边落泪。

2004年5月20日，我们五兄弟姐妹及子女、七叔夫妇、顾棣、石少华的儿子石志民、汪洋的女儿汪林丽等到石家庄，参加沙飞雕像在双凤山陵园落成典礼。人民日报社、新华通讯社、中国摄影家协会、解放军画报社、中国人民抗日战争纪念馆、石家庄日报社、鲁迅博物馆、北京军区战友报社、白求恩国际和平医院及石家庄市等单位代表及各界人士数百人参加揭幕仪式，并参观沙飞摄影作品展。

身着八路军戎装、手持相机的沙飞铜像，被翠柏、鲜花环绕，周围是解放军战士、少先队员、举着照相机的人群。我望着这一切，不禁流下了热泪。

2005年，在世界反法西斯战争暨中国抗日战争胜利60周年及父亲去世55周年之际，母亲做名誉主编、我主编的《沙飞摄影全集》《沙飞摄影选集》，还有这本书，即将出版。没有想到，5月3日，94岁高龄的母亲突然走了。父亲去世时我太小，完全不懂事，这次初尝与至亲的人生离死别，一段时间感到心都空了。我的遗憾多过悲伤，如果她晚走几个月……

6月底，我们将再次到石家庄，把母亲的骨灰撒在双凤山陵园父亲铜像旁的松树下。在天国，父亲母亲会再次团圆，永远相伴，永不分离。

爸爸，您告别人生时，不满38岁，没有一个亲人在您的身边，您的名字被湮没了几十年。人民没有忘记自己的儿子，因为您用照相机记录了中华民族一段悲壮的历史，您最后的13年是在"晋察冀"度过的，您永远屹立在那里，拥抱着您热爱的土地与人民。

爸爸、妈妈：你们的五个孩子、七个孙子、三个曾孙，都爱你们！你们安息吧！

王雁　2005年5月25日

作者附记：我还要继续寻找、了解与父亲有关的历史事件、摄影作品中记录的人物（尤其是普通百姓、战士、国际友人及日俘等）。敬请有心人与我联系。电子邮箱：wy120505@126.com

再版后记

2005 年 7 月 6 日，我们五子女及孙辈到石家庄，把 5 月 3 日去世的母亲的骨灰安葬在双凤山陵园父亲塑像下的墓穴，父亲的骨灰盒里放着刚出版的《沙飞摄影全集》《我的父亲沙飞》，及父亲老战友罗光达编著的《沙飞摄影集》等；告别之际，我们齐声呼唤：亲爱的爸爸妈妈，你们在天国永远相伴，我们爱你们！

母亲遗愿把遗留的钱捐希望工程。我们遵照母亲遗愿，先后捐钱给河北平山县碾盘沟小学、河北井陉县洪河漕村学生、河北涞源县中学、河北阜平县中学、广东开平市教伦中学。

2005 年 7 月 9 日，在北京举办《沙飞摄影全集》《铁色见证——我的父亲沙飞》发布会。书赠前辈、后代、友人、学者、媒体，进入市场后，我忽然感觉诚惶诚恐：担心有关者提出异议，担心

93 岁的妈妈笑得好灿烂！2005 年春节大年初一·长孙王平摄

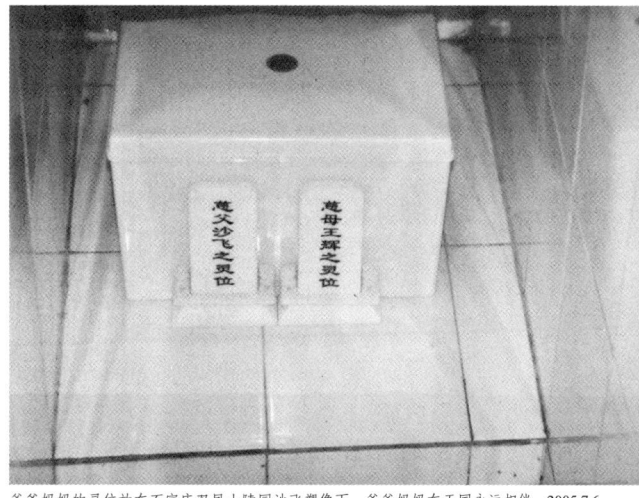

爸爸妈妈的灵位放在石家庄双凤山陵园沙飞塑像下，爸爸妈妈在天国永远相伴。2005.7.6

安葬妈妈后,我们向爸爸妈妈告别。2005.7.6

后代、读者认为不该如此写自己的父亲。

2006年2月4日一个"二代"来信:

我已经不是第一拨读者。那么多的人都在我之前读完了,他们的感想对你的冲击会大得多。但是我的感受对于我很重要。首先是你作为女儿对父亲生平的追寻,对他的思想轨迹的追寻,对他感情线索的追寻,竟是如此客观,这是我们新闻界许多人都难以做到的。对于历史,以及历史人物,不仅仅是新闻界,评论界、史学界很多人都做不到最起码的客观。二是工作量。我想过,假如是我,面对着如此浩繁的、真伪难辨的材料,成千上万里路的奔波,众多人物的反复多次的联系、上门采访,各种衙门的推来诿去的公文,我会以"让历史的尘埃把这一切都掩埋吧,过去的都让它过去吧"为借口,我会退缩的。三是感情压力。毕竟是亲爹,在拽出历史的线头的同时,谁知道还会拽出他的什么事情来?虽然是活生生的一个沙飞被你准确地描摹了出来,但是他的精神状态,他对你年轻妈妈的无情,他对身边同志的时热时冷,他的冲动和反常……在一个对他并没有什么印象的女儿面前,叙述者的口吻和语气都会有非常微妙的区别,肯定还会有脸色,还有过去的恩恩怨怨,还有别人对亲人的不恭的评价,

我的父亲沙飞
My Father H.Szeto

再版后记

我会受不了。你可能也看了我们给母亲出的纪念册。我也看过其他人的纪念册，都是把亲人当成神一样纪念，做成我们心目中希望的那样。当然，这些人都不是历史人物，虽然他们的一生也是与祖国的命运紧紧联系在一起的，但是他们在历史的大潮流中仍是属于波澜不惊的人物。你爹爹是惊起了波澜的人物。你做的事情不仅仅限于你爹爹，你还为后代做了一个榜样。

我即回信："收到你的来信我很高兴，我一直在希望、在等待着你的回声！我很在乎你的感受！我寻找、追求的是真实。在寻觅父亲的过程中，感觉到他的思想、感情，甚至变化的过程；在决定奉献给读者时，我有挣扎和痛苦，但现在，我感觉的是轻松。"

作家邵燕祥2006年2月25日来函："《铁色见证——我的父亲沙飞》一书，连同以前出版的沙飞摄影作品集，都既是对沙飞同志的纪念，又是时代和历史的记录和见证，是前人留给后人的精神遗产，是拒绝遗忘的教材。当然，这对你们一家来说，也是逝者和生者的安慰。你做了一件很好的事情，这家出版社也是。去年年底，好几处评好书的活动中，都曾提名，也可见公意。"

至此，我悬着的一颗心，终于放下了。

有二代对我说：共产党对你们不薄，你为什么写那些（事件、执刑过程）？

回答：我没有编故事，留住历史而已。

原以为2005年画了句号，可以放松了，谁知竟然是新一轮忙碌、奔波、思索的开始。

2005年10月父亲战友赵银德来信，对书出版表示祝贺，并认真提出意见，希望再版之际修改。恭敬不如从命。

2005年广东美术馆收藏沙飞摄影作品，收藏经费人民币80万元用于设立"沙飞摄影奖"，成立"沙飞影像研究中心"，这是我与广东美术馆及母校中山大学的合作。

2007年、2009年，广东美术馆举办沙飞摄影奖颁奖仪式。获奖者有奖状、奖金、礼品（沙飞小塑像是司徒兆光作品）。

2008年11月、2010年12月中山大学沙飞研究中心先后在石家庄、广州举办学术研讨会。2008年11月9日我致函沙飞影像研究中心主任杨小彦（节选）："蔡涛、解艳都曾对我说，研讨会我在场，他人无法尽情谈沙飞。我是个思

我的父亲**沙飞**
My **Father** H.Szeto

附 录

首届沙飞摄影奖颁奖，左起：杨克林、杨延康、陆元敏。2007　　第二届沙飞摄影奖颁奖，右起：李媚、顾棣、张新民。2009

沙飞影像研究中心在石家庄举行首届学术研讨会。2008.11

想很开放的人。《铁色见证》一书已经表明了我对历史的态度。因此，学者们在评论沙飞及其作品、团队时，完全不必因为有我在场，不敢深谈自己的观点；希望你在开始时，说明我的态度。"杨小彦当日回函："我一开始就知道你的历史态度，也越来越了解沙飞的精神以及他所处的时代的悲剧色彩。重要的是历史，以及包含在历史中的一种理性精神，没有这种历史，没有这种理性精神，我们会永远陷在迷雾中不知道方向。我会和大家解释的，而且，我相信参加会议的人会明白你的这种态度。这也是沙飞的精神之一。"两次研讨会，众学者在自由、热烈的氛围中畅所欲言，抹掉"伟大""崇高"，将沙飞的人生、作品拿到太阳底下晾晒，追问"性格""命运""使命""记录""宣传""摆拍""新华体"等。

　　我相信缘分与机遇。父亲英年早逝，他视死如归，因为他已安排好后事：把

我的父亲沙飞
My Father H.Szeto

再版后记

沙飞影像研究中心在广州举行第二届学术研讨会。2010.12

最忠诚的爱徒安排在他到华北前线第一站太原；为配合顾棣完成使命，把北京人司苏实安排在同城，并提早离开《人民摄影报》总编位置；1945年7月抗战胜利前夕，分离了八年的父母亲在河北阜平坊里村再聚激情之际，孕育了我这个极能折腾的女儿。顾棣不负沙飞重托，司苏实承担了使命。

2009年、2012年，顾棣编著《中国红色摄影史录》（司苏实特邀编辑、王雁策划），司苏实编著《沙飞和他的战友们》（顾棣顾问、王雁策划）出版，2012年、2015年司苏实编著《红色影像》（顾棣顾问、王雁策划）香港、北京先后出版。我们为留住历史尽了力——几本大书献给父辈与世人！

2011年，妹妹少军努力

《中国红色摄影史录》2009年出版

附 录

　　争取得到母亲王辉档案复制件,再加上早已退回的母亲"文革"期间"交代材料",少军全部认真整理。对组织忠诚的母亲如实写了家庭、经历,与父亲相识、相知、相恋、结婚、离婚、重逢、生离死别的过程,再版之际收入。

　　再版之际,整理拿出父亲参加八路军后写的自传、填写的表格,及有关资料和文件。

　　再版之际,增加 2006 年始的部分访谈,充实顾棣日记,增加石少华文章《风雨十年——回忆与沙飞同志共同战斗的日子》,及张鼎中文章《送沙飞远行》等史料。

　　信息时代,世界相通。开通沙飞摄影网 www.shafei.cn。沙飞照片人物及后代亲人、国内外有关机构、学者主动与我联系。

　　2003~2014 年,我及家人将父亲沙飞摄影作品、有关资料、书籍,先后捐赠给山西平遥国际摄影博物馆、石家庄双凤山陵园沙飞纪念馆、广东美术馆、中山大学、广东开平美术馆图书馆司徒氏图书馆、日中友好协会、中国国家博物馆、中国照片档案馆、美国斯坦福大学胡佛档案馆、美国哈佛大学燕京图书馆。

　　2012 年沙飞百年之际,在开平、桂林、日本都城、北京、石家庄、上海、广州等地举办摄影展览、纪念活动。

　　2014 年 7 月始,纪录片《寻找沙飞》开机。近 70 岁的我,随摄制组再次走访父亲生命最后 13 年工作、生活、战斗、长眠的华北大地,及广州、上海、家乡开平。

　　又一个十年的奔波!整整 20 年,我折腾了一件事——寻找沙飞!

　　2005 年,妈妈走的时候,爸爸妈妈有五个孩子、七个孙子、三个曾孙;如今,彼岸的爸爸妈妈,在人世间有五个孩子、七个孙子、九个曾孙。好兴旺的大家庭啊!

　　本书所用多幅有关活动插图照片,多为记者、友人所赠。由于记录不全,未能一一署名,谨向拍摄作者表示歉意与谢忱。

王　雁
2015 年春

沙飞五子女合影。2012年5月4日国家博物馆举办《百年沙飞——纪念沙飞诞辰百年摄影作品捐赠展》开幕式

沙飞的战友在《百年沙飞——纪念沙飞诞辰百年摄影作品捐赠展》开幕式，左起：赵银德、裴植、蔡尚雄。2012.5.4.北京国家博物馆

沙飞战友纪志成（左三）、李力竞（左四）、顾棣（左五）、田华（右三）、及聂力（右二）和沙飞子女在《百年沙飞——纪念沙飞诞辰百年摄影作品捐赠展》开幕式上。2012.5.4.北京国家博物馆

我的父亲沙飞
My Father H.Szeto

附 录

上海鲁迅纪念馆举办《鲁迅精神影响下的摄影家沙飞生平与作品展》开幕式暨沙飞诞辰100周年纪念座谈会。2012.5.9

《沙飞和他的战友们》出版首发暨纪念《晋察冀画报》创刊70周年,前辈、后代大合影。2012.8.15 北京

图书在版编目(CIP)数据

我的父亲沙飞：典藏版 / 王雁著. —北京：社会科学文献出版社，2015.8
ISBN 978-7-5097-7579-0

Ⅰ.①我… Ⅱ.①王… Ⅲ.①沙飞（1912~1950）-生平事迹 Ⅳ.①K825.72

中国版本图书馆CIP数据核字（2015）第117486号

我的父亲沙飞（典藏版）

著　　者 / 王　雁

出 版 人 / 谢寿光
项目统筹 / 祝得彬
责任编辑 / 仇　扬

出　　版 / 社会科学文献出版社·全球与地区问题出版中心（010）59367004
　　　　　地址：北京市北三环中路甲29号院华龙大厦　邮编：100029
　　　　　网址：www.ssap.com.cn
发　　行 / 市场营销中心（010）59367081　59367090
　　　　　读者服务中心（010）59367028
印　　装 / 三河市东方印刷有限公司
规　　格 / 开　本：787mm×1092mm　1/16
　　　　　印　张：33　字　数：544千字
版　　次 / 2015年8月第1版　2015年8月第1次印刷
书　　号 / ISBN 978-7-5097-7579-0
定　　价 / 98.00元

本书如有破损、缺页、装订错误，请与本社读者服务中心联系更换
▲ 版权所有　翻印必究